세계화의
경계에 선
중국

세계화의
경계에 선
중국

백승욱 지음

창비

'전환시대'에 중국 연구를 함께 해왔고,
함께 해갈 유세종, 이일영, 이희옥 선생님께

중국의 지난 한 세기를 돌아보면, 공교롭게도 30여년씩의 시기들이 세 조각으로 나뉘어 있음을 알 수 있다. 첫 30여년은 청조 몰락 후 본격적으로 근대세계체계 속에서 중국의 길을 모색해가기 시작한 시기였다. 아울러 전지구적으로는 19세기적 세계로부터 벗어나는 새로운 구도가 등장한 때이기도 하다. 새로운 형태의 국가들의 출현이라는 흐름을 주도한 것은 민족해방운동과 사회주의운동이었지만, 그 배후에는 미국의 등장과 파씨즘의 출현이 놓여 있었고, 또한 서구 자본주의가 비서구사회, 특히 동아시아 세계를 전면적으로 편입한 시기이기도 했다. 중국과 서구의 마주침은 이런 복합적 구도의 동시작용을 의미했다. 그다음 이어진 두번째 30년에는 사회주의 건설이 진행되었다. 이 시기 전체에 걸쳐 사회주의란 무엇인가를 놓고 끝없는 대립이 격렬하게 전개되었을 만큼, 중국 사회주의는 세계적 관심사였고 지구적 변동의 한복판에 놓여 있었다. 당연히 그 진원지인 중국은 지대한 충격을 겪어왔고, 때로는 변화들이 너무 빠르게 진척되거나 복잡성을 띠어서 그 함의를 동시대적으로 파악하기 어려울 정도였으며, 뒤이어 그런 사건들에 대한 해석의 분기(分岐)를 낳았다. 마지막 30년은 1970년대말 이른바 개혁개방과 더불어 시작되었고, 이 탈사회주의 시기는 어느새 또다른 30년을 형성해왔다. 사회주의는 간판으로 남아 있지만 그 내용은 사실상 사라져가는 듯 보인다. 그럼에도 사회주의의 역사로부터 자유로울 수 없는 이 또다른 시기는 앞선 두 시기와의 단절인 동시에 그 영향 아래에서 전개되고 있다. 이처럼 세 시기로 구분된 한 세기는 세계자본주의, 동아시아, 사회주의, 다시 동아시아, 세계자본주의라는 고리를 통해 서로 이어져 있다.

이처럼 세 시기를 구분해놓고 볼 때, 우리는 지난 한 세기를 거쳐온 중국의 거대한 사회변동이 20세기의 세계적 변화와 뗄 수 없을 뿐 아니라, 20세기의 세계적 변화 또한 이런 중국의 변동과 분리할 수 없음을 발견하게 된다. 셋으로 구분되는 각각의 시기는 당시의 세계를 규정하는 특징인 제국주의의 위기와 세계대전, 냉전, 신자유주의 세계화라는 전지구적 맥락을 모르고서는 이해될 수 없을 것이다. 그 역도 마찬가지인데, 비서구사회가 근대자본주의 세계체계에 편입되어간 역사적 과정에 대한 인식 없이 20세기 세계의 역사를 파악한다는 것은 공허한 일이며, 소련 사회주의에 대한 모방인 동시에 그 내재적 비판으로 전개된 중국 사회주의의 역사에 대한 이해 없이 20세기 후반의 세계, 특히 '냉전'과 사회운동들의 세기가 어떻게 전개되었는지 통찰한다는 것은 불가능하다. 심지어 40주년을 맞는 '1968년혁명'조차 그 한복판에 중국의 문화대혁명이 있었다는 사실을 빼고는 이해할 수 없을 것이다. 그리고 개혁개방의 시기가 상당히 진행된 지금, 중국의 '이례적' 성장과 세계경제로의 전면적 재편입 과정을 생략하고서 세계의 현재와 미래를 논의하는 것은 점점 무의미한 일이 되고 있다. 그런 점에서 중국은 세계의 일부이지만, 거꾸로 이미 세계가 중국의 일부라고까지 말할 수 있을지도 모른다.

이런 여러 측면에서 중국은 단지 흥미로운 연구대상에 그치는 것이 아니라, 세계를 바라보는 하나의 '시야'(perspective)일 수 있다는 점을 강조할 필요가 있다. 중국을 통해서 세계를 다시 바라본다는 것은, 지난 한 세기 중국이 세계에 제기한 쟁점들을 통해서 중국과 세계를 인식한다는 것이고, 그럼으로써 지금까지와 다른 방식으로 세계를 이해할 수 있음을 뜻한다. 그리고 이런 과정을 통해 우리는 '유럽중심주의'와 '한민족중심주의'라는 이중의 구속에서 벗어날 계기를 찾아낼 수 있을 것이다.

이렇게 바라본 중국은 떠오르는 어떤 미래의 모델도, 이해할 수 없는 미지의 대상도, 내적으로 똘똘 뭉친 위협적 세력도 아닌 끝없이 제기되는 쟁점과 질문, 모순 들로 가득찬 문제 자체로 이해된다. 그 문제가 형성되고 풀리고 다시 더 복잡하게 얽혀드는 과정에서, 셋으로 분리된 각 30년씩은 상호 영향을 미치고 있으며, 특히 그 복판에 있는 사회주의 건설기에 문제가 집중된다고 할 수 있다. 그에 앞선 시기는 이 중간점을 향해 나아가는 경향을 보이고, 그에 뒤이은 시기는 중간점이 해체되는 경향을 보이면서, 이 중간지대는 그 전과 후에 '계속 영향을 끼치고 있다'. 중국에서 사회주의는 무엇이었나, 그리고 그것이 어떤 유산을 남겼는가는 매우 다면적인 의미를 지니고 있으며, 위와 아래에서 때로는 극단적으로 다른 함의를 가지고 작동한다. 말로 드러나는 표면이 아니라 그 이면의 논리 속에서 살펴보자면, 그것은 아래로부터 현 상황에 대한 끝없는 저항의 논리를 공급하는 원천으로서 재활성화되는 동시에, 다른 한편 위로부터는 동아시아 경제와 세계경제로 순조롭게 편입해 급속성장을 추진해가는 두꺼운 하부구조로서도 작용한다. 중국 사회주의의 오랜 논쟁에서처럼 중국에서 사회주의는 '생산관계'였는지 '생산력'이었는지가 여전히 쟁점으로 남아 있고, 같은 용어를 정반대의 맥락에서 끌어들이게 만드는 유산으로도 작용하고 있다.

이 책에서 중국에 대해 논할 때 사용하는 핵심어는 사회주의, 노동, 동아시아이다. 중국의 현실은 사회주의적 경험과 떼어서 이해할 수 없다는 점에서 사회주의는 중국이 끊임없이 넘어서려 하나 넘어설 수 없는, 사로잡혀 있는 유령과 같은 실체/허상이다. 그리고 사회주의라는 쟁점이 아래로부터 분출할 때마다 늘 노동의 문제를 매개로 해서 나타난다. 문화대혁명 이후의 노동관리체제인 '단위체제'가 그러했고, 노동계약제의 도입을 통한 신자유주의적 경로 탐색이 그러했으며, 현재 진행되고 있는 노동계약법을 둘러싼 논쟁이 그러하다. 어떻게 유연한 노동체제를 만들어낼 것인가라는 방향에 대항해, '사회주의'는 무엇이며 그 속에서 노동의 의미는 무엇인가라는 쟁점을 통해 맞불놓기가 전개되는 것이 오늘날 중국사회가 보여주는 복잡성의 한 측면이다. 마지막으로, 이 구도를 동아시아라는 틀 속에서 살펴볼 필요가 있다. 동아시아와 중국의 관계는 중국이 서구에 편입되던 100년 전부터 문제가 되어왔지만, 특히 개혁개방이 진행되는 1980년대 이후에는 미국 헤게모니하에서 동아시아의 변화라는 구도와 떼어서 생각하기 어렵다. 냉전시기 동아시아 발전국가의 등장과 변천, 일본 중심의 국제적 분업구조의 형성과 확장, 탈냉전의 진행과 동아시아 국가들의 변모, 화교자본의 변신과 중국의 성장, 그리고 동아시아 지정학의 변천 등 동아시아의 변화와 가를 수 없는 중국의 위상 변화를 이 지역적 구도 속에서 이해하는 것이 점점 더 중요해지고 있다.

이 책은 위의 세가지 핵심어를 중심으로 구성되었다. 첫 부분은 1990년대 이후 노동체제의 개혁 결과 발생한 고용유연성의 증가가 사회적으로 어떤 파장을 가져왔는지 살핀다. 앞서 이를 '단위체제의 해체'라는 맥락에서 살펴본 바 있는데, '흔들리는 중국'이라는 서문의 제목이 가리키는 것처럼 단위체제 해체가 촉발한 사회적 불안전성의 확대는 2000년대 들어 심각한 수준에 이르렀고, '조화사회'라는 구호 아래 새로운 정책적 전환을 시급히 요구하는 상황이다. 특히 2008년부터 시행되는 노동계약제는 이런 문제를 해결하기 위해 등장했으나, 그 자체가 새로운 문제를 증폭시키는 계기가 되고 있다는 점에서 기존의 노동체제 변화의 중요한 쟁점이 될 것으로 보인다. 둘째 부분은 중국과 동아시아경제, 그리고 세계경제와의 관계를 다룬다. 1980년대 이후 중국의 빠른 경제성장은 동아시아 경제구도와 별도로 진행된 것이 아니다. 냉전시기 미국의 지원 아래서 동아시아 국가들의 성장, 그리고 일본을 중심으로 한 국제적 분업구조 속으로 여타 국가들의 편입과 변신, 그리고 동아시아에서 신자유주의 세계화의 진행 등이 중국 경제성장의 배경으로 작용했다. 이를 바탕으로, 화교자본의 대대적 유입, 다층적 하청체계 속으로 중국의 편입, 이 구도 속에서 중국의 세계경제 편입 시간대의 이례성, 동아시아모델과의 관련성, 일본 자본의 위상, 그리고 금융 세계화와 중국 경제의 관계에 주목하게 된다. 셋째 부분에서는 중국 사회주의의 경험의 현재적 의미를 되돌아본다. 이는 당대 중국 사회를 어떻게 평가할 것인가의 논쟁에서, 그리고 중국 사회주의의 경험이 다른 사회(한국을 포함해)에 갖는 함의를 통해서 살펴볼 수 있다. 여기서 중국 사회주의의 경험이 개혁개방 시대를 살아가는 중국의 현재적 조건에 영향을 미치고 그 지형을 규정하고 있을 뿐 아니라, 중국 이외의 곳에도 적지않은 영향을 끼쳐왔고 지금도 그 영향에 대한 재해석 요구가 끊임없이 살아나고 있음을 확인할 수 있다. 이런 점에서 중국이 처한 상황과 제기하는 문제들은 지역적으로 한정되지 않는 보편적인 특성을 지니고 있다.

이 책은 필자가 앞서 발간한 『중국의 노동자와 노동정책: '단위체제'의 해체』(2001)와 『자본주의 역사강의: 세계체계 분석으로 본 자본주의의 기원과 미래』(2006)를 연결하는 위치에 있다. 중국의 역사적 경험과 현재의 변동을 고립된 지역에 가두어 살펴보는 것이 아니라, 세계적 변화의 구도 속에서 이해하고, 이를 통해 다시 세계적 변화의 구도를 인식하려는 반복되는 시도를 담아내려고 노력했다. 아직은 다소 엇물려 있는 듯 보이는 주제들이 한데 담긴 것은 이런 의도에서다.

중국의 미래에 대한 견해들을 살펴보면, 미국을 대체하는 새로운 헤게모니를 행사할 것이라는 극단적 낙관론과, 올림픽 이후 곧 분열될 것이라는 극단적 비관론이 늘 그렇듯이 서로 교차하고 있다. 중국 사회가 점점 더 동일한 공간과 시간대 속에 그런 양면성을 담고서 모순적으로 변화해가는 과정을 겪고 있기 때문에 이런 해석의 대립은 한층 두드러지게 나타날 것이다. 더욱이 이 문제는 중국 자체에서만 연원하는 것도 아니므로 불확정성 또한 더욱 커지지 않을 수 없다. 따라서 우리에게 필요한 것은, 많은 사람들이 그러듯이 '중국에 길을 묻는' 것이 아니라, 중국이 쏟아내는 문제와 쟁점을 구체화하고 그 속에서 더 넓은 지역과 주제를 포괄하는 함의를 찾아내는 것이다.

세계화라는 단어에는 지나온 시대와의 과도한 단절을 강요하는 이데올로기적 주장이 담겨 있는 것이 사실이다. 근대세계는 그 출현부터 세계적이었으며, 또 짧게 보더라도 한 세기 전 세계의 세계화는 지금과 비교하더라도 미증유의 속도로 진행되었다는 점에서 '세계화'에 과도한 단절성과 최신성을 부여하는 것은 부적절하다. 그럼에도 우리가 현 시대에 다시 세계화라는 이름을 붙이는 것은 국경이 없어지거나 교통·통신이 발전했다는 따위의 단순한 이유에서가 아니다. 20세기가 보여주었던 민족국가 중심의 여러 발전전략과 또 그를 모방한 사회운동의 역사적 시기, 그리고 그 기반 위에서 설립된 지배적 이데올로기의 시기, 그리고 이 모든 것을 가능하게 한 미국 헤게모니하의 세계체계적 구도가 점점 더

불가역적으로 지난 시대의 것이 되어가고 있으며, 위기의 가능성이 진정으로 전지구적으로 퍼져가고 있고, 그런 점에서 세계가 극도의 분열 속에서 역설적으로 통합되어 있다는 점을 강조하기 위해서이다. 중국은 이런 점에서 매우 '이례적'으로 보이는 특징을 가지고 있지만, 그 이례성 자체가 세계화의 여러 난점과 모순 속에서 진행되는 만큼 그다지 이례적인 것만도 아니며, 그 가운데서 우리는 앞에서 밝혔듯이 '길을 찾는' 것이 아니라, 문제들의 진정한 소재와 심층을 발견하고 그 문제를 풀어갈 단초를 찾을 수 있을 것이다.

이런 역설적 통합 때문에 세계화라는 조건에서 중국은 여러 경계 위에 서 있다. 빠른 성장과 사회위기의 경계, 사회주의와 탈사회주의의 경계, 발전주의 신화와 그 몰락의 경계, 연해 발전지역과 퇴락한 내륙의 경계, 포섭과 배제의 경계, 자본주의 세계의 지속가능성과 지속불가능성의 경계 등 수많은 경계들이 중국을 성장과 위기 사이에서 동요하게 만들고 있다. 그런 만큼 중국은 세계화의 가장 모범적인 사례처럼 보이는 동시에 세계화가 초래하는 위기의 가장 전형적 모습으로 제시될 수 있다. 그리고 그 자신이 세계화의 위기를 촉발하는 주요한 요인이 될 가능성도 점차 커지고 있다.

이 책을 내겠다는 생각은 뜻밖의 기회에 2002년초 쿄오또(京都)에서 열린 국제회의에 참석해서 저녁식사 자리에서 여러 이야기를 하다가 백영서 교수께 의사를 언뜻 내비치면서 시작됐다. 그로부터 오랜 시간이 지났고, 당초의 계획과 많이 달라져서 첫 구도의 일부는 다른 책으로 발간되었고, 그후 새로 쓴 글이 더 많아졌다. 오랜 시간에 걸쳐 쓴 글들을 다시 모으려다 보니, 쓰인 시기가 달라 적지않은 문제가 생겼고, 또 그때그때 요구에 응해 쓴 비슷한 글들이 겹치기도 해서 많은 손질이 필요했다. 그래서 어떤 부분은 새로 쓰고, 어떤 글들은 합치고 빼는 작업을 거쳐야 했다. 그러면서 최근의 변화까지 포함시켜 논의를 진척하려다보니 출간은 그만큼 늦어졌다. 최근 발생한 여러 사회변화나 향후 발생할 일들이 앞으로 중국의 진로를 또 바꾸어놓겠지만, 이 정도에서 책을 마무리할 수 있겠다는 판단이 섰다. 책을 내려는 생각을 실현할 기회를 마련해준 백영서 교수께 감사드리고, 오랜 시간을 기다려준 후 마무리에서는 빠른 속도로 작업을 추진해준 창비에 감사드린다. 이 책에 실린 글들은 다른 곳에서 발표된 원고를 대부분 다시 손본 것이고, 그 출처는 맨뒤에 밝혀두었다. 특별히 단행본에 실렸던 글을 옮겨 싣도록 허락해준 박영률 출판사와 한울출판사 측에 감사드린다.

수록된 글의 상당수는 한신대 중국지역학과 시절의 결과물이고, 또 그때 시작한 사고들의 성과물이다. 비판적이며 생산적인 우리 나름의 중국 연구를 추진해갈 기반을 함께 마련한 동료였던 유세종, 이일영, 이희옥 선생님께는 지금도 감사의 마음이 넘친다. 이후 중앙대 사회학과에서 또다시 좋은 동료들을 만나는 행운을 가져, 이 작업이 지금과 같은 결과로 이어질 수 있었다. 책의 제목을 함께 고민해준 중앙대 대학원생들에게도 고마운 마음을 전한다. 그 밖에도 중국 연구를 함께 해나가고 있는 많은 동료들, 중국에서 도움을 준 벗들, 또 한국사회의 문제 속에서 중국을 다시 고민하게 만들어준 많은 이들께도 감사드린다.

2008년 7월
백승욱

차례

흔들리는 중국

1. 중국은 어디로 가는가?

(1) 심각한 사회적 불평등

중국의 21세기는 세계무역기구(WTO) 가입과 2008년 올림픽의 성공적 유치, 유인 우주선 선저우(神舟)호의 비행 성공, 계속되는 고속성장 등으로 세계무대 진출의 장밋빛 청사진을 그리며 출발하고 있는 것처럼 보인다. 세계 곳곳에서 1990년대 한번씩 격심한 경제위기를 겪은 것에 비추어보면, 중국의 사례는 매우 이채로우며, 유례없는 번영의 시대에 들어선 것처럼 느껴지기도 한다.

그러나 성공의 외양을 한꺼풀 벗기고 보면 이러한 성장의 이면에서 사회양극화는 전례없이 심각한 수준으로 치닫고 있다. 세계은행은 중국의 불평등 진행속도가 인도, 파키스탄, 인도네시아보다 심해 "비교 가능한 자료가 있는 모든 나라 중 최대"라고 평가한 바 있다(Wang 2000: 392). 소득불평등을 측정하는 지니지수를 살펴보면 그 심각성이 잘 드러나는데, 2000년대초 한 중국잡지의 보도에 따르면 중국의 지니지수는 1995년 0.38에서 1990년대말 0.47로 높아져 불평등 정도가 빠르게 심화하고 있다. 일부 민간조사에 따르면 사실상 이보다 높은 0.6으로까지 나타난 바 있다. 개혁개방 정책을 펼친 기점인 1978년에 이 수치는 0.15에 불과했다. 개혁개방 20년 만에 중국은 소득분배 면에서 매우 평등한 국가군에서 가장 불평등한 국가군으로 빠르게 옮겨간 것이다.[1]

중국 내에서는 이것이 과도기적 상황으로, 사회 안에서 고소득자가 빠르게 늘어나 일시적으로 나타난 현상이며, 1992년 덩 샤오핑(鄧小平)이 제창한 이른바 '선부론(先富論)'의 결과라고 주장한다. 문제는 이런 불평등이 줄어들기보다는 오히려 심화되고 있고, 앞으로도 커질 가능성이 높다는 점이다. 2000년대 들어 중국 지도부조차 선부론의 문제점을 인정하고 '균부론(均富論)'과 '조화사회'(和諧社會)를 강조하지 않을 수 없었을 만큼 불평등은 심각한 사회문제가 되고 있다.

중국 내에서 사회불평등은 크게 세 축에 따라 발생하는 것으로 볼 수 있는데, 첫째로 도시와 농촌의 격차 확대, 둘째로 지역간 불균형의 확대, 그리고 셋째로 도시 부유층·기업관리자층과 일반 노동자의 격차 확대가 그것이다.

중국의 도시와 농촌 사이에는 아직도 자유로운 이동에 대한 제약이 존재한다. 과거 코포라티즘적 관리의 결과 생겨난 호구제도는 중국의 인구를 농업호구와 비농업호구로 나누고, 비농업호구를 지닌 사람이 도시 지역으로 이주하여 직업을 얻는 것을 거의 불가능하게 만들었다. 개혁개

---

1) 더 자세한 내용은 본서 1장을 보라.

방 이후 식량배급제도가 사라지고 직업배분의 중요성이 줄어들면서 호구제도의 규제력이 다소 약해진 것은 사실이지만, 안정적 직업의 획득과 교육과 의료 혜택 등의 면에서 호구제도는 여전히 영향력을 발휘하고 있다.[2] 1980년대 초반 인민공사가 해체된 후 농지를 가구별로 청부를 주는 제도가 시행되고 수매가격이 인상됨으로써, 이동의 자유가 제약된 상태에서 일시적으로 농가소득이 높아진 적이 있긴 하지만, 1985년 이후에는 이러한 농촌에 대한 일시적 자극효과는 사라지기 시작했다. 도시지역 소득이 빠르게 상승하면서 도시와 농촌의 격차는 다시 벌어지기 시작해 1990년대말 원점으로 돌아왔고, 삶의 불안정성이라는 면에서 문제는 더 커지고 있다고 할 수 있다.

　농촌주민들의 소득증가는 사실 농작물 판매 수입의 증가보다는 농촌지역에 건립된 향진기업(鄕鎭企業)에 취업하여 얻은 비농업소득의 증가에 힘입은 것인데, 1993년 이후 향진기업의 고용창출 역할이 줄어들기 시작하면서 농민들의 취업기회가 줄어들고 그에 따라 농가의 소득증대 기회도 줄어들었다. 경작지가 소규모로 재분할되고, 농촌에서 비농업 분야의 취업기회가 한정되어 있으며, 도시와 농촌의 생활수준이 벌어지기 시작하자, 1989년부터 적지않은 내륙지방의 농민들이 연안지역의 발달한 도시로 몰려들기 시작하는 '농촌 출신 노동자들의 파도현상'(民工潮)이 발생하기 시작했다. 전국에 걸쳐 적게는 4000만명에서 많게는 1억 4000만명 이상으로 추계되는 이 거대한 유동인구군은 호구를 변경할 수 없기 때문에 도시지역의 2등시민인 '불법취업자'로서 거대한 노동력 저수지를 형성하여 저임금 노동력 공급처가 되고 있다(정종호 2002; Solinger 1999).[3]

---

2) 호구제도의 변화에 대해서는 정종호(2005), 이민자(2004, 2007)를 참고할 것. 호구제도는 지역별로 차이를 보이며 점차 개방되어가고 있다.

중국이 WTO에 가입하던 시기에 거대한 중국 농촌은 사실 뚜렷한 대책 없이 곤경에 처해 있는 상황이었다. 2000년대 들어 도농간 격차의 심각성이 부각되면서, 삼농(三農)문제가 정치적으로도 중요한 쟁점이 되고 있다.[4] 삼농문제란 농촌·농민·농업 문제를 지칭한다. 그렇지만 전과 마찬가지로 정부가 농업 자체나 농민에 대해 특별한 지원책을 내놓은 것은 아니며, 다만 농촌지역을 여러 방식으로 개발함으로써 부수적인 취업기회 확대나 경제적 연계효과를 기대하는 수준에 머물러 있는 실정이다.

사회불평등의 두번째 축으로, 지역간 격차 또한 지속적으로 확대되고 있다. 2003년 중국의 일인당 GDP는 1100달러 수준인데, 성장이 빠른 대도시인 샹하이는 5660달러, 뻬이징은 3880달러, 텐진(天津)은 3210달러로 평균의 세배 이상 높게 나타난다. 이에 비해 내륙의 꾸이저우(貴州)성은 440달러, 깐쑤(甘肅)성은 610달러로 평균의 절반 수준일 뿐이다. 내륙의 꾸이저우성과 발전한 샹하이지역의 GDP 격차는 12.9배에 달한다.[5] 이처럼 지역간 소득격차가 확대되는 것은 중국의 고속성장을 추동한 외국자본의 투자와 국가의 기간시설 건설 투자가 연해지역에 집중되어 이 지역에서만 소득증대가 발생한 반면, 내륙의 농업지역에서는 농업소득이 정체된 데다 기존의 상호부조나 국가지원의 틀이 약화되면서 소득이 오히려 줄었기 때문이다. 이처럼 지역격차가 벌어지면서 내륙지역에서 배출되는 유동인구 또한 늘어나는데, 쓰촨(四川), 안후이(安徽), 꾸이저우

---

3) 노턴에 따르면 현재 유동인구수는 1억 4400만명 정도로 추계되며, 그중 절반인 6500만명은 같은 현 내에서 이동하는 단거리 유동인구이며, 7900만명이 현을 넘어 이동하는 장거리 유동인구이다. 이 장거리 유동인구는 다시 성내 이동 3600만명, 성간 이동 4200만명으로 구분된다(Naughton 2007: 129~30).

4) 이에 대해서는 이일영(2005)을 보라. 삼농문제가 제기된 계기는 리창핑의 「총리에게 사실을 말하다」라는 글이었는데, 이에 대해서는 리창핑(2006)을 보라.

5) 『中國統計年鑑 2004』에서 계산.

등지가 농촌 출신 노동자의 주요한 배출지가 되고 있다.

세번째는 기존 '노동자계급' 내의 분화에 따라 발생하는 계급격차 문제이다. 도시 내에서는 기존의 국유기업과 집체기업에 대한 구조조정이 진행되면서 실업과 불안정고용이 심각한 문제가 되고 있다. 중국의 공식 실업률은 아직 4%대에 묶여 있지만, 중국의 특성을 반영해 나타나는 특징적인 준실업 현상인 '면직'(下崗)은 줄곧 해결하기 어려운 은폐된 실업 문제가 되어왔다.

면직이란 실업과 유사하지만 실업과는 다른, 중국적 특성을 반영하는 용어이다. 소속 기업에서 공식적으로 해고된 상태는 아니지만, 직무를 배정받지 못해 대기발령 상태에 있는 것을 말한다. 실업자와 달리 면직 노동자의 경우 기업과의 노동계약관계가 유지되기 때문에 직무에서는 면직되지만 기업으로부터 생활보조금이 지급되고, 기업이 계속 사회보험료 납부를 분담하며, 기업에서 제공한 주택에서 계속 생활할 수 있는 권리를 지니고 있다. 면직자의 일부는 새로 일자리를 찾겠지만, 조사에 따르면 면직자의 대다수가 상당기간 이후까지도 새로운 일자리를 찾는 데 어려움을 겪고 있다. 그 수는 많을 때는 1000만명을 넘어섰다가, 퇴직 처리되거나 실업으로 전환하는 방식 등으로 수가 줄기는 했지만, 기업 내에 남아 있는 면직자가 줄었다 뿐이지 사회적으로 실업에 직면한 사람의 수가 줄어든 것은 아니다.[6] 2000년대 들어 면직제도를 없애고 직접 실업으로 전환하는 정책이 추진되고 있지만, 이는 문제의 해결책이 아니며, 불안정고용은 점점 더 심각한 사회문제로 떠오르고 있다. 이처럼 고용의 불안정성이 늘어나면서 1990년대 후반 이후 노동쟁의는 계속 증가하고 있다.

---

6) 면직에 대한 자세한 내용은 백승욱(2002), 서석홍(2000), 장영석(2005)을 참고할 것.

면직자를 포함한 일반 노동자들의 지위가 계속 하락하는 데 반해, 기업의 경영관리자의 지위는 높아지고 그에 따라 소득 또한 늘어나고 있다. 기업관리자 외에도 사영기업주나 고위관료 등 도시 부유층의 수입과 권력은 전반적으로 상승추세이다. 특히 1980년대에는 도시주민의 소득 수준이 전반적으로 상승한 데 비해, 1990년대 들어서는 고급관료와 기업 경영자의 소득이 비약적으로 늘어나고 일반 노동자의 고용불안이 커지면서 소득불평등은 계속 확대되고 있다. 연봉제 시행, 주식 배분 등을 통해 기업경영자들이 기업이윤을 분배받게 되면서 이들과 일반 노동자들 사이의 괴리는 더욱 커지고 있다.

(2) 사회주의 중국?

중국은 아직 '사회주의' 간판을 내걸고 있다. 중국 헌법 제1조에는 이렇게 쓰여 있다.

> 중화인민공화국은 노동자계급이 지도하는, 노농동맹을 기초로 하는 인민 민주독재의 사회주의국가이다. 사회주의제도는 중화인민공화국의 근본제도이다. 어떤 조직이나 개인도 사회주의제도를 파괴하는 것을 금지한다.

그러나 이런 법조문의 규정을 넘어서 실제로 '중국을 사회주의라고 부를 수 있는가'라는 논란은 갈수록 커질 수밖에 없다. 중국 내에서 중국을 사회주의로 규정하는 근거로 내세우는 것은 소유제와 정치권력의 문제이다. 즉 첫째로, 소유제에서 공유제(국유와 집체)가 우위에 있다는 것이고, 둘째로 정치권력이 인민에게 있으며, 이는 인민의 당인 중국공산당이 대표한다는 것이다. 그러나 이 두 규정은 모두 사실상 법률적 규정일 뿐 실체적 내용의 반영이 아니기 때문에, 이 규정만 보고서 중국이 어떤 방향으로 변화해가고 있는지 파악하는 것은 불가능하다.

'공유제의 우위'만 하더라도 1980년대와 1990년대를 거치면서 이에 대한 정의는 중국 내에서도 여러차례 변화를 겪어왔다. 과거에는 국내의 모든 산업이 공유제 형태로 존재해야 한다는 원칙이었지만 개혁개방이 시작되면서 사영기업이나 외자기업처럼 비공유제 형태도 병존하는 방향으로 해석이 바뀌었고, 그후에는 공유제 기업의 소유권과 재산권의 분리에 대한 논의가 전개되어 '국영(國營)'이 아닌 '국유(國有)'라는 이해 방식이 등장했다. 이어서 공유부문이 전체의 절반 이상의 비중을 차지하면 공유제 우위란 주장도 제기되고, 또 국가가 지분의 51% 이상을 가지고 있으면 국유제란 논의도 등장했으며, 전체 경제 중 핵심영역만 공유제 형태로 유지하면 공유제 우위라는 논지로까지 나아갔다.

국유부문의 비중은 2005년에는 도시 취업인원의 23.74%(도시 집체부문은 3.0%), 농촌을 포함한 전체 경제활동인구의 8.3%로 줄어들었고, 공업부문에 한정해 보더라도 2004년 전체 공업기업수의 1.8%, 공업생산 총액의 10.6%로 비중이 낮아졌다.[7] 급기야 중국 경제체제의 구조조정을 담당하고 개혁개방을 주도하는 핵심기구이던 체제개혁위원회의 기관지 『중국개혁(中國改革)』에 "진정한 사회주의 시장경제를 수립하는 근본 해결책은 절대 다수의 국유기업을 **비국유화하는 것**"이라는 주장까지 등장한 바 있다(Zweig 2001: 243).

공유제의 성격에 대한 논쟁은 중국공산당의 성격 변화와도 맞물린다. 떵 샤오핑의 노선을 계승한 전 국가주석이자 중국공산당 총서기 장 쩌민(江澤民)은 2000년 2월 '세가지 대표론'을 제시했는데, 이는 당이 중국 선

---

7) 『中國統計年鑑 2006』. 공업기업 중 국유기업 비중은 국유기업과 국유대주주기업을 모두 포함한 것임.

진생산력의 발전요구, 중국 선진문화의 전진방향, 중국의 가장 폭넓은 인민의 근본이익을 대표하기만 하면 인민의 지지를 받을 수 있다는 주장이다. 여기서 선진생산력의 발전요구와 선진문화의 전진방향을 대표한다는 말의 의미가 무엇이며 폭넓은 인민이란 누구를 포함하는가가 문제일 수밖에 없는데, 2001년 7월 장 쩌민은 7·1강화에서 사영기업가의 공산당 입당을 허용한다고 발표함으로써 그 함의를 분명히 했다. 즉 사영기업의 발전을 독려하기 위해 사영기업가의 입당을 허용해야 하는데, 이들 사영기업가야말로 선진생산력을 대표한다는 식의 논지가 성립하는 것이다.[8] 여기서 중국공산당을 프롤레타리아정당에서 사회 모든 세력들에 대한 조직적 통제력을 확보하는 코포라티즘적 통치정당으로 전환하겠다는 의도가 분명히 나타난다.

이런 과정은 중국의 개혁정책이 자본가 없는 자본주의적 발전에서 자본가계급이 등장하는 자본주의적 발전의 길로 나아가고 있음을 보여준다. 개혁개방 초기 중국에는 사회세력으로서 자본가계급은 존재하지 않았다. 중국의 개혁개방은 자본가계급이 없는 상태에서 국가가 이를 대신하여, 한편에서는 적극적으로 자본축적을 위한 제도적 기초를 준비하는 동시에 다른 한편에서는 계급으로서의 자본가세력을 적극 형성해온 과정이었다. 자본주의 지향의 국가관료와 국유기업의 상층 관리자들, 그리고 외국자본이 결합된 주도세력이 국가자본주의 또는 관료자본주의라고 부를 수 있는 발전노선을 추진해왔으며, 이런 과정을 통해 주도세력의 일부가 점차 독립된 자본가층을 형성하는 중이라고 할 수 있다. 이 과정은 아래로부터 중소규모의 사적자본가들이 세력을 형성하여 점차 자본주의적 지향을 강화해가는 것이 아니라, 위로부터 독점적 지위를 확보

---

8) 여기에 더해서 2007년 통과된 물권법은 사유재산의 법률적 토대를 확고히 마련해주었다.

한 세력이 주도적으로 변신하여 국가자본주의적 발전노선을 펴가면서 여타 부문들을 종속적 지위로 포섭해가는 방식으로 진행된다. 그렇기 때문에 앞서 말한 장 쩌민의 7·1강화는 당 외부에 존재하는 사영기업가들을 당 내부로 끌어들이는 전략인 동시에, 당원인 각급 간부들이 적극적으로 실질적 자본가로 변신해가는 현실을 추인하는 것이기도 하다.

이런 변화의 방향은 사실 1978년 개혁개방이 본격적으로 착수되기 전인 1970년대 초반부터 시작되었다고 볼 수 있다. 그것이 분명하게 드러난 계기는 1972년 2월의 닉슨(R. Nixon)의 방중(訪中)이었다. 당시 공화당의 현실파인 닉슨과 키신저는 동아시아에서 소련의 남진을 막고 동아시아의 해상봉쇄를 달성하기 위해 중국을 전략적 파트너로 끌어들이는 데 노력하고 있었으며, 이는 문화혁명 종결 후 대외개방의 길을 모색하던 중국의 요구와 맞아떨어졌다. 1970년대초 중국의 이런 대외전략상의 변화한 구도가 반드시 이후 1980년대식 개혁개방으로 이어질 필연성은 없지만, 문화혁명 실패에 대한 후과로서 이후에 나타난 변화의 중요한 계기가 되었다는 점에서 지속성이 발견될 수 있다.

중국 사회주의는 다른 사회주의 국가들과 마찬가지로 민족주의적 경향과 공산주의적 경향의 모순적 결합 속에서 출발했다. 두 경향은 1960년대말까지 상충하며 지속돼오다가 문화혁명을 계기로 결국 민족주의적 경향이 압도적 우위에 서는 길로 나아가게 되었다. 자본주의 세계의 봉쇄, 그리고 1950년대말과 1960년대초 중소논쟁을 거치면서 소련과 단절된 후 자력갱생적 사회주의 모델을 실험해온 중국은 1960년대말에 사회주의에서의 축적된 모순이 폭발했고, 그것이 문화혁명이라는 형태로 표출되었다. 단일 사건이라기보다 상이한 역사적 경향과 모순들이 응축된 응결점으로서 문화혁명은 당과 대중의 모순, 사회주의와 국가의 문제, 지식노동과 육체노동의 모순 등 은폐돼 있던 문제들에 대한 전면적 제기로 나타났다. 하지만 그러한 문제제기 차원에서 멈추고 답을 찾는 데로 나아가지는 못했으며, 결국 군의 개입과 당조직 복원으로 막을 내렸다. 그후 오랫동안 특정 사회세력에 대한 숙청캠페인으로 변질되어 중국인들 사이에 거대한 외상을 남기게 되었다. 문화혁명기에 한 방향으로 지나치게 구부려진 막대는 1970년대부터 다시 과도하게 반대쪽으로 휘어져 문화혁명기의 모든 문제제기를 무화하는 쪽으로 나아가기 시작했다.[9] 문화혁명의 '철저 부정'으로 전개된 개혁개방은 그런 상처를 단번에 치유해줄 처방처럼 다가왔다.

(3) 중국의 개혁개방 전략과 동아시아적 길

개혁개방 이후 중국의 변화는 농촌에서 시작되었다. 인민공사, 인민공사 소속 생산대대, 그리고 생산대로 중층 구성되어 있던 이른바 농촌의 '3급소유'체제와 이에 기반한 공동생산체제는 '연산승포책임제(聯産承包責任制)'라는 가구별 청부제도로 대체되고 인민공사는 해체되기 시작했다. 농업생산의 가구별 청부제도는, 대체로 농민집체소유로 되어 있는 농지를 생계를 위한 토지와 상품생산을 위한 토지로 나누어 가구별로 관리권을 재배분하고, 수확 이후 일정분을 국가에 수매토록 한 후 잔여분은 시장에서 판매하도록 한 제도이다. 지역별로 공동 파종하는가, 파종할 농작물에 대한 결정권까지 농민에게 주는가 등에서 차이가 있었지만, 농촌의 공동생산체제는 가족별 생산체제로 실질적으로 전환되는 방향으로 나아갔다.

농촌에 뒤이어 도시지역에서 기존 경제체제의 전환은 1984년경부터

---

9) 더 자세한 것은 백승욱(2007a)을 보라.

진행되었다. 이 변화는 국가와 기업의 관계와 기업 내의 경영관리 양 측면에서 진행되었다. 1980년대에 진행된 기업제도의 변화는 기업관리 권한을 경영자에게 점차 위임하고 상급 주관부문의 관할권을 축소하는 형태로 나타났는데, 처음에는 상급 주관기관에 상납해야 하는 이윤의 일부를 기업 내에 유보토록 하는 이윤유보제나 이윤상납액을 달성하면 인센티브를 주는 이윤청부제가 실시되었다. 그다음 단계에는 이윤납부를 법인소득세로 전환하는, 곧 '이윤상납을 세금으로 대체'(利改稅)하는 제도가 도입되었으며, 나아가 기업의 경영자가 경영권을 상급 국가기관에서 청부받는 기업경영생산책임제로 바뀌어갔다. 이어 국유기업의 소유권과 재산권을 구분하고 경영권을 독립시켜, 국가는 국유기업의 경영문제에 관여하지 않고 2선으로 후퇴하는 노선이 제기되었으며, 이것이 국유기업을 주식회사제도로 전환하는 현대기업제도 도입으로 이어져 1990년대의 기본노선이 되었다.

이처럼 국유기업 내에서 소유권과 재산권을 분리하고, 비공유제 형태의 기업 발전을 촉진하면서 전체적인 사회성격은 '사회주의 시장경제'로 정의되었다. 이 모순적인 두 어구의 결합에서 사회주의라는 말의 의미는 앞서도 말했듯이 '공유제 우위' 정도는 유지되었으나, 그 본래 뜻은 변화한 것이었다. 1992년 14차 당대회에서 제창된 사회주의 시장경제 노선에 따른 변화는 1997년 15차 당대회 이후 국유기업에 대한 구조조정과 주식회사화가 대대적으로 추진되면서 본격적으로 나타났다.

중국의 변화와 관련해 주목해야 할 것 중 하나는 동아시아라는 맥락에서의 중국 발전노선의 특이성이다. 미국의 경제학자 폴 크루그먼(P. Krugman)은 1997년 아시아 금융위기 때 한 잡지에 쓴 평론에서, 중국 은행에 비하면 태국 은행들은 미국 우량은행인 JP모건이라 부를 수 있지만, 오히려 중국이 금융위기를 겪지 않은 이유는 자본시장에 대한 국가

통제 때문이라고 쓴 적이 있다. 그 말의 핵심은, 동아시아의 여러 국가들은 '탈발전국가적' 구조조정으로 나아가고 있는데 반해, 중국은 오히려 동아시아의 '발전국가'라고 할 만한 모델로 나아가고 있지 않느냐는 것이다. 여기서 발전국가란 자본가세력이 미약한 상황에서 국가가 금융부문을 통제하고 이를 통해 적극적으로 산업정책을 펼쳐 특정 산업을 육성하고 자국 시장을 보호하며, 특히 투기성 자본의 유입을 통제하고 수출지향 산업화에 매진하며 노동운동을 강하게 통제하면서 자본주의적 고속성장을 추진해온 모델을 말한다.

일본, 한국, 대만 등으로 대표되는 이런 모델은 사실 동서냉전 시기 자본주의 대 사회주의라는 대치전선이 그어지면서 미국이 주도하여 만들어진 '쇼윈도우'라는 특징을 띠고 있었으며, 특정한 역사적 시기 지정학의 산물이었다. 이런 모델이 유지되기 위해서는 ① 군사비 부담까지 포함한 미국의 강력한 정치적 지원 ② 원조나 차관 등의 자본지원 ③ 해당국에 대한 미국 초국적기업의 진출 제어와 토착기업 육성 적극 허용 ④ 미국시장의 일방적인 개방 ⑤ 국가정책에 대한 잠재적인 토착 반대세력 제거 등의 조건이 필요했다. 냉전기의 이러한 조건들은 탈냉전시기에 들어서면서 동아시아지역에서 크게 변화했고, 그 결과 이 지역 국가들은 더이상 과거의 '동아시아모델'을 추구하기 어려워지면서 '워싱턴 컨센서스'의 논리가 작동하는 전지구적 소용돌이에 빠져들게 되었다.

그런데 중국의 경우는 냉전의 지정학 속에서 이런 조건들이 부여된 경우가 아님에도 불구하고, 1990년대 초반까지 동아시아모델과 유사한 발전전략이 관찰되는데, 중국이 이런 길을 걸을 수 있었던 데는 크게 세 가지 배경이 작용했기 때문이라고 할 수 있다.

첫째, 동유럽 사회주의 국가들과 달리 중국은 1970년대말 개혁개방 시작 당시에 외채가 거의 없었고, 경제개혁기에도 외채 증가를 경계하는 태도를 보였다. 그 때문에 중국은 자본시장 개방에 대한 외부 압력을 비교적 덜 받았다.

둘째, 중국의 빠른 성장을 주도한 한 축은 해외자본이었는데, 중국은 외채를 늘리는 차관보다는 직접투자를 선호했다. 그런데 1980년대말과 1990년대초 외국인직접투자의 대부분은 해외 화교자본이었고, 특히 화남지역과 연해지역의 홍콩 투자가 압도적인 비중을 차지했다. 전자나 섬유/복장 산업에 투자된 이런 자본은 이 시기 중국 외국인직접투자의 70% 이상을 차지했다.

셋째, 중국에 투자한 화교자본은 중국을 동아시아의 국제적 하청체제의 하위파트너로 편입시켰다. 동아시아 신흥공업국에 기반을 두고 있던 이들 중소규모 화교자본은 중국 현지에 가공생산 공장을 짓고 수출품을 다시 미국시장으로 판매하는 기존 생산네트워크를 유지했다. 이들 화교계 기업은 중국의 기존 국유기업들과 충돌을 일으키지 않는 보완관계를 유지했다. 중국의 거대한 농촌지역에서 배출된 수많은 노동자들은 이들 화교계 기업에 저임금 노동력으로 거의 무한정 제공됐다.

그러나 1992년 떵 샤오핑의 남순강화(南巡講話) 이후 대외개방을 가속화하면서 중국에 유입되는 외국인직접투자 형태에 변화가 생기기 시작했다. 화교계 자본 이외에 중심부국가의 초국적기업이 대거 진출하기 시작했다. 이와 맞물려 중국의 경제구조를 신자유주의적인 지구화에 발맞추기 위한 구조조정 또한 본격적으로 시작되었다. 일부 대형 핵심 국유기업을 제외한 중소형 국유기업을 매각하여 사기업화하고, 선별된 대형기업이 국제경쟁력을 갖추도록 대대적인 재구조화 작업을 진행했다. 또한 국제기준에 맞추어 금융제도를 개편하며, 외국자본의 진입을 막는 장치들을 제거하고 노동유연화를 높이기 위한 제도의 도입을 서둘렀는데, 이러한 변화가 구조조정의 주요 내용이었다.

(4) 중국과 신자유주의

1990년대 중반 이후 중국은 본격적인 신자유주의적 구조조정의 길을 걷고 있다. 특히 1998년 이후 단행된 국유기업 구조조정의 결과 면직자가 크게 늘어났고, 중국정부는 대외개방을 촉진하여 이를 통해 국내기업의 구조조정을 다그치는 정책을 추진하면서 WTO 가입을 서둘렀다. 물론 아직까지는 국가가 노동력을 관리·포섭해온 코포라티즘적 틀이 완전히 무너지지는 않았고, 이는 소속돼 있는 층위에 따른 노동자들의 분할관리라는 노동력 관리 방식으로 나타나고 있다. 국내 경제정책에서도 국가의 적극 개입에 의한 발전주의적 노선이 어느정도 유지되고 있다. 그러나 WTO 가입으로 상징되는 대외개방의 가속화는 신자유주의적 구조조정에 대한 국내의 반대세력에 대한 공격을 강화하는 데 힘을 실어줄 것이며, 국유기업과 노동제도에 대한 구조조정은 신자유주의화의 기본 추세를 되돌리지 않는 방향으로 진행될 것이다. 자본시장 통제를 어느 정도로 유지해갈 것인가가 관건이지만, 국유기업 구조조정 일환으로 지금까지 제한해온 외국자본의 증권시장 투자를 풀어주고 이를 통해 외국자본을 적극 유치하겠다는 것이 중국정부의 목표이다. 정치적으로 중국공산당은 코포라티즘적 통제를 제도화하는 방향으로 전환하고 있지만, 사회경제적으로는 코포라티즘을 유지해온 토대를 허물고 있는 실정이다. 이런 딜레마 때문에 향후 중국이 걸어갈 길을 선택하는 데 많은 제약을 받고 있다. 후 진타오(胡錦濤)체제의 '조화사회' 구상에도 불구하고 사회적 위기가 끊임없이 거론되는 것은 이런 이유 때문이다.

어떤 점에서 중국은 사회적 갈등에 대한 국가의 대응이 한계를 점점 더 노출해가는 라틴아메리카와 유사한 특징들을 보이게 될 수도 있다.

신자유주의적 구조조정이 심화하면서 1997년 이후 중국 내에서도 중국의 발전노선을 신자유주의로 규정하고, 이에 대해 반대 목소리를 높이는 움직임 또한 등장하고 있다. 아직 그 목소리는 작지만, 계속 심각해지는 실업문제 및 사회적 불안정과 맞물려 적지않은 반향을 불러일으킨 바 있다.

2. 국유기업 개혁과 중국의 노동자

(1) 구조조정과 노동자의 불만

중국 동북지방의 랴오양(遼陽)과 따칭(大慶)에서는 2002년 대대적인 노동자 시위가 발생하여 꽤 오래 지속되었다. 수천 수만명의 노동자 시위대가 시정부청사와 공안국청사를 포위해 자신들의 요구를 외쳤고, 이 와중에 시위 지도부가 체포·연금되자 이들의 석방을 요구하며 시위가 오래 지속되었다. 시위대의 주축은 기업에서 면직된 노동자들이었다. 이들의 요구는 기업과 정부가 일자리를 보장하고 밀린 생활보조금을 지급하고 자신들의 사회보험금을 계속 납부해달라는 것이었다. 면직자들은 1990년대 중반 이후 국유기업의 구조조정이 가속화하면서 실업 상태로 내몰린 불안정고용 상태의 노동자들이다.

중국의 공식 통계에 따르면 2001년 6월말 기준으로 도시등록 실업자 수는 619만명이고 도시실업률은 3.3%였는데, 이들 이외에 국유기업의 면직직공이 이보다 많은 769만명으로 집계되어, 이들을 합하면 사실상 도시실업률은 7% 수준을 넘어선다. 정부는 실업보험을 통해 실업자에게 구제금을 지급해야 하며, 실업률의 상승 자체가 정치적·사회적 부담

이 되기 때문에 2000년대 초반까지는 실업 대신 면직제도를 이용해 국유
기업의 구조조정에서 배출되는 노동자를 기업 내에 묶어두기를 원했다.
정부는 면직자의 취업에 책임지지 않고 기업이 재취업을 책임지거나 면
직자 스스로 일자리를 찾아야 했다.[10] 2001년 면직직공 중 재취업한 사
람은 11.1%뿐으로, 새 일자리가 대부분 사영기업이어서, 사영기업이 적
고 국유기업이 밀집해 있는 동북지방 면직자는 장기 실업 상태로 남게
되는 경우가 많은데, 동북의 시위도 이처럼 누적된 면직자 문제가 폭발
한 사건이었다.

　랴오양과 함께 시위가 벌어진 따칭이란 어떤 곳인가? 중국 사회주의
역사에서 따칭은 1960년대에 상당히 중요한 의미를 지니고 있던 지역이
었다. 일찍이 1960년대에 마오 쩌뚱(毛澤東)은 "공업은 따칭에서 농업은
따자이(大寨)에서 배우자"라고 외친 적이 있다. 따칭은 중국이 자체 개발
한 유전이 있는 곳으로, 자력갱생과 노동자의 헌신, 정치우위 등이 집약
된 대표적 모델이었으며, 중국 석유생산량의 3분의 2를 담당해왔다. 중
국 사회주의 역사에서 상징적으로 등장하는 몇몇 공장이 있다. 따칭이
그렇고, 정치우위에 입각한 기업관리를 뜻하는 '안강헌법(鞍綱憲法)'의
본산지인 안산(鞍山)강철이 있다. 또한 중국 사회주의기업의 대표적 모
델인 서우뚜(首都)강철이 있고, 문화혁명기에 마오 쩌뚱의 직접 지원을
받은 쭝난하이(中南海) 공작대가 조반파와 결합해 공장경영체제의 혁신
을 실험한 뻬이징 방적(北京針織), 그리고 같은 시기 노동자 중심의 생산
경영체제를 시도하고 대학과 공장의 결합을 실험한 샹하이 선반기계(上
海機床廠) 등이 있다. 이런 과거 역사를 대표하는 지역의 하나인 따칭에
서 시위가 벌어졌다는 점에서 그 상징성은 컸다. 더구나 시위가 중국의

---

10) 더 자세한 내용은 본서 1장을 참고하라.

대표적 대형기업집단인 중국석유(中國石油)가 뉴욕과 홍콩 증시 상장을 앞두고 대대적으로 단행한 구조조정과 인원삭감에 반발해 벌어졌다는 점에서, 중국이 걷는 길의 상징적 단면을 보여주는 사건이기도 했다. 중국 동북부 석유산업을 통합한 거대기업인 중국석유는 1999년 이후 산하 기업 중 비효율적인 기업들을 점차 축소하기로 하면서 노동자 28%를 삭감하였다. 중국석유에 인수된 따칭에서는 8만 6000명이 감원되어, 직원 수가 9만명으로 줄었는데, 따칭은 대외개방의 심화과정에서 생산가가 국제기준유가보다 높다고 평가되어 점차 생산을 단축하기로 함에 따라 집중적인 구조조정 대상이 되었던 것이다.

1990년대 중반 들어 중국의 국유기업 적자는 심각한 사회문제로 등장했고, 1998년 총리에 취임한 주 룽지(朱鎔基)는 3년 내에 국유기업의 적자문제를 해결하겠다는 계획을 발표한 바 있다. 그러나 국유기업의 문제를 해결하기 위한 대대적 구조조정에는 반대가 많았고, 이를 해결하기 위해 WTO 가입을 통해 대외개방을 심화하고 외부의 힘을 통한 내부의 구조조정을 단행한다는 방침을 설정했다. 2001년 들어 중국의 국유기업은 적자문제를 해결한 것처럼 보였는데, 이윤 총액의 대대적인 증가가 그 근거였다. 그러나 그 이면을 살펴보면 몇몇 업종의 초대형기업과 대다수 중소기업의 양극화가 심화했음을 알 수 있는데, 2001년 1월에서 9월 사이 이윤액 10억위안 이상인 20개 국유기업이 국유기업 이윤 총액의 78%를 차지했다. 그중에서도 이윤 총액 5위 안에 드는 중국석유, 중국이동통신, 중국전신, 중국해양석유, 중국전력이 이윤 총액의 55%를 점하고 있으며, 업종별로는 고이윤 5개 업종이 이윤 총액의 74.6%를 차지하고, 지역적으로도 31개성·직할시·자치구 중 6개성이 국유기업 이윤 총액의 64.2%를 차지하여 규모·업종·지역에 따른 집중도가 매우 높게 나타났다(王君超 2002: 69). 그에 비해 중소규모 국유기업의 상태는 계속 나빠졌는데, 이런 양극화 추세는 1995년 중국공산당 14기 5중전회(중앙위원회 5차 전체회의)에서 제기된 '큰 것은 쥐고 작은 것은 놓는다'(抓大放小)는 방침이 구체적으로 실행됨으로써 나타난 결과라고 할 수 있다.

중국 국유기업의 변화는 전체 발전노선의 방향을 가늠할 수 있게 해준다는 점에서 매우 중요하다. 국유기업 구조의 변화는 국가와 기업의 관계와 기업운영 방식 그리고 노동관계의 근본적인 전환을 낳는다는 점에서, 중국 사회구조 변화의 핵심축이자 현재 중국이 나아가고 있는 신자유주의적 전환의 상징이 되고 있다.

(2) 개혁개방과 국유기업 구조조정

중국 개혁개방은 농촌에서 시작되었지만 핵심 목표는 국유기업의 구조조정과 그 비중의 축소에 맞춰져 있었다. 다만 국유기업의 상징성이나 국유기업이 수행해온 사회경제적 역할 때문에 처음부터 이 문제를 거론하기에는 이데올로기적 저항이 강했기에, 1980년대에는 우회로를 통해 국유기업의 외곽을 포위한 후 1990년대 들어 본격적으로 국유기업에 대한 공격에 나섰다고 할 수 있다.

중국 국유기업의 구조 전환은 국가와 기업 관계의 변화와 기업 내에서의 권력관계의 변화라는 두 측면에 초점을 맞추어 살펴볼 수 있는데, 양자는 사실 분리되지 않고 동시에 진행돼왔다.

소유권과 경영권의 분리

개혁개방 전 중국 도시지역 기업에는 크게 국유기업과 집체기업 두 가지 유형이 있었으며, 이 둘을 묶어 '공유제'라고 불렀다. 국유기업은 1994년 이전까지는 국영기업 또는 전민소유제기업이라는 명칭으로 불렸다.[11] 국유기업은 책임관리 주체에 따라 중앙부서 직속 기업, 성급기업, 지구급기업, 현급기업 등 행정등급에 따라 구분되었고, 그에 따라 시설 규모나 급여, 복지혜택 등에서 차이가 났다. 이에 비해 집체기업은 건국 초기의 사기업들이 국가자본주의적 방식으로 통합되면서 집체기업으로 전환된 것과, 국유기업 산하에 설립된 기업, 도시의 구(區)보다 아래 등급인 가도(街道)에서 설립하여 운영하는 기업, 농촌지역 인민공사가 설립한 기업(이는 인민공사 해체 이후에 향진기업으로 전환된다) 등을 일컫는다. 중국은 소련과 달리 계획경제 운용에서 중앙집중성이 덜한 탈집중적인 면모를 보였는데, 이는 대약진운동이나 문화혁명이라는 중국 고유의 역사적 배경이 작용한 때문이었다. 다수의 국유기업은 중앙정부가 아니라 지방정부의 해당 부서의 관할 아래 상대적으로 분리 운영되었고 전국적 통합성은 비교적 적었다. 일반적으로 국유기업의 운영은 그 기업 상급의 해당 정부의 관할 부서가 책임을 나누어 맡았는데, 재무, 원료 공급, 노동력 공급, 생산물 유통 등이 별개의 부서로 나뉘어 관할되는 체제였다.

1970년대말 개혁개방 시기에 국유기업 구조전환이 시작되면서 나타난 변화는 국유기업과 상급 주관단위 사이의 기존 고리를 끊고 기업에 더 많은 경영권을 위임하는 것이었다. 이 과정은 크게 세 단계로 나뉘어 진행되었으며, 점차 그 변화의 폭과 깊이가 심화되면서 국유기업 성격 자체가 변하기에 이르렀다. 이 세 단계는 ① 권한의 위임과 이윤유보 허용 시기(1978~84년) ② 소유권과 경영권 분리의 시기(1985~93년) ③ 현대기업제도 건립 시기(1994년 이후)로 구분된다.

---

11) 중국에서는 독립채산이면서 영리를 목적으로 하는 조직인 기업 이외에, 비영리 목적의 독립채산조직인 사업(학교, 연구소, 병원 등), 그리고 국가기관이라는 세가지 조직형태가 있으며, 이런 조직들을 일반적으로 딴웨이(單位)라고 지칭한다.

첫번째, 권한의 위임과 이윤유보 허용 시기에는 기존 기업의 이윤을 상급 주관단위에 전액 납부한 후 이를 다시 배분하던 방식을 일부 벗어나, 기업이 상급 주관단위에 이윤액이나 이윤증가율 등을 청부하고, 청부한 목표를 초과하는 이윤을 기업 내에 유보하여 자체 축적기금이나 복지기금으로 사용할 수 있도록 했다. 1983년에는 한걸음 더 나아가 이윤상납을 세금으로 전환하는 제도가 도입되어, 대형 국유기업의 경우 실현이윤 중 55%를 소득세로 납부한 후 나머지를 자체 사용할 수 있도록 했고, 중소기업의 경우에는 8급의 차등 누진소득세 제도를 도입하였다. 1984년에는 기업경영자에게 허용되는 권한을 10개 영역으로 확대하여, 생산경영계획, 상품판매, 상품가격 설정, 자금 사용, 인사노동권, 임금사용권 등을 허용하였고, 이듬해에는 4개 영역이 추가되었다. 그러나 정부의 의도와 달리 이런 방식은 경영자의 권한을 확대하고 기업 자체 생산계획을 확대하는 방향으로 나아가지 못했다. 오히려 그동안 억제된 임금인상 요구가 폭발하면서 기업의 유보이윤을 복지기금으로 배분하는 경향이 두드러졌으며, 당과 정부는 경영자의 권한 확대를 위한 새로운 제도의 도입으로 나아갔다.

두번째 시기에는 소유권과 경영권을 분리하고, 경영권 강화를 목적으로 경영책임제가 도입된 것이 두드러진다. 상급 주관단위는 기업경영의 여러 목표와 관련하여 경영권을 특정 경영자에게 청부하고, 이 청부를 맡은 경영자는 청부기간 내에 전권을 행사할 수 있게 되었다. 대형기업에서는 일반적으로 청부제가 시행되었고, 중소기업에서는 기업임대제도가 시행되었는데, 1987년에 이 두가지 제도를 시행하는 기업이 예산 내 기업의 78%를 차지할 정도로 변화가 빠르게 진행되었다. 이 시기에는 또한 앞선 시기의 이윤상납을 세금으로 전환하는 제도를 개선한, 세금과 이윤의 분리(稅利分流) 제도가 시행되어 기업소득세가 일률적으로

33%로 낮아졌으며,[12] 주식회사제도가 시험적으로 도입되었다. 이 시기에 국가가 기업에 대해 소유권만을 지닐 뿐 경영에는 간섭할 수 없다는 소유권과 경영권 분리 주장이 부각되었는데, 이는 다음 시기 현대기업제도의 이론적 근거가 되었다.

세번째 시기에는 1994년 이후 현대기업제도 건립이 추진되었다. 1992년 14차 당대회에서 '사회주의 시장경제'가 발전노선으로 채택되고, 국가가 경제에 직접 개입하던 데서 거시경제 관리로 물러남에 따라 기업제도에서도 기존 방식과는 다른 근본적인 전환이 나타나는데, 이는 주식회사를 골간으로 한 현대기업제도의 도입이었다. 1993년 제정된 회사법(公司法)은 그 법적 토대를 만들었다. 기업의 핵심조직은 주주총회·이사회·감사회이며, 이사회의 대표인 회장[董事長]이 그 아래 사장[總經理]을 두어 기업을 경영하고, 소유자로서의 국가의 권한은 대주주로서 주주총회와 이사회를 통해 발휘하게 한다는 방침이다. 국가가 소유자로서의 권리만 가지겠다는 것은 계획경제에 의한 관리방식을 포기한다는 뜻이었다. 이 체제하에서 기업은 경영책임과 손익, 발전계획을 책임지며, 국유기업의 파산도 실질적으로 가능하게 되었다.

현대기업제도 아래에서 국유기업이 주식회사 형태로 변화함에 따라 국유기업과 비국유기업의 경계는 점차 모호해지게 되었다. 국유기업 일부는 독자적인 지주회사 형태의 총공사(總公司)로 독립한 기존 상급 주관단위가 산하 개별기업들을 소유지분을 통해 통제하는 기업집단형 기업체제로 전환되었고, 일부 기업은 실질적으로 주식회사로 전환되어 상하이와 선전(深圳)의 주식시장에 상장되었다. 이어 1995년 중국공산당 14기 5중전회에서는 '큰 것은 쥐고 작은 것은 놓는다'는 방침이 채택되

---

12) 그러나 이 시기에 외국인투자기업에 대해서는 상당기간 소득세 면제와 감면 등의 특혜조치가 시행되었다.

어, 핵심 국유기업만 국가 소유를 유지하고 중소형 기업들은 파산·매각·합병 등의 방식으로 처분한다는 새로운 방침이 설정되었다.

현대기업제도를 중심으로 국유기업체제가 전환됨에 따라 '공유제 우위'의 원칙이나 국유기업에 대한 해석 자체도 바뀌고 있다. 중국이 사회주의임을 주장하는 근거의 한 축은 국유와 집체가 핵심인 '공유제의 우위'인데, 이에 대한 해석은 공유제가 수치상 절대적 우위를 차지한다는 것에서 경제의 핵심영역(자원개발, 교통운수, 통신 등)만을 장악하면 된다는 시각으로 옮겨가고 있다. 그에 따라 국유기업의 사유화에 대한 합법적인 이론적 근거가 마련되었다.

이처럼 변화가 빠르게 진행됨에 따라 전체 경제에서 국유기업이 차지하는 비중은 빠르게 감소하고 있다. 2004년 통계를 보면, 공업기업 137만 5263개 중 국유기업(국유 독립투자 유한책임회사 포함)은 2만 7422개로, 외국인투자기업 10만 9165개의 4분의 1 수준이며, 주식제기업도 1만 7427개로 늘어났다. 사영기업은 90만 2647개로, 기업수에서는 국유기업의 33배 규모로 성장하였다. 공업생산 총액에서 차지하는 국유기업과 국유 독립투자 유한책임회사의 비율은 15.1%로 외국인투자기업 30.2%와 사영기업 22.4%에 모두 못 미치는 수준으로 하락하였다.[13]

경영권의 확대와 노동자의 배제

국유기업에서 이처럼 소유권과 경영권이 분리되고 경영자 권한이 확대됨에 따라 기업 운영에서도 경영자와 노동자의 권력관계에 큰 변화가 발생했다. 중국에서 기업관리체제는 중국 사회주의의 역사적 기복에 따라 적지않은 변화를 겪었다. 신중국 건설 이후, 옌안(延安)시대 모델을

---

13) 『中國統計年鑑 2006』.

따라 건립된 공장관리위원회 제도는 짧은 도입기 이후 1차 5개년 계획기(1953~57년)에 소련모델에 따른 공장장책임제(一長制)로 바뀌었다. 이 공장장책임제에 대한 노동자의 반발이 높아지자 대약진운동 시기에는 당위원회가 지도하는 공장장책임제가 도입되었고, 문화혁명기에는 공장관리체제에 대한 근본적인 문제제기로 혁명위원회라는 새로운 제도가 도입되기도 하였다. 이후 1970년대말에는 당위원회 지도하의 공장장책임제가 다시 도입되었고, 1980년대 들어 경영청부책임제 아래에서는 기본적으로 경영자에게 권한을 더욱 집중시키는 공장장책임제가 기업관리제도의 골간으로 자리잡게 되었다. 1990년대의 현대기업제도는 기존 사회주의 기업관리체제와 근본적으로 단절하게 되는데, 새롭게 등장한 기구와 기존 공장 내 대중조직의 관계를 살펴보면 현대기업제도 아래에서의 새로운 변화가 잘 드러난다.

현대기업제도가 등장하기 이전 공장에 설립돼 있던 노동자 대중조직으로는 '노삼회(老三會)'라고 부르는 당위원회, 직공대표대회, 노동조합〔工會〕세 가지였다. 물론 이 조직들이 진정한 대중조직이었는가에 대해서는 논란이 많으며, 이를 둘러싼 논쟁 자체가 문화혁명의 핵심 쟁점이기도 했다. 공장 내 대중조직인 직공대표대회나 노동조합 모두 노동자 의견의 결집체로 존재하기보다는 노동규율의 강화에 필요한 보조 기구였다. 역사적으로 보더라도 작업장의 생산규율이 강조되고 공장장 권한이 강화되는 시기에 오히려 노동자조직들의 보완 역할이 강조되었다는 점에서도 이 조직들이 실질적 힘을 지니지 못했다는 점이 드러난다. 그럼에도 불구하고 1980년대까지는 형식적으로나마 공장 내 노동자의 '권한의 상징'으로 남아 있던 이 조직들이, 현대기업제도 도입 이후에는 주주총회, 이사회, 감사회라는 '신삼회(新三會)'와의 관계 속에서 그 존재 자체가 의문시되는 상황이다. 법적으로 기업의 의사결정권이 주주총회에 집중되는 현대기업제도 아래에서 이들 옛 조직들이 설 자리는 복지 영역 정도로 국한될 수밖에 없기 때문이다. 당과 기업을 분리한다는 정책으로 당위원회의 입지는 축소되었고, 직공대표대회는 직공주주회로 대체되는 경향을 보이며, 노동조합의 역할은 복지 분야로 국한되는 것이 일반적인 추세이다.

(3) 불안정노동화

기업 내에서 경영권 강화가 노동자조직의 권한 축소로 나타나는 현상은 위에서도 살펴보았는데, 이는 조직적 차원뿐 아니라 개별 노동자의 지위 하락을 낳는 각종 조치들과 맞물려 진행된다. 전체 추세를 개괄하면, 노동자에게 보장되었던 권리들이 축소되고, 노동자들을 노동시장에서의 개별 계약대상으로 전환시키며, 비정규직노동자의 증가에 따라 노동의 불안정성이 증가하는 경향을 보이고 있다.

국유기업의 구조전환은 노동관계의 구조전환과 맞물려 진행되었다. 이는 세 영역을 중심으로 전개되었는데, 고용관계에서 노동계약제의 도입, 임금관계에서 임금차등화와 개별고과제도의 도입, 사회복지 영역에서 사회복지의 시장화가 그것이다.[14]

첫째, 고용관계 영역에서는 노동계약제가 도입되고 이것이 전원노동계약제로 확대됨에 따라 고용의 불안정성이 증가하고 있다. 사회주의 중국의 도시 노동자는 종신고용이 보장되는 '고정노동자(固定工)'라는 형태로 존재했다. 물론 이런 고용제도하에서도 호구제도에 따른 도시주민과 농촌주민 사이의 직업 배분과 취업기회의 엄격한 장벽, 고학력·고기술

---

14) 백승욱(2001a)을 참고할 것.

관리자에게는 '간부' 지위를 부여하고 그외의 사람들에게 '노동자' 지위를 부여하는 분할선, 국유기업 노동자와 집체기업 노동자 사이의 대우의 차별 등이 존재했지만, 도시 노동자의 고용안정은 사회주의 시기 중국 고용제도의 대표적 특징이었다.

개혁개방이 진행되면서 중국정부는 1986년 신규 노동자에게 적용되는 노동계약제도를 도입하기 시작했다. 노동계약제는 종신고용체제를 허물고 계약기간을 정해 고용관계를 수립하도록 하고, 고용기간이 종료된 후 해고가 가능하도록 한 제도이다. 이로서 '고정노동자' 이외에 '계약제노동자'라는 범주가 등장하였는데, 이는 처음에 신규 노동자에게만 적용되다가 1990년대 들어서 전체 노동자에게 확대되었다. 이 전원노동계약제는 대상 범위가 확대되었다는 점에서 달라졌을 뿐 아니라, 작업장 내에서 직무 최적화를 거쳐 잉여인력을 계약대상에서 배제할 수 있다는 단서를 붙여 시행했다는 점에서 이후 면직과 해고의 근거를 마련했다. 1994년 발표된 중국의 노동법은 노동계약제를 고용의 일반원칙으로 못박았고, 1990년대 중반 이후 노동계약제는 일반화되었다.

노동계약제 실시에 대해 기존 고정노동자의 저항이 적지 않았지만, 국유기업 구조조정에 따른 면직의 증가와 농촌에서 유입되는 농민노동자(農民工)의 증가 때문에 이러한 저항은 점차 약화되었다. 농촌 출신 노동자는 1989년 이후 비약적으로 증가하는데, 이들은 도시호구를 지니지 않았기 때문에 도시의 취업인구 통계에 잡히지 않지만, 사실상 사영기업이나 외자기업 소속 노동자 또는 자영업자 형태로 도시의 저임금 산업예비군을 형성하고 있으며, 앞으로도 그 수가 계속 늘어날 전망이다.[15)]

---

15) 면직노동자와 농민노동자 저수지가 커짐에 따라 도시 중소형기업의 노동조건도 악화되고 있는데, 한 예로 중국의 법정노동시간은 주당 40시간이지만 2000년대초 소형기업 노동자의 평균노동시간은 60.7시간으로 높게 나타나고 있다. 면직자의 70%는 사영기업이나 자영업자

둘째, 임금체제의 변화를 보면, 과거의 등급임금제가 사라지고 다양한 임금평가 기준을 도입하는 임금제도가 형성되었으며, 일반노동자와 경영자에게 상이하게 적용되는 보수지급 원칙이 등장했다. 사회주의 체제하에서 중국의 임금체제는 국가가 통일 관리하는 등급임금제였다.[16] 이는 한 업종 내에서 동일한 임금표에 따라서 숙련상 차등을 두어 임금을 지급하는 원리였다.

개혁개방 이후에는 기본급 이외에 성과급을 늘리는 형태로 변화가 나타났다. 이후 가변임금제나 구성임금제 등을 통해 임금평가 기준의 다원화를 실험한 후 1990년대에 정착된 방식은 직무기능임금제이다. 이는 기본급·직무급·기능급·연공급 등 여러 임금결정 요소를 두고 개인별 임금평가의 기준을 '능력에 따른 배분'으로 전환하는 것이다. 중국에서 임금결정을 둘러싸고 지속적으로 불거진 논쟁은 '노동에 따른 배분'에 대한 해석 문제였다. 사회주의 시기에는 이를 최소한으로 해석하여, 가능한 한 임금격차를 줄이고 재분배 형태의 급여를 늘렸다. 반면 개혁개방 이후에는 이를 최대한으로 해석하여 가능한 한 개인차를 늘리는 방향에서 급여를 지급했다. 이와 더불어 일반노동자와 경영관리자에게 상이한 보수지급 원칙이 적용되기 시작했는데, 이를 잘 드러내는 것이 경영관리자에 대한 고액의 상여금 지급과 연봉제 도입이다. 첨단산업을 중심으로 고학력 기술인력과 관리자에게 스톡옵션 형태로 주식을 배분하는 것도 유사한 추세를 반영한다.

셋째, 사회복지 영역에서는 과거 기업이 노동자 복지를 전적으로 책임지던 체제를 허물고 사회복지를 상품화하는 변화가 나타나고 있다. 사

형태로 재취업하고 있다.
16) 여기서도 일반노동자에게는 등급임금제가 적용되고 간부에게는 직무등급임금제가 적용된다는 차이점이 있었다.

회복지의 상품화는 개인부담 비율을 늘리는 사회보험체제를 수립하는 것과 기업의 복지혜택을 기업 외부로 이전하여 유료화하는 방향으로 진행되고 있다. 사회보험 개혁은 과거 기업이 전적으로 책임지던 양로보험, 의료보험을 개인과 기업의 공동책임으로 전환하고 여기서 개인의 책임비중을 점차 높이는 방향으로 나타나고 있다. 해고가 가능해짐에 따라 사회보험 영역에서 나타나는 또하나의 변화는 실업보험제도인데, 여기서도 개인과 기업의 공동부담 원칙이 적용되고 있다. 이러한 사회보험제도는 국가가 직접 책임지지 않으면서 개인의 부담을 늘리고 개인과 기업이 공동으로 책임지도록 한 것이다. 그런데 국유기업 구조조정과 맞물려 사회보험금 납부 능력이 없는 기업이 늘어나면서 사회복지혜택을 받을 수 없는 노동자의 비율은 오히려 커지고 있다. 한편 기업 복지혜택의 유료화는 그간 무상으로 공여하던 식당, 탁아소 등 각종 편의시설을 기업에서 분리하여 유료화하는 방향으로 진행되고 있다.

3. 마오 쩌뚱의 유령

(1) 되살아난 마오 쩌뚱

중국에서 국유기업에 대한 강도높은 구조조정이 시행되면서, 실업문제가 심각해지고 노동자의 지위가 하락함에 따라 노동자와 농민을 비롯한 일반대중의 불만이 커져가고 있다. 신자유주의 지향의 사회적 구조조정은 극단적인 양극화를 낳았다. 한국 방송사의 기획프로그램에서 중국 내륙의 한 농민은 개혁개방의 성과에 대해 평가하면서 "있는놈들은 배터져 죽고, 농민과 없는놈들은 굶어죽고"라는 말로 현재 중국의 실상을 드러내기도 했다.[17] 중국의 지도부는 이런 현실이 단지 과도적으로 나타나는 상황이라고 합리화하고 이런 방향으로 사회주의론을 변용하고 있지만, 현실의 문제가 이론적 합리화로 쉽게 해결되기는 어려워 보인다. 더구나 자본가계급까지 포함하는 코포라티즘 체제를 지향하는 방향으로 중국공산당의 성격을 전화하려는 노력은, 인민공사와 노동자 특권의 해체라는 코포라티즘적 토대의 와해와 엇물리는 것이어서 현실적 효과도 제한적일 듯하다.

이런 현실 속에서 중국 노동자들의 대응 또한 새로운 모습으로 나타나고 있는데, 2002년 두드러진 동북지방의 자생적 파업을 예로 들 수 있다. 랴오닝성 랴오양 등에서 발생한 파업은 임금과 연금의 지급체불 등을 이유로 발생하였는데, 개별 공장을 넘어서 지역 차원으로 확대된 데다가 파업이 매우 조직적으로 전개되었다는 점에서 관심의 대상이 되었다. 파업이 지역 지도자 공격으로 '정치적'으로 확산되자 정부는 주도자를 강하게 처벌하는 동시에, 사건을 봉합하고 부분적으로 포섭하는 대응을 통해 '체계의 변화는 없되 개별 사례는 해결되는' 임기응변 방식을 취했다.[18]

노동자들의 변화를 보여주는 또하나의 사례는 중국 중부지역의 한 공업도시에서 정부의 신자유주의적 구조조정에 반대하는 노동자들이 자발적인 모임을 조직해 학습과 토론을 진행했다는 것이다. 국유기업 사유화에 반대하는 파업이 발생해 오랜 기간 지속되었던 이 도시의 노동자들은 저녁시간을 이용해 노동자문화궁 앞의 광장에서 토론회를 조직했고[19] 또 현실을 분석하기 위한 학습모임을 만들기도 했는데, 흥미롭게도 이들

---

17) 한중수교 10주년 기념 KBS 특집다큐멘터리 「신중국 대장정」 참고.
18) 랴오양의 노동자 시위의 전개과정과 그 특징에 대해서는 Lee(2007: 238~43)를 보라.
19) 이 도시에서 벌어진 파업의 맥락에 대해서는 佟新(2006), 장영석(2007: 4장)을 참고하라.

은 현실을 비판하기 위해 마오 쩌뚱의 후기 사상, 즉 문화혁명기 마오 쩌뚱이 제기한 '계속혁명론'을 이론의 준거로 삼았다고 한다. 계속혁명론이란 사회주의가 언제나 자본주의로 복귀할 수 있고, 이를 극복하기 위해서는 사회주의하에서도 지속적인 계급투쟁이 불가피하다는 주장으로 문화혁명의 근거가 된 이론을 말한다. 중국정부가 현실적으로는 중국 사회주의 역사의 핵심을 부정하고, 그 속에서 단지 근대화의 함의만을 계승하고 있긴 하지만, 스스로 사회주의국가라고 정당화하는 근거인 떵 샤오핑의 '4대 기본원칙' 중 하나가 바로 맑스-레닌주의, 마오 쩌뚱 사상의 계승이라는 점에서, 이들 노동자들은 지배이데올로기의 역설을 이용해 현체제를 비판하고 있는 것이다. 이 도시의 노동자들은 지역에서 발생한 파업문제를 해결하기 위해 중앙에서 고위급 간부가 파견되어 내려온다는 소식을 듣고 이들이 지나가는 길목에 커다란 현수막을 내걸고, 거기에 '마오 쩌뚱 사상 만세!'라는 구호를 적었다고 한다. 이 구호를 중국 지도부가 어떻게 해석했을지 자못 궁금하다.

대약진운동과 문화혁명기의 마오 쩌뚱의 입장은 공식적으로 중국에서 오류로 거부되었고, 사실 개혁개방 20여년은 이런 마오 쩌뚱의 입장에 대한 즉자적인 안티테제로 자리매김될 수 있다. 마오 쩌뚱의 '정치우위'가 떵 샤오핑의 '경제우위'로, '계속혁명론'이 경제성장을 우위에 놓는 '단계적 발전론'으로 대체되어온 과정이 그 일면을 보여준다. 중국 텐안먼(天安門)광장에 걸린 거대한 사진 속의 마오 쩌뚱은, 분열되고 서방의 모멸을 받아온 거대한 중국을 소생시킨 국부(國父)이자 중국 경제건설의 기초를 닦아 중국을 강국으로 발전시킬 수 있는 기초를 닦은 위인으로 수용될 수 있을 뿐이다. 1950년대말 이후의 마오 쩌뚱은 잘못된 노선을 선택해 중국을 적어도 10년 이상 퇴행시킨 오류에 찬 인물이라는 것이 중국정부의 공식 평가이다. 이렇게 해서 마오 쩌뚱의 위협은 제거되었다고 보았는데, 느닷없이 '마오 쩌뚱 사상 만세!'라니, 마오 쩌뚱의 유령이 다시 떠돌아다니기 시작한 것인가?

지금 중국에서 다시 마오 쩌뚱을 거론한다는 것, 특히 계속혁명론의 마오를 재론한다는 것은 역사를 거슬러 현재 삶의 수준을 과거로 되돌리려는 시도로, 중국을 다시 후진 상태로 되돌리려는 반동적 시도로 간주될지도 모른다. 마오 쩌뚱은 '죽은 개'일 뿐이다. 중국 사회주의 역사의 모든 오류는 마오의 이름으로 귀속되고, 현체제의 발전방향에 대한 반대는 즉각 마오노선으로의 회귀로 간주해버리는 이분법만이 존재할 뿐이다. 누구도 마오 쩌뚱 시기의 중국 사회주의의 역사를 공식 견해와 다른 관점에서 제기할 수 없게 된 것이다. 이를 어기고 죽은 혼을 무덤에서 되살리려는 자에게는 '극좌파'라는 험악한 딱지가 붙을 뿐이다.

이처럼 20여년간의 노력 끝에 중국 지도부는 마오 쩌뚱을 역사적 인물로, 죽은 개로 매장하는 데 성공했다고 자평하고 있지만, 마오 쩌뚱의 유령이 어두운 창 밖에서 흐릿한 모습으로 끊임없이 실내를 주시하고 있는 것까지는 막지 못하고 있다. 마오 사후 1980년대까지 이따금씩 나타나던 마오의 유령은 1990년대와 2000년대 들어서는 더욱 자주 등장하고 있는 것 같다.

유령은 죽은 자이다. 따라서 현실 속에서 논쟁의 상대로, 그리고 수미일관된 입장을 지닌 세력으로 등장해 다른 세력과 대면하지는 않는다. 누구도 죽은 마오 쩌뚱의 계승자로, 특히 공식적으로 비판되고 부정된 그 입장의 후계자로 자처하여 논쟁을 벌이고 있지 않다. 유령은 우리 삶의 일정 속에서 예측 가능한 시공간을 차지하고 등장하지 않는다. 그것은 부정되었고 사망하였으므로 공식적으로 그 존재가 인정되지 않는 것이다. 그렇게 '사망선고'를 받았는데, 어디선가 출몰한다는 이야기가 들린다. 그것은 느닷없이 어느 도시의 노동자들이 내건 '마오 쩌둥 사상 만

세!'라는 구호 앞에서 잠시 나타난다. 신자유주의를 반대하고 중국 근대
성의 문제를 재고해야 한다는 비판적 지식인들의 주장 속에서도 마오의
유령은 다시 등장한다. 마오 쩌뚱의 사진을 택시에 달고 다니고 그의 일
상생활을 재조명하는 출판물이 쏟아져나오는 '마오 쩌뚱 열풍' 속에서도
소비사회의 불안심리와 결합된 마오의 유령은 등장한다. 더 근본적으로
마오 쩌뚱을 묻었다고 생각하고, 마오 쩌뚱과 전혀 다른 방향의 발전노
선을 추진하고 있는 개혁개방의 지도부들 앞에도 마오는 늘 나타난다.
개혁개방 노선의 변천사는 마오가 던진 문제에 대한 끊임없는 부정과,
그에 이은 마오 유령의 재출현, 그에 대한 재부정과 재출현이 반복되는
과정이며, 중국의 지도부는 끊임없이 마오의 유령에 시달리고 있다고 해
도 과언이 아니다.[20]

　그렇지만 유령은 누구나 볼 수 있는 것이 아니며, 심지어 여러 사람이
같이 있을 때조차 그중 일부에게만 보인다. 많은 사람들에게 마오는 여
전히 사망한 존재일 뿐이다. 유령은 유령을 불러낸 자 앞에만 나타날 뿐
이고, 한번 나타난 유령은 아무리 부정해도 그 유령을 불러낸 자와 언제
어디서나 동행한다. 그러나 앞으로 마오의 유령 목격자는 점점 더 늘어
나지 않을까?

　유령은 자신을 불러낸 문제가 해소되지 않으면 사라지지 않는다. 흔
히 말하듯 '한풀이'도 하지 않았는데, 유령이 사라지겠는가? 마오의 유령
이 나타나는 데는 마오가 던진 문제들의 동시대적 중요성이 사라지지 않
고 있기 때문이다. 그런 문제들 중 우선적으로 중요한 것은 사회주의의
성격과 관련된 질문들이다. 이런 질문들은 주로 문화혁명기에 제기되었

---

20) 마오의 시대를 현재와 대비시킴으로써 노동자의 삶에 끼친 개혁개방정책의 부정적 측면을
　　부각시키려는, 집단적 기억을 통한 노동자들의 정치적 대응에 대해서는 Lee(2002: 212~18),
　　그리고 백승욱(2007c)을 볼 것.

는데 크게 세가지를 들 수 있다.[21]

첫째, 사회주의의 가역성 문제, 즉 사회주의가 다시 자본주의로 복귀할 수 있는가 하는 문제였다. 둘째 질문은 첫째 질문과 곧바로 연관되는 것으로, 이런 가역성의 근거가 무엇인가 하는 점이었다. 그리고 셋째는 둘째 질문에 이어서 제기되는데, 이런 이행기의 가역성을 제어할 수 있는 방법은 무엇인가였다.

마오, 그리고 문화혁명은 이런 문제를 제기했을 뿐 그 답은 복잡하게 착종된 역사적 과정으로만 남아 있을 뿐이었고, 이는 마오의 모호한 입장과도 관련이 있다.[22]

이처럼 미해결의 형태로 제기된 마오의 질문들은 마오 사후에 개혁개방 과정을 거치며 마오의 유령과 더불어 되살아나지 않을 수 없다. 또한 마오의 즉자적 안티테제로서의 개혁개방 이데올로기는 명쾌한 해결책을 제시하여 마오의 유령을 다시 무덤으로 되돌려보낼 수 없는 취약함을 지니고 있다.

(2) 사회주의 초급단계론에서 중국공산당의 정체성 전환까지

중국의 개혁개방 과정은 마오의 질문들을 기각하는 자기부정의 과정이었으며, 이는 사회주의라는 이데올로기를 내걸고 그 이면에서 사회주의의 본질을 부정하는 변화를 추동해가는 과정이기도 했다.

최초의 탈마오적 시도는 마오 사후 후계노선의 정립 과정에서 등장했다. 마오에 의해 후계자로 지명된 화 궈펑(華國鋒)은 마오가 말한 것은 모

---

21) 더 자세한 것은 본서 8장을 참고하라.
22) 문화혁명의 과정과 그로부터 남겨진 질문들에 대해서는 백승욱(2007a, 2007b), 딜릭(2005: 2장)을 보라.

두 옳고 마오가 내린 결정은 모두 지켜야 한다는 '범시론(凡是論)'을 들고 나와 마오의 후광을 통해 자신의 기반을 확대하려 했지만, 이는 마오의 문제제기가 아닌 어록만을 글자 그대로 수용한 것이었기 때문에 현실을 근거로 한 반박에 취약했다. 이에 대립한 세력을 대표한 떵 샤오핑은 이를 반박하면서 "실천만이 진리의 유일한 검증기준"임을 내세운 진리표준논쟁을 촉발했고, 이를 통해 자신의 노선을 중심으로 정치지도권을 확립했다.

탈마오적인 개혁노선의 정립에서 가장 중요한 문제는 마오에 대한 평가와 마오가 주도한 중국 사회주의에 대한 평가일 수밖에 없었다. 이는 연이은 두 단계를 통해 진행되었다. 먼저 정리된 것은 마오 개인에 대한 공식적인 역사적 평가였다. 1981년 11기 6중전회에서 당의 공식 입장으로 정리된 약간 중대한 문제에 대한 역사적 결의」에서는 마오가 1950년대 중반까지는 기본적으로 올바른 입장을 견지했지만, 그 이후 많은 오류를 범했다고 정리했다. 이를 통해 마오는 더이상 동시대적 문제에 해답을 줄 수 있는 현재적 인물이 아니라 역사적 인물로 선고된 것이다. 이처럼 마오에 대한 정치적 사망선고를 내린 후 마오의 '대과도기론'에 따른 사회주의론을 부정하는 작업이 진행되었는데, 1980년대를 거쳐 '사회주의 초급단계론'으로 정리되었다. 사회주의 초급단계론은 그 내용상 스딸린과 소련의 소과도기론 및 전인민의 국가론과 상당히 유사한 이론적 내용을 담고 있다(이는 또한 근대화론의 자유주의적 함의를 수용함을 의미한다). 중국에서 사회주의혁명을 인정하고 소유제 개조를 통해 계급이 철폐되었음을 주장하지만, 사회주의혁명 이후 중국처럼 생산력이 낙후된 사회에서는 사회주의의 초급단계와 고급단계를 나눌 수 있다고 보고, 생산력의 발전에 의해 사회주의 초급단계에서 고급단계로, 그다음 공산주의 단계로 나아갈 수 있다고 보는 것이 그 이론의 요체였다.

떵 샤오핑의 이론적 입장을 '유생산력론(唯生産力論)'이라고 부르는 것은 이런 이유 때문이다. 사회주의 초급단계론을 통해 마오의 사회주의론을 부정함으로써 개혁개방하의 새로운 소유제의 도입, 외국자본의 유치, 다양한 물질적 유인의 동원, 집단주의의 해체 등을 정당화하는 과정을 거친 후, 1990년대 들어서 사회주의관이 근본적으로 수정되기 시작한다.[23)]

그 결과 1992년 14차 당대회에서 '사회주의적 시장경제'론이 제출된다. 떵 샤오핑의 남순강화와 맞물린 시기에 제기된 사회주의적 시장경제론은 대외적으로는 초국적기업을 필두로 하는 해외자본에 대한 의존도를 높이면서, 대내적으로는 국유기업의 비중을 낮추고, 노동자에게 제공되었던 여러가지 혜택을 없애며, 사적자본주의의 발전을 적극적으로 추진하고, 국가경제의 골간을 계획경제적 방식에서 거시경제관리적 방식으로 전환하는 등의 근본적 변화를 정당화하였다. 이에 따라 '사회주의'에 대한 의미 규정 또한 변화하여, 국유와 집체를 합한 공유제의 절대적 우위를 주장하던 데에서 점차 그 상대적인 중요성의 유지를 주장하는 것으로 사회주의의 의미가 축소되었고, 여기서도 경제성장의 달성이 중요한 목표로 설정되었다.

사회주의 규정 변화 속에서도 중국을 스스로 사회주의로 주장한 중요한 근거는 두가지였는데, 첫째는 소유제적인 규정으로 공유제의 우위였고, 둘째는 국가권력의 계급적 성격으로서 프롤레타리아당인 공산당이 국가권력을 장악하고 있다는 점이었다. 양자 모두 법률적 규정 이상을 넘어설 수 없음에도 불구하고, 나름의 이데올로기적 역할을 해왔다고 할 수 있는데, 사회주의적 시장경제론은 이중 첫째 영역에서 근본적 전환을 모색한 것이다. 이와 병행하여 국가권력과 공산당의 성격과 관련해서도

---

23) 개혁개방 이후 중국 내 사회주의 논쟁에 대해서는 이희옥(2004)을 보라.

급진적인 탈마오화의 길이 추진되고 있는데, 이는 2000년 장 쩌민의 '세 가지 대표론'과 2001년 사영기업가 입당 허용론을 통해 나타난 바 있다.

(3) 계몽주의적 비판에서 신자유주의 비판으로

마오의 유령은 중국의 지식인계에도 영향을 미쳤다. 문화혁명에 대한 공식적인 역사적 해석은 문화혁명의 대표적 피해자로 일컬어지는 지식인들에게 새로운 발언 공간을 개방했고, 많은 지식인들은 문화혁명의 즉자적 반대물로서 개혁개방의 탈마오화에 대대적으로 동참했다. 문화혁명이 1969년 이후 제도화된 정치캠페인으로 전화하는 과정에서 공격의 목표가 국가와 당, 그리고 관리자로부터 지식인들로 전환되었다. 여기서 지식인들은 조직된 공격에 노출되어 사회를 아홉 계급으로 나눌 때 '냄새나는 아홉번째'인 맨 밑바닥으로 굴러떨어진 비극을 기억하고 있다. 문화혁명에 대한 공격과 마오에 대한 비판을 입지강화의 기반으로 삼은 새로운 지도부들은 이런 지식인들에게 발언공간을 열어주었으며, 또한 서구적 발전모델을 추종하고 엘리뜨주의적 교육제도를 시행함에 따라 지식인들의 발언권은 물론이고 정책 결정과 실행에서의 참여공간 또한 넓어졌다.

1980년대 중국 지식인계의 논쟁을 주도한 것은 계몽주의였다. 이는 중국 사회주의 역사, 특히 문화혁명의 문제를 계몽적 전통의 결핍으로 보았는데, 이런 논의에서는 심지어 중국 사회주의를 '봉건적 사회주의로' 규정하기까지 하였다. 중국현대사는 국가를 구한다는 목표에 치우치면서 계몽이 무시됨에 따라 비극이 발생했다는 논지가 그 대표적 입장을 보여준다. 이런 계몽주의를 강조하는 자들은 자유주의 진영에 서 있는데, 중국에 필요한 것은 자유주의적 인권관념의 수립과 이런 자유주의적 기반을 건설하기 위한 시장의 도입이라고 보았으며, 이런 시장주의적 자유주의는 중국 지도부의 입장과도 공명할 수 있었다.

그러나 1989년 톈안먼사태를 통해 자유주의의 정치적 희망이 좌절되면서 계몽주의는 새로이 분화하게 된다. 일부 자유주의자들은 더 보수적 입장으로 바뀌면서 중국현대사 비극의 뿌리는 '급진주의'에 있었다고 평가하고, 1919년의 5·4운동에서 문화혁명과 1989년의 6·4사태에 이르기까지 급진주의가 시대적 조건을 넘어서는 반계몽주의적이고 인민주의적이며 반지성주의적인 파괴적 효과를 낳았다는 비판으로 넘어간다. 이들은 1990년대 들어 자유주의적인 최소한의 정치적 개혁에 대해서조차 점점 더 소극적인 태도를 보였고, 광범한 시장지향적 개혁을 통해 자유주의적 토대를 마련한 후 자유주의적 정치제도를 건설할 수 있다는 단계론으로 입장을 전환했다. 이는 결국 1990년대 중국의 신자유주의적 개혁을 정당화하는 바탕이 된다. 자유주의자 중 일부 비판적 세력은 도덕적이고 이상적인 자본주의 건설을 희망하지만, 신자유주의화 추세에서 이들의 비판은 힘을 얻지 못했다.

이에 반해 1990년대 인문논쟁을 거치면서 일부 비판적 지식인들은 소위 '신좌파'로 등장하게 된다. 이들의 주장을 네가지 정도의 논점을 통해 살펴볼 수 있다.[24]

첫째는 현시대 자본주의에 대한 인식이다. 이들은 중국의 다양한 자유주의자들이 시장에 대한 환상, 도덕적인 자본주의관의 환상에 빠져 있음을 비판하면서, 현시대 자본주의는 신자유주의일 수밖에 없으며, 그 자본주의는 배제와 양극화, 종속의 심화, 부패의 만연을 내장할 수밖에 없고, 제3의 길은 불가능함을 역설한다.

---

24) 자세한 것은 본서 7장을 참고할 것.

둘째로 중국 사회주의 역사에 대한 평가이다. 계몽주의자들이 중국사회주의가 본질적으로 근대적이지 않고, 근대에 도달하지 못한 '봉건적' 특성을 지니고 있다고 주장한 데 반해, 이들은 중국 사회주의는 전형적인 '근대적 기획'이며, 특히 '반근대적 근대성'이라는 역설을 띠고 있으면서 결국 그 반근대성이 특히 발전주의라는 자유주의의 틀 속에 함몰되어 버렸다는 역사성을 지니고 있음을 지적한다. 이는 중국의 역사적 경험을 20세기의 전체 세계사 속에서 관찰해야 함을 뜻하고, 자본주의적 근대성에 대한 비판이라는 문제제기 속에서 사회주의적 길이 등장했음에도 그 한계에 매몰된 근거를 규명할 필요를 제기하는 것이다.

셋째로 개혁개방기의 빠른 성장이 마오 시기의 역사 때문에 가능했는지, 아니면 마오 시기의 역사에도 불구하고 가능했는지라는 문제를 던지고, 개혁개방 시기에 강하게 남아 있는 마오 시기 역사의 긍정성을 강조하는 논의를 제기하고 있다.

넷째로, 마오로 대표되는 중국의 반근대성에 대한 적극적 재해석을 시도하고 있다. 이는 문화혁명의 역사적 경험을 일면적으로 부정하는 것이 아니라, 그 속에서 등장한 적극적 반근대성의 요소들을 재해석해야 할 필요성을 제기하는 것이다.

이런 신좌파 세력 또한 아직 몇몇 지식인에 한정되어 있고, 이들의 사회적 영향력 또한 제한적이다. 하지만 마오의 유령이 사라지지 않는 상황에서 마오와 이들이 제기하고 있는 질문의 연결점이 존재하며, 이는 이후 이들 주위에서 마오의 유령을 통해 중국사회에 대한 문제제기가 끊이지 않을 것임을 시사해주는 것이기도 하다. 비판적 지식인들이 보는 마오의 유령과 노동대중이 보는 마오의 유령은 서로 다른 목소리로 나타났지만 그 목소리가 점점 더 닮아갈 가능성을 부정하기 어렵다.

중국의 국유기업이 전반적인 구조조정에 들어서면서 중국 노동자의 지위는 갈수록 하락하고 있다. 그러나 앞서 보았듯이, 일부 업종과 대형 기업의 경우 국유기업이라 하더라도 정부의 적극적 지원을 배경으로 빠른 성장세를 보이는 경우도 있다. 이는 중국 노동자들이 다양하게 분화될 것임을 시사해주는 것이기도 하다. 정보통신이나 금융 관련 업종에서 면직 대상에서 벗어난 일부 노동자들은 당분간 상대적으로 유리한 삶의 지위를 누릴지도 모른다. 이에 비해 구조조정 대상 기업들이나 매각이나 파산의 기로에 있는 중소국유기업 노동자들의 지위는 농민공과 그다지 다르지 않으며, 이들 중 적지않은 이들이 따칭이나 랴오양의 거리시위에 나서게 될지도 모른다. 그러나 아직도 도시와 농촌 사이에는 호구제도의 장벽이 존재함에 따라 도시주민인 노동자의 상대적 유리함은 이들과 농촌 출신 노동자를 갈라놓고 있다. 더불어 도시에서 생활하는 농촌 출신 노동자와 아직 농촌에 살고 있는 농민의 격차는 이들 사이를 또다시 갈라놓고 있는 실정이다.

일찍이 1959년 대약진운동의 공과를 평가하기 위해 개최된 루산(廬山)회의에서 펑 떠화이(彭德懷)와 대립하던 마오는 대약진운동에 대한 반발이 심하자 모든 사람들이 자신을 반대하면 자신은 다시 유격대를 조직해 정강산에 들어가 근거지를 만들어 투쟁하겠다고까지 말한 적이 있다. 중국인들은 지금 마오의 유령에게서 어떤 이야기를 듣고 있는 것일까?

1. 빈익빈부익부 사회의 도래

1990년대에서 2000년대를 거쳐오면서 중국사회는 빠른 속도로 변화하고 있다. 1992년 '사회주의적 시장경제'라는 노선이 제시된 후 국유기업의 구조조정 속도가 빨라지고 있고, 사영기업부문은 빠르게 성장하고 있으며, 도시노동자들의 지위는 불안정해지고, 농촌주민들의 도시 이동은 계속 늘어나고 있다. 이런 변화의 결과 전반적인 경제·사회 구조가 전환되면서 이전에 두드러지지 않던 새로운 사회문제와 사회갈등도 부각되고 있다. WTO에 가입하고 국유기업의 구조조정이 본격적으로 진척됨에 따라 이런 사회문제와 사회갈등은 점점 더 중요한 사회적 쟁점이 되고 있고, 그에 대한 여러가지 정책적 대응 또한 등장하고 있다.

1993년은 여러가지 측면에서 이런 변화의 기점이었다. 그 이전 시기에는 빠른 경제성장이 전반적인 소비수준 상승을 동반하면서 진행되었음에 비해, 이 이후부터는 경제성장이 소득 양극화를 동반하는 '제로섬 게임' 형태로 진행되면서 빈익빈부익부 현상이 심각하게 나타나고 있으며(Wang 2000), 중국은 사회불안정 상태에 빠져들고 있다는 강력한 비판까지 제기되고 있다(王紹光·胡鞍鋼·丁元竹 2002).

정부의 장기발전전략에 중요한 자문역할을 맡고 있는 칭화대(淸華大) 국정문제연구쎈터 후 안깡(胡鞍鋼) 주임은 1999년 5월 중앙당교에서 개최된 제27기 전국 시장(市長) 연구반에 참석한 56명의 지구(地區) 및 현급 시장들을 대상으로 설문조사를 한 바 있는데, 이 조사의 응답자 중 89.1%가 현재 중국사회가 사회불안정 상태에 놓여 있다고 대답했다. 응답자들의 평가에 따르면 이런 사회불안정은 여러가지 현상으로 표출되는데, 주요하게는 민중의 불만정서가 증가하는 것, 집단민원이 증가하는 것, 사회치안이 악화하는 것, 각종 분규가 늘어나는 것 등이었다. 이처럼 사회불안정이 확대되는 요인으로 응답자들이 중시하는 것을 순서대로 살펴보면 면직노동자의 증가, 부패문제, 농민부담의 과중, 수입격차, 저소득집단의 확대 등이었다(胡鞍鋼 2002: 165).

1990년말 이후의 거의 모든 사회조사에서 심각한 사회문제를 고르라는 항목에 대한 응답에는 항상 빈부격차, 실업과 면직, 부패문제, 농민부담 과중 등이 포함되는데, 1위와 2위의 순위가 바뀌는 경우는 있어도 응답의 추세는 거의 일정해서 이들 문제가 이미 구조적으로 뿌리를 내린 사회문제가 되었음을 보여준다(王紹光·胡鞍鋼·丁元竹 2002). 2002년 중앙사회과학원 사회학연구소는 당정간부를 대상으로 이들이 심각하게 생각하는 사회문제를 조사하였는데, 여기서도 우선순위 세가지에 수입격차 확대, 실업문제, 부패문제가 포함되었다(靑連斌 2003). 같은 연구소에서 일반 도시주민을 대상으로 실시한 조사에서도 주요 사회문제로 선택된 항목은 순위별로 실업과 면직문제, 부패문제, 수입격차문제, 빈곤문제 등으로 나타나, 대부분의 사람들이 유사한 생각을 갖고 있음을 알 수 있다(周江 2003: 158~59).[1]

질문을 조금 다른 방식으로 던져, 2002년 조사에서 도시주민들의 일상생활에서 중요한 화제가 무엇이냐는 항목에 대한 응답에서는 사회보장, 실업과 면직, 의료제도 개혁 등이 주요한 관심사로 나타났는데, 여기서는 미래의 삶에 대한 사람들의 불안감이 커지고 있다는 것을 엿볼 수 있다. 이 항목의 응답에서 발견되는 흥미로운 점은 주요 화제에 대한 계층간 차이가 관찰된다는 것이다. 저소득층일수록 사회보장이나 실업문제에 관심이 큰 반면 고소득층은 이런 문제에 대한 관심도가 낮게 나타나, 사회불안정은 심화되지만 그에 대한 계층별 현실감은 차이가 있어, 공통의 사회적 공감대는 오히려 취약해지고 있음을 엿볼 수 있다(周江 2003: 158~59).

그런데 문제는 이 같은 사회불안정 요소들의 상태가 너무나 빠른 속도로 악화되고 있다는 것이다. 대표적 문제인 실업과 빈부격차에 대해 살펴보자. 중국에서 실업은 면직이라는 특수한 형태를 통해서 더 두드러지게 나타나는데, 1995년에서 2000년 사이 국유기업 구조조정의 결과 감원 형태로 면직된 노동자 총누계는 4800만명으로 5년 사이에 남한 전체 인구에 해당하는 사람들이 일자리를 잃었다(王紹光·胡鞍鋼·丁元竹 2002). 빈부격차의 경우, 세계은행의 평가를 따르자면 중국은 "비교 가능한 자료가 있는 모든 나라 중 불평등의 악화 속도가 가장 빠르게 나타나고 있다"(李拓 2002: 148; Wang 2000: 392).

---

1) 2006년 동일한 조사에서도 추세는 유사하게 나타나고 있었다. 당정간부 조사에서는 사회치안, 주민소득격차, 병치료 어려움, 부패, 실업 순으로 나타났으며(靑連斌 2006: 36), 일반주민 대상 조사에서는 병치료, 취업과 실업, 빈부격차, 부패 순으로 중요한 사회문제가 지적되었다(李培林·陳光金·李煒 2006: 25).

중국의 사회불평등과 사회불안정 문제는 특히 사회주의 시기 주민 생활의 보호장치였던 단위(單位)체제가 무너지고 시장이 그 자리를 대체해가는 과정에서 심각해지고 있다. 단위체제는 종신고용과 단위복지라는 틀을 통해 특히 도시지역의 모든 노동자들의 사회보장을 책임져온 체제인데, 이는 중앙집중적이기보다는 상대적으로 분산화한 관리체제이며, 여기서 직장은 단지 생산공간일 뿐 아니라 일상생활의 모든 영역을 책임지는 재생산공간이기도 하였다. 이 체제하에서 단위 내의 분배는 비교적 균등한 형태를 띠었지만, 단위간에는 오히려 분배상의 격차가 발생하는 특징이 나타나기도 했다.[2] 개혁개방은 이 단위체제를 안팎에서 흔들기 시작했는데, 사영기업이나 자영업(個體戶), 외자기업, 향진기업처럼 단위체제 외부의 영역들이 늘어나기 시작하는 동시에, 노동계약제가 도입되고 사회보험제도가 개혁된 결과 단위체제가 도시 직공들에게 부여해온 사회적 혜택이 대폭 줄어들어 그 기반이 무너지고 있다. 이 과정에서 사회적으로 보호받지 못하는 사람들이 늘어나 커다란 공백이 발생하는데, 이런 단위체제 해체의 공백을 다른 사회보장체제가 적극적으로 메우지 못함에 따라 사회적 갈등은 점점 더 커질 수밖에 없다.[3]

이 장에서는 빈부격차 확대와 실업문제에 촛점을 맞추어 단위체제의

---

2) 단위란 소속된 직장을 지칭하는 일반적 용어인데, 이 용어가 중국의 역사적 맥락 속에서 생산과 생활의 골간이 되는 기초조직을 지칭하는 특수한 의미를 지니게 된 것이다. 단위체제는 중국의 탈집중적 사회주의체제의 특성을 반영하는데, 특히 문화혁명 시기에 많은 정부조직이 마비되면서 실질적인 국가기능이 기층사회조직에 하방됨에 따라 나타난 특수한 사회조직의 원리이자 세력관계의 특성을 보여주는 역사적 구조물이었다. 크게 농촌과 도시를 나누어 보면, 농촌이 인민공사와 그 하부에 생산대대─생산대로 조직되어 있던 데 비해, 도시지역은 소속 직장인 단위조직을 통해 일상생활이 조직되고 삶이 재생산되었다. 단위체제하에서 노동자들은 적어도 종신고용 보장과 단위를 통한 사회복지의 혜택을 누려왔다. 고용보장이 단위를 통해 이루어졌기 때문에 소련과 달리 중국에서는 노동이동률은 매우 낮았다(백승욱 2001a).

3) 단위체제와 그 변천 과정에 대해서는 백승욱(2001a), Lü and Perry(1997)를 참고할 것.

해체 과정에서 나타나는 중국의 사회불안정과 노동자들의 동요를 살펴보려 한다. 앞서도 언급했듯이 빈부격차 확대와 실업문제는 거의 모든 사회집단이 현재 가장 심각한 사회문제로 보고 있다. 이 이외에 부패문제도 중요하지만, 이는 사회양극화를 격화시키는 요인으로 볼 수 있기 때문에, 여기서 따로 다루지는 않을 것이다.[4]

2. 중국사회의 빈부격차 심화

(1) 사회양극화는 진행되고 있는가?

1990년대 들어 중국의 소득격차가 확대되고 더 넓은 의미에서 빈부격차가 사회문제가 되고 있다는 것을 부정하는 사람은 거의 없다. 다만 그 소득격차가 어느 정도 수준인지, 그리고 그것이 사회적으로 통제 가능한 범위에 있는지를 놓고서 서로 다른 견해가 대립하고 있다. 가장 분명한 대립은 소득격차 확대의 함의를 사회양극화로 해석할 수 있는가라는 쟁점에서 드러난다.

수년 동안 중국의 소득격차와 계층분화를 연구해온 톈진(天津) 난카이대(南開大) 주 꽝레이(朱光磊) 교수는 1990년대 중반까지 중국의 지니지수가 0.33 수준으로 국제적으로 비교할 때 중등 정도 불평등 수준에 머물러 있으며, 이 정도 불평등은 아직 심각한 수준은 아니고 통제 가능

---

4) 중국사회과학원의 조사를 보면, 사람들은 개혁개방의 최대 수혜자로 당정간부를 꼽고 있는데, 당정간부가 2위 사영기업주나 3위 연예인보다 더 중요한 개혁개방의 수혜자로 간주된다는 사실을 통해서도 부패와 빈부격차 확대의 관련성을 살펴볼 수 있다. 같은 조사에서 개혁개방의 피해자는 노동자, 농민, 교사, 전문기술자 순으로 나타났다(周江 2003: 159).

한 수준이므로, 정부정책을 통해 불평등 확대를 조절할 수 있다는 견해를 보였다(朱光磊 2002). 그를 포함해 중국 내 소득불평등에서 양극화가 진행된다고 보기 어렵다는 견해를 제기하는 사람들의 주장의 근거는 다음 세가지 정도이다(盧嘉瑞 2003: 14). 첫째는 소득격차가 나타나긴 하지만 아직 이 격차는 주 꽝레이 교수의 주장에서 보듯이 '합리적 구간' 내에 있다는 것이다. 둘째, 현재 나타나는 소득격차는 양극화 경향을 보여주는 것이 아니라 공동의 부를 늘려가는 과정에서 일부 사람들이 먼저 '선부'(先富)를 달성한 결과일 뿐이라는 것이다. 셋째, 일부 부유층이 있다 하더라도 이들이 공통의 정치요구나 집단행동 경향이 있는 계층이나 계급을 구성하지 않았기 때문에 사회적으로 큰 문제가 되지는 않는다는 주장이다.

이와 반대편 극에는 사회양극화의 가능성이 현실화하여 심각한 사회 불안정 요소가 되고 있다고 강한 어조로 경고하는 사람들이 있는데, 대표적인 인물로 정부정책 자문그룹인 국가장기전략 연구소조를 꾸리고 있는 후 안깡이나 왕 사오꽝, 띵 위안주 등을 들 수 있다. 이들은 1990년대의 성장모델이 취업증대를 동반하지 않고 불공정을 초래하는 모델로, "알게모르게 계급분화를 고취하고 있고, 이런 성장모델을 반성하지 않으면 계급분화가 심해져 계급간 사활을 건 투쟁에 이를 수도 있다"고까지 말하고 있다(王紹光·胡鞍鋼·丁元竹 2002). 이들처럼 사회양극화론을 인정하는 사람들은 빈부양극화 추세가 이미 고착되었으며, 고소득집단과 불법소득집단 수입이 날로 늘어나는 동시에 빈곤인구 또한 빠르게 확대되어 빈부격차의 양극화는 더욱 심해지고 있다는 주장을 펴고 있다(盧嘉瑞 2003: 14). 빈부격차에 대한 노동자들의 반응도 이런 주장을 뒷받침한다고 할 수 있는데, 1997년 10월 중국의 중앙노총인 중화전국총공회가 5만명의 노동자를 대상으로 실시한 설문조사에서 응답자의 절대 다수인

90.4%가 수입분배 격차가 크다고 응답하고 있어, 이 문제가 심각한 사회 갈등 요인이 되고 있음을 확인할 수 있다(李强 2000: 184).

사회적 소득격차를 보여주는 지표로 많이 이용되는 것 중 하나가 지니지수이다. 완전평등 상태인 0에서 완전불평등 상태인 1 사이로 나타나는 이 지수가 대체로 0.4를 넘어서면 사회적 불평등이 심각한 상태로 인식된다. 개혁개방의 출발점인 1970년대말 지니지수는 도시와 농촌 모두 0.16~0.22 정도로 매우 평등한 수준에 머물러 있었다. 이 수치는 1990년대 들어서 0.3을 넘어섰으며, 1990년대말에는 그보다 더 커졌다. 누가 조사했는가에 따라 중국의 지니지수 수치는 조금씩 달라진다. 중국의 사회양극화를 둘러싼 입장이 대립되는 것처럼, 지니지수 계산에서도 입장의 차이가 반영되기 때문이다. 정부 국가통계국의 공식 발표에 따르면 지니지수는 1994년 0.33에서 2000년 0.397로 늘어났으며, 2002년의 조정 후 0.42로 발표되었다(朱慶芳 2003: 29).[5] 그러나 다른 개별 연구자들은 이보다 높은 수치를 제시한다. 자오 런웨이(趙人偉) 등은 이미 1990년대 중반 소득불평등 격차가 상당히 벌어져 1995년 도시 지니지수 0.28, 농촌 0.429, 전국 0.445 정도로 높게 나타났다고 주장한 바 있고(李拓 2002: 145), 중국의 대표적 계층연구가인 리 창(李强)은 자신의 직접조사 결과에 입각해 도시의 지니지수가 1978년의 0.16에서 1994년 0.370, 1996년 0.4003으로 증가했고, 농촌의 지니지수는 1982년 0.22에서 1994년 0.411, 1996년 0.43227로 증가했으며, 도시와 농촌을 합한 전국의 지니지수는 1994년에 0.434, 1996년에 0.4577로 이미 1990년대 중반에 미국보다 더 심한 불평등 수준을 보였다고 주장했다(李强 2000: 190~91). 2000년 9월 『경제참고보(經濟參考報)』는 민간조사를 인용해 중국의 지니지수

---

5) 朱慶芳「2002年中國居民生活質量變化和消費市場的新動向」, 汝信·陸學藝·李培林 主編, 『社會藍皮書 2003年』, 29면.

가 0.59라고 보도한 적도 있다(李建立 2002). 중국의 사회학계는 2000년대 초의 지니지수가 0.458이라고 발표한 세계은행의 보고에 대해, 이 수치가 현실보다 불평등 정도를 낮게 잡고 있다는 주장을 내놓았다. 그 이유로 첫째, 고소득층의 실제 소득 중 많은 부분을 차지하는 불법소득 또는 미보고소득이 파악되지 못하고 있어 고소득층의 소득이 저평가되고 있다는 점, 둘째, 일부 저소득층의 경우는 실제 소득보다 소득이 고평가되고 있다는 점, 셋째, 상당수의 농촌주민은 생산투자비용이나 각종 잡부금을 제외하고 나면 실제 소비 가능 수입이 없음에도 통계에서는 이것이 적절히 파악되지 못하고 있다는 점 등을 들고 있다.[6] 2000년대 들어서도 소득격차는 줄어들지 않아, 2005년 공식 발표된 지니지수는 보수적으로 계산해도 0.496이었다. 더욱이 주민재산의 지니지수는 0.653으로 훨씬 높아서, 재산소유상의 차이가 사회불평등의 주요한 원인으로 등장하고 있다는 점이 주목된다(李培林·陳光金·李煒 2006: 24).

이런 점들을 고려할 때 중국의 빈부격차가 빠른 속도로 확대되면서 양극화 경향을 보이고 있다는 점을 부정하기는 어려울 것으로 보인다. 사회적 양극화 속에서 고소득층과 빈곤층 모두 빠른 속도로 늘어나고 있다. 현재 도시와 농촌 모두에서 상위 소득 20%가 전체 소득의 40% 이상을 차지하고 있으며, 그 비중은 계속 커지고 있다. 특히 격차는 비노동소득에서 더욱 뚜렷하게 나타나, 그 한 지표로서 예금총액을 보면 2000년 5월 당시 소득수준 상위 20%가 6조 3000억위안의 총예금 중 80%를 차지하고 있는 것으로 나타났다(盧嘉瑞 2003: 15). 고소득층의 소득이 정확히 파악되지 않고 있기 때문에 1990년대 새롭게 도입된 개인소득세의 경우도 봉급생활자에게만 과세될 뿐, 임금 이외의 소득의 비중이 더 큰 고소

---

6) 「2001: 中國社會學前沿報告」, 『社會學硏究』 2002년 제2기, 3면.

득층의 경우 실제 소득에 대한 과세비율이 낮다. 소득격차는 단위에서 지급되는 보수보다는 주로 공개되지 않는 비공식소득을 통해 확대되기 때문에 비노동소득의 증가는 빈부격차와 관련해 민감한 사회적 쟁점이 되지 않을 수 없다(李强 2000: 187). 사회적으로도 고소득층의 소득증가가 부당한 통로를 통해 이루어졌다는 인식이 많은데, 한 조사에 따르면, 고소득층이 정당한 수단으로 부를 얻었다고 보는 사람은 19.8%에 불과한 것으로 나타난다(李强 2000: 197).

고소득층 증가와 더불어 사회적 빈곤층 또한 빠르게 늘어나고 있다. 체제가 보호하지 못하는 곤란집단은 2002년에 5000만명 정도라고 이야기되는데, 여기에는 노동능력을 상실한 사람들(장애인, 병자, 고아 등), 실업자와 면직자, 도시빈곤층 등이 포함된다. 이를 다시 도시와 농촌으로 나누어보면 농촌의 경우 국가통계국이 파악하는 농촌의 절대빈곤인구는 2820만명 정도이며, 도시의 경우는 민정부(民政部)가 관할하는 최저생활 보장금의 지급 대상 인구가 2053만명 정도이다(李盾 · 劉文海 2003). 중앙당교의 우 쭝민 교수는 현재의 빈곤선 기준이 너무 낮으며, 이를 현실적으로 조정할 경우 중국에는 2억 1000만명의 빈곤층이 존재한다는 주장을 제기한 적도 있어, 빈곤층은 정부추계보다 더 큰 규모일 것이다.[7]

최고소득과 최저소득 사이의 소득격차가 벌어지고 있는 것도 빈부격차의 양극화 추세를 확인시켜주는데, 통계에 따르면 그 격차는 매년 3.1%씩 확대되고 있고, 양자의 소비성 지출의 격차도 1.81%씩 확대되고 있다.[8]

---

7) "Scholar scorns mainland poverty figures," *South China Morning Post*, May 17, 2003.
8) 「加快形成我國城鎭居民收入分配新格局──訪勞動保障部勞動工資研究所所長蘇海南」, 『勞動經濟』 2001년 제4기.

(2) 도시와 농촌의 빈부격차문제

중국의 심각한 빈부격차의 배후에는 무엇보다 도시와 농촌의 격차라는 문제가 놓여 있다. 이는 개혁개방 이전이나 이후 큰 변화 없이 지속되는 문제이며, 1990년대 들어 더욱 심각해지고 있다. 도시와 농촌 사이의 이주를 엄격히 통제하고 도시주민에게 상대적으로 더 나은 혜택을 제공해온 단위체제 때문에 이런 격차는 지속되어왔는데, 개혁개방은 이런 도시와 농촌의 격차를 새로운 형태로 확대하고 있다.

개혁개방 시점인 1978년 도시와 농촌의 소득격차는 2.57배였다. 1980년대초 개혁개방이 농촌의 가구생산책임제 형태로 시작된 데다 농산물 매입가격도 인상되어 일시적으로 농촌소득은 향상되어 1985년에는 도시와 농촌의 소득격차가 1.86배까지 줄어든 적도 있었다. 그러나 그 이후 농촌에서 특별히 새로운 변화가 없이 소득인상이 더디게 나타나는 데 비해 도시는 투자가 집중되고 평균소득이 증가하면서 도시와 농촌의 소득격차는 다시 벌어지기 시작했다. 그 격차는 1999년에 이르러서는 1978년 수준을 넘어서 2.65배로 확대되었고, 2001년 2.79배, 2002년 3.09배로 계속 늘어났다. 여기에 도시민이 누리는 물가보조금, 주택보조금, 각종 사회보장혜택 등을 고려하면 이 격차는 더욱 벌어지는데, 도시민 1인당 1년에 3000위안 정도의 보조금 혜택을 받는다고 계산하면 격차는 5배 가까이 벌어지게 된다. 이 정도의 도농격차는 세계 최대 수준이다(朱慶芳 2003: 29).

농촌과 도시의 소득격차가 벌어지는 데다 농촌의 절대빈곤 인구 또한 크게 줄어들지 않음에 따라 중국의 농촌문제의 심각성은 더욱 커지고 있다. 중국은 아직도 총 산업인구 중 절반 가까이가 1차산업에 종사하고 있으며, 호구기준으로 보면 3분의 2 이상이 농촌인구로 분류될 정도로 농촌문제의 중요성이 크다. 이 때문에 중국정부 또한 이른바 '3농문제' (농촌·농업·농민 문제)를 중요한 우선적 과제로 삼고 있지만 뚜렷한 방안을 제시하고 있는 것은 아니고, 개방도가 높아짐에 따라 3농문제는 더 심각해질 개연성도 높다.

현재 중국농촌의 절대빈곤 인구는 3000만명 정도로 추계되며, 그외 또다른 6000만명 정도가 절대빈곤을 겨우 벗어난 수준에 머물고 있는 것으로 볼 수 있다. 농촌의 절대빈곤 인구수는 개혁개방 시점에 비해 줄어든 것으로 집계되지만, 농민 수입 증가 중 상당부분이 비농업수입 증가에 기인함을 고려하면, 농촌 빈곤인구의 감소가 농업문제가 해결된 결과라고 보기는 어렵다. 비농업수입은 농촌지역에서 비농업 분야에 종사하여 얻는 수입으로, 주로 향진기업에 취업하여 얻는 소득을 말하며, 그외 도시에 가서 농민공으로 취업한 가족구성원이 보내는 송금이 증가하면서 소득이 늘어난 부분도 있다. 1990년대 후반 이후 농산물가격이 하락하는 추세여서 농업소득 자체는 정체하거나 오히려 줄어들고 있는 상황이다. 농업소득보다 비농업소득이 농가수입 증가에 중요한 요소이기 때문에 농촌지역에서 비농업 분야 취업기회가 줄어들면 농민의 수입이 줄어들 수밖에 없는데, 농민들의 주요한 비농업수입원인 향진기업이 1990년대 후반 들어 성장이 정체하거나 둔화하고 있기 때문에 향진기업 취업을 통한 농민의 소득 증가 또한 기대하기 어렵게 되었다.[9] 따라서 농민들의 돌파구는 도시로 이주해 저임금부문에 취업해 소득을 올리는 것인데, 각종 규제로 농민들의 도시 이주 또한 쉽지 않다. 최근 일부 대도시에서 도시호구를 개방했음에도 예상과 달리 농민들의 대거 이주가 나타나지 않은 데서도 알 수 있듯이, 취업기회 제한과 도시지역의 각종 생활

---

9) 대체로 1993년 이후부터 향진기업의 고용창출 효과가 하락한 것으로 평가된다(Wang 2000).

비용 상승으로 농민들이 도시로 이주할 경우 드는 비용 또한 적지 않아 이를 통한 농촌주민의 소득 증가도 제한적일 수밖에 없는 상황이다(李培林 2003: 17).

소득격차 이외에 도시와 농촌의 격차를 더욱 벌리는 또다른 심각한 요인은 사회보장문제이다. 과거 인민공사체제에서 시행되어온 자체 사회보장체제가 무너진 후 새로운 사회보장체제가 수립되지 않음에 따라 현재 중국 농촌은 양로, 의료, 교육 등 중요한 사회보장혜택의 사각지대로 남아 있고, 이 모든 것을 가족 스스로 해결하도록 내맡겨져 있는 실정이다. 주요한 사회보장영역인 양로와 의료영역을 살펴보면, 우선 양로보험의 경우 2002년 3월말 기준 농촌 양로보험 가입자는 5995만명으로 농촌인구의 8% 수준에 불과하며, 도시지역의 양로보험 가입자 총수에도 미치지 못하고 있다(李盾·劉文海 2003).[10] 도시 양로보험의 경우에는 개인이 자기 임금의 2~4% 정도의 보험료를 내고 있지만, 그보다 훨씬 많은 임금 10% 이상의 보험료를 단위에서 납부하도록 되어 있어 양로보험의 단위의존도가 여전히 높다. 이에 비해 단위에 소속되어 있지 않은 농민은 전액을 개인이 납부하는 자발적 양로보험에 가입해 있기 때문에 보험료 납부 능력이나 혜택 면에서 도시민과 매우 큰 격차를 보일 수밖에 없다.

양로보험과 더불어 심각한 문제가 되고 있는 것은 의료영역이다. 도시의 경우 의료보험제도가 시험적으로 도입되고 있긴 하지만, 아직도 과거의 단위보장체제의 유제가 남아 있어 단위 소속 노동자의 경우 어느정도 의료보장혜택을 볼 수 있다. 반면, 농촌의 경우는 인민공사 시절 유지된 농촌합작 의료체계가 무너지면서 농민들은 사회적인 의료혜택을 받

---

10) 농촌 양로보험 가입자수의 정확한 통계 집계에는 어려움이 있는데, 또다른 자료에 따르면 2004년 연말에도 농촌의 양로보험 가입자수는 5400만명 정도로, 이 몇년 사이에 전혀 늘어나지 않고 있는 것으로 나타난다(王發運·楊建民·史寒冰 2005: 125).

기 어렵게 되었다. 인민공사나 생산대 체제가 남아 있던 1976년 당시를 예로 들면, 농촌집체의 적립금을 활용하는 농촌합작 의료체계에 농촌주민의 90%가 수혜대상으로 포함되어 있었지만, 이 체계가 무너진 후 1989년에는 단지 4.8%의 농민만이 수혜대상에 포함되었다. 2000년에는 일부 지역에서 이 체계가 복구되어 15%선까지 수혜대상이 늘어났지만 여전히 대다수 농민들은 과중한 의료비용 부담을 덜지 못하고 있다(李盾·劉文海 2003).

발전의 도시 편향성과 농촌소득의 정체, 도시와 농촌 격차의 확대에 따라 농촌주민들의 불만은 늘어나고 있고, 이런 불만은 1993년 이후 농촌지역에서 각종 분규가 증가하고 있는 데서도 관찰된다(Fewsmith 2001).

한편 눈을 도시지역으로 돌려보면, 전반적으로 농촌에 비해 조금 낫긴 하지만, 단위체제 해체의 여파 속에서 보호의 사각지대에 놓인 인구가 늘어나고 있고 빈부격차 또한 확대되고 있어, 도시빈곤층 문제는 오히려 전례없이 심각한 사회문제가 되고 있다. 앞서 말했듯이 현재 민정부가 관리하는 도시 최저생활보상금 수혜자수는 2000만명 정도로, 도시호구 인구의 6% 정도 수준이다. 이들은 도시 최저생활 보장선의 기준에 따라 지역별로 월 78~319위안(한화 1만 100원~4만 1500원) 정도의 생활보장비를 받고 있지만, 이는 UN이 빈곤선으로 정한 하루 1달러에도 못미치는 수준이어서 실질적으로는 도움이 되지 못한다(莫榮 2003: 41).

도시빈곤층에서 보이는 최근의 중요한 특징은 그 구성이 과거의 빈곤층과 매우 달라졌다는 점이다. 1980년대 도시빈곤층은 60~80만명 수준으로 이들은 주로 '3무인원(三無人員)'이었다. 3무인원이란 노동능력, 의존할 곳, 고정생활 수입원이 없는 사람을 말하거나 또는 의존할 곳, 고정직업, 고정수입원이 없는 사람을 말한다. 그러나 최근의 도시빈곤층 중이런 사람들이 차지하는 비중은 5% 정도에 불과하다. 나머지 대부분은 도시지역 국유기업과 집체기업의 구조조정 과정에서 지위가 하락한 사람들이다. 2002년의 최저생활 대상자를 보면, 면직자 13%, 실업자 15%, 졸업 후 미취업자(待崗) 23%로, 광범한 의미의 실업자가 51%를 차지하고 있고, 그외 재직자 10%, 퇴직자 5%,[11] 빈곤가정 29% 등으로 구성되어 있다. 이들이 집중되어 있는 지역 또한 중서부지구의 구공업지역과 자원이 고갈된 1차산업지로, 랴오닝, 지린(吉林), 헤이룽장(黑龍江) 등 동북3성과 장시, 허난, 후뻬이(湖北), 후난, 쓰촨 등 중부지역 성들이 대표적이다(唐鈞 2003: 244). 국유와 집체부문 구조조정이 진행되고 단위체제가 해체되면서, 정년을 아직 남긴 실업자들이 늘어가지만 재취업의 길은 험난하다. 그렇다고 이들을 보호할 수 있는 사회적 장치는 없기 때문에 점점 더 많은 사람들이 생계유지 자체에 곤란을 겪는 수준으로 내몰리고 있다. 면직대상에서 벗어나 정규적으로 퇴직한 경우도 사회보장체제가 취약하기 때문에 그다지 나은 상황에 처해 있는 것도 아니다. 단위체제가 해체된 공백 속에서 도시빈곤층은 전례없이 늘어나고 있다.

3. 단위체제 해체와 노동자 지위의 하락

(1) 노동자 지위의 하락

2001년 11월 WTO에 가입한 직후 중국에서는 2002년 초두부터 핵심 공업지역인 동북지방의 노동자 시위에 관한 보도가 쏟아져 나왔다. 체불

---

11) 최근 노동쟁의나 집단시위의 중요한 요인 중 하나는 퇴직자들의 불만으로, 퇴직금의 미지급이나 생계비에도 미달하는 수준의 지급, 의료혜택의 배제 등에 대한 퇴직자의 불만이 표출되고 있다(Hurst and O'Brien 2002).

임금과 실업문제, 연금지급 중단에 항의하는 다양한 형태의 노동자들의 자발적 시위는 이전에 비해 오랜 기간 지속되었고, 이런 시위의 여파는 동북지역에 한정되지 않고 중국 각지로 번져갔다. 노동자들의 저항이 한 기업 단위를 넘어서는 동시에 다양한 형태의 조직화 움직임이 나타나고, 정부와의 대립양상을 보이며, 격렬한 충돌이 관찰되는 점 또한 새로운 변화 조짐으로 읽을 수 있다(장윤미 2003).

앞서도 살펴보았듯이 1990년대말 이후 중국의 심각한 사회문제가 무엇인지를 묻는 각종 사회조사에서 항상 실업과 빈부격차가 수위를 차지하는 것도 삶이 날로 불안정해지는 노동자들의 불안감을 반영한다. 중국은 세계에서 이례적으로 높은 경제성장률을 보이고 있는 나라이며, 발전도상국 중에서도 드물게 외국인투자가 집중되는 지역이긴 하지만, 다른 한편 그 이면에서 세계적으로 유례없이 빠른 속도로 소득 양극화가 진행되고 있고 실업문제 또한 사회를 뒤흔드는 불안요소가 되고 있다.

기업 내부로 들어와 기업관리체제의 변화를 살펴보면, 국유기업의 구조조정이 진행되면서 노동-자본 관계에 큰 변화가 나타나고 있는데, 화교자본이나 동아시아자본이 투자한 노동집약적 경공업 부문에서뿐 아니라 임대 형태로 사실상 사유화한 중소형 국유기업 내에서도 열악한 노동환경과 억압적 노동통제가 중요한 사회문제로 부각되고 있다(Zhao and Nichols 1996; Chan 2001; 김재관 2004). 중국의 노동문제 전문가 중에는 "중국의 노자관계가 이미 유럽의 19세기 산업혁명 수준으로 퇴행했으며, 수많은 사영기업과 외자기업 노동자들의 처지는 자본주의 발전 초기의 노동자의 비참함과 유사하다"는 평가를 하는 사람마저 나타나고 있다(嶽經編·蔣曉陽 2002: 114). '사회주의 시장경제'라는 간판을 내걸고 있는 중국에서 '사회주의'라는 용어는 더이상 사람들의 삶에 실질적인 의미를 부여하지 못하는, 다만 체제안정화를 위한 이데올로기적 외피로만 작동하고 있을 뿐이다.

사회 전체적으로 보면 앞서도 살펴보았듯이 도시와 농촌의 격차가 확대되면서 농촌이 피폐화하는 것, 경제성장의 성과가 집중된 동부 연해지역과 내륙지역의 격차가 확대되는 것, 그리고 일반 노동자들과 특권층(당정간부와 사영기업주, 국유기업 고위경영자 등) 사이의 양극화가 진행되는 것 등이 중국사회의 불안정을 확대시키는 주요한 요인들로 꼽힌다. 문제를 도시지역에 한정해 보면, 급격한 사회변화에 따라 적어도 네 종류의 곤란 지경에 처한 노동자집단이 출현하고 있다(深琴琴 2002).

첫째, 경영상 어려움 때문에 가동을 중단한 기업이나 파산한 기업의 노동자 다수는 기본적 생활보장조차 안되는 어려움을 겪는 경우가 많다. 이들은 사실상 실업자이지만, 공식적으로는 실업자나 면직자로 등록되지 않기 때문에 국가나 기업이 제공하는 어떤 혜택에서도 배제되어 있다. 1990년대 후반 그 수는 1000만명에 이르렀다(백승욱 2002e: 112).

둘째로, 실업자나 면직노동자 중 재취업에 어려움을 겪는 노동자들이 늘어나고 있다. 면직자의 재취업률이 1990년대말부터 계속해서 떨어지고 있는 것도 구직의 어려움을 드러내고 있다. 2000년까지 공식실업률은 3.1%를 넘지 않았던 것에 비해, 2001년 도시의 실업자수는 681만명에 실업률은 3.6%로 높아졌으며, 2004년 6월말 기준으로는 도시 실업자수 837만명, 실업률 4.3%로 더욱 높아져, 실업문제가 심각해지고 있음을 보여준다.[12]

셋째로, 실업 상태는 아니더라도 임금이나 의료비가 장기간 체불된 노동자가 늘어나고 있는데, 특히 적자가 누적된 국유기업에서 이런 노동자들이 늘어나고 있다. 4000만명에 달하는 퇴직자 중에도 연금지급이

---

12) 2004년 수치는 楊宜勇(2004: 179)에서, 그 전의 수치는 『中國統計年鑑』에서 인용.

체불되거나 그 수준이 최저생활보장에 미달하는 경우가 적지 않은데, 이들의 상황은 다른 곤란층과 크게 다르지 않다.

넷째로, 고용의 유연성이 커지고 농촌에서 대규모로 새로운 노동자층이 도시에 유입됨에 따라, 노동법의 보호를 받지 못하고 열악한 노동조건에 노출되어 있는 비정규직노동자들이 늘어나고 있다. 이들이 주로 고용되는 사영기업이 빠르게 성장하면서 이들의 문제 또한 중요한 사회문제가 되고 있는데, 2005년 도시의 사영기업에 고용된 노동자와 자영업자를 모두 합하면 6236만명으로, 이미 국유부문 노동자수의 96.1% 수준에 이르렀다.[13]

(2) 구조조정과 단위체제의 해체

중국 노동관계의 변화는 국유와 집체가 중심이던 중국 경제구조에 대한 근본적이고 대대적인 구조조정이 시행된 결과이다. 중국의 경제개혁 노선은 1990년대 들어 '사회주의 시장경제'라는 구호로 정리되었으며, 1995년 14기 5중전회(중국공산당 14기 중앙위원회 제5차 전체회의)에서는 여기서 한걸음 더 나아가 국유기업에 대한 구조조정 방침으로 '큰 것은 쥐고 작은 것은 놓는다'는 방침이 채택되었다.

시장이 계획을 보완하는 데 머무는 체제가 아니라 시장주도적 경제체제라는 점에서 사회주의 시장경제는 '시장사회주의'와 다르다고 주장된다(吳敬璉 2001). 대체로 그 의미는, 시장메커니즘이 경제를 주도하지만 일부 경제부문에 국유기업이 남아 있으며, 정부의 거시관리조정이 중요한 역할을 한다는 의미 정도로 이해될 수 있을 것이다. 따라서 사회주의

---

13) 『中國統計年鑑 2006』. www.stats.gov.cn/tjsj/ndsj/2006/indexch.htm

시장경제라는 규정 자체가 사실 매우 모호한 것이고, 향후 '사회주의'보다 '시장경제'가 점점 더 강조될 것으로 예상된다. 이와 관련해 1997년 9월의 15차 당대회에서는 국유부문과 집체부문을 아우르는 공유제경제가 '국민경제의 주체'에서 '국민경제의 기초'로 규정이 변경되었고, 반면 사유경제는 '국민경제의 보충'에서 '국민경제의 중요 구성부분'으로 바뀐 것도 시사하는 바가 있다.[14)

'큰 것은 쥐고 작은 것은 놓는다'는 방침은 공유제경제를 국민경제의 기초로 축소한다는 이런 15차 당대회의 노선과도 일치하는 것이다. 1999년 15기 4중전회에서는 이와 관련해 국유기업 구조조정 방침을 좀 더 구체적으로 네가지 방향으로 제시한 바 있다. 첫째, 국가가 통제하는 국유부문을 공익성 있는 부문과 국가안전과 관련된 부문 등 4개로 제한하고, 둘째, 소수 국가독점 분야 이외에는 모두 주주권을 다원화하기로 했고, 셋째, 사회적으로 방출하여 활력을 도모하는 분야를 국유소기업에서 국유중형기업까지 확대했으며, 넷째, 대형 국유기업에서 소유자와 경영자 사이에 상호 제어할 수 있는 기업지배구조를 설립하기로 하였다(吳敬璉 2001: 52~53). 중국 지도부가 1990년대 말부터 WTO 가입을 서두른 이유 중 하나는 이를 이용해 국유기업 구조조정에 대한 내부반발을 누르고 구조조정의 속도를 높이려 한 것이라고 볼 수 있는데,[15) 앞으로 국유기업에 대한 구조조정 속도는 더욱 빨라질 것으로 예상된다.

국유기업이 구조조정 대상이 되면서 전체 경제에서 차지하는 국유기업의 비중은 계속 줄어들고 있다. 국유기업의 구조조정과 비국유부문의 빠른 성장에 따라 전체 경제에서 차지하는 국유기업의 비중이 상대적으로 줄어들었을 뿐 아니라, 국유기업에 대한 강도높은 구조조정이 진행됨

---

14) 본서 5장을 보라.
15) 본서 3장 참고.

에 따라 국유기업 종업원의 절대수조차 계속해서 줄어들고 있다.[16] 이처럼 한편에서 국유부문이 축소되는 것과 대조적으로 다른 한편에서는 잔존 국유기업들이 인수와 합병을 통해 대형화하는 현상도 나타난다. '관료주도형 구조조정'이라고도 부르는 이 과정은 전국을 몇개의 과점적 체제로 변경하는 방식으로, 주로 석유화학, 항공, 이동통신, 에너지 분야를 중심으로 진행되는데, 이 합병과정에서 많게는 3분의 1에서 2분의 1에 이르는 인원을 감축하는 정책이 추진되었다(Nolan 2001; Smyth 2000). 동북지방의 노동자 시위도 이런 합병에 따른 구조조정이 한 원인이었다.

1990년대 이후 중국 국유기업 구조조정은 '소유제구조와 산업구조의 조정, 국유기업 개혁의 추진, 합병 및 파산의 규범화, 면직〔下崗〕과 인원재배치〔分流〕, 감원을 통한 효율증대〔減員增效〕, 재취업 프로젝트 장려'라는 구호를 내걸고 진행되고 있다. 이를 다시 풀어서 말하자면, '필요한 부문만 남기고 국유기업을 축소하며, 국유기업에서 대대적인 인원감축을 실시하여 효율을 높이고, 여기서 잉여인원으로 남는 사람들은 면직시켜 재취업 프로젝트를 통해 다른 영역에 배치한다'는 것이다. 특히 관심의 촛점은 '면직'이라는 제도이다. 면직은 현재 중국의 과도적 상황을 반영하는 특이한 제도로서 실업과는 다소 다르다. 실업이 기업과 고용관계가 해지되어 소속 직장이 없는 상태라면, 면직은 직무에서는 면직되었지만 아직 소속 기업과 고용관계가 유지되고 있어, 주택과 사회보장의 혜택을 받고 또한 기업으로부터 생활비 보조 및 재취업훈련을 받을 수 있는 경우를 말한다(백승욱 2002e: 115). 많은 경우 면직자에게 실질적인 생활

---

16) 외자기업 발전속도가 빠른 꽝뚱성(廣東省)의 경우 1999년말 국유기업 노동자가 272만명, 집체기업 노동자가 142만명인 데 비해, 외자기업 노동자가 225만명으로 크게 증가하여 국유기업 노동자수에 접근하고 있으며, 사영기업 노동자수 또한 집체기업에 근접하는 수준으로 증가하였는데, 꽝뚱지역이 중국의 개혁개방에 끼친 영향을 고려하면 이런 변화가 앞으로 중국 전역으로 확대될 가능성이 높을 것으로 보인다(嶽經綸·蔣曉陽 2002: 13).

보조혜택을 주지 못하는 국유기업이 많기 때문에 실제로는 면직자와 실업자의 구분이 무의미한 경우도 많지만, 정부통계 측면에서 보면 면직자는 실업자로 분류되지 않기 때문에 구조조정 대상인 국유기업 노동자들을 바로 해고하지 않고 면직이라는 중간 기착지를 둠으로써 사회적 부담을 더는 임시 조치로 이용되고 있다.

이처럼 국유기업의 구조조정이 진행되고 면직자와 실업자가 늘어나는 것은 과거 중국의 사회적 조직원리가 근본적으로 전환되고 있다는 것을 보여준다. 개혁개방 이전 중국의 사회적 관리체제를 보통 '단위(單位)체제'라고 부른다.

개혁개방은 이런 단위체제가 해체됨을 의미한다. 단위체제하의 고용의 비유연성과 과잉고용은 비효율의 대표적 상징인 '철밥그릇'(鐵飯碗)으로 비난받았다. 단위체제의 해체는 이중으로 진행되는데, 첫째로, 단위 외부에 비단위적 조직형태들이 늘어나면서 기존 단위체제를 포위한 것이다. 이는 공유제(국유와 집체) 이외의 경제부문인 사영기업, 외자기업, 개체호(자영업) 등이 빠른 속도로 성장하면서, 기존 단위조직과는 다른 원리에 따른 고용체제와 기업관리체제가 등장하는 것을 의미하는데, 이런 조직체에서는 공유제부문에 비해 노동자의 고용과 해고가 훨씬 유연하게 진행되며, 임금과 복지 수준 또한 낮다. 이에 따른 국유기업의 비중 축소와 사영기업이나 외자기업의 비중 증가는 앞서도 언급한 바 있다. 둘째로 단위조직 자체의 변화를 들 수 있는데, 이는 국유기업과 집체기업이 맡아왔던 고용보장과 사회복지의 기능이 점차 해체되면서 단위조직과 비단위조직 사이의 혜택의 차가 줄어드는 것을 의미한다. 노동계약제의 도입이나 임금체제의 변화, 사회보장의 상품화 등이 그런 변화의 핵심적 내용이라 할 수 있다.[17]

4. 면직과 실업을 하나의 궤도에

(1) 실업과 면직의 현황

단위체제 변화의 핵심은 고용관계의 변화이다. 단위체제하의 종신·완전고용 체제는 1986년 신규 피고용자를 대상으로한 노동계약제가 도입되면서 허물어지기 시작하였다. 신규 피고용자의 경우 고용기간을 정해 노동계약을 체결하도록 하고 계약기간 종료 이후에는 해고가 가능하도록 함에 따라, 1990년대 들어서 국유기업에서는 종신고용관계에 있는 고정공(固定工)과 노동계약관계에 있는 계약제노동자(合同制工)가 동시에 존재하는 이원화된 고용체제가 등장하였다. 이어 1990년대 초반부터는 노동계약제를 기존의 모든 노동자들로 확대하는 전원노동계약제가 도입되었으며, 전원노동계약제 아래에서는 단순히 모든 노동자가 계약의 기초 위에서 고용될 뿐 아니라, 고용최적화를 위한 '우량노동편성'이 도입되면서 면직이 일반적인 현상으로 등장하기 시작했다(백승욱 2001: 제1장). 이러한 새로운 노동관계는 1994년 도입된 '노동법'에서 명문화되어 노동계약제가 고용의 원칙적인 형태로 자리잡게 되었다.

전원노동계약제가 도입되고 국유기업의 구조조정이 진행되면서 대략 1993년경부터 면직자가 대폭 늘어나기 시작했으며, 1990년대 후반 들어 감원을 통한 효율증대 방침과 '큰 것은 쥐고 작은 것은 놓는' 정책을 바탕으로 하는 국유기업 개혁이 가속화하면서 면직자는 더 큰 폭으로 늘어나기 시작했다. 1993년도에 300만명 정도이던 면직자수는 1996년에는 891만명으로 늘어났고, 가장 많은 면직자를 배출한 1998년에는 공

---

17) 개혁시기 노동체제의 변화에 대해서는 백승욱(2001a, 2005a), 장영석(2007)을 참고할 것.

식 집계된 면직자수만 1730만명에 이르렀다(백승욱 2002: 112). 그후 재취업 프로젝트가 도입되면서 면직자수는 다소 감소하지만 2000년대초에도 여전히 1000만명 수준을 유지하고 있다. 누적 수치로 보면 중국 도시노동자의 4분의 1 가까이가 면직 처리되었다고까지 말할 수 있는데, 중국의 한 내부보고에는 2001년 면직자와 실업자를 합한 실제 총수가 6000만명에 육박한다는 조사도 있다(Solinger 2003).

2004년 중국의 도시실업률은 4.3%로 그다지 높지는 않지만 1990년대에 비하면 1% 이상 높아진 것으로 나타나, 최근 들어 실업문제가 해결되고 있지 않음을 보여준다. 물론 이 수치는 도시실업률이기 때문에 농촌의 실업자는 포함하지 않는다. 농촌의 실업률은 0.6%라고 하지만(楊宜勇 2003: 4), 농촌의 특성상 경작지를 지니고 있으면 절대빈곤층도 실업자로 분류되지 않기 때문에, 이는 농촌의 수많은 준실업인구나 유동인구를 포함하지 못하는 무의미한 수치라고 할 수 있다. 도시에 한정하더라도 중국의 실업률 통계에는 여러가지 문제점이 있는데, 우선 연령제한이 있고 (남자 16~50세, 여자 16~45세), 실업자 판정 기준이 되는 주당 노동시간 규정이 없어 해당 정부부처에 등록된 실업자만 실업통계에 들어간다는 점 등의 문제가 있다. 그런데 가장 큰 문제는 이른바 면직자나 가동이 중단된 기업의 노동자, 그리고 도시에 유입된 농민공 미취업자 등이 실업자에 포함되지 않는다는 점이다.

이 때문에 중국의 실제 도시실업률을 놓고 많은 논란이 일었는데, 대개 그 수준을 7% 이상으로 본다. 2000년대초 노동문제 전문가 50명이 조사한 결과에 따르면 이들이 보는 평균 실업률은 7.07%로 나타나는데, 그중 학계의 전문가가 보는 실업률은 8.18%로 정부부처의 전문가들이 보는 5.95%보다 다소 높게 나타난다. 반면 실업문제가 사회적으로 심각한 파장을 미치는 경계선은 정부의 전문가들이 학계보다 낮게 잡고 있어,

정부부처는 6.05%, 학계는 8.60%로 나타나고 있으며, 긴급조치가 필요한 위험실업률은 평균 9.73%로 보고 있다. 이 조사를 수행한 학자들은 등록실업자 중 실제 취업활동을 하는 20% 정도를 빼고, 면직노동자 중 실제 취업활동을 하는 20% 정도를 뺀 다음, 면직자는 아니면서도 실제로 실업 상태에 있는 재직자를 더하면 현재의 실제 실업률 7%가 나오는 것으로 보고 있다(姚裕群·莫榮 2003). 중국사회과학원 사회학연구소의 조사에서는 2002년 당시 실업자 700만명, 면직자 1000만명, 도시농민공 중 실업자 120~150만명, 졸업 후 미취업자 70만명 정도로 보아 실제 실업률을 8~9%로 추계하기도 했다(李培林 2003: 17).

이런 수치에서 볼 수 있듯이 현재 중국 실업문제에서 실업자 자체보다 더 큰 문제는 면직자문제이다. 면직자는 실업자로 분류되지 않으면서도 사실상 실업자와 거의 차이가 없는 상태로 전락하고 있기 때문에 적지않은 사회문제가 되고 있다. 면직자는 국유기업의 구조조정과정에서 발생하고 있기 때문에, 쉽게 줄일 수도 없다.

중국에서 대규모 면직자가 발생하기 시작한 것은 앞서도 말했듯이 국유기업에 현대기업제도와 전원노동계약제가 본격 도입되기 시작한 1993년경부터이다. 2000년대 초반까지의 면직자 누계는 적게는 2800만명에서 많게는 4800만명 수준인데(후자에는 정규퇴직을 제외한 내부퇴직, 조기퇴직, 타사 발령 등의 구조조정 대상 인원이 포함된다), 이들은 특히 전통산업부문과 이들 산업이 밀집된 지역, 그리고 연령별로는 30~49세에 집중되어 있다. 산업별로 보면 1997년 방직업이 전체 산업 면직자의 15.5%를 차지하였는데, 방직업 전체 직공 중 면직자가 31%에 이를 정도였다. 그에 이어 탄광, 기계 및 야금 공업, 임업 등 오래된 산업 분야에 면직자가 집중되었다. 지역적으로 보아도 이들 산업이 밀집된 중서부지역에 면직자가 집중되었는데, 한 예로 동북지역의 랴오닝성은 면직자가 급증하면서 취업인원 최대 감소, 직공수 최대 감소, 국유부문 직공수 최대 감소가 동시에 발생한 심각한 지역으로 등장했다.[18] 이 지역에서 노동쟁의가 빈발하는 것도 이런 면직자 문제와 뗄 수 없는 상관관계가 있다.

면직자들은 나이가 많고, 연공이 길며, 수입은 낮고, 보장해야 할 비용이 많은 특징을 지니고 있기 때문에 일반적으로 재취업에 많은 어려움을 겪고, 노동시장 상황에서 일반적인 실업자보다 불리한 위치에 처해 있다(丁大建 2001). 이런 이유로 면직은 장기화하는 추세여서, 면직자 중 면직기간이 3년 이상인 사람이 전체의 절반인 50.7%를 차지하고 있다(喬健 2003: 253). 면직기간이 길어지면서 면직자는 생활에 어려움을 겪게 되는데, 면직의 특성상 기업이 면직자에게 생활보조금을 지급해야 하지만, 실제로는 지급하지 않거나 보조금이 최저생활 보장선에도 미달하는 경우가 많아 자구책을 마련하지 않을 수 없는 실정이다.[19] 면직자들은 자구책으로 가족에 의존하는 경우가 많은데, 특히 미혼자녀의 경우 퇴직한 부모의 연금에 의존해 생활하는 경우가 많으며, 나이가 많은 기혼 면직자의 경우 의탁할 가족이 없어 사회구제금에 의존해 근근이 생존하고 있는 것으로 조사되고 있다(斯人 2003: 165). 면직자들은 재취업에 성공하더라도 68% 정도가 사영기업에 취업하는 것으로 나타나, 임금이 하락하는 동시에 그동안 누려온 여러 사회보장혜택이 박탈되는 이중의 곤경을 겪지 않을 수 없다.

---

18)「胡鞍鋼談我國就業形勢」,『中國勞動』 2002년 제6기.

19) 지방으로 가면 면직자의 생활보조금이 제대로 지급되지 않는 경우가 많으며, 뒤에서 논의할 재취업써비스쎈터의 효과에 대해서도 면직자들의 신뢰는 그다지 높지 않은 것으로 나타나고 있다(Solinger 2002).

(2) 면직자 재취업 정책의 난점

면직은 중국 단위체제의 특성을 반영하는 과도적인 현상이다. 면직자를 바로 기업에서 해고하여 사회에 배출할 경우 이를 감당해야 하는 실업보험이 완비되어 있지 못하다. 또한 실업자가 급증하는 데서 발생하는 정치적·사회적 부담을 국가가 감당하기 어렵기 때문에 이에 대한 부담을 다시 단위에 이전하여 단위체제를 일부 온존하는 형태로 실업문제를 해결하려 한 데서 면직제도가 생겼다고 할 수 있다(백승욱 2001: 93~94).

이 때문에 중국정부는 국유기업 구조조정이 본 궤도에 오른 후 과도기적 면직제도를 점진적으로 철폐하고 이를 실업으로 전환시키기 위한 정책을 추진하고 있다. 그러기 위한 첫단계로서 면직자에 대한 재취업제도를 체계화하는 '재취업 프로젝트'를 1998년부터 전면 추진했는데, 그 핵심 제도로 등장한 것이 '재취업써비스쎈터'이다. 중국공산당 중앙위원회와 국무원은 1998년 5월 재취업 공작회의를 거쳐 「국유기업 면직 직공 기본생활 보장과 재취업 공작을 철저히 잘해내는 것에 관한 중공중앙, 국무원 통지」(10호 문건)를 발표했다. 이 문건은 기업 내에 재취업써비스쎈터를 보편적으로 건립하고, 운영자금에서 3·3제(국가·기업·지역사회가 각기 운영자금의 3분의 1씩 부담)를 시행하며, 그리고 이 쎈터를 한시적으로 운영(지역에 따라 2년 또는 3년간 운영)한다는 등의 내용을 담고 있다.[20]

이 통지에 따라 구조조정이 시행되는 모든 국유기업에 재취업써비스쎈터가 설립되었고, 규모가 작은 기업들이 있는 곳에는 지역에 써비스쎈터를 설립 운영하게 되었다. 이에 따라 1998년 면직직공 중 써비스쎈터

---

20) 「學習中央十號文件明確工作重點探討改革思路」, 『中國勞動』 1998년 제11기, 43면.

등록 비율이 11.1%에 불과했으나 1999년 6월에는 95%, 2000년대 초반에는 85% 이상을 기록하여, 거의 모든 면직자들이 재취업써비스쎈터에 등록한 것으로 나타난다. 재취업써비스쎈터에 등록한 면직자에 대해서 써비스쎈터는 해당지역의 최저생활보조금 수준을 고려해 책정된 생활보조금을 지급하고 재취업훈련을 하여 취업을 알선하도록 규정되어 있다. 이에 따라 정책적으로 알선된 재취업이 다소 늘어나긴 했지만, 대다수 재취업은 기본적으로 개인의 책임이다. 재취업 프로젝트가 전국적으로 시행된 1998년 이후 재취업써비스쎈터에 등록한 국유기업 면직노동자 총수는 2100만명이었고, 그중 1300만명이 재취업한 것으로 집계된다. 그리고 이처럼 대대적인 인원감축이 진행된 결과, 국유기업 노동자 수는 7000만명에서 5000만명으로 줄어들었다(深琴琴 2002: 182). 국유기업은 1990년대 중반에도 이미 도시 전체 경제활동 인구에서 차지하는 비율이 거의 고정되어 있어서 신규노동력 흡수 기능이 제약되어 있었는데, 1997년 이후로는 대량감원이 진행되면서 국유기업은 이제 노동력 흡수보다는 배출 통로라는 성격을 더욱 분명하게 드러내고 있다.

이처럼 정책적 지원하에 재취업써비스쎈터의 활동이 활성화된 듯하지만, 실상은 그리 낙관적이지 않은데, 이는 면직자의 재취업률이 1998년의 50% 수준에서 2002년에는 20% 수준까지 계속 하락하고 있다는 점에서 알 수 있다.[21]

그런데 이런 면직자에 대한 재취업 프로젝트는 한시적으로 운영된다는 특징이 있다. 중국정부는 실업과 면직이 공존하는 이원체제를 없애고 해고와 실업제도를 정착시키기 위해 위에서 말한 「10호 문건」을 반포하면서 재취업써비스쎈터의 활동을 3년간 한시적으로 허용하였다. 이 정

---

21) 莫榮 「就業: 在挑戰中關注困難群體」, 36면.

책에 따라 재취업써비스쎈터는 면직직공에 대해 3년간만 책임을 지며, 이후 발생하는 새로운 면직자는 면직이라는 중간 기착지를 거치지 않고, 곧바로 실업자로 전환된다. 이처럼 곧바로 실업자로 전환된 사람들에 대해서는 단위(기업)가 생활보조금을 지급하지 않고 정부가 주도하는 실업보험에서 실업급여가 지급된다.

과도기적 면직제도를 철폐하는 정책의 첫단계가 재취업써비스쎈터의 건립이었다면, 둘째 단계는 면직과 실업을 하나의 궤도에 묶는 것(幷軌)으로, 면직자와 실업자의 차이를 점차 좁혀 면직제도 자체를 소멸시키려는 것이다. 한 예로 뻬이징시는 2001년부터 신규 면직자의 재취업써비스쎈터 등록을 중단하고 2002년말에는 모든 재취업써비스쎈터를 폐지할 예정이었다(丁大建 2001).[22] 그런데 면직자의 취업이 어려움을 겪으면서 면직과 실업을 한 궤도에 묶는 정책 또한 쉽게 진행되지 못하고 있다. 면직자의 취업난뿐 아니라 다른 제도적 난점들 또한 면직제도의 철폐를 어렵게 만들고 있다. 꽝뚱성의 경제특구중 하나인 샨터우(汕頭)에서 보고된 난점은 중국의 다른 지역에서도 관찰되는 특징이라고 할 수 있다(魏建文 2002).

첫째로 면직자들의 재취업이 사실상 어렵다는 점이다. 이는 중국 도시의 노동시장이 세 층으로 분절되어 있는 것과도 관련된다. 중국 도시 노동시장은 전통적인 상대적 특혜층(고정공)인 직공 노동시장, 농촌에서 도시로 유입된 농민공 노동시장, 그리고 전문기술인력을 중심으로 하는 인재 노동시장 세 층으로 분절되어 있다. 그런데 면직자는 연령이나 각종 사회보장 비용 등의 이유 때문에 농민공 노동시장에 진입하는 데 난점이 있으며, 다른 두 노동시장에서는 이미 배제되어 있어 재취업이

---

22) 동북지방에서도 재취업써비스쎈터가 폐쇄되는 대신 '재취업시장'이 등장하고 있는 것으로 관찰된다(Won 2004: 80).

어렵다는 문제가 있다(胡鞍鋼 2002: 170).

둘째 문제는 국가정책과 관련된 것으로, 실업보험의 감당능력이 매우 제한적이라는 것이다. 샨터우시의 경우 배정된 비용은 실제 필요한 실업 보험 급여의 10%에 불과하다. 1998년 실업보험조례의 반포에 따라 실업 보험의 대상은 국유기업 노동자에서 전체 노동자로 확대되었지만, 실업 보험기금은 아직도 공식 실업자에게 실업급여를 지급하기에도 턱없이 부족한 수준이어서 면직자를 실제 실업자로 전환하여 실업보험급여를 지급할 수 없는 상황이다. 이 때문에 국가 또한 사실상 실업자 확대에 소극적일 수밖에 없다.

셋째는 면직자들이 소속 단위와 맺고 있는 노동관계를 해지하기 어렵다는 난점이다. 이와 관련해 세가지 문제가 제기되고 있다. ① 면직자를 해고할 경우 면직자를 포함해 모든 노동자들의 삶과 직접 연관된 양로보험과 의료보험 혜택에서 면직자가 곧바로 배제된다는 문제가 있다. 면직자가 실업자로 지위가 바뀔 경우 사회보험료 납부가 중단되어 해고와 사회보장혜택의 상실이라는 이중의 고통을 겪게 되며, 이 때문에 단위로서는 해고의 정치적·사회적 부담이 크다. ② 면직자에 대한 경제보상 정책의 표준이 불명확하다는 문제이다. 최근 들어 단위가 면직자의 노동관계를 해지하는 방식의 하나로 널리 이용하고 있는 것이 '연공매입'〔買段工齡〕이다(Lee 1999). 연공매입은 일종의 퇴직금제도로, 면직자의 연공을 일정액수로 계산해 해고시 경제보상금을 지급하는 방식이다. 이 경우 기업은 퇴직 이후의 사회보험료 납부 부담을 덜 수 있게 된다. 샨터우시의 경우 면직자를 퇴직시키면서 1년에 500~800위안의 연공 비용에 1년당 100위안의 의료보조비를 합한 액수를 연공에 곱해 지급하는 방식을 택했다. 그런데 이런 연공매입의 일반적 기준은 정해진 바 없으며, 기업별로 '노동법' 규정이나 파산기업 처리 조례의 일부 내용을 이용해 경제보상금을 지급하기 때문에 지속적으로 분란이 발생하고 있다. ③ 이런 연공매입제도를 도입하더라도 이 제도를 시행할 수 있는 기업이 매우 한정되어 있다는 문제가 있다. 뻬이징에서는 1년 연공보상 기준을 2500위안(한화 37만 5000원) 정도로 계산해 지급하는 경우가 방문조사 결과 관찰되었는데, 뻬이징 같은 대도시의 경우 도시재개발이 계속됨에 따라 도심에 위치한 오래된 기업은 기업부지를 임대하여 외곽지역으로 이전하면서 발생한 자금을 활용해 연공매입을 할 수도 있다(백승욱·장영석 2004). 그러나 많은 국유기업의 경우 적자가 누적되어 경제보상금을 일시불로 지급할 능력이 없는 데다가, 노동자에 대한 임금체불이 누적되거나 기업의 자금 확보를 위해 단위 직공들에게 기금을 모집한 경우도 적지 않아 이를 청산하지 않고는 연공매입을 할 수 없는 경우가 많다(桂楨 2003).

경제보상금제도는 면직과정을 없애고 해고자를 바로 실업 상태로 전환하기 위해 도입한 것이지만, 면직제도와 마찬가지로 실업자가 사회적 불안요소가 될 수 있다는 우려에서 나온 제도이며, 실업자에 대한 사회적 책임을 일정정도 단위에 위임한 제도라고 할 수 있다. 그러나 이런 연공매입 방식을 통한 실업완충장치 마련은 많은 기업에서 실질적 효과를 거두기가 어렵다. 주요한 이유는 구조조정과 대량감원이 진행되는 많은 국유기업이 적자 상태여서 면직자에 대한 생활비 지급도 제대로 하기 어렵기 때문에 해고 대상자에게 적지 않은 액수의 경제보상금을 지급할 여력이 없다. 더 나아가 해고 대상자에게 지급하지 않은 임금이나 해고 대상 노동자가 출연한 기금 등을 퇴직시 일시에 정산해야 하는 부담도 크기 때문이다(Solinger 2002). 한 예로 국유기업 밀집지역이자 심각한 실업 문제가 발생하고 있는 랴오닝성의 조사에 따르면, 70% 이상의 기업은 노동자 해고 후 경제보상금을 지급할 여력이 없으며, 85% 이상의 기업은 노동자에게 지급해야 할 각종 체불임금이나 기금을 갚을 여력이 없는 것으로 나타났다(嶽頌東 2002: 513~14). 이런 이유 때문에 사실상 해고자에게 경제보상금을 지급할 수 있는 기업은 경영성과가 비교적 좋은 기업이나, 대도시 중심부에 위치해 있다가 공장부지를 매각하여 교외로 공장을 이전하면서 발생하는 수익금으로 해고노동자에게 보상금을 지급할 수 있는 일부 기업에 한정된다. 해고자 입장에서 보더라도 경제보상금으로 일시에 목돈을 받는 이점은 있지만, 해고 이후 사회보험의 혜택이 사라지고, 단위 내에서 누려왔던 주택이용 혜택 등에서 배제되기 때문에 생활의 불안정성은 높아지게 된다.

실업자에 대한 사회적 보호조치가 없기 때문에 면직자 중 소속을 원단위에 남겨둔 채로 사실상 비정규직 형태로 사영기업 등에 취업하는 '은폐성 취업' 또한 늘어나고 있다. 조사에 따르면 그 수치는 면직자의 50% 이상으로 나타나기도 하는데(桂楨 2003), 단위가 아직도 사회보장에서 중요한 역할을 하고 있는 상황을 고려한다면, 이런 편법행동은 줄어들지 않을 것으로 보인다.

재취업 프로젝트를 통한 면직자문제 해결이 난관에 봉착하자 중공중앙과 국무원은 전국재취업 공작회의를 개최하여 2002년 9월 30일 「면직 실업인원 재취업 공작을 진일보시키는 것에 관한 통지」를 발표하였다. 이 통지는 재취업문제에 경제성장과 동등한 장기적 전략의 중요성을 부여하고, 면직자들을 수용해 재취업을 추진하기 위해 설립되는 기업에 재정과 세금우대정책을 펴는 내용 등을 담고 있다(喬健 2003: 258~59). 그러나 이 정책은 이전과 마찬가지로 면직자 해소의 책임을 단위나 면직자 자신에게 맡기는 수준을 크게 벗어나지 못한 것이어서 큰 성과를 거둘 것으로 예상하기 어렵다.

4. 사회보장의 불안정성

단위체제가 해체되고 고용의 불안정성이 높아지면서 단위가 담당해
왔던 사회복지체제도 큰 변화를 겪고 있다. 과거 단위체제하에서는 단위
가 소속 노동자에 대한 사회복지를 전적으로 책임져왔다. 문화혁명 이전
에는 일반적으로 임금의 일정부분을 노동보험비용으로 납입하여 이를
통해 복지비용을 지불했고, 문화혁명 과정에서 이런 노동보험 업무를 담
당하던 노조가 활동을 중단하자 대신 단위 내부의 유보금에서 노동보험
이나 의료비용을 충당하는 체제가 유지되어왔다. 이런 단위복지체제 아
래에서는 소속 단위에 따라 사회복지혜택 수준이 차별화되는 단위복지
의 위계화 현상이 두드러지게 나타났지만, 동일 단위 내에서는 지위에
따른 복지혜택의 차이가 크게 나타나지는 않았다(백승욱 2001: 3장).

개혁개방 이후 노동계약제가 도입되고 국유기업의 구조조정이 진행
됨에 따라 단위는 노동자들에 대한 각종 부담을 벗어던지기 시작했는데,
사회복지와 관련해서도 단위복지체제가 약화되고 이를 사회보험체계가
점차 대체하고 있다. 사회보험체계는 기업이 노동자 임금의 일정액수에
해당하는 보험료를 납부해 이를 지역별·부문별 사회통합기금으로 모아
운영하는 것으로, 주요 영역은 양로, 의료, 실업, 산재, 출산 등 다섯가지
이지만, 현재는 주로 양로와 의료보험제도를 중심으로 전국적 보험체제
의 형성이 시도되고 있다. 사회보험제도 도입 초기인 1980년대 후반에
서 1990년대 초반까지는 그해 납부받은 보험료로 퇴직자의 연금을 지급
하는 제도인 '현수현부제(現收現付制)'가 시행되었으나, 퇴직자가 급격히
늘어남에 따라 보험료 재정이 악화되어 1995년 이후에는 기여에 따른 연
금지급제도인 부분누적제가 도입되었다. 이 제도에 따르면, 기업과 개인

이 납부하는 보험료 중 일정액은 사회공통 보험기금으로 따로 적립하지만, 주로 개인이 납부한 나머지 부분과 경우에 따라서는 기업이 납부한 보험료 중 일부를 개인계좌에 적립해, 퇴직 후 자신이 납부한 보험료의 기여 정도에 따라 연금을 차별적으로 지급받도록 되어 있다(장영석 2007: 제2장).

그러나 최근 들어 보험재정이 악화되면서 개인계좌에 장부상으로는 납부보험액이 적립되어 있지만 실제로는 개인계좌 적립액을 기존 퇴직자에게 필요한 연금으로 지급해버려 개인계좌에는 적립액이 남지 않은 '깡통계좌'(空賑) 현상이 심각한 사회문제가 될 정도로 늘어나고 있다. 정부의 양로보험 기금에 대한 재정보조 누적액만 해도 이미 1000억위안(15조원)을 넘어섰음에도 불구하고, 깡통계좌 문제는 심각해져서, 1997년 이후 4년간 깡통계좌 누적액은 1900억위안에 이르렀다. 국채에만 투자하도록 되어 있는 사회보험기금의 수익률 하락도 보험기금 재정악화 문제를 심화시키고 있다(馮蘭瑞 2002).

사회보험기금 재정이 악화되는 중요한 이유 중 하나는 고용 증가에 비해 퇴직자 증가 속도가 훨씬 빠르기 때문이다. 중국에서 퇴직연령은 남성 60세, 여성간부 55세, 일반여성 50세로, 신중국 건립 이전의 규정이 아직도 적용되고 있어 퇴직자가 많이 배출되는 데다, 국유기업 구조조정의 일환으로 면직이나 조기퇴직, 명예퇴직 등이 광범하게 활용되면서 퇴직자 증가 속도는 매우 빨라지고 있다. 이 때문에 취업자와 퇴직자의 비율은 급격하게 변해, 재직 노동자 대 퇴직자의 비율은 1983년의 8.9:1에서 2001년에는 3.2:1로 낮아졌다.[23] 실업문제 해소를 위해 임시방편으로 활용되는 조기퇴직제도가 사회 전체로 보면 오히려 사회적 부담을 더욱

---

23) 『中國勞動統計年鑑 2002』, 495면.

높이는 방향으로 작용하고 있다고 할 수 있다.

사회보험제도의 토대가 취약하기 때문에 퇴직자에게 지급되는 연금이 실제 생활에 도움이 못되는 수준에 머물거나 그나마도 제대로 지급되지 않는 경우가 많아, 이에 불만을 가진 퇴직자들의 시위는 면직자들의 시위만큼이나 심각한 사회문제가 되고 있다(Hurst and O'Brien 2002). 그런데 이보다 더 큰 문제는 사회보험혜택에서 배제된 사회집단이 매우 많다는 점이다. 우선 농촌지역 주민 전체가 사회보험혜택에서 배제되어 있다. 도시 사회보험의 경우 개인의 보험료 납부액이 계속해서 늘어나고 있긴 하지만 아직도 단위가 납부해야 하는 보험료의 비중이 매우 높은데 반해, 농촌의 경우는 사회보험료 전액을 개인이 부담해야 한다. 이 때문에 양로보험의 경우 농촌주민의 가입률은 8% 수준에 불과하다. 농촌의 집체 단위의 적립금을 활용해 시행되던 각종 복지제도가 인민공사 해체 이후 붕괴하고, 이를 대체하는 새로운 사회보장제도가 건립되지 못하고 있기 때문에, 농촌의 양로와 의료·교육 등 기초적인 사회복지는 거의 부재한 상황이다. 2800만명 정도로 집계되는 농촌의 절대빈곤 인구는 생계유지조차 위협받고 있는 실정이다.

도시의 경우에도 단위체제가 포괄하는 영역이 축소되고, 단위에서 배출되는 노동자가 늘어남에 따라 도시의 절대빈곤층이 늘어나고 있다. 과거에는 노동능력이 없고 의존할 곳이 없는 사람이 빈곤층을 이루었으나, 현재는 실업자가 주요한 신빈곤층을 형성하고 있는 실정이다. 현재 민정부가 관할하는 도시의 최저생활 보장금 지급대상 인구만도 2000만명에 이른다. 이들은 주로 낙후된 지역인 내륙의 도시에 집중되어 있는데(深琴琴 2002: 184), 이들은 생활보조금을 일부 받긴 하지만, 이는 생계유지 수준에도 못 미치며 양로나 의료혜택은 전혀 받지 못하는 사회복지의 사각지대에 놓여 있다.

2005년말 전국 재직자 중 사회보험에 가입해 혜택을 받을 수 있는 인구수는, 가입자가 가장 많은 양로보험의 경우도 1억 3120만명에 지나지 않으며, 의료보험은 그보다 적은 1억 21만명, 실업보험은 1억 647만명, 산재·출산 보험의 경우 다시 가입자가 대폭 줄어, 산재 8478만명, 출산 5408만명이다.[24]

5. 사회계급의 분화

단위체제가 유지되던 시기의 중국에서 주민 전체는 노동자와 농민이라는 두 범주로 분류되었다. 농민과 노동자 사이에는 각종 사회적 혜택의 차이가 존재했으며, 노동자라 하더라도 국유기업인가 집체기업인가, 국유기업이라도 중앙급인가 현급인가, 대형인가 소형인가에 따라 받게 되는 임금수준과 복지혜택의 수준 또한 달랐다. 같은 단위에 속한 노동자라 하더라도 간부와 일반 노동자(工人) 사이에는 적지 않은 격차가 존재했는데, 임금의 격차 폭은 크게 유의미하지 않았다 하더라도 승진의 폭, 간접적인 물질적 혜택, 주택배분 등에서 적지 않은 차이가 존재했던 것은 사실이다(朱光磊 外 1998).

개혁개방기 들어서 빠른 속도로 자본주의적 변화가 진행되고 단위체제가 해체되어감에 따라, 노동자라는 단일 범주 내에서도 위에서 언급한 차이를 넘어서는 세분화와 격차 확대 현상이 나타나고 있다. 도시에 한정해 살펴보면, 노동시장의 분할이라는 점에서 적어도 다섯가지 상이한 사회층들이 발견된다. 첫째는 기업주와 상층 경영집단, 둘째는 확대되는

---

24) 『中國統計年鑑 2006』.

중간관리자층과 전문기술직 종사자, 셋째는 단위체제의 유제 속에서 아직 부분적인 혜택을 받고 있는 '조직된' 노동자층, 넷째는 단위에서 산업예비군으로 배출된 노동자들 및 이들과 유사한 상태에 놓여 있는 비정규직노동자들. 다섯째는 넷째와 유사한 대우를 받지만 조건이 상이한 농촌출신 노동자들(民工) 등이다.

첫째, 기업주와 고위경영자층을 살펴보면, 이들은 사영기업의 기업주였던 경우와 국유기업이나 외자기업 등에서 과거 관리자층이 분리되어 점차 자본가적 속성을 강화해가는 경우로 나뉜다.[25] 대형기업의 고위경영자층은 임금개혁 과정에서 일반 노동자와 달리 고액의 보너스를 받거나 연봉제의 수혜자로 변화하였다. 국유기업 개혁의 방식으로 도입된 현대기업제도 아래에서는 주주총회에서 임명된 전문경영자와 이사회에 기업경영의 권한이 집중된다. 이에 따라 사영기업주 이외의 기업 고위관리층도 과거와 달리 훨씬 강력한 권한을 행사하고 있고, 그에 상응하는 각종 물질적 소득도 크게 증대되었다. 1999년 중국사회과학원의 계층조사 결과에 따르면 대표적 경제발전지역인 선전(深圳)의 경우 사영기업주와 기업 고위관리자층의 월평균 소득은 산업노동자의 약 4.4배로 상당히 벌어져 있는 것으로 나타났다(陸學藝 2002: 27). 이는 외형상의 수치로 나타난 월소득만 계산한 것이어서 각종 부가혜택까지 고려하면 그 차이는 훨씬 더 벌어지게 된다.[26]

둘째, 중간관리자층과 전문기술직 종사자를 보면, 이들은 주로 대졸자에서 충원되는데, 중국 노동시장에서 이들이 고용되는 영역은 일반 노동자들과 구분되어 '인재시장'이라 지칭되고 있다. 이들은 일반 노동자

---

25) 이외에 고위 '당정간부'도 이들과 유사한 위치로 볼 수 있다.
26) 1990년대 중반 일부 지역에서는 이미 일반 노동자와 최고경영자 간의 보너스 액수 차이가 수백배까지 벌어지기도 했다(Zhao and Nichols 1996).

와 달리 취업에서 호구의 제약이 거의 완화되어 취업지역이 전국으로 개방되어 있다(김영진 2002: 68~69). 문화혁명 시기에는 대학신입생 선발이 중단되었거나 제한적으로만 시행된 데다가 1980년대엔 대학진학률이 높지 않아서, 대졸 전문기술인력의 공급은 늘 충분치 않았다. 중국에서 대학진학률이 대폭 높아진 것은 청년실업문제 해결의 일환으로 대학입학 정원을 대폭 늘린 1990년대말의 일이다. 앞서의 중국사회과학원 조사에 따르면 전문기술인력의 월평균 소득은 산업 노동자의 3.3배로 상당한 격차를 보이며, 그 수준이 산업 노동자보다 오히려 고위경영자층에 가깝게 나타나고 있다.[27] 이는 문화혁명 시기에 지식노동보다 육체노동의 보수가 높았던 '육체노동과 지식노동의 전도'를 바로잡는다는 명목으로 1980년대 이후 엘리뜨 중심적 보수체제 조정안이 시행된 결과이기도 하다.

셋째, 단위체제에 남아 있는 '조직 노동자층'은 구조조정을 거친 후 중대형 국유기업에 남아있는 노동자층과, 비교적 대형 외자기업이나 주식회사로 전환된 기업에 고용되어 상대적으로 높은 임금을 받고 있는 층 등을 포함한다. 이들은 이전의 '고정공'으로 사회주의적 코포라티즘의 주요한 수혜자였지만, 현재는 다른 사회적 특권층이 형성되면서 그 사회적 지위가 하락하고 있는 층이기도 하다. 그러나 구조조정을 거쳐 면직자 처지로 밀려난 노동자들이나 임금이 체불되고 있는 가동 중단 기업의 노동자들에 비해서는 아직 고용조건이 상대적으로 안정적이며, 기업복지라고 할 수 있는 혜택도 어느정도 유지되고 있어 면직자들과는 구분되는 처지에 있다. 이들은 개혁개방에 따라 소득과 소비수준이 어느정도

---

27) 상하이시의 조사에 따르면, 기업의 중간관리자(우리나라 과장에서 부장 정도)의 임금은 일반 노동자보다 3~10배 정도 많은 것으로 나타나며, 20배 이상으로 벌어지는 경우도 있다(김영진 2002: 142)

향상되었기 때문에 자신이 구조조정 대상이 되지 않는 한 개혁개방 저항
세력으로 조직되지는 않는다. 시장이데올로기와 단위라는 보호틀의 유
제는 이들을 여전히 지배적 담론의 영향하에 묶어두는 작용을 하고 있다
(Blecher 2002).

　넷째, 국유기업 구조조정 결과 형성된 광범한 면직자와 비정규직노동
자층이 있다. 이들을 다섯째 범주인 농민공과 비교해보면, 도시호구를
지니고 있고, 이전 국유기업 단위에 소속되어 있던 노동자 출신이며, 연
령이 많고 재직기간이 긴 중년 이상의 노동자들이라는 점에서 차이가 있
다. 그러나 이런 조건 때문에 이들은 재취업에 어려움을 겪을 수밖에 없
는데, 이들의 해고 전 임금수준은 농민공보다 높으며, 이들을 고용할 경
우 사회보험료 납부 부담을 추가로 안게 된다. 또한 노동규율 면에서도
이들은 농민공에 비해 기업관리자의 권위에 순응하는 편은 아니다. 따라
서 이들은 공식부문에 재취업하지 못하고 비정규직 형태로 남거나 도시
빈곤층으로 전락하기 쉽다.[28)]

　다섯째, 대규모로 도시에 유입되는 새로운 노동자층인 농촌출신의 농
민공(또는 유동인구)이 있다. 이들은 특히 중국의 남부지역을 중심으로
노동집약적 경공업부문에 대량 고용되며, 저임금과 장시간 노동, 열악한
노동조건에 시달리며 노동법 사각지대에 있는 경우가 많다. 남부지역 이
외에도 뻬이징이나 샹하이 같은 대도시지역에서도 건축 일용노동자나
가정부, 음식업이나 유흥업소의 써비스 종사자 등으로 고용되는 경우도
많다. 이들은 도시주민들이 꺼리는 3D직종에 종사하게 되는 일종의 내
부의 외국인노동자라 할 수 있다. 아직까지 남아 있는 호구통제 때문에
취업, 의료, 자녀교육 등에서 외국인노동자와 유사한 2등시민으로 차별

---

28) 중국의 비정규직노동자는 6000~7000만명 정도로 추계된다(袁彦鵬 2002).

대우를 받고 있다. 최근 들어 도시의 실업률이 높아지면서 이들 농민공에 대한 취업규제조치는 더욱 강화되고 있다. 탄광채굴업 등 위험업종에도 이들 농민공이 대량 고용되는데, 이들에게는 노동계약제조차 사치스러운 것이어서 심지어 사고발생시 고용주가 책임지지 않는다는 각서를 받아두는 경우조차 있다(嶽經綸·蔣曉陽 2002).

이들 농민공 유동인구의 규모를 정확히 집계하기는 어렵다. 2001년 전국에서 일자리를 찾아 고향을 떠난 인구는 최저 7800만명으로 2000년에 비해 15% 늘어난 것으로 파악되며, 더 높게 잡으면 1억명 정도에 달하는 것으로 추정된다.[29] 이들 거대한 산업예비군의 존재는 도시 저미숙련/미숙련 노동자들의 임금을 저임금으로 묶어두는 메커니즘을 형성하게 된다. 이들과 앞서 넷째 범주에 속하는 면직자들의 관계는 독특하게 나타나는데, 많은 도시기업들에서 기업의 잉여인원을 감축한다는 명분으로 대량감원을 시행한 후, 이 공백을 농촌 출신 노동자로 메워 고용의 유연성을 확대하는 조치가 상당히 보편적으로 관찰되고 있다(백승욱 2002: 118; Solinger 2003: 67). 이처럼 기존 노동자를 농민공으로 대체할 경우, 임금인하뿐 아니라 사회보장비용의 삭감과 해고의 편리성 등을 도모할 수 있기 때문에, 앞으로도 도시 국유기업의 구조조정은 기존의 종신제 노동자들을 비정규직 형태의 농촌 출신 노동자로 대체하는 형태로 진행될 개연성이 높다.[30]

---

29) 「胡鞍鋼談我國就業形勢」, 『中國勞動』 2002년 제6기. 유동인구로서 농민공의 상황과 특징에 대해서는 정종호(2002), 이민자(2004, 2007)를 참고할 것.

30) 중국의 경제정책 수립에 중요한 영향을 끼치는 정책브레인의 한명인 후 안깡 같은 이도 중국도시의 노동시장이 도시직공 노동시장, 도시농민공 노동시장, 전문인재 노동시장으로 분절되어 있어 면직자의 재취업이 어렵다는 사실을 인정하고 있다(胡鞍鋼 2002: 171).

6. 분산된 저항들

국유기업의 구조조정이 진행되고 다양한 실질적 실업자가 늘어남에 따라 노동자들의 저항도 거세지고 있다. 이는 공식적으로 발표되는 노동쟁의가 증가하고 있는 데서도 확인된다. 1990년대말 이후 노동쟁의의 특징 중 하나는 국유기업 구조조정과 관련되어 국유기업의 노동쟁의가 대폭 증가하고 있다는 점이다(장윤미 2003; 김재관 2004). 노동쟁의가 증가함에 따라 1980년대와 1990년대를 거치면서 노동쟁의 처리절차가 마련된 바 있는데, 기업 내에서의 쟁의조정, 지역 단위의 노동쟁의 중재기구의 설치, 최종적으로 인민법원을 통한 재판이라는 세 단계를 거쳐 노동쟁의를 조정하도록 규정되어 있다. 그렇지만 사영기업이나 외자기업에는 아직도 노조가 없는 곳이 많아 노동쟁의 해결 절차의 첫단계인 조정에서부터 문제가 생기지 않을 수 없다.[31]

노동쟁의와 관련해 주목되는 것은 노동조합의 역할이다. 중국에서 노동조합은 사회주의 건설기의 일련의 논쟁을 거치면서 노동조합의 노동자권익 대표 기능이 약화되고, 대신 노동자들을 생산에 참여하도록 독려하는 기능과 노동자들의 복지를 관장하는 기능 중심으로 그 방향이 전환되었다. 국가기관화되고 노동자와 유리된 노동조합은 문화혁명 시기에 노동자들, 특히 임시 노동자들의 공격 대상이 되기도 했다. 개혁개방기들어 사회적 갈등이 증폭되자 국가는 노동조합의 권한을 일부 복구시켜 노동자들의 갈등을 중재하는 역할을 부여하고자 하나, 노동조합은 아직도 노동자들의 대표기구로서의 성격이 취약하고, 당 외곽조직이나 국가

---

31) 조정기구가 없거나 조정기구가 제 역할을 못하기 때문에 노동쟁의가 발생할 경우 직접 중재기구에 중재를 신청하는 경우가 늘어나고 있다는 점도 최근의 특징이다. 이에 대해서는 장윤미(2004)를 참고할 것.

기관의 성격을 강하게 지니고 있다(백승욱 2001: 5장; Baek 2000; 장윤미 2004b).

중국정부는 노동쟁의 조정절차를 마련해가는 동시에 각종 소유제기업들에 노동조합을 설치하여 이를 통해 노동자들의 불만을 체제 내로 포섭하려는 정책을 추진해왔다. 이를 위해 국가캠페인 성격을 띠는 노동조합 설치 확대 운동이 1990년대에 추진돼왔고, 노동조합은 국유나 집체를 넘어 외자기업이나 사영기업에도 조직화의 폭을 확대하고 있다.[32] 2001년에는 '노동조합법'이 개정되어 노동조합의 권한이 다소 확대되었다. 특히 이전 노조법과 달리 노조의 기본책무에 노동자의 합법적 권익을 보호하고, 노동쟁의가 발생했을 때 노동자를 대표하여 교섭권을 갖는다는 내용이 포함되어 있어 다소 진전된 측면을 보여준다. 그러나 이렇게 노동조합이 늘어난다고 해서 노동자들의 이익을 얼마나 옹호할 수 있을지는 여전히 의문이다. 자발적인 노동쟁의가 일어날 때 정부뿐 아니라 노동조합조차도 투자 철수를 우려해 노동자보다는 사용자의 편을 드는 지역이 많다.

노동자의 저항 속에서 노조의 역할과 관련해 핵심적 문제의 하나는 중국에서 아직 파업의 절차와 관련된 규정이 마련되어 있지 않다는 점이다(Chen 2007). 다시 말해, 합법적인 파업은 사실상 불가능하다. 노동쟁의 발생시 노동자들은 기업의 쟁의조정과 지역의 쟁의중재 과정을 따르도록 되어 있는데, 이 절차를 따를 경우 문제해결은 지연되고 개별화하게 되어, 현실적으로 이를 악용하는 경우도 많이 발견된다. 2001년 4월 30일 최고인민법원이 발표한 「노동쟁의 안건 심리에 적용하는 법률의 약간의 문제에 관한 해석」에서는 노동쟁의를 조정·중재·소송의 절차를

---

32) 그러나 아직도 외자기업 중 노조가 있는 곳은 20% 수준에 불과하다(嶽經綸·蔣曉陽 2002).

통해서 해결해야지 폭력이나 시위에 의존해서는 안된다는 기존 방침을 다시 한번 확인하였다(嶽經綸·蔣曉陽 2002: 116).

중국의 노동자 저항은 자발적 파업 형태로 분출되는 경우가 많다. 농민공의 경우 '동향회' 같은 조직이 거점이 되는 경우가 있고, 국유기업 면직노동자들의 파업은 중간간부 출신의 노동자가 파업의 구심점의 되는 경우도 종종 등장한다. 1989년 톈안먼사태 당시 공식노총인 중화전국총공회(中華全國總工會)의 지도를 거부하는 독립노조운동이 각 지역에 맹아적으로 분출되었다가 극심한 억압을 받은 전사(前史)가 있어, 아직도 노동운동이 개별 분산적 지역적 수준을 넘어서 연대하는 움직임은 확산되지 못하고 있다(백승욱 2001: 373~74; Lee 2007a, 2007b). 노동자 시위에 대한 국가의 폭력적 억압도 운동의 확산을 가로막는 중요한 요인으로 작용하고 있다(Lee 2002; 김재관 2004). 지역적으로 잘나가는 지역과 오랜 침체 속에 빠져 있는 지역이 분할되어 있고, 이들의 연계가 형성될 수 있는 틀은 형성되어 있지 않다. 그러나 최근 들어 국유기업에서 대량면직이 발생하자, 유사한 상황에 놓인 노동자들 사이에서 조직화한 저항의 움직임이 서서히 나타나고 있기도 하다(Cai 2002).

현재의 실업문제 상황을 우려하는 노동 및 사회보장부의 위탁을 받아 제출된 한 보고서에서는 향후 5년간 지금까지 연례적으로 배출되어온 신규노동력 외에 매년 1600만명씩 새로운 노동력이 노동시장에 배출될 것으로 예측하고 있다. 여기에는 매년 재취업써비스쎈터에서 배출되는 100만명, WTO 가입으로 농촌에서 매년 배출될 1200만명, 매년 구조조정이 진행되는 국유기업에서 배출되는 인력 300만명이 포함된다. 이 추세대로라면 공식 실업자는 지금보다 매년 200만명씩 더 늘어나고, 2000년대 후반에는 공식실업률이 8%대가 될 것이라고 예측되었다.[33]

국유기업의 구조조정과 단위체제의 해체로 실업문제는 앞으로도 당분간 사회불안정을 심화시키는 주요한 요인이 될 것으로 보인다. 중국의 실업문제는 도시의 빈곤층 증가와 농촌의 취업기회 제한, 그리고 전체적으로 사회의 빈부격차 확대에 핵심적으로 작용하고 있는 요소이다. 그러나 현재 중국의 발전노선은 실업문제와 빈부격차를 해소하기보다는 더 증폭시키는 특징을 지니고 있다. 떵 샤오핑이 '선부론'을 제기하면서 개혁개방을 가속화한 지 10년이 흘러, 먼저 부유해진 거대한 '선부층'이 형성되었지만, 이들 부유층을 쫓아가려는 수많은 뒤처진 사람들이 느끼는 앞선 자와의 거리감은 갈수록 더 커지고 있다. 앞선 자의 부가 더이상 공동의 부가 되지 못하면서 고성장의 그늘 속에서 중국사회의 위기는 점점 더 심화되고 있다.

WTO 가입 이후 더 가속화할 구조조정 속에서 배출될 불안정노동층은 늘어날 것이고, 사영기업가를 당원으로 받아들이겠다는 중국공산당의 방침은 노동자들의 정치적 입지를 더욱 축소시킬 것이다. 국유기업과 WTO 가입, 실업문제의 심화 등으로 노동자들의 불만과 저항은 고조되고 있지만, 노동자들 내부에서의 분화의 심화, 상이한 존재조건, 분할통치의 작용, 발전주의 신화의 유지 등 여러 요인들은 노동자들의 조직과 새로운 대안의 모색에 장애요인으로 작용할 것으로 보인다.

---

33) 「當面形勢下就業思路與對策」, 『中國勞動』 2002년 제3기. 예측과 달리 2007년 도시 공식 실업률은 4.0%로 통제되고 있지만 취업난은 심각한 사회문제가 되고 있다.

2장
노동계약법 도입과
후진타오 시대
노동관계의 변화

1. 조화사회의 새로운 노동관계

1990년대말과 2000년대초 중국의 노동관계는 매우 긴장된 모습을 보였다. 특히 2002년에는 여러곳에서 자생적인 파업이 터져나와 쉽게 해결되지 않았다. 파업이 주로 국유공업기업 밀집지역에서 발생한 데서 알수 있듯, 이전의 노동쟁의 양상과는 다른 모습이 나타났다. 1990년대말부터 국유기업 구조조정이 본격화하면서, 면직 노동자들이 증가하고 임금체불과 각종 사회복지의 사각지역이 늘어나 이러한 구조조정 대상 지역들에서 사회적 불만은 폭넓게 확산되었다. 이 시기에는 매년 시행하는 전국 범위의 사회조사에서 가장 심각한 현안으로 실업이 빼놓지 않고 꼽혔을 만큼, 노동관계의 불안정성이 초래한 사회문제는 위중한 상황이었다(Lee 2002, 1999; 백승욱 2003; 장윤미 2003; 장영석 2005; 김재관 2004; Chen 2007).

2003년 국가주석에 선출된 후 진타오는 1990년대의 성장주도전략을 부분적으로 보완하여 균형성장 색채를 가미한 정책을 지향하고 있다. 특히 연안지역과 내륙지역의 격차, 도농간의 격차, 공유제부문 구조조정으로 발생한 사회적 불안전성 등이 심각한 사회문제를 낳고 있는 상황에서 중앙정부의 개입 필요성은 커지고 있다. '조화사회'라는 구호는 '소강(小康)사회'의 2000년대 판으로 후 진타오 정부와 더불어 등장하였다. 조화사회의 핵심은 균형발전전략과 갈등관리로 집약될 수 있을 텐데, 이는 사회적 갈등이 심각해지고 있는 대표적 영역인 노동문제에도 주요하게 적용되고 있다.

조화사회를 지향하는 중국의 새로운 노동관계는 무엇보다 제도화 측면에서 확인되고 있다. 1990년대까지 형성된 여러 사회적 문제들을 각종 제도적 틀을 통해 점진적으로 해결하는 것이 조화사회의 목표로 보인다. 이런 제도화는 우선 법제화에서 출발하지만, 법제화만으로 충족될 수 없는, 각종 사회적·제도적 틀의 형성도 포함한다. 예를 들어 노·사·정 3자 협의기구의 수립이나 사회보험제도의 전국적 완비, 사회적 갈등 해소의 절차 형성 등이 여기에 포함된다고 할 수 있다.

그러나 외형적인 변화의 이면에 놓인 사회문제의 뿌리는 생각보다 깊다. 최근 들어 법률적·제도적 틀의 변화가 많아지고 있지만, 그것이 실질적 사회관계의 변화로 이어지고 있는지에 대해서는 조금 더 신중한 평가가 필요하다. 후 진타오 체제 이후 사회적 갈등에 대한 지식인들의 평가와 일반인들의 평가가 다르다는 점에서도 이런 유보적 태도는 필요하다. 1990년대에 불균형적 성장전략과 사회적 갈등에 대해 매우 비판적 태도를 보이던 많은 비판적 지식인들이 최근 들어 후 진타오 정부에 우호적인 입장으로 돌아섰는데,[1] 이러한 전환이 어느정도 현실적 근거를

---

1) 대표적으로 정부의 불균형발전 전략을 비판해온 홍콩의 학자 왕 사오꽝(王紹光)이나, 노동

가지고 있는지 알기 위해서는 주의 깊은 천착이 필요하다.

외형상 최근 변화는 1986년 노동계약제를 도입하면서 시작한 구노동체제, 즉 '단위체제'에 기반한 노동체제의 해체와 새로운 노동관계의 수립이라는 목표를 추구하고 있지만, 여전히 존재하는 도시와 농촌의 차별, 노동자의 불만의 소통 통로의 부재, 사회 재분배 통로의 불비 등의 문제 때문에 새로운 형태의 노동관계가 성립되기는 쉽지 않을 듯하다.

이 글에서는 최근 노동관계 법제화의 대표적 사례인 노동계약법의 통과과정을 중심으로 새로운 노동관계 형성의 가능성을 검토해보고자 한다. 노동계약법은 최근 노동관계의 변화 방향을 보여주는 핵심 사안이자, 중국 내의 여러 사회적 세력관계와 개혁개방 노선에 따라 노동관계가 어디로 나아가는지를 보여주는 좋은 사례라 할 수 있다.

2. 법제화를 통한 노동문제의 해결 시도
—노동계약법의 도입

(1) 노동계약법 도입의 배경

중국에서 단위체제 이후 노동시장에 기반한 새로운 노동관계를 규정한 법률은 1994년 제정된 노동법이었다. 노동계약법은 이 노동법 반포 이후 10년이 지나서야 추진되었다. 노동법에는 고용관계의 기본형식을

권의 문제를 제기하면서 노동정책에 대해 비판적 태도를 보여온 평 퉁칭(馮同慶)의 관점의 전환이 그 두드러진 예라 할 수 있다. 2007년 3월 18일 성균관대에서 열린 국제학술대회 '중국의 개혁개방: 그 안과 밖'에 참여한 왕 사오꽝과 평 퉁칭 및 그 외의 중국 지식인들에게서 이런 태도 변화는 두드러졌다.

노동계약제로 한다는 규정만 있을 뿐 이를 좀더 구체화하는 규정이 없다. 그 때문에 다양한 형태로 출현하는 고용을 법적으로 규범화하기 어려웠다. 이런 문제 때문에 발생하는 노동쟁의가 적지 않았고, 이를 해결하기 위해서는 새로운 법률적 틀이 필요하다는 분위기가 형성되어 노동계약법 제정이 추진되었다.

특히 주요한 문제로 지적되는 것은 비공유제부문에서의 노동계약 체결률이 매우 낮다는 점, 노동계약이 시행되더라도 단기화 경향이 강하다는 점, 그리고 노동계약에 포함되어야 할 내용이 지정되어 있지 않아 필요한 사항들은 계약에 포함되지 않고 오히려 들어가서는 안되는 불법적인 내용들이 포함되어 있는 경우가 많다는 점, 해고의 적법성을 가릴 수 있는 판단기준이 없다는 점, 사회보험료 납부가 정상적으로 이루어지지 않는다는 점, 파견근로가 남용된다는 점 등이었다.[2] 중재기구에 접수된 공식 노동쟁의가 늘고 그중에서도 집단쟁의가 증가하는 이유도 이런 문제들 때문인데, 특히 노동계약을 둘러싼 빈번한 쟁의에서 노동자의 승소율이 높다는 점을 들어 노동법규의 부족한 점이 많이 지적된다.

이런 배경과 더불어, 노동력구조의 변화도 새로운 노동관계 법률을 추진하게 된 배경으로 작용하는 것으로 보인다. 중국에서 실업문제가 가장 심각했던 시기는 1998~2002년이다. 이에 비해 2002년 이후가 되면, 실업문제가 해결된 것은 아니지만, 도시에서 노동공급 압력이 상대적으로 감소하면서 취업난과 실업문제가 이전에 비해 덜 심각해지고 그 성격도 변화하는 시기에 들어선 듯하다. 도시에서 노동공급의 압력이 낮아진 데는 인구증가가 둔화하면서 신규 노동력 인구가 점차 감소했고, 또 고등교육 진학률이 높아지면서 노동시장 진출이 당분간 유예된 집단이 형

---

2) 『中國經濟導報』 2006.8.12; 『工人日報』 2007.3.6; 呂鑫·黃健柏(2006).

성되었다는 점을 들 수 있다(吳要武 2007).

도시 국유기업 구조조정이 어느정도 마감되면서 국유기업에서 배출된 면직자수의 감소도 이 시기와 맞물린다. 국유기업에서 배출된 면직자수는 1999년 619만명을 정점으로 2000년부터 감소하기 시작했고, 각 연도말 미취업 상태의 면직자 총수 또한 2001년부터는 감소세로 돌아섰다(陳仲常·金碧 2005: 47). 2002년 재취업 프로젝트와 실업을 하나의 궤도로 통일하여 사실상 재취업 프로젝트를 점진적으로 폐기하기로 한 이후, 여전히 실업과 면직자 재취업이 중요한 문제로 남아 있지만 이전보다 그 충격파는 다소 줄어들었다. 이에 따라 실업문제의 성격이 국유기업 구조조정에 따른 면직 중심에서, 신규 노동력 실업 쪽으로 전환되고 있다.

노동력구조 변화의 또 한 측면은 2004년부터 동남 연해지역에서 나타난 '농민공 부족'(民工荒) 현상이다. 현재 중국 도시지역에 진출한 농민공수는 많게는 1억 2000만명에 달하는 것으로 추산되는데, 2004년경부터는 대도시지역을 중심으로 농민공 부족 현상이 나타나 주목을 끌기 시작했다.[3] 농민공 부족 현상은 단지 인구구조 변화와 관련된 것만은 아니고, '3농문제' 해결 차원에서 농촌 소득이 다소 높아진 현상과도 관련이 있어서 복잡한 배경을 지니고 있다.[4]

이처럼 도시의 실업 압력이 낮아지고, 거기에 농민공 부족 현상이 발생하자, 무제한 공급되는 저임금 농민공 노동시장과, 어느정도 제도화되어 관리되는 도시노동시장이라는 두가지 상이한 틀로 짜인 노동력 이원

---

3) 「農民工社會保險如何推進―訪勞動保障部社會保障研究所所長何平」, 『中國勞動』 2006년 제 10기.

4) 중서부지역 도시가 발전해서 농민공을 흡수하고, 농민공이 귀향하여 창업을 하는 것, 그리고 서부지역에서 건설붐 등으로 농민공의 흡인력이 늘어난 것 등도 원인으로 거론된다(寶紅 2006). 또한 농민공 부족은 부문별, 성별, 지역별, 연령별 차이가 나타나는 구조적 특징을 보이고 있기도 하다(付繼元·嚴燕飛 2005).

관리체제가 지속되기 어렵다는 인식이 형성되기 시작한 것으로 보인
다.[5] 이제는 실업문제의 원인이 과거의 유산보다는 점차 현재 경제구조
자체에 기인하는 것으로 바뀌어가는 상황에서(陳仲常·金碧 2005), 분절된
노동시장을 통합하는 것까지는 아닐지라도, 좀더 통합적이고 포괄적인
관리체계를 형성할 필요가 있으며, 노동문제의 갈등 요소를 '조화사회'
의 좀더 큰 차원 속에서 통합하여 해소할 제도의 수립 방안이 필요한 상
황이다.

　변화하는 상황과 조화사회라는 정책적 방향이 결합된 결과 2004~07
년에 노동 영역에서는 특히 노동입법 추진(노동계약법과 동시에 취업촉
진법과 노동쟁의처리법 입법화를 추진), 코포라티즘적 제도의 수립을
위한 노동조합의 활성화,[6] 그리고 정부의 사회정책적 지향의 강화 등이
관찰된다. 법제화가 가속화하는 것 외에도, 농민공문제에 대해 국무원
차원의 관심이 커져서 공식 입장이 제시된 것(2006년 3월 27일 「농민공
문제 해결에 관한 국무원의 약간 의견」, 2006년 4월 10일 「수용지 농민
취업훈련과 사회보장 공작을 잘하는 것에 관한 지도의견」 등의 발표),
그리고 그보다 앞서 국유기업 구조조정 과정에서 발생하는 실업문제에
대한 대책의 일환으로 주기업과 보조부분을 분리하는 정책이 추진된 것
(2002년 11월 「국유 대중형기업 주보분리 보조업무 개편 잉여인원 분류
안치에 관한 실시방법」의 발표와 그후 이와 관련해 발표한 여러차례의
통지) 등도 정책의 연관성이 있음을 보여준다.

---

5) 그렇다 하더라도 중국에서 비정규직의 급속한 증가 추세가 둔화되고 있는 것은 아니다. 중
　국 노동력 인구 7억 1000~2000만명 중 정규부문에 취업 가능한 수를 2억명 정도로 보기 때문
　에, 농업에 취업한 인구를 제외하더라도 비정규직노동자의 수는 정규직노동자의 수를 훨씬
　넘어서는 것으로 볼 수 있다(申曉梅 2006: 25).
6) 그 방향은 노조조직의 확대, 단체협상제도의 이식, 그리고 노·사·정 협의기구를 전국적으로
　설치하는 것으로 나타나고 있다(이창휘 2005).

이런 점에서 노동계약법의 제정 과정은 새로운 노동관계의 등장 가능성을 가늠해볼 수 있는 시금석이라 할 수 있다. 노동계약법은 단순히 10여 년 전에 만들어진 노동법을 손보고 보완하기 위한 부수법안이 아니라, 변화된 조건하에서 노동법의 현재적 해석과 정책적 지향을 보여주는 독립법안의 성격을 띠고 추진되었기 때문에, 법제화를 통해 현재 노동정책의 쟁점과 지향점을 드러냈다.

노동계약법 초안은 2004년부터 준비가 시작되어 노동·사회보장부에서 초안이 만들어져서 2005년 1월 국무원에 심의가 신청된 다음, 국무원 법제 판공실 노동계약법 초안 연구과제조(조장은 런민대人民大교수 창카이常凱)의 연구를 거쳐 초안이 작성되어, 2005년 10월 28일 국무원 상무회의 심의를 통과해 전인대 상무위원회로 이관되었다. 법안 초안을 심의한 전인대는 2006년 3월 20일 1차심의를 거친 초안을 공개하여 한달간 전국 각지의 의견을 수렴했는데, 이 과정에서 노동계약법(초안)은 전국적인 논쟁거리로 떠오르게 되었다. 전인대가 공개의견을 구한 법안은 건국 후 12번째였고, 최근 '물권법'도 같은 과정을 거쳐서 입법되었는데,[7] 대중적 관심의 열의에서는 노동계약법(초안)이 가장 두드러졌다.

초안 제정 과정에서 이미 과제조 내의 의견 대립이 심했는데, 이는 최종 법제화 시기까지 전인대 상무위원회 내에서도 나타났다. 핵심 쟁점은 노동계약법을 노동자의 권익보호를 목적으로 하는 법안으로 볼 것인지, 아니면 계약쌍방의 권리와 의무를 확정하는 법률로 볼 것인지의 차이였다.[8]

---

7) 『中國經濟導報』 2006.8.12.

8) 노동계약법 초안의 소개는 김영진(2006)을, 초안을 둘러싼 의견 대립에 대해서는 장영석(2006)과 『中國經濟時報』 2007.4.4, 『21世紀經濟報道』 2006.5.12를 보고, 노동계약법 제정을 둘러싼 중국노동계 전문가들 견해의 간략한 소개는 「新聞中國四月論壇: 勞資利益平衡與經濟協調發展」, 『中國新聞週刊』 2006.5.1, 75~77면을 보라.

(2) 노동계약법의 수정 과정을 통해 본 중국 노동정책의 방향

법안의 제정 과정

2006년 3월 20일 전인대에서 공표한 노동계약법 초안에 대해 한달간 각계의 의견을 수합한 결과, 반응이 실로 폭발적이어서 모두 19만 1849건의 의견이 접수되었다. 의견의 다수는 노동자들이 제시한 것으로, 기층 노동자들이 제시한 의견이 전체의 65%를 차지했고,[9] 여기에는 농민공 1138명의 의견 2475건도 포함되어 있다.[10] 그렇지만 의견수합 마감날 의견서를 접수한 EU상회와 상하이 미국상회의 의견서처럼 해외자본의 생각을 분명히 드러낸 의견도 있었다.[11]

초안이 공포된 이후 과제조 내의 대립을 포함해 노동계약제를 둘러싼 여러 이견들이 공론화되었고, 초안을 변경시키기 위한 각 사회세력들의 압력이 작용했다. 2006년 12월 24일 전인대 상무위원회는 여러 의견을 반영해 제출된 노동계약법 2차 초고를 심의했고, 2007년 4월말에는 3차 심의를 했으며, 2007년 6월 29일 전인대 상무위원회 28차 회의에서 4차 심의를 거쳐 법안은 최종 통과되고 반포되어, 2008년 1월 1일부터 시행되었다.

맨 처음 1차 초고와 최종 통과된 법안을 비교해보면, 적지않은 변화가 생겼음을 알 수 있고, 그 변화는 2006년 공론화된 이견들이 다양한 형태로 반영된 결과이다.

초안을 둘러싼 의견 대립은 과제조의 구성원인 창 카이와 뚱 빠오화(董保華) 사이에서 두드러지게 나타나, 언론의 주목을 받았다.[12] 창 카이

---

9) 『中國經濟導報』 2006.8.12.

10) 『工人日報』 2007.3.6.

11) 『中國經濟導報』 2006.8.12.

가 노동계약법을 노동법의 연장선에서 사회법의 일종으로 보아, 법의 기본 목적을 노동자 권익을 보호하고 이를 위한 각종 보호장치를 법안에 포함시켜야 하는 것으로 본 반면, 뚱 빠오화는 이 법안을 계약법의 연장선에서 보고, 최소한의 보호장치만을 포함하자는 견해를 표명하였다. 양자의 대립은 초안 작성 과정에서뿐 아니라 초안 공표 후에도 계속되었다.[13]

창 카이는 노동계약법 초안 제정 과정에서의 주요 논쟁을 소개하며, 자신은 노동계약법이 계약법이 아니라 노동법에 근거하는 사회법으로 보며, 그 입법취지는 노사 쌍방이 아니라 노동자를 보호하는 것이어야 하고, 효율과 공평이 충돌할 경우 공평을 우선시하는 입장이 법안에 반영되어야 한다고 주장했다(常凱 2006).

뚱 빠오화는 노동계약이 시장의 원리에 충실해야 한다고 주장했다. 그는 초안이 네가지 문제를 가지고 있다고 비판했는데, 첫째로 기업에 들어가기는 쉽지만 기업에서 내보내기 어려운 해고제약기제를 만든 점, 둘째로 직원은 들어가기도 쉽고 나가기도 쉽기 때문에 기업의 관리비용이 늘어난다는 점, 셋째로 노동관리에서 노동자가 주도권을 갖기 때문에 관리효과가 떨어진다는 점, 넷째로 노동관계에 행정간섭 여지가 커져, 민법적 영역을 공법적 영역으로 전환시켰다는 점 등이 문제라고 보았다. 그는 노동계약법에서 보호기준을 낮게 잡고 대상자 폭을 넓혀야 하는데, 초안은 반대로 기준을 높게 잡았기 때문에 오히려 대상자 폭을 좁히는 결과만 가져올 것이라고 주장했다(董保華 2006a).[14]

---

12) 『21世紀經濟報道』 2006.5.12; 『上海金融報』 2006.4.25; 『中國經濟導報』 2006.8.12.

13) 『中國經濟週刊』 2007년 제3기, 32~33면; 『人大建設』 2005년 제5기, 36면; 『第一財經日報』 2007.1.11; 常凱(2006, 2007b); 常凱·李坤剛(2006); 董保華(2006a, 2006b, 2007a, 2007b, 2007c); 董保華·邱婕 (2006).

14) 뚱 빠오화는 서로 다른 견해를 지닌 양측의 대립을 '노자충돌설' 대 '노동자 분층(分層) 보

뚱 빠오화의 입장은 자본의 입장을 대변하는 것으로 평가되었는데, 3월 20일 초안 공표 후 공식적으로 EU상회와 샹하이 미국상회가 자본측 의견을 전달했다. EU상회는 11개조를 건의했고, 샹하이 미국상회는 42쪽의 건의서를 전달한 것으로 알려져 있다. EU상회는 의견서에서 "신법률 초안 중 엄격한 규정은 고용단위의 유연성을 제약하여 결국 중국 생산원가를 높이게 될 것이다. 생산원가가 높아지면 외국회사는 새로운 설비투자를 해야 하는지, 그리고 계속 중국에서 업무를 수행해야 하는지 재고하게 될 것이다"라는 의견을 피력했다.[15] 샹하이 미국상회는 초안이 "국제적으로 시행되는 인력자원 관리 이념과 충돌하며, 기업의 정상적 채용기제, 해고기제, 업적관리기제, 직원 유지방안 등에 전면적인 영향을 끼칠 것"이라고 주장하고,[16] "우리는 (이 법안이) 아마도 중국의 투자환경에 부정적 영향을 형성할 수 있을 것이라고 생각한다"고 밝혔다.[17] 4월 11일에 의견 청취를 위해 모인 회의에서 모토롤라, 노키아, 인텔 등의 대표는 초안의 근로파견제 규정은 근로파견제를 없애자는 것이고, '크건 작건 모든 것을 갖춘'(大而全, 小而全) 전통적인 기업작동 모델로 회귀하는 것이라는 비판 의견을 제출했다.[18] 기업가들은 초안의 정상적

호설'로 규정하고, 노동계약법 초안 작성을 전자가 주도했다고 비판했다. 자신이 주장하는 '노동자 분층 보호설'에 따르면, 중상층 노동자는 이미 경제성과를 향유하고 보호를 받고 있기 때문에 하층 노동자 보호에 촛점을 맞추어야 한다고 주장하고, 초안과 같은 형태로 법이 제정되면 '철밥그릇'이 강화될 뿐이라고 주장했다(董保華 2007c). 한편 노동계약법이 이익 규범화가 아니라 권리 규범화 방향으로 나가야 함을 강조한 펑 퉁칭은 이 대립을 '권익보호'론자 대 '원가우세'론자의 대립으로 규정했다(馮同慶 2006: 1).

15)『21世紀經濟報道』2006.5.12.

16) 常凱(2006: 34)에서 재인용.

17)『21世紀經濟報道』2006.5.12. 국제자본의 견해에 대해서는 장영석(2006)도 참고. 중국기업들의 반응은 외국계기업에 비해 덜 비판적이었는데, 중국기업들은 오히려 3방기제의 수립과 이를 통해 기업가 대표의 정치적 인정에 더 관심이 있었다(『中國企業報』2006.5.23).

18)『中國企業報』2006.5.23.

시행 가능성에 대해서도 의구심을 표명했다.[19]

이에 비해 노동자들이 제출한 의견은 초고의 부족함을 지적하는 것들이 많았다. 초안의 적용범위가 좁다는 점, 고용단위의 규약이 불법적인 경우가 많다는 점, 계약 단기화 문제, 파견근로제의 문제, 동일노동 동일임금 요구, 잔업금지에 대한 구체적 명문화, 해고조건 구체화, 노동조합 발언권 강화 등이 주요하게 제기되었다.[20]

이런 의견들을 반영하여 2006년 12월 24일 10기 전인대 25차 상무위원회 회의는 노동계약법 수정 초안에 대한 2차 심의를 진행했는데, 이 2차 심의 초고는 그후 실제 반포된 법률에 근접한 것이었다.[21] 2차 심의 초고에 대해서는 여러 평가가 제기되었는데, 주목할 만한 의견 중 하나는 이 2차 심의 초고가 1차 초안에 비해 노동자 권익보호에서 쌍방간의 권리와 의무에 대한 균형 쪽으로 더 이동해갔다는 주장이다.[22] 이와 관련해 2차 심의 초고에 대한 뚱 빠오화 교수의 평가가 흥미롭다. 그는 이 2차 심의 초고가 "옛 병을 많이 고쳤지만 새로운 문제를 적지않게 첨가했"는데, "2차 심의초고는 노동자에게 경화된 노동관계를 부여해야만 노동자를 보호할 수 있다고 생각하여, 무고정기간 계약, 해고와 감원 제한, 기업관리 제약, 행정간섭 강화 등의 조치를 추진하기로 했으며, 이런 규

---

19) 『中國勞動保障報』 2006.4.26.

20) 『人大建設』 2006년 제5기; 『經濟參考報』 2006.4.8; 『工人日報』 2007.3.6.

21) 그후 2007년 4월에 제출된 3차 심의고는 2차 심의고의 큰 틀은 손대지 않고 부분적으로만 수정했다. 2차 심의고에서 수정된 내용에 대해서는 盧紅丹·陳麗(2007)를, 3차 심의고에서 수정된 내용에 대해서는 王穎(2007)을 참고할 것.

22) 『中國靑年報』 2006.12.28; 盧紅丹·陳麗(2007). 1차 초고는 전국총공회의 의견이 70% 정도를 점했으나, 2차 초고로 오면서 많이 삭감되어, 1차 초고가 "90도 노동자에게 기울었다면, 2차 초고는 45도 기울어 보호를 하도록 수정되었다"(『人大建設』 2005년 제5기, 36면). 이와 관련해 창 카이 교수는 "자본은 이미 인민대표회의, 정치협상회의 및 기타조직, 그리고 정부부문과의 관계를 통해서 국가정치 영역에 상당한 영향을 끼치고 있다"며 자본의 영향력을 간접적으로 시사했다(常凱 2007b: 15).

정을 실시하면 '철밥그릇, 철의자, 철임금'으로 회귀한다"고 비난하면서도, '고표준'에서 '폭넓은 적용' 쪽으로 돌아서서, 이상에서 현실로, 하늘에서 땅 위로 내려선 것이 더 좋아진 점이라고 나름의 의미를 부여했다.[23]

초안과 최종안의 비교

〈표 1〉에서 〈표 3〉까지 노동계약법 초안과 2007년 6월 반포된 최종법안을 비교해 살펴보았다. 자세히 보면 초안과 최종안 사이에 중요한 변화들이 발생했음을 알 수 있다. 이 변화들은 단지 실효성을 높이는 데 한정된 것이 아니라 노동정책의 기조 변화까지 보여준다.

변화의 주요한 내용은 크게 다섯가지로 정리될 수 있다. 첫째는 노동자 권익보호와 관련해 상징적 문구가 강화되었음을 지적할 수 있다. 그렇지만 실질적 효과를 가져다주기에는 미약하고, 오히려 실질적 보호조치는 약화된 면이 있다. 둘째로 기업과 관련해서는 초안에 비해 실질적으로 규제조치들이 완화되었음을 알 수 있다. 셋째로 노동조합의 역할이 크게 부각되었는데, 특히 이는 단체협약과 관련된 부분에서 두드러지게 나타난다. 넷째로, 단위체제의 유산이라 할 만한 특징이 부분적으로 다시 등장하여, 단위기업에 개별 노동자에 대한 보호의 책임을 부분적으로 위임했음을 알 수 있다. 다섯째는 실행의 효율성을 높이기 위해서 초안의 불명료한 항목들을 좀더 구체적으로 바꾼 것을 발견할 수 있다.

---

23) 『第一財經日報』 2007.1.11; 『中國經濟週刊』 2007년 제3기, 32면. 표준을 높이는 '금상첨화' 방식이 아니라, 표준을 낮추고 대상자 폭을 넓히며, 약자보호뿐 아니라 강자(기업주뿐 아니라 노동자의 경우도)의 권한을 제한하는 '눈속에 고립된 사람에게 석탄을 보내는' 방식이 되어야 한다는 것이 둥 빠오화의 일관된 주장이었다(董保華 2007b; 董保華·邱婕 2006).

<표 1> 노동계약법 초안과 최종법안 비교: 노동자에게 유리한 변화 내용

내용	초안(2006. 3. 20)	최종법안(2007. 6. 29)
직공 명부	(조항 없음)	고용단위의 직공 명부 비치 의무(7조)
무고정기간 노동계약		(구체적 규정 없음) 다음 중 하나에 해당할 경우, 노동자가 계속해서 노동계약을 체결하려 할 경우, 노동자가 고정기간 노동계약을 체결하기를 원하는 경우 외에는 반드시 무고정기간 노동계약을 체결해야 한다 ① 노동자가 당해 고용단위에서 연속 만 10년 일한 경우. ② 고용단위가 처음으로 노동계약제도를 시행하거나 국유기업 구조조정을 거쳐 노동계약을 맺는 경우에 노동자가 당해 고용단위에서 연속 만 10년 일했거나 퇴직연령까지 10년 미만 남은 경우. ③ 연속 2회 고정기간 노동계약을 체결하였고, 노동자가 본 법 39조와 40조 1항, 2항의 규정에 해당하지 않으면서 노동계약을 지속하고자 할 때. (14조)
임금 지급	(관련 조항 없음)	고용단위는 노동계약 약정과 국가규정에 따라 노동자에게 제때에 적정한 노동보수를 지급해야 한다. 임금이 체불되면 인민법원에 지급 명령을 신청할 수 있다. (30조)
잔업	(관련 조항 없음)	고용단위는 강제로 또는 준강제로 노동자에게 잔업을 시켜서는 안된다. (31조)

위해상황 거부	(관련 조항 없음)	고용단위 관리자가 규장에 위배되게 위험한 작업을 지휘하고 명령하는 것을 노동자가 거절하는 것은 노동계약의 위배로 보지 않는다. 생명안전과 신체건강에 위해를 끼치는 노동조건에 대해 노동자는 고용단위에 대해 비판을 제기하고, 고소, 고발할 권한을 갖는다. (32조)
비전일제 고용	(관련 조항 없음)	68~72조 신설.
감독 책임	(관련 조항 없음)	국무원 노동행정부문은 전국 노동계약제도 실시의 감독관리 책임을 진다.(73조)
노동계약 미체결 책임	(관련 조항 없음)	고용단위가 고용일로부터 1개월을 경과하여 1년 미만의 기간에 노동자와 서면노동계약을 체결하지 않은 경우, 반드시 노동자에게 매월 2배의 임금을 지불하여야 한다. (82조)

먼저 〈표 1〉을 중심으로 노동자 권익보호와 관련된 항목들을 살펴보기로 하자. 초안에 비해 두드러진 변화는 30조와 31조처럼 임금체불이나 잔업에 관한 선언적 문구가 포함된 것이다. 그러나 이 조항들은 좀더 구체적인 규제조항이 없기 때문에 선언으로 남을 가능성이 높다. 이외에 7조에 직공명부 비치 의무를 고용단위에 부과한 점, 82조에 서면노동계약 미체결시 노동자에게 2배의 임금지불 의무를 부과한 점 등을 들 수 있는데, 노동자 권익보호의 실체적 장치라기보다는 노동계약제의 정착을 위한 강제규정으로 해석될 수 있는 조항들이다.[24] 68~72조에 평균 매일 4시간 이하의 노동을 하는 비전일제고용에 대한 특별 조항을 둔 것

이 두드러진 변화인데, 이 경우도 비전일제고용을 고용의 한 형태로 인정했다는 의미 정도에 머물고 있다. 다만 14조에서 무고정기간 노동계약 조건이 초안보다 강화된 점은 눈에 띄는 변화로 지적할 수 있다.

〈표 2〉에서 보듯이, 노동자의 권한에 비해 기업측의 발언권은 초안보다 최종법안에서 좀더 강화되었다. 기업들은 계약 쌍방의 '균형적' 관계를 보호하고, 노동자의 권리뿐 아니라 의무도 포함시키며, 기업의 부담을 줄이고 고용의 유연성을 강화하자고 요구했는데, 상당부분이 수용된 듯하다.

변화는 총칙 제1조에서 "노동계약 쌍방 당사자의 권리와 의무를 명확히하"는 것이 법안의 목적이라는 구절에서 분명히 드러난다.[25] 8조에서는 기업측의 요구를 받아들여 노동계약시 노동자가 사실대로 기본 정황을 보고할 의무를 포함시켰다. 노동자에게 유리하지만 다소 모호하게 언급되어 있던 초안 9조, 10조, 51조의 규정은 삭제되었는데,[26] 대신 단체협약의 규정이 이를 대체하였다.

초안 18조의 노동계약이 무효가 되는 경우의 규정에 대해서 일방적으로 고용단위의 책임만 강조하는 것이라는 불만이 제기된 바 있는데, 최종법안에서는 기업과 노동자 쌍방에게 책임이 돌아가도록 변경되었다.

다음으로 주목되는 것은 감원 규정이다. 감원 규정에는 크게 네가지

---

24) 초안에서는 서면 형식의 계약을 체결하지 않은 경우 모두 무고정기간노동계약으로 간주한다고 했는데, 이에 대해 반발이 많았다. 특히 이는 상하이 미국상회가 제출한 의견서의 핵심적 비판 대상의 하나였다(李雯雯 2007). 최종안은 서면계약 미체결시의 규정을 초안보다 다소 느슨하게 바꾸었는데, 이 규정은 2007년 6월 25일 제4차 심의에 제출된 원고에 최종 포함되었다(『工人日報』 2007. 6.25).

25) 『工人日報』는 이처럼 총칙의 문장이 바뀐 것을 인정하면서도 노동자 보호의 기본취지는 바뀌지 않았다고 애써 강조하고 있다(『工人日報』 2007.7.3).

26) 이 조항들은 펑 퉁칭이 노동자 권리를 규범화하여 사회공정을 유지하기 위한 조항이라고 강조한 것들이었다(馮同慶 2006: 3).

〈표 2〉 노동계약법 초안과 최종법안 비교: 기업에 유리한 변화 내용

내용	초안(2006. 3. 20)	최종법안(2007. 6. 29)
법 제정 목적	"고용단위와 노동자가 노동계약 행위를 수립하고 이행하는 것을 규범화하고"(1조)	"노동계약제도를 완비하고, 노동계약 쌍방 당사자의 권리와 의무를 명확히 하며"(1조)
계약시 성실보고 의무		"노동자는 반드시 사실대로 설명해야 한다"는 문구가 추가됨. (8조)
고용관계 존재 여부 충돌시	고용단위와 노동자가 노동관계 존재 여부에 대해 해석이 다를 경우 (…) 노동자에게 유리한 해석을 택한다. (9조)	삭제됨.
해석의 대립시	고용단위와 노동자가 노동계약 내용 이해에서 불일치할 경우 (…) 두 종류 이상의 해석이 있을 경우 노동자에 가장 유리한 해석을 채택해야 한다. (10조)	협상하고, 협상이 성립하지 않으면 단체협약의 규정을 적용한다. 단체협약이 없으면 동일노동 동일임금을 시행. (18조)
노동계약 무효 경우	① 고용단위가 사기, 협박의 수단으로 노동계약을 체결한 경우. ② 고용단위와 노동자가 악의로 결탁하여, 국가이익, 사회공공이익 혹은 타인의 합법적 이익에 손해를 끼친 경우. ③ 고용단위와 노동자 중의 한측 혹은 쌍방이 노동	① 사기, 협박의 수단 혹은 타인의 위급함을 이용해, 상대방의 진실의사와 다른 상황에서 노동계약을 체결하거나 변경하였을 때. (②, ③항은 초안의 ④, ⑤항과 기본적으로 동일) (26조)

	계약을 체결할 법정자격을 갖추지 못한 경우. (④, ⑤항은 유지됨) (18조)	
감원	노동계약 체결시 의거한 객관상황에 중대한 변화가 발생하여 더이상 노동계약을 이행하기 어려워져서 50인 이상 감원해야 할 때, 고용단위는 반드시 본 단위 노동조합 또는 전체 직공에게 상황을 설명하고 노동조합 또는 직공대표와 협상이 일치해야 한다. 감원시에는 우선 본단위에서 오래 일했고, 본단위와 비교적 장기의 고정기간 노동계약 및 무고정기간 노동계약을 맺은 노동자를 남겨두어야 한다. (33조)	다음 중 하나에 해당하여 20인 이상 또는 20인 이하라도 기업직공 총수의 10% 이상의 감원이 필요할 때, 고용단위는 30일 이전에 노동조합 또는 전체 직공에게 상황을 설명하여, 노동조합 또는 직공의 의견을 들은 후, 감원 방안을 노동행정부문에 보고하면 감원할 수 있다. ① 기업파산법 규정에 따라 구조조정을 진행하는 경우. ② 생산경영에 중대한 곤란이 발생한 경우. ③ 기업의 생산변경, 중대한 기술혁신 또는 경영방식 조정으로, 노동계약 변경후 또다시 감원이 필요할 때. ④ 기타 노동계약 체결시 근거한 객관적 경제상황에 중대한 변화가 발생하여, 노동계약을 이행할 수 없을 때. 감원시에는 다음 사람을 우선 남겨두어야 한다. ―본단위에서 비교적 장기간의 고정기간 노동계약을 체결한 사람. ―본단위에서 무고정기간 노동계약을 체결한 사람. ―가내에 다른 취업자가 없고, 부양할 노인이나 미성년자가 있는 사람. (41조)

감원대상에서 제외	여타는 동일. ④ 평등협상 대표를 맡고 있는 사람. (34조)	여타는 동일. ④ 본단위에서 계속해서 만 15년 일하고 있으며, 법정 퇴직연령까지 5년이 안 남은 사람. (42조)
파견근로	노동력 파견단위는 등록 자본금이 50만위안 이상이어야 하며, 성·자치구·직할시 인민정부 노동보장 주관부문이 지정한 은행 계좌에 파견 노동자 1인당 적어도 5000위안의 준비금을 입금해야 함. (12조) 파견된 노동자를 받은 단위에서 만 1년 일한 후 계속 일할 경우, 노동력 파견단위와 노동자가 체결한 노동계약이 종료되고, 노동자를 받은 단위와 노동자가 노동계약을 체결. 노동자를 받은 단위가 이 노동자를 더이상 사용하지 않으면, 그 직무에서 파견노동자 사용 금지. (40조)	노무 파견단위와 피파견노동자는 반드시 2년 이상의 고정기간 노동계약을 체결하고 매월 노동보수 지급. 파견된 노동자가 일이 없는 기간에도 파견단위가 최저임금에 따른 보수 지급. (58조) 파견된 노동자는 고용단위의 노동자와 동일임금 동일노동의 권리를 갖는다. (63조) 노무파견은 일반적으로 임시성, 보조성, 대체성 작업 직무에서 실시한다. (66조) 고용단위는 본단위 또는 소속 단위에 노무 파견단위를 설립해 노동자를 파견해서는 안된다. (67조)
고용단위 권한 제약	본법에 따라 반드시 노동조합, 직공대회 또는 직공대표대회의 토론을 거쳐 통과되거나 또는 평등협상을 거쳐 만들어진 규정의 사항을 고용단위가 일방적	삭제.

	으로 규정하는 것은 무효이며, 이 사항은 노동조합, 직공대회 또는 직공대표대회가 제출한 상응한 방안에 따라 집행한다. (51조)	
배상책임	고용단위가 제정한 규장제도가 법률, 행정법규를 위반하였거나, 반드시 단체협상을 통과하도록 규정된 사항이 단체협상을 체결하지 않아서 노동자에서 손해를 끼친 경우, 고용단위는 반드시 배상책임을 져야 한다. (51조)	고용단위가 직접 노동자의 절실한 이익과 관련된 규장제도에서 법률, 법규 규정을 위반한 경우, 노동행정부문은 개정명령을 부과하고 경고를 내릴 책임이 있다. 노동자에게 손해를 끼친 경우, 반드시 배상책임을 져야 한다. (80조)

변화가 나타났다. 첫째는 감원 가능한 경우를 구체적으로 규정한 것, 둘째는 감원시 노동조합의 동의를 얻어야 하는 것에서 노동조합의 의견을 들으면 되는 방향으로 완화된 것, 셋째, 감원 기준선이 50명에서 20명으로 낮추어진 것, 넷째, 감원시 감원 대상에서 우선 배제해야 할 사람을 좀더 구체적으로 규정한 것이다.[27]

이런 변화를 살펴보면 협의해야 하는 감원 인원 기준이 낮아지고 감원 배제 대상의 폭이 넓어져 노동자에게 유리한 측면이 있으나, 감원이 가능한 경우를 매우 폭넓게 규정하여 탄력성을 부여하였고, 감원시 반드시 노동조합의 동의를 구할 필요가 없도록 규제를 완화하여 사실상 초안

---

27) 최종법안 41조 규정은 감원시 우선 남겨야 하는 사람을 다음 세 부류로 규정한다. ① 비교적 장기간의 고정기간 노동계약을 체결한 사람. ② 무고정기간 노동계약을 체결한 사람. ③ 가내에 다른 취업자가 없고, 부양할 노인이나 미성년자가 있는 사람.

으로부터 상당한 후퇴라 할 수 있다. 그러므로 『중국기업보』에서 평가했 듯이 전체적으로 기업 측면에서 권한의 제약이라 보기 어려운 변화였다.[28] 특히 감원이 가능한 경우의 넷째의 '기타'는 매우 자의적이다. 감원규정의 변화에서 눈에 띄는 또하나의 흥미로운 점은, 초안에는 평등협상 대표를 맡은 사람이 감원 배제 대상에 포함되어 있다가 최종안에서 빠진 반면, 당해 단위에서 오래 일한 나이든 노동자와 가족 형편이 어려운 사람이 포함되었다는 점이다. 이는 시장 의존 폭을 확대해 노동의 유연성을 강화하면서, 다른 한편 '단위가 사회를 대신한다'는 단위체제의 특징을 온존시키는 1990년대 중국 노동체제의 특성을 다시 보여준다는 점에서 흥미롭다.

다음으로 특히 기업의 발언권이 강화된 분야는 파견근로제이다. 중국의 파견근로자수는 2500만명이 이르고, 특히 파견노동자가 집중된 건축부문에서는 그 수가 1000만명에 이를 정도로 파견근로는 심각한 문제가 되었다(常凱·李坤剛 2006: 9). 이 때문에 초안에서는 파견근로제를 매우 엄격하게 제한한 바 있다. 문구가 모호하고 그 실현가능성에 대해 의문이 제기되기는 했지만, 초안은 파견근로제를 엄격하게 규제하는 입장을 채택해, 파견기업의 준비금을 강제하고, 파견기간을 1년으로 한정했으며 그 이후에는 사실상 파견이 불가능하도록 했다. 파견 1년 후에는 파견한 기업이 아니라 파견된 기업과 노동계약을 새로 맺어야 하는 방식으로 전환되며, 파견된 노동자의 직무를 다른 파견 노동자로 대체할 수 없기 때문에, 사실상 노동계약법 초안은 파견근로를 금지하는 성격을 띠었다. 그러나 최종법안은 전혀 다른 방향에서 파견근로제 문제에 접근했는데, 파견근로제를 정상적인 고용형태로 인정하는 대신, 그 고용의 지속성과

---

28) 『中國企業報』 2007.1.10.

안정성을 도모하는 데 좀더 강조점을 두는 방향으로 바뀌었다.

초안이 공표된 후 파견근로제를 둘러싸고 가장 치열한 논쟁이 벌어졌다. 대립의 두 극점에는 노동계약법 초안 작성시 대립했던 창 카이와 뚱 빠오화가 있었다. 시장주의자라 할 수 있는 뚱 빠오화는 파견근로제는 시장경제 발전의 자연스러운 추세로서 비표준적 노동관계가 출현한 것이고, 이를 전통적인 표준적 노동관계 방식으로 규제해서는 안된다는 입장을 강조했다(董保華 2006b). 이는 파견근로에 대한 규제를 완화하고 최소한의 낮은 표준, 그리고 넓은 적용대상을 기준으로 입법해야 한다는 자신의 기본입론을 다시 강조한 것이었다. 노동계약법 초안의 파견근로제 제약 규정이 매우 '비이성적'이며, 파견기업의 등록자본 규모 규제나 준비금 제도 등을 철폐해야 하고, 파견노동자를 받는 기업의 노동자에 대한 의무 등도 철폐해야 한다는 주장도 제기되었다(鄭尙元 2007).

이에 반해 창 카이 등은 파견노동자수의 급증에서 보이듯, 파견근로제가 부문에 관계없이 노동유연성과 임금절감의 도구로 이용되고 있기 때문에, 파견업체 자격을 규제하고 노·사·정 3방이 참여하는 고용계약을 체결하며, 파견이 허용되는 업종을 규정하고 파견기간도 규제해야 하는 등 파견근로제에 대한 제한을 초안보다 더욱 엄격하게 해야 한다는 입장을 표명했다(常凱·李坤剛 2006). 파견근로제가 임시성 직무가 아니라 고용계약의 주요 형태로 바뀌고 있다는 우려(王全興 2006; 陳恭健·陳敬 2007)와 노동계약법 초안에 파견근로가 가능한 업종을 제한하는 규정이 없다는 지적(韓永江·張家盛 2006)도 제기되었다.[29]

---

29) 파견근로제가 출현하는 원인에 대해 관점에 따라 상이한 판단이 제기되었다. 뚱 빠오화는 파견근로제 출현의 제도적 원인을 첫째, 면직직공을 위한 재취업써비스쎈터의 성격이 바뀐 것, 둘째, 농민공의 도시인력 파견을 위한 기구의 성격이 바뀐 것, 셋째, 외자기업의 인력 수급을 위한 정부기구의 성격이 바뀐 것 등에서 찾고 있다(董保華 2006b: 7). 반면 창 카이 등은 첫째, 직접고용을 간접고용으로 전환하려 한 것, 둘째, 고용유연성을 확대하려는 것, 셋째, 사회

그러나 최종법안은 파견근로를 폭넓게 허용하는 방향으로 정리되었다. 최종법안 66조에서 일반적인 언명으로 임시성, 보조성, 대체성 작업 직무에서 노무파견을 실시한다고 규정하고 있을 뿐 강제규정을 두고 있지는 않다. 따라서 파견업무는 전 업종으로 확대될 수 있으며, 다만 파견업체가 파견 대상 노동자와 안정적인 노동계약을 체결할 의무를 갖게 될 뿐이다.

노동자 권익의 측면, 그리고 기업권한의 측면에 이어 최종법안에서 나타난 두드러진 셋째 변화는 노동조합 역할의 강조이다. 노동계약법은 그 이름에 어울리지 않게 단체협약과 노동조합에 관한 조항들을 다수 포함하고 있다. 이는 2004년 제정된 '단체협약규정'이 조만간 정식 법안으로 수립될 전망이 불투명한 상황에서 일단 먼저 반포되는 노동계약법에 여러가지 요구들을 포함시키려 한 결과이며,[30] 이는 노동계약법 입법과정에서 발언권을 강화해온 중화전국총공회(이하 전총으로 약칭)의 요구가 반영된 것이라고 할 수 있다.

최종법안에 이르면 초안과 달리 제5장에 특별규정을 두어 단체협약, 파견근로, 비전일제노동 세가지 항목을 따로 다루고 있다. 이 세가지는 노동계약법안이 특히 중시하는 항목임을 알 수 있다. 그중 비전일제노동은 초안에 없던 내용을 포함시킨 것으로 의미가 있고, 파견근로는 기업측 요구를 더 많이 반영한 조항이었다. 단체협약은 초안에 비해 두드러지게 노조의 역할이 강조되는 방향으로 정리되었다.

보험비의 지역격차를 활용하여 외지에 파견기구를 설립하려는 것, 넷째, 동일노동 동일임금 원칙을 회피하기 위한 것 등 주로 그 기능적 이유에 촛점을 맞추고 있다(常凱·李坤剛 2006). 그런데 어느 쪽 입장을 택하든, 재취업 촉진기구로 등장했던 정부의 취업중개기구들이 영리화한 것을 우려해 정부기구가 파견업무를 맡는 것은 엄격히 규제해야 한다는 데에 동의한 것으로 보인다(常凱·李坤剛 2006; 陳恭健·陳敬 2007; 鄭尙元 2007).

30)『經濟參考報』 2006.4.8.

〈표 3〉 노동계약법 초안과 최종법안 비교: 노조에 유리한 변화 내용

내용	초안(2006. 3. 20)	최종법안(2007. 6. 29)
3방기제	(관련 조항 없음)	현(縣) 이상 인민정부 노동행정부문은 노동조합 및 기업측 대표와 함께 건전한 협조적 노동관계를 만드는 3방기제를 건립하여, 노동관계와 관련된 중대한 문제를 공동으로 연구하고 해결할 수 있다. (5조)
단체협상	노동조합은 반드시 노동자와 고용단위가 법에 따라서 노동계약을 맺고 이행하여 노동자의 합법권익을 보호하는 것을 돕고 지도해야 한다. 노동조합조직이나 직공대표는 고용단위와 평등협상을 통해, 노동보수, 작업시간, 휴식휴가, 노동안전위생, 보험복지 등의 사항에 대해 단체협약을 맺을 권리를 지닌다. (7조)	노동조합은 반드시 노동자가 고용단위와 법에 따라 노동계약을 맺고 이행하도록 돕고 지도해야 하며, 또한 고용단위와 단체협상 기제를 건립하여 노동자의 합법권익을 옹호해야 한다. (6조)
고용계약 미체결시 보수	(관련 조항 없음)	고용단위가 고용과 동시에 서면 노동계약을 체결하지 않아서 노동보수가 불명확한 경우 단체협약규정의 표준에 따라 지급한다. 단체협약이 없는 경우 동일노동 동일임금. (11조)
노동조합 역할	(관련 조항 없음)	고용단위가 일방적으로 노동계약을 해지할 경우 반드시 사전에 이유를 노동

단체협약	(관련 조항 없음)	조합에 통지해야 한다. 고용단위가 법률, 행정 법규규정 또는 노동계약 약정을 위반한 경우, 노동조합은 고용단위에게 바로잡을 것을 요구할 권한을 지닌다. 고용단위는 반드시 노동조합 의견을 고려해 처리결과를 서면으로 노동조합에 통지해야 한다. (43조) 기업 직공측은 고용단위와 평등협상을 거쳐 (…) 단체협약을 맺을 수 있다. 단체협약 초안은 반드시 직공대표대회 또는 전체 직공에 제출하여 토론을 거쳐 통과되어야 한다. 단체협약은 노동조합이 기업 직공측을 대표해 고용단위와 체결한다. 아직 노동조합이 건립되지 않은 고용단위는 상급 노동조합이 노동자가 추천한 대표를 지도하여 고용단위와 체결한다. (51조) 현급 이상 구역 내의 건설업, 채광업, 음식 써비스업 등 업종에서는 노동조합이 기업측 대표와 업종별 단체협약을 맺거나 지역별 단체협약을 맺을 수 있다. (53조) 업종별, 지역별 단체협약은 당지 해당 업종, 해당 지역의 고용단위와 노동자에게 구속력을 갖는다. (54조) 고용단위가 단체협약을 위반해 직공의 노동권익을 침해하면, 노동조합은 법에 의거해 고용단위가 책임을 지도록 요구할 수 있다. 단체협상 이행 때문에 쟁의가 발생하여, 협상으로 해결되지

		않으면, 노동조합은 법에 따라 중재를 신청하고 소송을 제기할 수 있다. (56조)
노조의견 청취	(관련 조항 없음)	현급 이상 각급 인민정부 노동행정부문은 노동계약 제도에 감독관리 작업을 실시할 때, 반드시 노동조합, 기업대표 및 유관 행정 주관부문의 의견을 청취해야 한다. (73조)

　　최종법안 6조는 노동조합에 단체협상의 의무를 부과하는 별도의 조항을 만들기까지 했고, 51조에서도 단체협약 내용을 좀더 구체적으로 명문화했다.

　　노동조합의 역할과 관련해 두드러진 측면은 크게 두가지이다. 하나는 노동조합이 3방기제의 틀 안에서 기업을 넘어서는 수준의 발언권을 가진다는 점이고, 다른 하나는 기업 내에서 쟁의가 발생할 경우 노동조합이 소송의 주체가 된다는 규정이다.

　　최종법안 5조는 3방기제의 건립을 명문화하고 있는데, 이는 73조의 감독관리 조항과도 서로 연결된다. 또한 노동조합의 역할에서 중요한 것 중 하나는 구역별·업종별 단체협약을 명문화한 조항이다(53조). 이 구역별·업종별 단체협약은 지역별 최저임금선 획정과 더불어 노동조합이 3방기제의 틀 내에서 영향력을 확대해가고 있는 주요한 방식이다.

　　다음으로 넷째 변화는 노동시장의 유연성을 도입하는 동시에 과거 단위체제의 유산을 온존한 특징들을 남겼다는 점이다. 감원시 인원제한, 무고정기간 고용계약에 관한 다소 모호한 입장 등이 이런 측면을 보여준다.[31]

---

31) 무고정기간 노동계약은 법안의 최종 심의일인 2007년 6월 24일에 제출된 4차 심의고 완성 과정에서 마지막까지 문제가 된 조항이었으며, '무고정기간 고용계약'이 '종신고용'이 아니라는 점을 설득해서 법안이 통과되었다(『工人日報』 2007.6.25).

〈표 4〉 노동계약법 초안과 최종법안 비교: 명료해진 부분

내용	초안(2006. 3. 20)	최종법안(2007. 6. 29)
법 적용 범위	노동계약의 수립과 이행에 적용. (2조)	노동계약의 수립, 이행, 변경, 해지 또는 종지에 적용. (2조)
중요 결정시	고용단위의 규장제도가 노동자의 절실한 이익에 직접 관련될 경우, 반드시 노동조합·직공대회 또는 직공대표대회에서 토론하여 통과거나, 평등협상을 거쳐 규정을 만들어야 한다. 고용단위의 규장제도는 반드시 단위 내에 공고해야 한다. (5조)	고용단위가 노동보수, 작업시간, 휴식휴가, 노동안전위생, 보험복지, 직공훈련, 노동기율 및 노동 노르마(기준량) 관리 등 직접 노동자의 절실한 이익과 관련된 규장제도나 중대사항을 제정, 개정 또는 결정할 때, 반드시 직공대표대회나 전체 직공 토론을 거쳐 방안과 의견을 제시하고, 노동조합 또는 직공대표와 평등협상을 거쳐 확정해야 한다. 규장제도와 중대사항 결정 실시 과정에서 노동조합 또는 직공들이 부적절하다고 생각할 때는 고용단위에 대해서 협상을 거쳐 수정완비하도록 요구할 권한을 갖는다. 고용단위는 노동자의 절실한 이익과 관련된 규장제도와 중대사항 결정을 반드시 공시 또는 노동자에게 고지해야 한다. (4조)
노동계약에 포함되어어야 할 사항	노동계약 기간이 3개월 이상이면 시용기간을 약정할 수 있다. 시용기간은 노동계약기간을 포함한다. 비기술성 작업 직무의 시용기간은 1개월을 넘을 수 없다. 기술성 작업직무의	⑦ 사회보험 ⑧ 노동보호, 노동조건과 직업위해 보호 등이 새로 추가됨. (17조)

	시용기간은 2개월을 넘을 수 없다. 고급전문기술 작업 직무의 시용기간은 6개월을 넘을 수 없다.(13조)	
시용(試用)기간	(관련 조항 없음)	노동계약기간이 3개월 이상 1년 미만인 경우 시용기간은 1개월을 넘을 수 없다. 노동계약기간이 1년 이상 3년 미만인 경우 시용기간은 2개월을 넘을 수 없다. 3년 이상 고정기간과 무고정기간의 노동계약의 경우 시용기간은 6개월을 넘을 수 없다. 일정한 작업임무 완성을 기간으로 삼는 노동계약 또는 노동계약기간이 3개월 미만인 경우에는 시용기간을 둘 수 없다. 노동계약이 시용기간만 둔 경우 시용기간은 성립하지 않느며, 이 기간은 노동계약 기간으로 간주된다. (19조)
시용기간 임금	(관련 조항 없음)	시용기간의 노동자 임금은 본 단위 같은 직무의 최저임금 또는 노동계약이 약정한 임금의 80%보다 낮아서는 안되며, 고용단위 소재지의 최저임금 표준보다 낮아서는 안된다. (20조)
시용기간 해고	(관련 조항 없음)	시용기간중에는 노동자가 본 법 39조와 40조 1,2항 규정에 해당하는 경우 외에는 고용단위는 노동계약을 해지해서는 안된다. 고용단위가 시용기간에 고용계약을 해지하는 경우 반드시 노동자에게 이유를 설명해야 한다. (21조)

마지막으로 초안의 비현실적이거나 모호한 규정들을 좀더 분명하게 만든 부분들이 있다. 여기에는 고정기간/무고정기간 노동계약에 관한 조항들, 시용기간에 관한 규정들,[32] 그리고 경쟁업종 취업제한에 관한 규정 등이 포함된다.

이상에서 살펴보았듯이, 노동계약법은 초안에서 최종법안으로 가는 과정에서 기업에 좀더 많은 재량권을 부여하여 노동관계를 시장에 맡기는 방향으로 조정되었다. 반면 노동자의 권익 면에서 추가된 부분은 선언적인 측면만이 두드러진다. 최근 통과된 노동계약법은 초안에 비해 기업측 요구가 많이 반영된 반면, 노동조합에도 좀더 많은 권한을 부여했으며, 사회적으로 발생할 수 있는 문제를 과거 '단위체제'의 유제를 부분적으로 되살림으로써 보완하려 한, 매우 이질적 흐름들이 절충된 결과임을 알 수 있다.

노동계약법 통과 이후 노동관계의 변화는 노동계약법이 담고 있는 이질적 내용의 상이한 조합 여부에 따라 노동자의 권한이 반드시 약화된다고 볼 수만은 없다. 여기서 관건은 노동계약법을 통해 권한이 확대된 노동조합이 어떠한 역할을 할 것인지, 그리고 노동자계급이 내부 분절의 한계를 어떻게 넘어설 수 있는가에 달려 있다고 할 수 있다. 이하에서는 이 두 측면을 살펴보겠다.

---

32) 기술직 여부에 따라 시용기간이 달라진 초안과 달리 통과법안에서는 19조에서 시용기간을 노동계약기간에 따라 정하도록 했고, 또 20조에서는 시용기간의 노동자 임금은 피고용 직장 같은 직무의 최저임금 또는 노동계약이 약정한 임금의 80%보다 낮아서는 안되며, 고용단위 소재지의 최저임금 표준보다 낮아서는 안된다는 규정을 두었다.

3. 포괄적 노동관계 형성의 난점

(1) 노동조합 역할의 변화와 한계

중국의 노동조합은 독자적인 목소리를 내지 못하고 당의 부속기관으로서 생산을 독려하거나 사회복지사업을 수행하는 기관의 위상을 벗어나지 못했었다. 개혁개방기에 들어서도 노조의 위상은 근본적으로 달라지지 않았고, 현대기업제도의 도입과 국유기업의 구조조정과정에서 그 위상은 강화되지 못했다(백승욱 2001: 제5장; Baek 2000).

아래 〈표 5〉에서 보듯이 2000년부터 노동조합은 다시 빠르게 성장하고 있다. 이는 정부의 노조건립 추진 정책의 결과였다.

2005년에는 노조원 수가 1억 5000만명으로 역사상 최대치를 기록했다. 노동조합의 성장에는 세가지 요인이 작용하였다.

〈표 5〉 중국 노동조합 조직 추이

연도	노동조합 기층조직수(만개)	노조원수(만명)
1998	50.4	8913.4
1999	50.9	8689.9
2000	85.9	10361.5
2001	153.8	12152.3
2002	171.3	13397.8
2003	90.6*	12340.5
2004	102.0	13694.9
2005	117.4	15029.4

* 2003년부터 노동조합 기층조직수 통계 집계 방식이 조정되었음.
자료『中國統計年鑑 2006』

첫째는 각종 노동쟁의의 증가이다. 중재기구에 접수된 노동쟁의 안건은 1997년 7만 1524건에서 2000년 13만 5206건으로, 그리고 2005년에는 31만 3773건으로 대폭 증가하였다. 노동계약 해지와 관련된 쟁의가 많으며, 처리 결과 노동자측 승소 비율이 훨씬 높게 나타난다.[33] 쟁의의 증가와 더불어 주목되는 것은 기업 차원의 1차 조정기제인 노동쟁의조정위원회가 제기능을 발휘하지 못하며, 2차 조정기제인 중재기구에서도 중재가 이루어지지 않아 결국 소송으로 가는 비율이 점점 더 늘어나고 있다는 점이다(張憲民·郭文龍 2006).[34]

노동쟁의의 양적 증가뿐 아니라 2000년대 들어서는 노동자들이 자율적인 저항조직을 형성하는 움직임들도 관찰된다. 1998년 뻬이징의 택시회사 쟁의, 2002년경 꽝뚱성의 농민공 쟁의, 2000년의 정저우(鄭州)의 쟁의 등에서는 전총과 무관하게 노동자의 자체 조직이 결성되어 파업을 주도한 사례들이 보고된 바 있다. 이런 사건이 발생한 경우 전총과 정부는 매우 민감하게 대응하여 이들 사례를 '불법'으로 규정하는 것이 일반적이었다(Chen 2007: 67~69). 그런데 이런 움직임들이 계속 늘어나자, 전총의

---

33) 『中國統計年鑑』 각 연도 참고. 노동쟁의가 늘어난 데는 노동자들의 법적 권리의식이 높아지고, 전총이 법률공작부나 법률써비스 기구를 두어 직접 노동자의 법률자문을 시행하거나, 아니면 기존 법률가에게 자율적인 노동법률 상담업무를 부과하는 사회역량 활용사업을 펼쳐서 노동자들이 중재나 소송을 제기하기 수월해진 요인도 작용했다(Zhang 2005).

34) 노동중재 신청과 소송이 늘고 있지만, 그 제도 자체의 한계도 지적되고 있는데, 첫째로 중재 신청에 400~500위안, 건당 평균 변호사 수임료가 1000위안이 들 정도로 비용지출이 많다는 점, 둘째 증거자료 수집에 어려움이 많다는 점, 셋째, 승소하더라도 고용주가 수용하지 않는 경우가 많다는 점, 넷째 전문적인 법률전문가가 부족하다는 점 등이 거론된다(Zhang 2005: 536~38). '노동쟁의 처리조례' 개정 작업 진행중 제기된 중재제도의 문제점으로는, 첫째, 중재 결과에 승복하지 않아 소송을 제기하는 비율이 30% 정도로 높아서 안건처리 기간이 길어진다는 점, 둘째 제도적 불비로 처리능력이 부족하다는 점, 셋째, 중재와 소송절차가 분리되어 일관성이 없다는 점, 넷째, 기층기업 수준에서의 조정기능이 취약하다는 점, 다섯째, 중재 안건으로 입안될 수 있는 범위가 너무 좁다는 점, 여섯째, 중재에 불복해 소송을 제기할 수 있는 시한이 너무 촉박하다는 점 등이 지적된다(王全興·王文珍 2007: 20).

태도에도 변화가 생길 수밖에 없었다. 즉 추세에 대응해 일정하게 변신하지 않으면 전총 자체가 완전히 어용조직으로 밀려나고, 새롭게 등장하는 자율적 조직화의 흐름을 제어하기 어렵다는 위기감이 형성되고 있는 것이다. 따라서 노조조직 확대 사업은 이런 노동쟁의의 흐름에 한걸음 뒤에서 좇아가며 대응하는 것으로 이해될 수 있다.

둘째로, 노동조합과 조합원수가 늘어난 데는 외자기업이나 사영기업 등 비공유제기업에서의 노동조합조직 확대가 크게 기여했다. 특히 2000년대 들어서 이들 기업에서는 정책적으로 노동조합 건립이 추진되고 있다. 2006년말 전총은 2007년말까지 80%의 외자기업에서 노동조합을 설립하겠다는 목표를 공표하기도 했다(김성훈 2006: 68). 특히 2006년 월마트에서 노조가 설립되면서 외자기업에서 노동조합 설립은 중요한 정책적 과제가 되었다. 월마트 노조의 설립은 앞서 노동쟁의에서도 설명한 바 있는 기층 노동자의 자발적 쟁의의 증가와도 밀접한 관계가 있다.

중국의 노조 형성 과정은 주로 위로부터, 즉 지역정부 및 지역노조와 해당 업체의 정책적 타협을 통해 달성되는 것이 일반적이었다. 그러나 이런 노조들은 현장 노동자의 불만을 적절하게 끌어안을 수도, 새롭게 출현하는 불만들을 포괄하기도 어려웠다. 월마트 노조는 이런 변화에 대응하는 전총의 새로운 시도를 보여준다. 즉 지금까지 위로부터 노조가 건립된 것과는 달리, 이번에는 아래로부터 노조 건립 작업이 추진되었다. 월마트 노조는 전총이 노조 결성에 주도적으로 관여했다는 점에서 파업중에 노동자들이 자율적으로 자신의 조직을 결성한 경우와는 다르지만, 그 과정이 기업과 무관하게 아래로부터 일반 노동자를 조직화하는 방식으로 진행되었다는 점에서 전총의 기존 사업방식과도 상이하다.

그렇지만 이런 특이성은 기존의 노조건립 방식과 완전히 무관한 것은 아니었고, 다만 전총 주도의 노조건립 방식의 새로운 판본이 출현했다고 볼 수 있다. 월마트 노조가 건립되기 전 2006년 3월 14일, 국가주석 후 진타오는 「우리나라 연해지구 외자기업 중의 불안정 요소에 대한 정황 분석과 대책 건의」에 대한 논평지시에서 "외자기업에 당건설과 노조건설 사업을 강화하여, 모순을 해결하고 기업과 사회의 안정을 확보하라"는 지시를 내렸고, 전총은 이를 외자기업 노조건립의 시급한 지시로 간주해, 3월 29~30일 전국 외자기업 노조건립 공작 좌담회를 개최해 중국 내 월마트에 노조를 건립하는 것을 돌파구로 삼아 외자기업에 노조건립 사업을 전면적으로 추진할 것을 결의한 바 있다. 7월 29일에는 푸젠성 취엔조우시 진장점에 중국 월마트 최초로 아래로부터의 조직화에 의해 노조가 건립되었다. 그런데 이 과정 자체가 5~7월 사이 전총의 면밀한 지도하에 진행되었고, 노조건립 후 8월 16일에는 전총과 월마트 중국총 부가 비망록을 작성해 전 점포의 노조건립 사업에 동의하게 된 데서 볼 수 있듯이, 월마트 노조의 건립은 위로부터의 조직적 노력이 매우 중요 하게 작용했다(馮同慶 2007a; 許曉軍 2006). 그러나 이렇게 상이한 방식으로 결성된 노조도 노사관계의 급진화를 예방하기 위한 전총의 정책에 종속 되기 때문에 일단 설립인가 이후의 작동 방식은 기존 노조와 크게 다르 지 않다.[35]

셋째는 단체협상/단체협약 제도의 추진이다. 2004년 1월 20일에는 1995년에 제정된 '단체협약규정'이 개정되어 새로운 규정이 발표되었으

---

[35] 전총에 소속된 노조만 합법적으로 인정되는 단일노조체제 또한 문제가 되는데, 이에 대해 조심스럽게 노조 다원화를 검토하고 또한 자발적 저항을 위한 노동자조직이나 유령노조에 대항하기 위해 자생적으로 결성된 법외노조를 긍정적으로 보자는 제안이 제출되고 있다(常 凱 2007a). 총공회 외부의 노동자들의 저항 조직화의 다양한 흐름에 대해서는 Lee(2007)를 보 라. 한편 아래로부터의 노동조합 추진과 더불어 중요하게 진행되는 노조조직사업의 변화 방 향 중 하나는 아래로부터 노조간부의 직접선출이며, 사영기업이 집중된 저장성에서 그 시험 이 진행되고 있다(陳剩勇·張明 2006).

며, 그에 앞서 2000년 11월 8일에는 노동과사회보장부가 「임금 단체협상 시범 시행방법」을 반포, 시행한 바 있다. 단체협약은 전국적으로 기업 차원에서 추진되고 있을 뿐 아니라, 앞서 노동계약법에서도 살펴보았듯이 구역별·업종별 단체협약도 법적으로 가능해져서, 이를 시행하는 지역도 늘어나고 있다.[36] 2002년 6월까지 전국에서 단체협상 제도를 수립한 기업이 63만 5000개였고, 소속 직공수는 8000만명이었다. 뻬이징시에서는 1995~2002년 단체협약을 체결한 기업이 1만 5848개에 노동자수가 214만명이었는데, 그중 국유기업 및 국유지주기업에서는 단체협상 체결률이 90% 이상, 노동조합이 건립된 비공유기업의 단체협약 체결률은 60% 이상이었다(李環 2007: 206).

그러나 전총이 집계한 총 70만건 이상의 단체협약(그중 노동보장부문의 비준을 거친 것은 55만건 이상) 중에서 단체협상 과정에서 쟁의가 발생한 경우는 거의 없으며(勞動科學硏究所課題組 2007: 9), 단체협약 체결률과 체결수만 중시하고 그 내용은 경시하는 형식주의로 흐르는 분위기가 있다는 지적에서도 알 수 있듯이(郭軍 2004; 文魁·譚浩 2006), 노동쟁의와 노동조합 조직률의 증가, 그리고 단체협상제도의 수립이 서로 긴밀한 관계를 맺고 있는 것은 아니다. 이 셋 모두 정방향으로 간다 하더라도 노동조합의 역량이 성장하고 있다고 할 수는 없다.[37]

핵심 문제점은 쟁의절차에 관한 법률적 규정이 없고, 노동조합이 중

---

36) 구역별·업종별 단체협약의 효과는 당해 구역·업종의 모든 직공에 대해 구속력을 갖는다는 점에서 전총 입장에서는 개별 기업 차원의 단체협약보다 이를 더 중요하게 간주한다. 「勞動和社會保障部·中華全國總工會·中國企業聯合會/中國企業家協會 關於開展區域性行業性集體協商工作的意見(勞社部發〔2006〕32號)」, 『中國勞動』 2006년 제11기, 59면.

37) 1990년대 '노동권'의 강력한 주창자에서 점점 더 협조적 노사관계를 강조하는 입장으로 전환한 펑 퉁칭은 '단체협상'이 '단체담판'과 달리 협조적 관계를 중시함을 강조한다(馮同慶 2007b: 3).

재자 역할을 넘어 노동자의 이해를 대표하는 기구가 되기에는 역사적 제약이 아직도 많다는 점이다. 1993년 '기업노동쟁의 처리조례'에 따르면 노동조합은 기업대표, 직공대표와 더불어 기업 차원의 노동쟁의 조정위원회를 구성하고, 그 일상업무를 맡게 되어 있어(백승욱 2001: 413~15), 쟁의 발생시에는 노동자 대표라기보다는 제3의 중재자 역할을 맡도록 되어 있다. 2001년에 개정된 '노동조합법'은 이와 달리 명시적으로 노동조합이 노동자의 이익을 대표하도록 규정하고 있어, 이 두 법규정은 상충되며, 기업 내에서 노동조합이 노동자들의 불만을 해소할 수 없다는 문제점이 지적되고 있다(康桂珍 2006).

특히 문제는 단체행동권의 제약, 그중에서도 파업권의 제약이며, 이는 노동쟁의처리법의 입안과정에서 드러나지 않은 가장 큰 쟁점이다. 각종 노동관계법에서 노동자 개인의 권리에 대한 조항들은 계속 보완되고 있지만, 단체행동권에 대한 조항은 1982년 헌법에서 파업권이 상징적으로 삭제된 이후 근본적인 변화를 보이고 있지 않다(백승욱 2001). 따라서 정책적으로 단체협약이 강조되더라도 노동조합이 기업에 단체협약의 체결과 이행을 강제할 수단을 가지고 있는 것은 아니며, 이는 위에서 아래로 시달되는 정책적 요구사항에 머물고 있을 뿐 기층 노동자들이 조직적으로 역량을 집결해 단체협상에 참가하는 경우는 거의 없다(Chen 2007). 따라서 단체협약을 체결하는 기업들이 늘어나더라도, 이것이 노동조합의 역량 강화보다는 노동조합이 경영위계제에 노사협의체 형태로 종속되어 있음을 보여주는 경우도 적지 않다. 새로이 법제정을 준비중인 노동쟁의처리법에도 단체행동권에 관한 항목은 포함되지 않을 것으로 예상된다.[38]

---

38) 노동과학연구소 과제조의 논지에 따르자면 〈노동쟁의처리법〉은 기존 조정·중재·소송으로 이루어진 기존의 〈노동쟁의처리조례〉를 좀더 정교화하는 수준에 머물 것으로 보인다. 즉 조정을 협상과 조정으로 좀더 세분화하고, 우리나라의 중앙노동위원회와 지역별 노동위원회

노동계약법의 등장은 기존 노동조합에 새로운 도전을 제기하겠지만, 외자기업에서 많이 관찰되듯이 인사관리과장이나 인사부장이 노조위원장을 맡는 관행이 크게 달라지고 있지는 않다(장영석·백승욱 2006). 일부 지역에서는 사영기업 노조 주석의 70% 이상이 기업주의 친척일 정도로 유령노조의 일종인 기업주노조(老板工會) 문제가 심각하다(常凱 2007a: 49~50). 사영기업이 집중된 저장성(浙江省)의 경우, 2003년 비공유기업 노조건립률이 94%, 노조 가입률이 90%일 정도로 수치상 놀라운 성과를 달성했지만, 노조간부는 대부분 기업이 임명하고, 노동자 스스로 노조간부를 선출하는 경우는 10%도 안된다. 저장성 핑양(平陽)현의 경우 1010개의 사영기업 노조를 통틀어 노조 전임간부가 단 두명에 불과할 정도로 상황은 열악하다(陳剩勇·張明 2006: 41~42).

중국 노조는 당의 외곽조직으로서 그 역사적 맥락에서 대중적 기반을 갖는 조직으로 보기는 어려우며, 1980~90년대의 변화를 거치면서도 노동자와 기업 사이의 중재기구 이상으로 나아가지 못하고 있다(백승욱 2001; Baek 2000; 장윤미 2004). 이는 전총 수준에서도 마찬가지여서, 지역의 총공회 간부들은 여전히 중국의 노조가 외국의 노조와 달리 얼마나 노사 협조적인지를 외국기업들에 설명하는 일에 좀더 많은 노력을 기울이고 있는 듯하다.[39] 노조의 달라진 모습은 합법적으로 용인된 공간 속에서 노조의 법률적 지원 업무 면에서는 두드러지지만, 이를 벗어나면 중재

에 상응하는 전국노동관계협조위원회와 노동쟁의처리위원회를 설치하는 방식 정도가 새로 논의되고 있으며, 단체협상 과정에서 발생하는 쟁의도 중재기구를 통해 해결하도록 입안되고 있는 것으로 알려져 있다(勞動科學硏究所課題組 2006).

39) 그렇지만 지역 전총 간부들 수준에서는 파업 절차에 대한 관심이나 노동조합의 일상활동에서 발생하는 구체적 문제들에 대한 관심이 이전에 비해 매우 높아지고 있고, 현안에 대한 민감도 또한 높아지고 있는 것은 사실이다. 뻬이징에서 노동문제 전문가 인터뷰(월간 『말』 2007년 6월호).

역할이나 노동자들의 독립적 대응을 제약하는 역할에 머물러 있다(Chen 2003).

(2) 분절된 노동시장의 한계—농민공문제

농민공문제는 노동관계 정책이 분절된 대응을 넘어 포괄적 구도를 형성할 수 있느냐에서 핵심 쟁점이라 할 수 있다. 거대한 농민공 집단의 존재 자체가 기존 노동법이 포괄적으로 실행되지 못하고 반쪽짜리로 남게 된 가장 중요한 요인이었으며, 새로 노동계약법을 제정해야 할 필요성을 제기하는 다양한 고용상의 문제들을 낳았다.

국무원은 2006년 3월 27일 「농민공문제 해결에 관한 국무원의 약간 의견」을 발표하였는데, 이 문건은 구체적 조치보다는 농민공에 대한 정책적 관심의 전환을 보여주는 상징적 의미로서 더욱 중요하다.[40] 농민공 정책은 대체로 2004년경부터 일방적 규제에서 부분적 보호 차원으로 전환된 것으로 평가된다(Li 2006: 175~76).

그전까지 농민공에 대한 정부의 정책이 없었던 것은 아니나, 최근 들어 나타나는 주요한 변화는 농민공문제를 가능한 한 기존의 도시 노동자와 하나의 틀로 묶어서 해결하려 한다는 점이다. 과거 농민공문제는 도시 단위체제의 직공과는 별개의 차원으로 도시에 진입한 외지 노동력의 문제로, 즉 노동문제가 아니라 도시문제의 일환으로 다루어졌을 뿐이었다. 최근 변화는 농민공문제를 노동시장의 통합은 아니더라도 관리체제

---

40) 이 「의견」의 주요 내용은, 농민공의 도시 유입을 긍정적으로 평가하고 이를 바탕으로 정책을 추진하는 것, 임금체불 기업에 대해 강제로 은행 보증금 납부 제도 시행, 동일노동 동일임금제 추진, 도시와 농촌의 취업통로 통일, 사회보장제도 완비, 농민공과 가족들에 도시의 사회적 써비스 제공, 호적제도 완화, 노조 지원, 국무원에 농민공사업 연석회의 제도 건립 등으로 지금까지의 농민공에 대한 '무정책'과 대조적이다.

의 통합 차원에서 노동문제의 일환으로 고려하기 시작했다는 점이다.

노동계약법에서는 원칙적으로 농민공과 일반 노동자 사이에 구별을 두지 않았고, 다만 노동계약 형태에 따라 구분을 두었다. 노동계약법은 지금까지 노동계약 체결률이 20% 미만에 머물러 있던 농민공을 정식 노동계약의 틀 속으로 끌어들인다는 점에서 상당한 변화를 촉발하는 것이다.

그런데 계약상 동일한 지위로 인정되는 농민공과 도시 노동자의 차별 철폐 여부에서 중요한 문제는 사회보험이다. 지금까지 농민공은 농민과 마찬가지로 사회보험의 주요한 수혜 대상에서 배제되어 있었고, 이것이 농민공과 도시 노동자의 노동시장을 분절시키는 요인 중 하나였다.[41] 이들이 사회보험에서 배제되었던 이유는 우선 호구가 농촌으로 되어 있어 농촌 사회보험 대상으로 분류되어 있고, 또한 취업한 단위들이 영세하여 기업주가 사회보험료 부담을 꺼렸으며, 농민공의 직장 이동도 잦아서 지속적인 사회보험료 납부가 어려웠다는 점 때문이었다.

2006년 농민공에 대한 정부정책 변화의 주요한 내용 중 하나는 농민공을 점진적으로 사회보험의 틀 속에 포함시키는 것이다. 농민공의 사회보험 가입은 농촌 사회보험제도 건립이라는 더 큰 틀 속에서 추진되는데, 이는 특히 2006년 들어서 「사회주의 신농촌 건설에 관한 중공중앙·국무원의 약간의견」과 「농민공문제 해결에 관한 국무원의 약간의견」 및 11차 5개년 계획에 따라 집중적으로 추진되었다. 그 방식은 주어진 조건에 따라 농민공, 향진기업 직공, 토지가 수용된 농민, 농업에 종사하는 농민을 각기 별도로 나누어 사회보험사업을 진행하는 것이었다. 이중 향진기업 직공은 고용단위가 임금의 8% 정도를 보험금으로 내고 개인이

---

41) 그외에도 향진기업 직공, 토지가 수용된 농민, 도시 저소득층도 사회보험의 사각지대에 놓여 있는 것으로 평가된다(洪翔 2006).

임금의 5% 이하를 부담하는 방식으로 하고, 토지가 수용된 농민의 경우는 해당 지역정부의 정착비나 토지수용비에서 일부를 사회보험비로 부담하는 방식이 추진되었다. 이에 비해 농업에 종사하는 농민은 여전히 완전 자기부담 원칙에 따른다. 이런 상이한 층들을 모두 묶어서 건립된 농촌 사회보험은 현급 단위별로 분리 관리되는데, 2005년말 전국 1900개 현에서 5364만명이 가입한 것으로 보고되고 있고, 2006년의 정책변화 결과 가입자수는 늘어날 것으로 전망된다(昌民 2006).

농민공에 대한 사회보험은 이런 맥락에서 본격적으로 추진되는데, 중앙정부는 우선 2004년 중반부터 농민공에게 산재보험에 가입할 권한을 부여하기로 하고 이를 정책적으로 추진했다(Li 2006: 187). 그런데 산재보험보다 더 중요한 것은 양로보험이나 의료보험인데, 이에 대해서는 농민공의 조건에 따라 상이한 사회보험의 틀을 적용하는 방식이 시험중이다.[42] 즉 비교적 안정된 직장이 있는 경우는 도시 양로보험의 틀에 포함하고, 그렇지 않은 경우는 상황에 따라서 도시빈곤층 최저임금 지원이나 농촌 사회보험에 가입하도록 하는 방법이 추진되고 있다. 농민공만 별도로 양로보험 개인 장부를 운영할 수도 있게 하여, 직장을 옮기더라도 자신의 양로보험 장부를 유지해, 지역별 통합운영 계좌만 옮기게 하는 방법도 추진되고 있다.[43]

농민공의 사회보험 방식은 통일되어 있지 않고 지역별로 모색 단계에 있다. 주요 도시의 사례를 보면 다음과 같다.[44] 첫번째는 농민공이 주요

---

42) 2006년 3월의 「농민공문제 해결에 관한 국무원의 약간의견」에서는 농민공의 사회보험 관련 문제에 대해 "산재보험과 중병 의료보장 문제를 우선 해결하고, 점차 양로보장 문제를 해결한다"는 방향을 제시했다.

43) 「農民工社會保險如何推進──訪勞動保障部社會保障研究所所長何平」, 『中國勞動』 2006년 제10기.

44) 「農民工社會保險制度改革地方報告」, 『中國勞動』 2006년 제10기, 9~14면.

인력을 구성하는 경제특구인 선전(深圳)의 정책을 볼 수 있는데, 이 경우는 현지인과 외지인을 통일적인 틀 속에서 관리한다. 2005년 선전의 노무공은 600만명이 넘으며 그중 농민공이 70% 정도를 차지한다. 그런데 선전시 양로보험 가입자 368만명 중 64%인 235만명이 농민공일 만큼 농민공은 큰 비중을 차지하고 있다. 선전시는 현지 노동자와 마찬가지로 농민공의 양로보험료로 월급의 13%를 납부하되, 고용단위가 8%, 개인이 5%를 납부하고, 의료보험료는 전년도 선전시 직공 평균임금의 1%를 기업이 납부한다. 외래진료 부담을 줄이기 위해 노무공만 별도로 노무공 합작의료제도를 운영하고 있기도 하다. 농민공은 산재보험에도 가입되어 있다. 퇴직 전에 선전시를 떠날 경우에는 누적된 보험금을 해당 지역 사회보험기구로 옮기거나 일시불로 지급한다.

이에 비해 상하이시는 현지 노동자와 외지 농민공의 사회보험을 이원화하여 운영한다. 2005년말 상하이의 외래인구는 581만명이고, 그중 85%인 374만명이 농민공이었다. 상하이시는 별도로 농민공을 위해 양로·의료·산재 보험을 묶는 전문종합보험제도를 시행하고 있는데, 여기에 가입한 농민공은 2005년 247만명으로, 유입된 농민공의 66%였다. 종합보험료는 전년도 상하이시 직공 평균임금의 60%를 기준액으로 하여 임금의 12.5%를 납부하는데, 고용단위만 보험료를 내고 농민공은 보험료를 납부하지 않는다. 상하이시 호구를 가진 주민의 경우 임금의 45% 정도를 보험료로 납부하고 있는데, 이에 비하면 매우 낮은 수준이다. 대신 납부하는 보험료가 적기 때문에 산재보험을 제외하고, 양로보험과 의료보험의 급여 수준은 매우 낮다는 한계가 있다. 쓰촨성의 청두시도 상하이와 유사한 이원화 제도를 시행하고 있는 것으로 보고되었다.

중국 농민공의 상황을 고려하면, 선전보다는 상하이 방식의 사회보험 이원화 제도가 운용될 가능성이 더 높아 보인다. 그렇게 된다면 농민공

문제에 대한 보완책은 되겠지만, 도시호구 노동자와 농민공의 차별 축소에는 큰 기여를 하기 어려울 것이다.[45] 노동계약법에서 파견근로제가 광범하게 허용되는 등 주변적 노동자들에게 불리한 조항들이 많고, 사회보험의 이원체제가 지속되기 때문에 농민공을 차별화하는 노동시장의 분절성은 쉽게 극복되기는 어려울 것으로 보인다.

4. 시장과 노동조합의 균형 찾기

2000년대 들어서 중국의 노동관계에 여러가지 변화가 관찰된다. 우선 노동력 구성의 변화가 눈에 띄는데, 이는 인구구성, 농민공의 공급 둔화, 국유기업 구조조정의 일단락 등의 여러 요소들이 상호작용한 결과이다. 이렇게 변화한 조건 아래에서는 이전과는 다른 노동문제들이 출현했으며, 이를 해결하는 방식으로 법제화와 제도화가 추진되고 있다.

노동계약법은 이런 변화 속에서 추진되었으며, 특히 조화사회라는 정치적 변화를 추진하는 중국 집권세력에는 사회 안정을 위해 중요한 법안이다. 많은 논쟁을 거쳐 최종 통과된 노동계약법은 시장주도적 개혁을 추진하면서 이를 코포라티즘적 틀 속에서 관리해나가려는 의도를 반영하며, 이전에 비해 노동조합에 더 많은 권한을 부여하려는 의도 또한 관찰된다.

그렇지만 시장과 노동조합 사이의 균형점을 세워 노동문제를 '조화

---

45) 호구제도 또한 농민공의 차별을 제도화한 요인이었다. 호구제도는 과거에 비해 그 통제 정도가 약해져서, 소도시에서는 주택을 보유하는 것만으로 호구를 획득할 수 있고, 중소도시는 장기적 직장이 있으면 호구 획득이 가능해졌다. 그러나 대도시에서는 여전히 농민공의 호구 획득은 매우 어려운 일이다(Fleisher and Yang 2003: 430).

롭게' 관리하려는 중국정부의 목표를 달성하기는 쉽지 않을 것이다. 노동계약법에는 노동자들을 사회적으로 보호하는 조항들과 함께 노동자들을 시장으로 내모는 조항들도 주요하게 삽입되었기 때문에 새로운 갈등의 출발점이 될 것으로 보인다. 노동조합이 현체제를 벗어나 자기 발언권을 갖는 조직으로 쉽게 전환하기 어렵다는 점도 화목한 노동관계의 실현이 어려운 중요한 이유이다. 그럴 경우 통합 노동시장을 지향한 노동계약법은 그 법안에 남겨진 단위체제의 유제와 결합하여, 분절된 노동시장을 고착화하고, 위계화한 사회적 수혜의 층위를 재생산할 수도 있을 것이다.

3장
중국의 세계경제 편입

1. WTO 가입의 빛과 그림자

2001년 11월 10일 카타르 도하에서 열린 WTO 회의에서 중국은 143번째로 회원국이 되었다. 중국은 1986년 관세및무역에관한일반협정(GATT) 가입을 신청한 이래 우여곡절 끝에 마침내 WTO에 가입하게 되었다. 이는 2008년 뻬이징올림픽 개최와 함께 세계에 대한 중국의 영향력이 더욱 확대된 증거인 양 선전되어 중국 내에서 잔치 분위기가 고조된 바 있다. 그러나 신자유주의 세계화에 반대하는 시위대를 피해 간신히 새 라운드의 회의를 열 수 있었던 WTO의 앞날에 장애물이 널려 있는 것처럼, 이 기구에 가입한 중국의 앞날도 반드시 밝기만 한 것은 아니다.

중국의 WTO 가입은 1970년대부터 시작된 중국의 대외개방형 시장경제 지향 개혁이 일단락되었음을 보여주며, 향후 신자유주의적 세계질서에 대한 편입이 가속화될 것임을 보여주는 근거이기도 하다. 중국의

WTO 가입에 대해 주류경제학에 입각한 다수의 견해는 중국경제의 합리적 구조조정을 촉진하고 중국이 세계 수준으로 발전하는 데 상당히 긍정적인 기여를 할 것으로 예측하고 있다(鄭海航 外 2001; Martin and Ianchovichina 2001; Greenspan 2000). 또한 중국효과에 힘입어 향후 10년간 세계경제의 성장률이 0.25% 더 높아질 것이라는 전망도 나오고 있다(Einhorn et al. 2001). 우리나라에서도 중국이 세계경제의 중요한 성장 중심지가 될 것임을 강조하는 '차이나 쇼크'가 중요한 담론으로 등장하기도 했다(매일경제 국제부 외 2001). 그렇지만 반대 견해도 적지 않아, 중국의 WTO 가입은 토착 기업들의 경쟁력을 떨어뜨려 세계경제에 대한 종속을 심화하고, 농업 파탄을 불러오며, 실업률을 대폭 높여 사회적 불안을 야기할 것이라는 지적도 제기되었다(韓德强 2000, 2001; 邵人 1999a, 1999b; 鄭海東 2001; 劉宇凡 2000).

WTO 가입은 고속성장 이면에 숨겨진 중국의 사회적 불평등과 양극화를 심화시킬 개연성이 높다는 우려도 적지않게 제기되고 있다. 현재 중국의 사회적 불평등은 크게 보아 도시와 농촌, 지역간 격차의 확대, 그리고 일반 노동자와 경영관리자층 격차 확대에 기인한다(Wang 2000; Fewsmith 2001). 사회적 불평등을 보여주는 지표인 지니지수는 1978년 0.15에서 1995년 0.38로 높아졌고, 1990년대말에는 0.467에 이르렀으며, 일부 민간조사에 따르면 0.59로 나타나 극심한 사회양극화 현상을 반영한다(『新聞週刊』 2001년 제40기). 농촌에서는 소득이 하락하고 각종 부담만 늘어나면서 농민들의 불만이 고조되고 있고(陸學藝 2001), 도시에서는 준실업 상태로 밀려난 면직노동자수가 1000만명을 넘어서고 있지만(백승욱 2001a), 이에 대해 중국정부는 뾰족한 대책을 제시하지 못하고 있는 상황이다. WTO 가입은 이런 불평등구조를 더욱 심화할 것으로 예상되는데, 1990년대 중국이 명확하게 신자유주의적 세계화의 길로 나아가고 있다는 평가(汪暉 2000)가 제기되는 것도 이런 예측과 무관하지 않다.

이미 다수 국가가 WTO에 가입해 있는 상황에서 WTO 가입은 불가피하다는 논지를 펼 수도 있겠지만, 중국정부가 예상되는 여러 반발을 누르면서 WTO 가입을 서두르게 된 내외적 동학이 무엇인지, 그리고 WTO 가입을 통해 무엇을 달성하려 하는지를 살펴보는 것은 향후 중국사회의 변화를 예측하는 데 중요한 출발점이 될 것이다. WTO 가입은 일련의 변화들 속에서 드러난 상징적 계기에 불과하겠지만, 이 속에서 우리는 1990년대 이후 신자유주의적 세계질서에 편입해 들어가는 중국의 딜레마를 살펴볼 수 있을 것이다. 우리는 1990년대 후반에 접어들면서 중국의 경제구조에 어떤 변화가 발생하여 WTO 가입의 길로 나가게 되었는지를 살펴볼 것이고, 이것이 동아시아 금융위기 전후의 세계 변화와 어떻게 맞물려 있는가를 살펴볼 것이다. 이를 통해 WTO 가입 국면에서 중국이 처한 구조적 제약을 밝히고, 새롭게 생겨날 갈등구조를 예측해볼 수 있을 것이다.

2. 중국의 WTO 가입 조건과 여파

중국의 WTO 가입 조건들은 1999년 11월 중국과 미국의 협상 내용과 2000년 중국과 유럽연합의 협상 내용을 골자로 하여 그 내용들이 공표되어 있었다. WTO 가입 조건은 주로 중국의 시장개방에 관한 것인데, 크게 농업과 공산품, 그리고 써비스 영역으로 나누어 살펴볼 수 있다.[1]

중국에서 농업인구의 비중이 여전히 크다는 사실을 고려하면 가장 큰

---

1) 주요 내용은 Barshefsky(2000), 정인교(2001), 『매일경제』 2001.11.11, 최의현(2005) 등을 보라.

충격을 받는 부문은 농업일 것이다. 중국은 농산물 수입관세를 평균 22%에서 15%로 낮추기로 했고, 미국과의 협상에서는 미국이 요구한 우선 품목에 대해 관세를 2004년까지 평균 31%에서 14%로 낮추기로 했다. 또 농업보조금도 국내 농업생산액의 8.5%로 제한했다.[2]

공산품 영역을 보면 우선 관세가 인하되었는데, 관세율을 1997년의 24.6% 수준에서 2005년에는 8.9% 수준으로 인하하되, 상품의 성격에 따라 관세율을 차등화할 수 있도록 했다.[3] 공산품 중 특히 관심을 모은 것은 중국이 국가적 차원에서 지원해온 산업부문의 개방이다. 특히 두드러진 것은 자동차산업의 관세를 현행 80~100%에서 2006년 중반까지 25%로 낮추기로 한 것, 정보통신산업에서 통신부품, 컴퓨터, 반도체 등 첨단기술 제품에 대한 관세를 2005년까지 철폐하기로 한 것이다. 공산품의 관세율 인하나 관세 폐지와 더불어 중요한 것은 이들 제품에 대한 써비스시장의 개방이었다. 자동차와 관련해 자동차의 독자적인 판매·영업·써비스망을 허용하고 자동차 구매자에 대한 개인신용을 허용하여 외국 기업이 독자적인 영업망을 확보할 수 있도록 했다. 정보통신 영역에서는 이동통신 써비스 업체에 대한 외국인 투자한도를 WTO 가입과 동시에 25%, 1년 후에는 35%, 3년 후에는 49%로 높여 외국 써비스 업체들이 중국업체와 합자하여 중국에 진출할 수 있도록 허용했으며, 인터넷, 무선호출, 기타 부가통신 써비스 입체들의 외국인 지분한도도 가입과 동시에 뻬이징 등 세 지역에서 30%로, 2년 후에는 전국에 걸쳐 50%로 확대하기로 했다.

---

2) 1999년 중국의 대미협상에서 중국은 당시 WTO 라운드에서 제기되던 수준보다 더 삭감된 수출보조금안을 제시했다(Zhang 2000 : 310). 농산물에 대한 관세인하는 처음보다 일정이 더 앞당겨져, 2004년말 10%로 인하됐다(최의현 2005: 479).
3) 미국의 주요 공산품에 대해서는 관세율을 7.1%로 낮추었다.

그동안 외국기업의 진출이 제한되었던 유통과 소매업에서도 3년 내에 진입제한을 철폐하기로 하고, 대형 백화점과 체인점에 대한 합작 제한을 철폐했다. 외국자본의 관심이 가장 큰 써비스업 중 하나는 금융 관련 써비스인데, 여기서 가장 눈에 띄는 것은 은행업의 개방이다. 외국계 은행의 중국 내 인민폐 거래업무가 기업을 상대로 한 경우는 2년 후에, 개인을 상대로 한 경우에는 5년 후에 개방되고, 5년 후에는 외국은행의 진출지역 제한도 철폐된다. 또 증권업과 관련해서는 펀드 매니지먼트 합작회사의 투자가 허용되어, 소규모 지분을 갖는 경우에는 WTO 가입과 동시에 진출할 수 있고, 3년 후에는 49%까지 지분을 소유할 수 있다. 보험업에서도 합자를 통한 진출이 가능해져 외국인자본의 지분이 50%까지 확대될 수 있도록 허용했다.[4]

중국이 WTO 가입으로 이득을 얻게 된 대표적 분야는 섬유산업인데, 중국산 섬유제품에 대한 수입쿼터제가 2005년 폐지되고, 2005년 다섬유협정(MFA) 폐지의 혜택을 중국도 누릴 수 있게 되었다(Martin and Ianchovichina 2001: 1207). 그러나 미국의 경우 중국상품에 대한 세이프가드(safeguard) 제도를 향후 12년간, 섬유부문에 대해서는 9년간 유지할 수 있으며, 중국을 '비시장경제'로 규정하고 있는 조건에서 향후 15년간 유

---

4) 중국은 금융투기를 막기 위해 은행겸업을 금지하고(Langlois 2001), 외국인의 주식시장 진출을 제한했으며, 사적인 외환거래를 통제했다. 이중 은행겸업 금지는 WTO 가입 이후에도 유지될 전망이지만, 내국인을 위한 A주식과 외국인을 위한 B주식이 구분되어 거래되는 주식시장에서는 점차 기관투자가를 대상으로 내국인시장에 외국자본의 유입을 허용할 전망이다(*Financial Times* November 6, 2001). 중국의 주식시장 규모는 이미 일본에 이어 아시아에서 두번째 규모로 성장했고, WTO 가입 이후 중국은 기업의 자금조달과 인수·합병을 활성화하기 위해 주식시장을 더욱 발전시킬 계획이다. 한편 외환거래 규제의 영역에도 변화가 나타나고 있는데, 유입된 외자의 인민폐 태환 요구로 통화공급이 늘자 중앙정부는 1997년 7월부터 무역거래권이 있는 국유기업이 외환을 보유할 수 있도록 했다(陳漫 2001: 98). 이미 홍콩 자회사를 이용한 국유기업의 외환거래나 차입금 마련, 그리고 여러 통로를 통한 자본도피가 사회적 문제로 등장하고 있어(Langlois 2001: 622), 외환거래에 대한 규제도 갈수록 힘을 잃을 개연성이 있다.

효한 반덤핑 규제수단도 자의적으로 활용할 수 있어, 섬유 분야에서 중국이 가시적인 수혜를 입을지에 대해 의문도 제기되었다(Zhang 2000: 312; Wang 2000: 393).

WTO 가입을 위해 중국이 제시한 양보안의 범위가 폭넓은 데 반해 중국이 받게 된 혜택은 제한적이거나 잠재적이라는 점에서 중국이 WTO 협상을 서두른 데 대해 논란이 일어날 수 있다. 1999년 WTO 가입 조건을 놓고 미국과 중국 사이에 협상이 벌어졌을 때 미국 농무장관 댄 글릭만은 WTO 가입으로 중국이 얻는 혜택은 "전혀 없다"고 했고 클린턴도 이에 동의했다는 보도는 문제의 일면을 보여준다(Wang 2000: 393). 중국은 미국과의 무역에서 받는 최혜국대우를 매년 갱신해야 했고, 그 과정에서 미의회 내 반중국파의 외교적 견제를 계속 받아온 것이 큰 정치적 부담이 되었다. 하지만 중국은 미국을 포함한 WTO 가입국들과 사실상 정상 무역관계(NTR) 관계에 있었고,[5] 미국과의 정상적 무역관계 또한 중단될 것이라고 전망하는 사람들은 없었기 때문에, 이런 외교적 고려가 WTO 가입의 가장 중요한 이유였다고 보기는 힘들다.

WTO 가입은 중국에 적지않은 충격을 줄 것으로 예상된다. 농업과 국유기업 전체가 큰 어려움을 겪을 것으로 예상되며, 특히 국가의 지원을 받아온 몇몇 핵심 공업과 금융써비스업 분야의 충격이 적지 않을 것이다. 농업 분야에서 세계시장의 농산물 판매가보다 가격수준이 높고 수요가 많은 밀·옥수수·쌀·면화가 특히 문제이고, 지역적으로는 북부지방의 타격이 클 것으로 보여, 북부지방의 농민 중 1300만명 정도가 일자리를 잃을 것이라는 보도도 있다(*Far Eastern Economic Review* November 29,

---

5) 미국과 정상무역관계(NTR)가 성립되지 않은 국가는 아프가니스탄, 캄보디아, 쿠바, 라오스, 북한, 유고슬라비아뿐이다(Nolt 1999: 1). 놀트는 이런 이유 때문에 중국이 WTO 가입으로 새로 얻는 이득은 없고, 단지 정치적 이득이 있을 뿐이라는 주장을 제기하고 있다.

2001). 1990년대 들어 경영적자가 심각해져 구조조정 대상이 되고 있는 국유기업의 타격이 심하리라는 점은 일반적으로 예상되는 바이다. 이들 국유기업은 그동안 낮은 이자율의 정책 대출을 통한 자본비용 보조, 관세를 통한 가격보호, 그리고 시장쿼터에 의한 판매선 확보 등의 정부지원을 받아왔는데(林毅夫·劉培林 2001), 이런 보호조치를 잃을 경우 강도높은 구조조정 대상이 될 가능성이 높고, 적지않은 기업들이 파산, 합병, 감원 등의 조치를 겪게 될 것으로 보인다. 특히 자동차, 금속, 석유화학 같은 자본집약적 부문이 심각한 타격을 입을 것으로 예상된다. 자동차산업 분야를 보면 2001년 중국의 자동차 생산대수는 200만대 수준인데, 자동차 생산업체 136개가 난립해 있고, 그중 15개사가 승용차 60만대를 생산하지만 10만대 이상을 생산하는 업체는 3곳에 불과해, 살아남을 수 있는 회사는 40개 정도에 불과하다는 보도도 나온다(South China Morning Post November 12, 2001). 국유기업이 강도높은 구조조정에 들어가면 실업자가 대량 배출될 개연성이 높다. 자동차산업에서만 앞으로 50만명 정도 해고되는 것을 포함해 전체적으로 1300만명의 해고자가 발생할 것이고, 향후 7년간 30%씩 실업자가 증가하여 실업률이 현재의 3.3%에서 7%로 상승할 것이라는 보도도 있었다(South China Morning Post November 15, 2001).

물론 이런 평가는 다소 과장된 것일 수 있다. 그동안 중국은 단계적으로 관세율을 인하하는 등의 완충장치를 마련해왔고, 수입액의 절반을 차지하는 가공무역을 포함해 기존 수입품 중 75% 정도가 이미 면세혜택을 받고 있기 때문에 WTO 가입의 충격은 예측보다 적을 것이며(林毅夫·劉培林 2001: 31),[6] 중국의 실제 농업보조금 수준이 낮기 때문에 농업보조금

---

6) 중국의 실질관세 수준은 명목관세 수준보다 매우 낮아 관세수입을 수입 총액으로 나눈 관세부담률이 1985년의 16.3%에서 1995년에는 2.6%까지 떨어졌으며, 1990년대 전체에 걸쳐 이 수준이 3~4%에 불과했다(鮫島敬治 外 2000: 78).

인하의 충격도 생각보다 크지 않고(*Far Eastern Economic Review* November 29, 2001), 도로망이나 유통망이 낙후해 내륙지역 농업이 입는 충격은 생각보다 적을 것이라는 지적도 제기된다. 또 WTO의 규칙들이 시행되기에는 장애요인들이 많다는 점(Levin 1999)과 정부 차원에서 WTO에 가입했더라도 지방정부들이 각종 방법을 동원해 WTO의 규칙들을 피해갈 가능성이 높다는 점도 지적되었다(Tanzer 2001). 그러나 WTO 가입은 분명 지금까지의 사회경제구조에 큰 변화를 가져올 것이다. 몇몇 산업은 불가피하게 충격을 받을 것이며(林毅夫·劉培林 2001: 32), 각종 사회적 격차가 벌어질 것이라는 예측에 이견을 제기하기 어려울 것이다.

WTO 가입을 지지하는 측은 단기적으로는 구조조정과정에서 불가피하게 과도적 문제들을 낳겠지만, 장기적으로는 중국의 경제와 정치의 게임규칙을 국제수준으로 변화시키고 중국기업의 자생력과 경쟁력을 향상시킬 것이라고 낙관하고 있다(Martin and Ianchovichina 2001; 林毅夫·劉培林 2001: 33~34; 鄭海航 外 2001; Greenspan 2000).

WTO 가입을 반대하는 세력은 다양한데, 첫째 대외개방으로 타격을 입는 산업의 관료와 기업가, 둘째 분권적 경제체제의 혜택을 입어온 지방정부, 셋째 강력한 중국을 꿈꾸는 대중적 민족주의자, 넷째 신자유주의적 세계화에 반대하는 이른바 '신좌파' 등이다. 1999년 WTO 협상 과정에서 드러났듯이 정부 내에서도 WTO 가입에 대한 반론은 강하게 나타나는데, 정보산업부장 우 지추안(吳基傳)과 농업부의 반발이 강했다. 이들은 개방의 피해를 입게 될 중공업, 써비스산업, 농업 분야의 불만을 등에 업고 WTO 가입 협상을 주도해온 주 룽지 총리나 대외무역경제합작부를 비판했고, 정부가 핵심 산업을 보호 육성해야 하며 대외개방을 서둘러서는 안된다고 주장했다(Zeng 2001: 120~21). 지방정부 또한 WTO 가입으로 그간 누려오던 이익들이 줄어들 것을 우려해 적지않은 반발을 보였는데, WTO 가입을 계기로 과거 경제개혁 과정에서 연합을 맺어온 대외개방적 개혁파와 결별하고 보호주의적 민족주의 세력과 손잡고 있다(Nolt 1999: 3)는 지적도 제기된 바 있다. 이들 외에 학계의 주류라 할 수는 없고 정책결정의 영향력도 적지만 대중적 민족주의를 배경으로 하는 WTO 반대세력도 1990년대 중반부터 늘어나고 있다. 여기에는 WTO 가입을 신자유주의 세계질서에 중국을 종속시키려는 미국의 음모로 보는, 좀더 국수적 민족주의 색채를 보이는 "NO라고 말할 수 있는 중국" 세력(宋强 外 1997; 王小東 外 1999)과 리스트(F. List)적인 보호주의 경제체제를 통해 중국의 토착기업을 육성할 것을 주장하는 민족경제론적 보호주의 세력(韓德强 2000; 邵人 1999a, 1999b)이 있다. 공유제의 우위를 강조하면서 국유기업 비중의 축소나 매각에 반대하는 당내의 '구좌파'들도 이 대열에 포함될 수 있다. 이와는 다소 거리를 두고 신자유주의 세계화가 중국의 민중들에게 미칠 영향을 우려하는 신자유주의 반대파들도 지식인들 내에서 영향력을 확대해가고 있다. 이들은 중국이 WTO체제에 가입하는 것이 신자유주의적 세계질서에 한걸음 더 진입하는 것으로 보고, 이는 자본주의의 중심부와 주변부의 이중구조를 제도화하고, 중국 내에서도 기득권층과 신자본가의 결탁을 낳는 동시에 민중들을 주변화의 길로 내몰 것이라고 비판한다(韓毓海 1999; 汪暉 2000; 백승욱 2001c; Yang 2001: 437).

이처럼 다양한 반대 목소리는 1990년대말 이후 심각한 상황으로 전개되고 있는 불균등발전과 사회적 불평등을 배경으로 하고 있고, 주류 담론에 비해 아직 대중적 지지를 얻지는 못하고 있더라도 중국정부가 이런 문제제기를 무시하기는 어려울 것이다. 그럼에도 불구하고, 중국정부가 발전주의 담론과 세계화 담론을 통해서 이런 다양한 반대를 누르면서 WTO 가입을 추진하게 된 데는 여러가지 국내외적 요인이 작용했다.

3. 중국과 세계경제 ─ WTO 가입의 대내외적 배경

(1) '발전국가' 중국의 전환

개혁개방 이후 중국의 발전과정은 '점진적 이행'이라는 특징 때문에 주목받아왔다. 여기서 점진적이라 함은 동유럽 사회주의 국가들의 자본주의화 과정과 대비되는데, 급격한 사유화를 통한 '빅뱅'을 추진하는 것이 아니라, 대체로 국유부문을 유지하면서 그 성격을 점진적으로 변경해가는 동시에 다른 부문의 비중을 점차 확대해갔음을 의미한다. 이런 '점진적' 과정을 밟아 중국의 사회경제구조는 빠르게 자본주의적 방식으로 전환되었는데, 여기서 주목되는 점은 중국의 발전과정이 국내시장을 보호하면서 국가 주도 자본주의 발전을 추구한 동아시아 '발전국가'와 유사한 특성을 보였다는 것이다. 더구나 동아시아 발전국가들이 오히려 그 특성을 버리고 점점 더 영미형 신자유주의적 자본주의모델을 따라 나아가는 과정에서 중국이 보이는 발전국가적 특성의 예외성은 더욱 두드러져 보였다.

이른바 동아시아 발전국가모델이란 특정한 역사적 상황의 산물이었다. 이는 냉전체제에서 사회주의와 대치하는 지역에 선별적 '쇼윈도우'를 만들고자 한 미국헤게모니의 지원을 받은 것으로, 냉전과 더불어 각광받다가 냉전 해체와 더불어 위기에 처한 모델이었다(Palat 1993). 동아시아 발전국가들은 몇가지 유사한 특징들을 지니고 있었다. 첫째, 미국정부의 강력한 정치적 지원을 받았으며, 일본·한국·대만의 경우는 미국의 군사적 지원까지 받아 이것이 경제적 잇점으로 작용했다. 둘째, 원조나 차관 같은 금융지원을 받아, 이를 축적자금원으로 활용할 수 있었다. 셋째, 이

지역에서 미국의 초국적기업의 자유로운 활동이 상당히 억제되어, 토착기업이 성장할 수 있는 토대가 마련되었다. 넷째, 미국시장이 이들 국가에 크게 개방되어, 수출지향적 공업화가 빠르게 성공했다. 다섯째, 토지개혁에 의한 지주세력의 약화와 권위주의 정부에 의한 사회운동의 억압으로 국가정책에 대한 잠재적 반대세력들이 제거되었다. 여섯째, 이 지역 각국이 일본을 중심으로 한 동아시아 내의 국제분업구조에 편입되어 제조업 중간제품 생산기지로 전환되었다.

미국의 경제적 지원과 미국시장의 개방, 그리고 일본과의 국제분업구조를 통해 냉전기 쇼윈도우로서 동아시아의 반주변국가들은 일본에 뒤이어 1970년대에서 1980년대 초반까지 집중적으로 성장했다. 두 분단국가와 두 도시국가로 이루어진 신흥공업국(또는 신흥공업경제), 보통 '네마리 작은 용'이라 부르는 한국, 대만, 씽가포르, 홍콩이 일본을 이어서 동아시아 내에서 새로운 성장축으로 부각되었다. 이들 네 국가(지역)는 차관이나 외국인직접투자에 의존하고, 일본을 정점으로 하는 동아시아 내의 '다층적 하청체계'에 편입되었다. 그리하여 저임금을 기반으로 노동집약적인 제조업 제품을 생산, 미국시장에 판매하는 수출지향적 경제를 형성함으로써 빠른 경제성장을 할 수 있었다.

그러나 냉전이 끝나고 금융을 매개로 전지구화의 영향력이 커지면서 기존 유리한 조건들이 사라지자,[7] 이들 나라는 새로운 전환을 요구받게 되었다. 특히 플라자협약을 계기로 1980년대 후반 들어 동남아시아의 '신흥시장'이 부상하고 이 지역으로 노동집약적 제조업 기반이 이전되어감에 따라 후발 반주변국가인 '네마리 용'에 대한 경제구조 전환의 압

---

7) 미국 헤게모니 위기하에서 나타나는 금융적 전지구화와 이것이 세계질서에 불러온 파장에 대해서는 Arrighi(1994: 1999), Gowan(1999), 백승욱(2001d: 28~33), 백승욱(2006) 등을 참고하라.

력은 더욱 커졌다. 경제구조 전환에 대한 압력은 자본시장의 자유화를 요구하는 압력과 동시에 제기되었으며, 국내시장 보호, 산업정책 추진, 자본이동 통제, 미국시장 지향의 수출지향 공업화 등의 발전국가적 특성에 적지않은 변화가 불가피해졌다.

1970년대말부터 나타나기 시작한 위기의 조짐은 1980년대 들어서도 개선되지 않았으며, 이에 따라 이들 '네마리 용' 사이에서는 변화한 조건에 맞추어 전체 경제구조를 전환하려는 대대적 구조조정 움직임이 나타났다. 조정의 방향은 크게 네갈래였다.

첫번째 시도는 일본을 모델 삼아 산업구조를 고도화하는 것이었다. 노동집약적 산업을 중심으로 한 구조를 벗어나 고부가가치 기술집약적 산업으로 전환한다는 계획을 세워 이를 정책으로 뒷받침하려 했다. 그러나 높은 기술종속도와 낮은 수준의 자체 연구개발, 전환을 위한 금융력의 부족 등 여러 한계들로 이 목표는 실현되지 못했고, 몇몇 업종에 한정해 최첨단은 아니지만 선도산업이라 할 수 있는 수출시장을 부분적으로 장악할 수 있을 뿐이었다.

두번째 시도는 내수시장의 확대였다. 수출시장 확대 부진으로 쌓인 재고를 해결하기 위해 내수시장을 대대적으로 확대하려 했고, 국내시장의 규모가 상대적으로 큰 남한의 경우 이 방향으로의 전환이 중요한 의미를 지녔다. 그러나 여타 세 지역의 경우 내수시장의 한계 때문에 그러한 방향전환에 한계가 있었으며, 한국의 경우도 내수시장의 확대는 국내산업에 대한 중복·과잉투자를 낳았다. 특히 금융자유화와 연결되어 자유로운 해외차입을 부추기면서 1990년대말 금융위기를 낳는 요인으로 작용했다.

세번째 시도는 자국의 제조업 생산기지의 중요성을 상대적으로 축소시키면서 금융·정보 중심지로 탈바꿈하려는 시도였다. 이는 세계경제

침체와 맞물린 금융화의 진전과 더불어 동아시아에서 금융시장의 중요성이 커지는 현상과 맞물리는 것이었다. 썽가포르와 홍콩은 전통적인 무역중개항이라는 잇점을 이용해 이런 금융중심지로의 전환을 빠르게 서둘렀다. 대만 또한 국내 제조업 기반이 빠르게 해외로 유출되면서 이런 변화에 동참하려 하고 있으나, 이미 경쟁상대가 많은 상황이어서 변화의 속도는 빠르지 않았다.

마지막 네번째 시도는 제조업 생산기지를 해외로 이전하는 것이었다. 여기서 가장 발빠르게 움직인 것은 홍콩이었다. 홍콩은 동아시아 다른 세 나라와는 상황이 다소 달랐는데, 이들 세 나라에서 권위주의적 정부를 중심으로 선별산업을 집중육성하는 산업정책이 시행되었던 반면, 홍콩의 식민지정부는 자유개방형 정책을 폈기 때문에 다른 지역에 비해 산업구조를 정책적으로 고도화하는 방향으로 전환하기 어려웠다. 게다가 홍콩은 중국대륙과 동남아시아 인근 지역으로부터 계속 저임금 노동력이 충원되었기 때문에 노동집약적 제조업에서의 탈피 속도가 상대적으로 더딘 상황이었다. 이런 조건이었기 때문에 당시 홍콩을 염두에 두고 선전, 주하이(珠海), 샨터우 등에 개설된 중국의 경제특구와 맞물려 홍콩의 생산거점을 대륙으로 이전하고, 홍콩은 이 배후지에서 생산된 상품의 판매지이자 금융중심지로 전환하는 것이 상당히 현실적인 대안으로 등장했다.

이에 따라 홍콩의 제조업 공장들은 빠른 속도로 배후지역인 광뚱성으로 이전되었다. 1990년대 중반이 되면, 홍콩 제조업 자본이 대륙에서 고용한 노동자가 300만명인 데 비해, 이들이 홍콩에서 고용한 노동자는 70만명일 정도로 홍콩 제조업의 공동화 속도가 빠르게 진행되었고, 그에 따라 써비스업 종사자의 비중이 빠르게 증가하였다. 홍콩에 이어 대만에서도 중소자본의 중국 유출이 진행되었다. 이들은 주로 대만 토착민의 원적지인 푸젠성에 집중투자했고, 중국정부 또한 이를 유치하기 위해 푸젠성의 샤먼(廈門)을 경제특구로 지정했다. 대만의 중국 투자는 정치적 요인 때문에 제한되어 있어, 상당히 많은 자금이 홍콩을 경유하는 형태로 투자되었다. 대만정부는 1980년대말 대만자본의 해외투자 통로를 동남아로 유인하기 위해 남진정책을 펴고, 중국본토에 대해서는 투자규모의 제한, 핵심 기술 분야의 투자 제한 등의 조치를 시행했으나 실효성이 적었고, 대만자본이 중국으로 진출하는 흐름을 막지 못했다. 1990년대 들어서면서 대만자본이 제3국을 경유하지 않고 직접 중국에 투자하는 액수 또한 증가했다.[8]

이처럼 동아시아 발전국가들이 구조조정 국면에 직면해 변신 노력을 보이고 이것이 금융세계화라는 압력과 맞물려 이 지역의 발전국가들은 탈발전국가적 움직임을 보이게 되었다. 그런데 흥미롭게도, 중국의 개혁개방 과정은 일종의 발전국가적 특성을 보여준다는 점에서 이와 대조적이다. 1990년대 중반까지 중국은 세계경제에 빠른 속도로 편입해 들어가면서 국내의 경제구조를 더욱 자본주의 친화적으로 전환했다. 하지만 국내시장은 상당정도 보호되었고, 자본시장은 개방되지 않았으며, 미국 시장을 겨냥한 수출지향 공업화도 빠르게 진행되었고, 국가가 산업의 구조조정과 지원정책을 주도하였다. 냉전 해체기의 변화한 상황 아래에서 나타나는 중국의 발전국가적 특성의 예외성은 다음과 같은 조건들에서 비롯했다.

첫째, 중국은 경제개혁을 시작할 당시 외채문제가 심각한 상황이 아니었다. 이는 폴란드 같은 동유럽 국가의 경우에 1970년대부터 외채가

---

8) 2000년대 들어 중국의 외국인직접투자 자본유입에서 버진아일랜드 같은 조세도피처의 투자가 급증하는데(2005년 외국인직접투자 총액의 15.0%), 그중에 대만자본의 우회투자가 상당 부분 포함되어 있다고 볼 수 있다.

늘어나 1980년대에 외채위기를 겪게 되고, 그 결과 구조조정 과정에서 IMF가 주도하는 신자유주의적 압력을 크게 받은 것과 대비된다. 1970년 대까지 중국은 동유럽 국가들에 비해 상대적으로 세계경제에서 분리되어 있었기 때문에 개혁개방 초기에 국제자본의 영향을 상대적으로 덜 받았다. 중국은 1980년대에도 외채의 증가에 상당히 민감하게 대응했고, 특히 단기외채를 늘리지 않으려 노력했다.

둘째, 1980년대와 1990년대 초반까지 중국에 유입된 외국인직접투자는 절대액수가 해외에 있는 중국인, 즉 화교의 투자였고, 이는 중국 경제성장의 가장 중요한 자금원이 되었다. 홍콩의 투자가 절대적인 비중을 차지했고, 대만의 투자도 계속 늘어났으며, 씽가포르나 말레이시아, 인도네시아의 화교자본의 투자도 늘어나 이들 화교자본이 중국 화남지역의 꽝뚱성과 푸젠성의 빠른 경제성장의 핵심동력이 되었다. 이들 화교자본의 투자가 늘어난 이유는 동아시아 발전국가에 위기가 발생한 결과 홍콩과 대만을 중심으로 제조업 기반의 해외이전이 빠르게 촉진되었기 때문이었는데, 해외자본을 유치하려는 중국의 요구와 맞물리면서 갈수록 속도가 붙었다(So and Chiu 1995). 또한 이들 중소규모의 화교자본은 중심부 국가의 금융자본과 달리 투기적 성격이 적고 쉽게 철수하기도 어려웠으며, 중국정부에 대해 집합적으로 정치적 영향력을 행사하기도 어려웠다. 이 화교자본에 힘입어, 중국경제는 빠른 속도로 세계경제에 편입되었지만 1980년대 이후 세계경제의 금융적 전지구화의 직접적 영향력으로부터 비켜설 수 있었고, 1990년대말 동아시아 금융위기의 파도에 휩쓸리지 않았다. 이들 화교자본이 중화학공업 중심의 중국의 기존 산업구조와 충돌하지 않았기 때문에 국유기업에 큰 위협이 되지 않았다는 점도 상당기간 화교투자 기업과 국유기업이 공존하는 '점진적 이행'이 가능했다.

셋째, 중국의 광대한 농촌지역은 노동집약적 경공업의 성장을 위한 저임금 노동력의 저수지가 되었다. 이 농촌에서 배출되는 노동자들은 농촌에 위치한 향진기업과 도시 인근 외자기업에 저임금 노동력을 계속 공급했다. 중국 도시와 농촌의 소득격차가 1980년대말 들어 다시 확대됨에 따라 농민의 도시 유입은 증가했고, 국가는 이들을 호구제도를 통해 차별함으로써 저임금 산업예비군으로 만들었다. 중국에 투자한 화교자본은 이런 저임금 노동력을 이용해 중국을 가공산업 기지화함으로써 동아시아 국제분업구조 내에서의 지위를 유지할 수 있었다.

넷째, 중국은 화교자본의 투자를 매개로 동아시아 국제분업구조에 적극적으로 편입했다. 중국은 일본을 정점으로 하고 미국시장을 목적지로 삼는 동아시아 내의 '다층적 하청체계'(Arrighi et al. 1993)에 하위 파트너로 참여하기 시작하였다. 미국의 보호주의가 강해지고 수입에 대한 국가별 쿼터제가 등장함에 따라 화교자본은 미국시장의 진입제한을 우회하기 위한 통로로 중국 생산기지를 활용했고, 그 결과 화교자본이 중국의 수출확대를 주도하게 되었다. 1980년대 후반 동아시아 경제에서 관찰되는 두드러진 국제적 변화는 일본자본의 동남아시아 진출과 화교자본의 중국 진출이었다. 여기에 1990년대초에 들어서면 일본자본의 대중국 투자가 증가하면서(백승욱 1999) 동아시아의 다층적 하청체계에서 중국의 위치는 점점 더 중요해지기 시작했다.

세계경제적 맥락에서 특히 화교자본의 직접투자는 중국의 개혁개방에서 매우 중요한 의미를 지녔다. 중국 통계에 따르면 1979년에서 1996년까지 홍콩은 전체 외국인직접투자액의 60%를 차지했으며, 그외 대만과 아세안의 화교자본의 투자를 합하면 화교자본의 비중은 75% 수준까지 늘어난다(王洛林 1997: 5). 홍콩의 제조업 기반은 빠른 속도로 외부로 이전되어 홍콩경제는 탈산업화한 '맨해튼화'의 길을 걷고 있으며(Tsang and Cheng 1997: 66), 대만의 경우 정부의 각종 억제조치에도 불구하고 1990년대말에는 핵심 산업인 컴퓨터 관련 업종 중 노트북 컴퓨터와 마더보드 조립을 제외한 거의 모든 분야의 생산의 50% 이상이 해외, 특히 중국으로 이전되었다(*Far Eastern Economic Review* March 25, 1999). 화교자본이 차지하는 비중은 1990년대 들어 다소 줄어들었지만, 동아시아 금융위기 이후에 중심부 자본 유입이 줄어들면서 1999년에는 다시 82% 선으로 높아졌다. 1997년 동아시아 금융위기에 중국이 휩쓸리지 않았던 이유로 중국 자본시장이 외국자본에 개방되어 있지 않았다는 사실과 더불어 중국에 투자된 외국자본의 핵심이 이런 화교자본이었음을 들 수 있다. 이들 자본이 실물투자를 중심으로 하는 중소규모 제조업 자본이어서 경기변화에 따라 신속하게 이동할 수 없었다는 점도 중요하게 작용했다.

이처럼 화교자본의 대중국 집중 투자는 처음부터 중국정부의 의도가 반영된 것은 아니었다. 1980년대 들어서 대외개방 정책의 일환으로 외국인투자 유치 정책을 펴나가던 중국의 애초 의도는 중심부 국가의 기술집약적 자본을 유치하는 것이었다. 그러나 대중국투자에 대한 위험부담이 적지 않았고, 투자를 위한 하부구조가 제대로 마련되어 있지 않았으며, 마땅한 투자처도 적었기 때문에 1980년대 후반 들어 중국정부는 화교자본 유치 쪽으로 방향을 선회했다. 이에 따라 화교자본 유치를 위한 적극적 정책을 폈는데, 동부 연해지역을 점차 전면 개방한 것은 그런 정책의 일환이었다.

이들 화교자본은 주로 섬유와 전자 등의 노동집약적 산업에 투자했으며, 투자지역도 꽝뚱성과 푸젠성에 집중되었다. 꽝뚱과 푸젠은 중국의 전통적인 산업지역이 아니었기 때문에 이들 화교자본은 합자기업 형태를 취하더라도 대개 파트너인 현지 정부나 중국기업이 토지나 공장건물 등을, 현지 농촌에서 저임금 노동력을 공급했으며, 반면 화교 파트너 측에서 필요한 설비와 원료를 공급하는 형태였다. 이들 화교자본은 원료공급과 제품판매 통로를 모두 해외에 두고 중국 현지는 가공생산을 위한 중간기지로 활용했다. 이 때문에 화교자본이 투자한 중국의 남쪽 두 성은 중국 전체 경제구조와는 단절된 상태로, 화교자본들이 이미 편입되어 있던 동아시아 분업구조에 빠르게 편입되어갔다.

이처럼 중심부 금융자본이나 초국적기업에 의해서가 아니라 주로 화교자본을 매개로 중국은 세계경제, 특히 동아시아 경제구조로 편입되었기 때문에 중심부 금융자본에 대한 완충지대가 만들어졌고, 일정시기까지 중국의 발전국가적 특성은 유지될 수 있었다. 그런데 1990년대 중반부터 중국의 예외성은 점점 더 지속되기 어렵게 되었다. 우선 중국의 점진적 이행을 가능케 했던 가장 중요한 조건인 화교자본의 투자에서 나타나는 문제로, 화교자본투자의 지리적·부문적·규모적 한계성이 문제가 되었다. 화교자본투자는 산업 분야로는 노동집약적인 섬유·전자 산업에, 지리적으로도 꽝뚱·푸젠 등 남부 연해지역에, 규모로 보면 중소규모 투자에 한정되어, 그 영향력을 전체 경제·지역으로 확대하기 쉽지 않았다. 다음으로 계속 유예되어온 국유기업 문제가 점차 심각해졌는데, 국유기업의 효율성이라는 미시적 차원의 문제가 아니라 실업의 증가 등 사회적 불안정성의 증대라는 문제와 맞물린 것이었다. 1990년대 초반 14%에 달하던 경제성장률이 7~8% 수준으로 떨어짐에 따라, 화교자본에 의존하여 국유기업이 안고 있는 문제의 해결을 미루고 국내시장을 보호해온 발전주의적 노선에 변화의 조짐들이 나타나고 국유기업 구조조정이 본격적 의제로 등장하였다. 국제 금융자본으로부터 국내기업을 보호하면서 외국인투자를 통해 필요한 외부자금을 공급받는다는, 두마리 토끼를 동시에 잡는 노선을 더이상 지탱하기 어려워졌다. WTO 가입은 신자유주의적 전지구화와 다소 거리를 두고 있던 중국의 발전노선이 이런 주도적 흐름과 일치하는 방향으로 전환하는 상징적 조처로 이해될 수 있다. 중국에서 WTO 가입을 '궤도진입'〔接軌〕이라고 말하는 이유도 이런 맥락에서이다.

(2) 대외개방의 심화——1980년대와 1990년대의 중국경제

1990년대말 들어서 국내 상황이 크게 변화함에 따라 중국정부가 국유기업의 강도높은 구조조정에 대한 반대세력들을 무력화할 필요성을 점점 더 느끼게 된 것도 WTO 가입 추진의 주요한 배경이었다. WTO 가입은 중국의 대외개방을 돌이킬 수 없는 대세로 확정함으로써, 외부의 힘에 의존해 반대세력을 누르고 국내의 구조조정을 가속화하는 수단으로 간주되었다.

중국이 WTO 가입을 서두르게 된 이유가 경제성장을 지속하기 위한 투자자금의 부족 문제를 해결하고 기술도입을 촉진하기 위해서라는 논지가 제기될 수도 있다. 1980년대 이후 아시아 금융위기 이후 중국에 유입되는 외국인직접투자가 감소하고 있는 실정을 고려하면 이는 나름의 논거가 있는 주장이라고 할 수 있다. 그러나 구체적으로 들어가보면 다른 현실을 발견하게 되는데, 먼저 기술이전 효과를 보면, 연해지역 가공산업에 투자하고 있는 화교계 자본이나 중국의 내수시장을 노리고 들어와 시장지분을 높이고 있는 초국적기업의 자회사 양자 모두 기술이전의 효과가 낮다는 평가를 받고 있다(嶽健勇 2001: 70; 陳漫 2001: 99~101). 그보다 더 중요한 것이 외국인직접투자의 자본공여 역할일 텐데, 이것이 미흡하다는 근거는 1980년대와 달리 1990년대말이 되면 높은 저축률에 기반하여 은행저축이 늘면서 국내에서 형성된 자본의 규모가 거대하게 신장했다는 사실이다. 2000년 중국의 총저축액은 민간저축 총액 6조위안을 포함해 12조위안에 이르렀는데, 이보다 더 중요한 사실은 여신보다 수신이

2조 4000억위안 더 많으며 그 차이가 계속 확대되고 있어(嶽健勇 2001: 70), 신규대출 여력이 충분하다는 사실이다. 이는 중국경제가 안고 있는 문제가 반드시 자금부족 때문은 아니라는 것, 그리고 국유기업에 대한 은행의 대출정책이 변화했음을 보여준다. 은행대출의 주 수혜자와 외국인직접투자자의 주 수혜자가 다르기는 하지만, 이상의 사실은 외국자본 유치 촉진이 WTO 가입의 중요한 목표의 하나이기는 해도 가장 중요한 추동력으로 작용한 것은 아니었을 것이라는 점을 시사해준다.

따라서 WTO 가입을 추동한 더 중요한 배경은 1980년대와 비교해볼 때 달라진 1990년의 경제구조하에서 국유기업 상태가 전례없이 심각해진 데서 찾을 수 있다.

1980년대 중국경제의 성장을 주도한 것은 국내 소비 증가에 힘입은 투자 확대와 화교자본의 직접투자를 매개로 한 수출경제의 발전이었다. 1980년대 중국 경제개혁은 기업의 경영자율성을 늘리는 청부제 형태로 진행되었는데, 이는 경영자의 권한을 늘리기도 했지만 그동안 억눌려온 노동자들의 임금인상 요구를 대대적으로 수용하는 자원배분 형태로 나타나기도 했으며(백승욱 2001b: 178~81), 이는 전반적으로 사회의 소비수준을 향상시켰다. 이 시기에는 기업의 파산이 억제되었고, 적자에 대해서도 재정보조금이 지급되었다. 농촌에 대한 개혁의 영향력도 1980년대 중반까지는 지속되었기 때문에, 이런 변화의 바람은 소비의 급상승을 낳게 되었다. 여기에 지방정부와 소속 국유기업과의 공생관계가 형성되어, 지방의 보호와 시장분할 상황에서 분산적인 소규모투자가 중복되는 현상이 발생하였다. 전국적으로 분산되고 동형화된 투자는 과잉생산을 낳았고, 1980년대말에 내구성 소비재의 수요가 포화상태에 도달해 1989년 국가가 긴축정책을 펴자, 과잉생산 위기가 발생했다. 결국 국유기업간의 채무관계인 '삼각채'문제가 생겨나게 되었다. 그러나 이 시기에 화교자본을 중심으로 하는 외국인직접투자와 국유기업은 경쟁관계에 있지 않았고, 1990년대에 비해 소득의 양극화는 덜 심각한 상태였다(嶽健勇 2001: 70~71; 韓德强 2001).

이런 1980년대식 경제구조에 변화가 발생한 시점은 1992년이었다. 떵 샤오핑의 남순강화 이후 전반적인 경제운용 방식에 큰 변화가 발생하기 시작했는데, 국가의 경제정책은 계획경제의 틀을 벗어나 거시경제관리 형태로 전환되기 시작하였고, 이를 위한 제도적 변화가 발생했다. 또한 중국에 투자되는 외국자본의 성격에도 새로운 변화가 나타나기 시작했다. 이를 계기로 새로운 투자붐이 일었지만, 동시에 적지 않은 투자가 토지와 부동산에 집중되어 거품현상이 발생했다. 소비의 일시적 증가 때문에 1980년대로부터 물려받은 과잉·중복 투자 문제는 일시적으로 은폐되었을 뿐 해결하지 못했고, 이후 계속 심각해져서, 생산능력의 과잉 상태가 발생하고 조업 중단 기업이 늘어나기 시작했다(嶽健勇 2001: 71).[9] 이 시기 들어 노동체제의 개혁이 본격적으로 전개되자 고용의 불안정성이 높아지고, 복지 수준이 하락한 노동자가 늘어나면서(백승욱 2001b) 소비는 위축되었다. 더불어 설비가동률은 더 떨어지고 국유기업의 적자는 계속 늘어났다. 그러자 고정자본투자는 계속 증가했는데도 면직·실업 문제가 본격적으로 등장하는 국면이 전개되기 시작했다.

1990년대 들어서 국유기업의 사정이 악화된 데는 이러한 과잉·중복 투자 문제 외에 다른 요인들도 중첩적으로 작용하였다. 통화팽창과 거품을 제거하기 위해 시행된 1993년 이후의 재정·화폐 긴축정책은 국유기업의 자금유통에 어려움을 더했으며, 1980년대말 이후 집중 투자된 설비들은 가동 중단 위기를 맞게 되었다(韓德强 2001; 陳漫 2001). 이와 더불어

---

9) 1995년에 자동차, 필름 제조, 전화기, 컬러TV, 세탁기, 에어컨, 자전거 등의 부문은 설비가동률이 60%에도 못미쳤다(曹建海 2001: 66).

1990년대 외국인직접투자 형태에 변화가 생기기 시작했다. 1980년대의 외국인직접투자는 주로 홍콩과 동남아시아 화인들을 중심으로 연해지역 수출가공산업에 투자되었기 때문에, 이 영역과 기존 국유기업은 경쟁관계에 있지 않았다. 그에 비해 1992년 이후에는 국내시장 장악을 위한 초국적기업의 진출이 늘면서, 이들 기업이 점점 더 중국 국유기업과 경쟁을 벌이게 되었다(陳漫 2001: 95). 1990년대 후반 들어 국유기업의 경영악화에도 불구하고 고속성장을 지탱한 것은 외국인직접투자와 이에 의존한 수출의 고속성장이었다(韓德强 2001; 陳漫 2001). 이에 따라 중심부 국가의 초국적기업에 의한 주요 산업의 점유율도 높아져, 1990년대말에는 승용차 68%, 엘리베이터 70%, 컬러 브라운관 65%, 이동통신설비 100%로, 해당 산업을 거의 지배하게 되었다. 1997년에 이르면 중국의 시장은 완전포화상태에 이르러 기업간 경쟁은 더욱 격화되었다(嶽健勇 2001: 71~72).

한편 1993년부터 진행된 국유은행의 상업화 또한 국유기업의 자본조달에 어려움을 증가시켰다. 국유기업이 상업화하면서 국가는 기업지원을 재정보조에서 정책성 은행대출로 방향을 전환하였고, 이와 더불어 이자율·지불준비율·공개시장조작 같은 거시정책이 시행되었다(정영록 2001). 상업화 이후에 부실채권문제를 해결하기 위해 정부는 점차 은행대출에 대한 규제를 강화했고, 일부 은행은 '대출종신책임제'를 도입할 정도로 대출기준을 높인 결과 1995년부터 기업 파산이 늘어나기 시작했다(嶽健勇 2001: 72). 합자 조건을 맞추기 위해 외국기업들의 인민폐 수요가 높아지자 국유기업은 1993년 이후 긴축정책하에서 자본조달에 더 큰 어려움을 겪었다. 일부 기업들은 합자 형태로 외자를 유치한 후 이를 인민폐로 전환하여 자본을 조달할 수 있었지만, 합자선을 구하지 못한 국유기업의 자금사정은 더욱 어려울 수밖에 없었다(陳漫 2001: 97).

1980년대와 비교해 국유기업의 상황은 상당히 악화되어, 1988년에 비해 1996년의 경우 국유기업 이윤총액은 64% 하락한 반면, 적자액은 9.57배, 적자기업 비율은 358% 증가했고, 손실률은 12.8배 증가했다(邵人 1999b). 국유기업의 상황이 계속 나빠지고 파산기업도 늘어나자, 투자의 단기화나 자본도피 같은 현상도 늘어나고, 실업자 또한 빠른 속도로 증가하고 있다. 이런 상황에서 내수를 자극하는 정부의 개입도 큰 효과를 거두지 못했다.

상황이 이렇게 전개되자 국유기업 구조조정에 대한 반발도 적지않았다. 주 룽지 총리는 1998년 국유기업 구조조정을 가속화해 향후 3년 동안 국유기업의 적자를 흑자로 전환하겠다고 선언했다. 하지만 이는 계획대로 진행될 수 없었고, 1999년 후반에는 WTO 가입을 위해 국유기업 구조조정 속도를 완화하지 않을 수 없었다. 실업문제 해결에 대해서도 정부는 마땅한 방안이 없기 때문에, 결국 '재취업써비스쎈터'의 설립을 통해 면직자의 취업을 다시 국유기업의 부담으로 돌린다는 미봉책을 제시할 수밖에 없었다(백승욱 2001a).

이런 상황에서 WTO 가입 추진은 **국내 구조조정을 강화하기 위해 외부의 힘과 기준을 빌린다**는 정치적 의도를 공공연히 드러내는 행보였다. 국유기업의 구조조정 문제는 관련 산업과 지방정부의 이해관계, 정치적 이데올로기의 문제, 노동자의 고용안정성 등의 문제가 서로 얽혀 있어 쉽게 손대기 어려운 구조를 가지고 있다. 중국정부는 WTO 가입을 통해 외부 자본과 국제적 규범을 도입함으로써 국내 국유기업 구조조정을 반대하는 세력을 약화시키려 했다. 이를 통해 국유기업 구조조정을 돌이킬 수 없는 사실로 만들고, 구조조정 대상 기업들을 인수할 실질적 세력들을 형성하는 과정을 밟아가려 했다.[10]

4. 외국인직접투자를 통한 중국의 세계경제 편입

(1) 중국과 외국인직접투자

국유기업 구조조정을 강화하기 위해 대외개방을 촉진하는 것이 WTO 가입의 중요한 정치적 목표이기는 하지만, 외국자본의 유치와 관련된 문제도 쉽게 무시할 수는 없는 요인이다. 앞서 중국 내에서 축적된 자본의 규모가 크다는 사실을 지적했지만, 은행대출 접근 가능성에서 국유기업과 비국유기업 사이에는 큰 격차가 존재하며, 비국유부문의 성장은 외국인직접투자에 크게 의존해왔다. 1997년에 전체 은행대출 중 3분의 2 이상이 국유부문에 공여되었으며, 이 때문에 자금조달에서 국유부문은 기업 내부 유보분 외의 부분을 주로 은행대출에 의존하고 비국유부문은 외국인직접투자에 의존하는 구조가 형성되었다(Fernald and Babson 1999: 16~17).[11]

중국에 외국인투자가 많았다는 사실은 그간 중국에서 국유기업 구조조정이 본격적으로 진행되지 않았던 이유를 설명해준다. 특히 초기에 동남아시아 인근지역 화교들의 투자가 많았다는 점은 지난 20여년의 대외개방의 특이성과 1990년대말 동아시아 금융위기 상황에서 중국이 처했던 예외성을 설명해주는 것이기도 하다. 그렇지만 이런 조건들은 1990년대말 들어 빠르게 변화하고 있고, 그에 따라 중국에서 외국자본의 영

---

10) 1999년에는 중국의 경제구조조정을 담당하는 체제개혁위원회의 잡지 『중국개혁』에 평론원 명의로 "절대 다수 국유기업의 비국유화가 진정한 사회주의 시장경제를 수립하는 근본 해결책이다"라는 내용을 담은 논평이 실려, 향후 변화 방향을 보여주었다(Zweig 2001: 243).

11) 특히 사영부문에 공여되는 은행대출은 거의 없어, 사영부문이 받은 은행대출은 1999년 전체 단기 은행대출의 0.9%로, 거의 무시해도 좋은 수준이다(『中國統計年鑑 2000』 640면에서 계산).

향력 또한 이전과 다른 형태로 커지고 있다.

외국에서 유입되는 자본은 크게 차관과 직접투자의 형태로 나뉘는데, 중국의 경우 차관보다는 직접투자 의존도가 높다는 점이 특징이다. 특히 이런 현상은 1990년대 들어 두드러져 1992년경부터는 중국이 흡수한 전체 외국자본 유치액 중 외국인직접투자가 차관보다 많아지기 시작한다. 또한 그 이전에도 차관이 주로 사회기간설비에 투자되어온 반면, 기업영역에서는 해외자본을 차관이 아닌 외국인직접투자에 절대적으로 의존해왔다.

중국에서 외국인직접투자는 중국을 빠른 속도로 세계경제에 편입시키는 데 주도적인 역할을 해왔다. 외국자본은 중국 무역 성장을 주도하여, 무역 총액 중 외국인투자기업이 차지하는 비중이 1986년의 4.0%에서 1992년에는 26.4%로, 1999년에는 50.8%로 증가하였다. 이에 따라 중국의 무역의존도 또한 1980년의 14.4%에서 2000년에는 43.9%로 높아졌다. 외국인투자기업이 전체 경제에서 차지하는 비중 또한 빠르게 증가하여, 1999년 전체 광공업기업 중 총자산의 29%, 총매출액의 50%, 이윤 총액의 76%를 차지하기에 이르렀다. 특히 중국이 해외수출에서 경쟁력을 보이는 노동집약적인 섬유·전자 산업과 새롭게 부각되는 선도산업에서 외국인자본의 장악률은 상당히 높게 나타난다.[12]

따라서 외국인직접투자가 줄어들면, 비국유부문의 성장이 지체될 수밖에 없으며, 이는 다시 국유부문의 구조조정에도 난점으로 작용하게 된다. 중국이 WTO 가입을 서두르고, 외국인투자의 조건을 개선하려는 노력을 보이는 것, 그리고 장 쩌민의 7·1강화에서 드러나듯, 사영기업의 발전을 위한 우호적인 조건을 만들려는 이유는 이처럼 국유기업 구조조

---

12) 『中國統計年鑑 2001』.

정과 고속성장 유지라는 목표와 맞물려 있다. 그런데 1990년대 후반, 특히 동아시아 금융위기 이후 중국에 유입되는 외국인직접투자는 감소추세이고 그 형태도 변화하고 있어, 이 또한 중국의 정책변화를 유발하는 요인이 되고 있다.

중국은 1979~2000년에 5189억달러의 외자를 도입했는데, 그중 외국인직접투자가 3466억달러로 66.8%를 차지할 만큼 차관보다는 외국인직접투자를 선호하고 있다. 특히 1990년대 들어서는 이런 경향이 분명해지면서 후자의 비중이 늘고 있고, 차관은 주로 하부구조 건설을 위한 장기차관 도입에 집중되었는데 이를 일본 중심의 공적개발원조(ODA)가 보완해주고 있다(백승욱 1999: 147~48). 중국은 1993년 이래 8년간 미국에 이어 세계에서 두번째의 외국인직접투자 유치국이었으며, 2000년에도 유입된 투자액이 407억달러로 높은 수준이다. 발전도상국 사이에서 중국이 차지한 외국인직접투자 유입액의 비중은 1985년에 7.0%로, 싸우디아라비아, 멕시코, 브라질에 이어 4위였던 데 비해, 2000년에는 그 비중이 19.2%로 높아져 1위를 차지했다. 이 사실에서도 외국인직접투자 시장으로서 중국의 중요성이 커졌음이 잘 드러나고 있다(UNCTAD 2001: 52).[13] 2000년 4월까지 중국에 진출한 외국기업은 3만 1778개이며, 이런 외자기업은 1999년 중국의 연간 매출액 500만위안 이상 광공업기업 총자산의 28.6%, 총매출액의 50%, 이윤 총액의 75.6%를 차지하여, 이미 중국경제의 핵심 지위를 차지하고 있다(鄭海東 2001: 236). 외국인투자기업이 중국의 수출을 주도하게 되면서 중국의 무역의존도 역시 빠른 속도로 높아져, 1980년의 14.4%에서 2000년에는 43.9%로 상승했는데(鄭海東 2001:

---

13) 중국의 중요성이 높아지면서 홍콩 또한 중국에 대한 투자의 중간기착지가 되고 있는데, 1985년 홍콩이 외국인직접투자 유입액에서 차지하는 비중은 4.3%로 발전도상국 중 9위였던 데 비해, 2000년에는 16.0%로 2위를 차지했다(같은 책: 52).

234), 여기에는 외국인투자기업의 기여도가 크다. 구체적으로 보면 수출입 총액 중 외국인투자기업이 차지하는 비중이 1986년 4.04%에서 1992년에는 26.43%로, 1999년에는 50.78%로 증가했다(陳漫 2001: 96).

1990년 66억달러에 불과하던 외국인직접투자 협의액은 비약적으로 증가해 1993년 1114억달러로 최고점에 도달했지만, 그 이후 감소하기 시작하여 1996년에는 733억달러, 1997년에는 510억달러로 계속 줄어들었고, 1998년에도 521억달러에 머물렀다. 이를 반영해 실제 외자 이용액도 1996년 이후 400억달러 수준에 머물러 있었다.[14] 다른 발전도상국에 비해 중국에 유입되는 외국인직접투자 액수가 큰 것은 사실이다. 하지만 유입추세가 둔화되고 있으며, 1990년대말 세계적으로 외국인직접투자가 크게 증가했음을 고려하면 중국에 유입된 외국인투자는 상당한 폭으로 감소했다는 것을 알 수 있다.

투자국을 살펴보면, 화교자본의 비율이 줄기는 했지만 아직도 아시아의 중요성이 절대적이어서 1999년 외자의 66.6%가 아시아에서 투자되었다. 그다음으로 EU의 비중이 늘어나 북미지역의 11.4%와 거의 같은 수준인 11.9%를 차지하고 있어, 외국인직접투자에서 화교계 자본과 중심부국가의 초국적기업의 이중구조가 형성되고 있음을 보여준다.[15] 이런 구조를 놓고 볼 때, 1990년대 후반 중국에 유입되는 외국인직접투자가 감소한 원인은 동아시아 위기에 따라 아시아에 대한 투자가 감소하고, 외국인직접투자의 방향전환에 따라 발전도상국에 대한 투자가 줄어

---

14) 2001년 1월~10월에 유입된 외국인직접투자는 388억달러로, 전년보다는 18% 증가했지만, 과거의 수준을 회복하지는 못했다. 1999년까지의 통계는 『中國統計年鑑 2000』 604면, 그 이후의 것은 대외무역경제합작부의 홈페이지(http://www.moftec.gov.cn)를 참조했다.
15) 『中國統計年鑑 2000』 606~608면에서 계산. 세금이나 국적 추적을 피하기 위해 카리브해의 세금자유지역을 우회한 투자가 늘어나 중남미지역의 투자가 7.9%를 차지하고 있다는 것도 주목되는 현상이다.

든 여파라고 할 수 있다.

1990년대 들어 중국에 유입되는 외국인직접투자가 선진국의 초국적
기업을 중심으로 하는 방향으로 전환되기 시작했다는 것은 앞에도 언급
한 바 있는데, 1990년대말이 되면 아시아 금융위기 이후 세계적으로 외
국인직접투자의 성격이 달라지면서 중국의 외국인직접투자에도 일정한
변화가 발생하고 있다. 국경을 넘나드는 인수·합병이 투자를 주도하면
서 중국에 유입되는 투자액이 상대적으로 감소하는 동시에, 대중국 투자
의 형식 역시 인수·합병과 유사한 경향을 띠는 경우가 많아지고 있다.
2000년 이후 중국에 들어온 외국인직접투자의 40% 이상은 증자를 통해
경영권을 확보하기 위해서였고, 이런 지분확대 노력을 통해 P&G나 지
멘스의 경우처럼 합자기업 형태를 벗어나 점차 외국측의 경영권 장악 사
례가 늘어나고 있다(鄭海東 2001: 237). 이런 추세와 맞물려 초기에는 각종
규제와 진출에서 발생하는 장애 때문에 합자 형태의 투자가 다수였던 데
비해, 진출의 안정성 확보, 시장 파악도 상승, WTO 가입 협상을 계기로
한 외국자본에 대한 규제 약화로 중국정부의 간섭을 덜 받는 자회사의
설립을 통한 투자가 늘어나고 있다. 이를 보여주는 것은 외국인투자기업
의 세 유형(合資·合作·獨資) 중에서 100% 지분을 갖는 독자기업 비중이
높아지고 있다는 점이다. 1986년 외자기업 중 독자기업 비중은 1.2%에
불과했고, 1990년에 25.6% 수준이었던 데 비해, 1999년이 되면 그 비중
은 48.5%로 높아졌다(鄭海東 2001: 238). 이는 점차 초국적기업들이 중국의
개입을 받지 않는 자회사 형태로 현지시장을 장악해가고 있음을 보여준
다. 이처럼 시장의 장악이 중요해지면서 초국적기업들은 중국의 고기술
생산품 수출을 점차 지배해가고 있어, 이 부문에서 외국기업 수출의 5분
의 1, 전체 중국 고기술 수출품의 81%를 차지하고 있다(UNCTAD 2001: 26).
이처럼 노동집약적인 수출산업은 외국인투자기업이 주도하고, 국내의

자본집약적 산업들은 국유기업이 담당해오던 1980년대 분업체제가, 1990년대 이후에는 화교자본 중심의 외국인 투자기업이 노동집약적 산업을 담당한 반면 중심부국가의 초국적기업들이 기술집약적 산업을 장악해가는 것으로 분화되고 있다. 국유기업은 초국적기업과의 시장경쟁에서 점차 불리한 지위로 밀려나고 있으며, 초국적기업에 대한 중국의 기술의존도가 점차 심화되는 것으로 나타난다.[16]

(2) 아시아 금융위기 이후 세계자본의 동향과 대중국 투자

1997년 동아시아 금융위기 이후 세계적으로 외국인직접투자에는 두 가지 새로운 변화가 발생하였다. 첫째는 외국인직접투자가 중심부로 집중되고 발전도상국에 대한 투자가 격감한 것이고, 둘째는 초국경적 인수·합병이 외국인투자의 핵심으로 등장한 것이다(UNCTAD 2001).

양자는 서로 맞물려 있는데, 아시아 금융위기 이후 '신흥시장'에 대한 증권투자나 은행대출보다 중심부국가의 인수·합병 시장이 더욱 안정적인 투자대상이라고 간주되어 금융자본의 투자 형태에 변화가 발생했다고 할 수 있을 것이다. 1998년의 인수·합병 세계시장 규모가 2조 4000억 달러였던 데 비해, 1999년에는 3조 5000억달러로 크게 증가했고(李文鋒 2001: 207), 그중 초국적기업에 의한 인수·합병액은 75%가 증가하였으며, 이 인수·합병이 초국적 기업에 의한 외국인직접투자의 64%를 차지할 만큼 중요해졌다(裵長洪 2001: 218). 이런 초국경적 인수·합병을 주도하는 분야는 '신경제'로 상징되는 정보통신과 금융 분야이다. 정보통신산업에 대한 인수·합병이 늘어나면서 2000년의 초국적기업 상위 25개사 중 정

---

16) 중국은 외국인투자 형태의 변화를 염두에 두고 현재 저발전 상태에 있는 중국 내의 인수·합병 시장을 키워갈 계획이다(『亞洲週刊』 2001.11.12~18: 21).

보통신산업 분야는 전년도의 5개사에서 10개사로 두배 증가하였다(裵長洪 2001: 220).

초국경적 인수·합병이 주로 중심부국가간 거래에 집중되면서, 발전도상국에 대한 투자는 상대적으로 감소했다. 1999년 발전도상국에 대한 외국인직접투자는 그 전년도의 1790억달러에서 2080억달러로 16% 증가한 데 비해, 중심부에 대한 외국인직접투자는 4810억달러에서 6360억달러로 32%나 늘어, 발전도상국에 비해 두배 가까이 증가했다(裵長洪 2001: 215). 아시아 금융위기 전인 1996년에 발전도상국에 대한 외국인직접투자가 전년도에 비해 34% 증가한 것에 비해(裵長洪 1997: 273), 최근 추세는 유입액이 절반으로 줄어들었음을 뜻한다. 이처럼 발전도상국으로 유입되는 외국인직접투자가 상대적으로 줄어들면서 세계경제에서 발전도상국의 외국인직접투자 유치액의 비중은 계속 감소하고 있어, 1994년의 41%에서, 1999년에는 21%, 2000년에는 19%까지 줄어들었다(UNCTAD 2001: 9).

발전도상국의 경우 이처럼 투자가 줄어들었을 뿐 아니라 그 형태도 바뀌었다. 동아시아의 경우, 전반적으로 대중국 외국인직접투자의 비중이 줄어든 반면, 한국, 씽가포르, 대만으로의 유입은 늘어나고 있고, 이는 대부분 인수·합병을 위한 투자였다. 아시아 발전도상국에서 인수·합병 투자액은 1994~96년에는 연평균 70억달러 수준이었던데 반해, 금융위기 이후인 1997~99년에는 200억달러로 증가했고, 위기를 겪은 5개국이 발전도상국 인수·합병에서 차지하는 비중이 1996년의 19%에서 1998년에는 68%로 증가했다(UNCTAD 2000). 이처럼 아시아의 외국인투자 형태가 변화함에 따라 가장 큰 영향을 받은 지역은 동남아시아 국가들이다. 동남아시아의 외국인직접투자 유입액의 비중은 1990년대 중반의 30% 수준에서 2000년에는 10%로 하락했다(UNCTAD 2001: 23). 2000년

ASEAN 10개국의 외국인직접투자 유치액의 총액은 80억달러로, 중국의 5분의 1 수준에 불과하며, 이런 위기감의 일단은 동남아시아 국가들과 중국의 자유무역지대 설립 논의로 표출되기도 했다(『亞洲週刊』 2001. 11. 12~11. 18: 52~54).

사실 동남아시아의 외국인직접투자가 이처럼 감소하게 된 데는 일본의 투자 감소가 크게 작용하였다. 동아시아에 대한 일본의 직접투자의 추이는 동남아시아뿐 아니라 중국의 경우에도 잠재적으로 중요한 변수이다. 1985년 플라자협약 이후 일본의 동남아시아 진출은 속도를 냈고, 기존의 큰 투자처인 씽가포르에 이어 태국, 말레이시아, 인도네시아 등에 대한 소수지분투자가 빠른 속도로 늘어나 이 지역을 일본 중심의 동아시아 제조업 하청생산망에 포섭했다. 일본의 해외직접투자 중 아시아가 차지하는 비중은 1986년의 8.6%에서 1996년에는 24.2%까지 늘어나, 동남아시아의 빠른 성장을 뒷받침했다(백승욱 1999: 146). 그러나 동아시아 금융위기 이후 특히 일본의 장기불황, 1995~96년 '역플라자'라고 할 수 있는 달러 강세, 그리고 아시아 금융위기라는 요소가 결합되어 동아시아에 대한 일본의 직접투자는 계속 줄어들었다(Pempel 2000: 68). 아시아에 대한 일본의 직접투자는 1993년의 7672억엔에서 1994년에는 1조 84억엔으로, 1997년에는 1조 4948억엔까지 늘어났다가, 1998년에는 8357억엔, 2000년에는 6555억엔으로 계속 줄어들었다.[17] 이는 대중국 투자의 경우에도 마찬가지여서, 1992~95년 중국에 대한 투자가 빠르게 증가하여, 정점에 이른 1995년에는 대홍콩 투자와 대중국 투자를 합쳐 일본의 해외직접투자의 10.9% 수준까지 도달했다(백승욱 1999: 146). 하지만 그 이후에는 절대액이나 상대적 비중에서 중국에 대한 투자가 감소하여, 2000

---

17) 일본 재무성 홈페이지(http://www.mof.go.jp).

년에도 1990년대 초반의 수준을 회복하지 못했다.

2001년부터 중국에 대한 일본의 투자는 다시 빠르게 증가했으며, 이와 더불어 동남아시아에 대한 투자 또한 증가했다. 일본의 해외직접투자가 여전히 정체 상태에 있음에도 불구하고 중국에 대한 투자가 늘고 있다는 점은 주목할 만하다. 중국의 무역구조상 일본은 중국의 WTO 가입의 최대수혜국이 될 것으로 예상되며(鮫島敬治 外 2000: 90~91), 이 때문에 중국에 대한 일본의 투자는 향후 계속 증가할 것이다.[18]

동아시아에서 일본의 투자는 중요한 의미를 갖는데, 이 지역 국가들의 경제성장이 대부분 일본을 정점으로 하는 동아시아의 다층적 하층구조에 편입되는 형태로 진행돼왔기 때문이다(Arrighi et al. 1993). 이 하층구조에서는 고기술 장비와 자본을 공급하는 일본을 정점에 두고 그 하위 사다리에서 중간 수준의 제조업 공정 및 기초 수준의 노동집약적 제조업 공정을 맡는 국가들 사이의 분업구조가 형성되어 있다. 일본은 소수지분 직접투자, 하청, 차관 등의 형태로 이 지역 국가들을 이 네트워크 속에 포섭시켰으며, 이렇게 생산된 완제품은 미국시장에 판매되었다.[19] 중국의 대외개방경제의 형성 또한 1980년대에 화교자본을 매개로 가공산업을 발전시켜 이 네트워크의 하위 파트너로 등장한 과정과 뗄 수 없는 관계에 있다. 중국이 모델로 삼는 발전주의 국가 노선 또한 이런 분업을 상정하고 있는데, 1990년대 중반 이후 중국이 당면한 문제는 이런 발전노

---

18) 일본과 더불어 2001년 들어 대만의 대중국 투자도 빠른 속도로 증가하고 있다. 대만이 중국과 동시에 WTO에 가입함에 따라 홍콩의 뒤를 이어 대만자본이 중간 수준의 기술집약적 부문에 대한 화교자본투자를 주도해갈 것으로 보인다(鮫島敬治 外 2000: 101~22).

19) 동아시아 금융위기 이후 다소 불명확하기는 했지만, 일본은 동아시아에 대해서는 지속적인 확장 의도를 지니고 있는 것으로 나타난다. 동남아시아의 위기를 지불불능의 위기가 아니라 유동성의 위기로 간주하고 이 지역에 대한 장기지원의 틀을 마련한 '신미야자와 플랜'은 플라자협약 이후의 동남아시아 정책이 여전히 유효함을 보여준다고 하겠다(Hughes 2000: 243; 西口淸勝 外 2000: 202~11).

선의 지속을 어렵게 하는 내외적인 요인들이 늘고 있다는 것이다. 일본
의 대중국 투자 감소는 중국이 지금까지 모방해온 동아시아적 발전모델
의 연착륙을 어렵게 만든다. '발전주의 국가' 모델로 지칭되기도 하는 동
아시아적 발전노선의 마지막 주자로서 중국이 이 모델을 지속시킬 것인
가, 아니면 다른 모델로 나아갈 것인가를 결정하는 중요한 요소 중 하나
는 중국과 일본, 그리고 더 넓은 차원에서 중국과 동아시아의 경제관계
가 어떻게 형성되느냐에 달려 있을 것이다.[20]

5. 새로운 위협의 등장

이상에서 살펴보았듯이 중국의 WTO 가입은 국유기업 구조조정을
가속화할 거점을 마련한다는 1차 목표와 외국자본의 유입을 지속적으로
증가시킬 수 있는 제도적 조건을 마련한다는 2차 목표가 결합되어 진행

---

20) 중국과 일본의 경제적 관계에는 경제적인 문제 외에 지정학적인 문제도 작용하고 있다. 일
본이 미국의 대중국 전략에서 하위파트너로 설정되어 있는 상황 또한 중국에 대한 전략에서
경제적 측면을 어떻게 배치할 것인가를 결정하는 데 변수로 작용할 수 있기 때문이다. 냉전
이후 동아시아에서 미국의 대중국 전략은 해양세력 대 대륙세력이라는 대립구도를 안정화하
는 데 촛점이 맞춰지고 있다(Ross 1999). 여기서 중국의 해양진출을 봉쇄하기 위해 일본을 파
트너로 적극 동원하는 것이 중요해지는데, 이는 1995년 「나이(Nye) 보고서」를 통해 미일관계
에서 경제적 고려보다 정치적 고려를 우선시하는 방향으로 정립되었다(Christiansen 1999).
클린턴정권 당시 제시된 나이 보고서의 골간은 부시정권이 들어선 후에도 큰 변화가 없었고,
이는 2000년의 「아미티지-나이 보고서」를 통해 다시 확인되었다. 여기에는 동아시아 주둔
미군을 10만명 수준으로 유지하고, 병참과 미사일방어체제(MD) 등 '방어'라는 한계를 인정하
는 가운데 일본의 적극적 기여를 끌어내며, 이를 위해 헌법 9조의 수정이나 재해석을 수행하
여 일본의 국제적 역할을 확대한다는 내용이 포함되어 있다(Holmes 2001; Gill 2001). 부시정
권 들어 미국의 대중국 정책은 경제적 측면과 정치적 측면을 분리하여, '포용'(engagement)과
'봉쇄'(containment)를 결합한다는 'congagement' 방향으로 나아가고 있는데(Klare 2001; 鄭
永年 2001: 71), 1990년대 중반 이후 유지되어온 기본 전략틀에는 큰 변화가 없는 것 같다.

되었다. WTO 가입을 통해 달성하려는 중국정부의 목표를 좀더 구체적으로 살펴보면, 첫째, 외부의 힘을 이용해 국유기업에 대한 강도높은 구조조정을 실시할 수 있는 이데올로기적·정치적·경제적 토대를 마련하는 것, 둘째로 외국인자본의 유치를 더욱 촉진하여 이를 통해 국유기업의 구조조정을 촉진하는 동시에 사적자본주의 부문을 더욱 확대 발전시키는 것, 셋째, 이러한 구조조정에 장애가 되는 코포라티즘적 체제—대표적인 것은 국유기업의 노동자에 대한 단위체제적 보호장치—를 해체하는 것이다. 이는 중국정부가 그동안 추진해온 신자유주의적 구조조정을 더욱 강력하게 추진할 것임을 의미하고, 중국이 신자유주의 세계질서에 더욱 깊게 발을 들여놓는 것을 의미하는 것이다.

그러나 중국의 WTO 가입은 중국사회에 누적된 문제를 해결하는 출발점이라기보다는 새로운 문제제기의 시작일 것이다. 증폭되는 사회적 불평등과 생활기반이 불안정한 사람들의 증가, 초국적기업에 대한 의존의 심화 등은 새로운 모순을 낳을 것이다. WTO 가입 이후 예상되는 중국 경제의 대외의존성 증가는 중국의 발전노선에도 적지 않은 영향을 끼칠 것이다. 이런 상황에서 중국정부가 각종 사회적 불만을 해결할 의지와 능력이 있는가가 중요한 문제로 등장할 터이지만, 사영기업가까지 포함하는 코포라티즘적 정당으로 변신하려는 중국공산당은 점점 더 협소해지는 코포라티즘적 포섭의 사회석 토대와 이에 반하는 정책의 불일치 속에서 새로운 위협 요소들을 맞을 것이다.

4장

일본의 자본과
중국의 동아시아경제
편입

1. 동아시아 생산네트워크와 중국의 성장모델

2001년 WTO 가입 이후 중국의 대외무역액과 외자유입액은 빠르게 증가하고 있다. 특히 1990년대말에서 2000년대초까지 계속되는 미국·일본·동아시아를 잇는 IT 생산네트워크의 팽창은 중국경제에 새로운 동력을 부여하고 있으며, 이는 지속적 성장의 주요한 버팀대로 작용하고 있다. 내부적으로 사회적 문제가 쌓여가는 와중에도 중국의 체제통합력이 유지되는 이유 중 하나는, 이처럼 새로운 선도산업을 중심으로 세계경제 편입이 가속화하면서 경제성장이 지속되었다는 점을 들 수 있다.

이처럼 최근 중국의 경제성장이 동아시아 내의 IT 연계망의 확대 심화와 관련이 있다는 점에서, 일본을 정점으로 한 동아시아 생산네트워크의 하위생산자로서 동아시아 차원의 '다층적 하청네트워크'로의 편입과정이라는 맥락에서 중국의 성장모델을 비교·검토해볼 필요성이 있다.

동아시아의 성장은 이 지역 내에서 일본을 정점으로 하는 생산의 확장을 통해 이해될 수 있으며, 이는 일본의 성장, 신흥공업경제권(NIEs)의 성장, 동남아시아의 성장, 중국과 베트남 등 구사회주의권의 성장이라는 네 단계를 거쳐온 것으로 이해할 수 있다. 코지마는 이전 시기 동아시아 내의 국제적 분업구조의 형성을 '날아가는 기러기'(雁行) 모델이라는 아까마쯔(赤松) 모델을 빌려와 설명한 바 있다(Kojima 1995). 아리기 등은 이보다는 훨씬 더 수직적 위계구조를 강조하는 '다층적 하청네트워크'가 이 지역에서 광범히 확대되고 있음을 강조하였으며(Arrighi et al. 1993), 버켓과 하트-랜즈버그 또한 동아시아 생산네트워크의 구조변화를 수직적·위계적 구조로 설명하고 있다(Burkett and Hart-Landsberg 2000). 이런 논의들은 동아시아모델의 형성과 확장 과정에서 일본자본의 대외적 팽창이 갖는 직간접적 역할에 주목하고 있는데, 중국의 세계경제 편입 또한 이런 일본 중심의 동아시아 국제분업구조의 맥락 속에서 이해될 수 있다. 이 때문에 1990년대 이후 일본의 대중국 투자의 증가에 따라 동아시아 내에서 중국의 위상 변화에 대한 연구의 필요성 또한 커지고 있다.

뒤의 〈그림 1〉에서 살펴보듯이 1990년대 초반부터 중국에 대한 외국인직접투자는 빠른 속도로 증가했으며, 일본의 대중국 투자가 중요한 요인이 되었다. 일본의 경우 제조업 분야가 주도했는데(Zhang 1998), 이는 1980년대 후반 이후 일본의 해외투자가 중심부 진출과 동아시아 진출의 두가지 흐름으로 나뉘면서 제조업 분야 투자가 동아시아로 집중되는 더 큰 차원의 맥락에서 이해할 수 있다(Machado 1995). 그런 점에서 이를 동아시아 내의 중화경제권의 변화와 연관지어 이해하려는 논의 또한 제기되었다(Taylor 1996). 그렇지만 1990년대 초중반 일본의 대중국 투자는 같은 시기 다른 나라에 비해 두드러지지 않는데, 일본의 대중국 투자의 전체상을 살펴보기 위해서는 간접투자 또는 투자기반의 확대를 살펴볼 필요성이 있다(백승욱 1999). 이러한 간접투자에는 ODA 공여를 통해 일본 투자에 우호적 조건을 만들어내는 것(Sderberg 1996; 奧邨彰一 1998), 홍콩을 통한 우회투자(Chen and Wong 1997), 홍콩의 화인네트워크를 활용한 투자(Sawada 1998), 직접투자를 위한 종합상사와 은행의 사전 정지작업(Delapierre and Milelli 1999) 등이 포함된다. 1990년대 후반의 감소기를 거친 후 2000년대 들어서 일본의 대중국 직접투자는 빠르게 증가했으며, 여기에는 1990년대말 동남아시아 국가들의 금융위기에 따른 공급력 약체화와 동아시아와 미국을 연결하는 IT붐이라는 요인, 그리고 일본정부의 적극적 지원이 작용하였다(Cassidy 2002; Hilpert and Hoak 2002; 木村福成 外 2002; 馬黎明 2003; 王曙光 2003). 이처럼 2000년대 들어 일본의 대중국 투자가 다시 늘어나면서 일본과 동아시아, 그리고 중국을 연결하는 국제적 분업구도상에 새로운 변화의 조짐 또한 나타나고 있다.

1990년대 중반까지 중국을 세계시장에 연결하는 역할은 주로 홍콩 중심의 중소규모 화교자본이 주도해왔다(陳文泉, 1996; Shambaugh 1995; Chai et al. 1997). 중국으로 생산시설을 이전한 화교자본들은 핵심기술과 부품을 일본에 의존하고 그 생산품은 미국시장에 판매하는 동아시아 국제분업구조의 틀 속에서 운용되었다. 이 생산네트워크가 중국으로 확대됨에 따라 중국 또한 이러한 동아시아 국제분업구조에 자연스럽게 편입되었다. 이것이 중국과 일본의 경제적 연관고리가 형성되는 첫번째 계기였다.

그 두번째 계기는 1990년대 들어서 세계 각국의 초국적자본 또한 중국에 대한 투자를 늘려가는 가운데 일본자본이 중국에 직접 진출하게 됨에 따라 양국의 경제관계가 더욱 심화해가는 과정에서 나타난다. 특히 양국 관계는 1990년대초 일본의 대중 투자 급증에 따라 긴밀해지다가 1990년대 후반 들어 다소 소강상태에 접어든 후, 2000년대 들어 다시 일본의 대중 투자가 늘면서 활성화되고 있으며, 이후에도 더욱 심화해갈 것으로 보인다.

이로부터 우리에게 제기되는 질문은, 일본의 새로운 대중국 투자의 특징은 무엇이며, 그것이 양국간 무역구조에 끼치는 영향은 무엇인지, 나아가 이런 일본의 대중국 투자의 증가가 일본의 동아시아 내 수직적 분업구조의 중요한 축이던 동남아시아에 대한 투자에 어떤 영향을 끼칠 것인가 등이다. 이 글에서는 중국과 일본의 경제관계를 주로 일본의 해외직접투자와 중국과 일본의 무역구조의 변화에 촛점을 맞추어 검토해보고자 한다.

2. 중국의 외자도입과 일본의 대중국 투자

(1) 중국의 외자유입 현황

1990년대말 동아시아 금융위기 이후 중심부국가에서 '신흥경제'로 이동하던 외국인직접투자가 대폭 줄어들었는데, 이는 주로 중심부국가들 사이의 초국경적 인수·합병(cross-border M&A)으로 전환되었다. 1998년부터 중심부국가들 사이의 금융투자를 주도한 이런 흐름은 2000년에 정점에 이른 후 빠르게 줄어들었고, 2003년에는 선진국으로 유입된 직접투자는 전년도에 비해 25% 감소한 반면, 발전도상국으로 유입되는 외국인직접투자는 9% 증가했다.[1] 그러나 이처럼 발전도상국으로 유입되는 외국인직접투자는 지역별로 큰 차이를 보이고 있으며, 아시아·태평양

---

1) 세계 총외국인직접투자 중 중심부국가에 유입된 투자 비율은 1992~97년에 평균 58.1%에서 1998년에 68.4%로 증가한 후, 2000년에 79.8%로 정점에 이르렀다. 이후 그 비율은 감소하여 2003년에는 65.5%까지 떨어졌다(UNCTAD 2004, 367면에서 계산).

지역, 특히 중국에 집중되고 있다. 중국은 1998년 동아시아 금융위기 이후에도 투자가 감소하지 않은 예외적인 지역이었으며, 특히 2001년 WTO에 가입한 이후 중국의 외자유입은 크게 늘고 있다(UNCTAD 2004). 세계의 투자 흐름이 금융투자와 제조업투자 두 극으로 나뉘는 가운데, 중국이 제조업투자의 핵심지역이라는 지위를 다져가고 있는 것이다.

세계의 외국인직접투자 중 발전도상국으로의 유입은 1990년대 이후 동아시아에 한정되었으며, 그중에서도 중국이 차지하는 비중이 빠르게 증가했다. 아시아에 유입되는 외국인직접투자 중 중국과 ASEAN이 각각 차지하는 비율은 1990년에 10.9%와 75.6%에서 2001년에는 53.7%와 22.3%로 크게 역전되어, 세계 자본의 주요 투자처로서 중국의 위상은 점점 더 부각되고 있다(今井宏 2003: 43). 2000년대 들어 미국에 대한 외국인직접투자가 급감한 결과, 2003년에 중국의 외국인직접투자 유입액은 535억 달러로, 전세계 외국인직접투자 총액의 9.6%를 차지하여 처음으로 미국을 앞질렀으며 사실상 세계 최대의 외국인직접투자 유입국으로 떠올랐다.[2]

중국의 외자 이용에서 홍콩 등의 화교자본에 의존하고 있던 1980년대 말까지는 외국인직접투자보다는 해외차관의 중요성이 더 컸고, 외국인직접투자는 주로 소규모투자에 한정되어 있었다. 그러나 1992년 중국이 대외개방의 폭을 넓힌 이후 홍콩 화교자본 이외의 외국인직접투자가 확대되고 투자규모가 커지면서 외국인직접투자는 중국이 이용하는 외국자본의 핵심 부분이 되었다. 1988년 중국에 유입된 해외차관과 외국인

---

2) 2002년과 2003년 모두 외국인직접투자 최대 유입국은 룩셈부르크였으나, 이는 장부상의 기업인수합병의 결과이기 때문에, 직접투자가 수행된 것으로 보기는 어렵다(UNCTAD 2004). 미국으로 유입된 외국인직접투자는 2000년에 3140억달러(세계 총외국인직접투자의 22.6%)로 최고에 달했으나, 2003년에는 300억달러(세계 총외국인직접투자의 5.3%)로 2000년의 9.5% 수준으로 급락했다(같은 책 367~70면에서 계산).

직접투자는 각각 64억 9000만달러와 31억 9000만달러로, 그 비율이 약 2:1이었는데, 1992년에는 1:1.4로 역전되었으며, 1990년대에 그 폭은 더욱 커져서 1998년에는 110억달러와 454억 6000만달러로 1:4.1의 비율로 벌어졌다.[3]

〈그림 1〉 중국의 외국인 직접투자 유입 현황

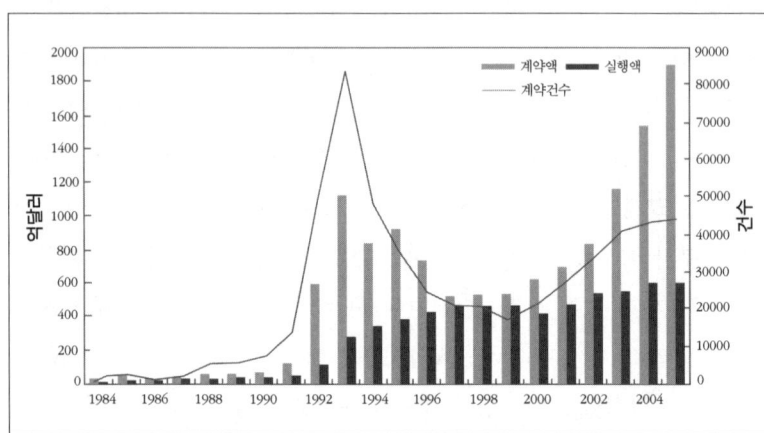

출처『中國統計年鑑』각 연도.

〈그림 1〉은 대외개방 이후 중국에 유입된 외국인직접투자의 동향을 보여준다. 이 그림을 보면 중국에 유입되는 외국인직접투자의 추세가 시기별로 달라지고 있음을 발견할 수 있다. 1992년을 기점으로 비약적으로 늘어난 외국인직접투자는 1990년대 후반 감소하였다가 2000년대 들어서 다시 빠른 속도로 증가하고 있다. 변동 폭은 실제 투자액보다 미래의 실제 투자지표를 나타내는 계약액과 투자건수에서 더 커진다. 계약액수는 중국의 경기침체와 동아시아 전반의 위기 조짐을 반영하여, 1990년

---

3)『中國統計年鑑』각 연도에서 계산.

대 중반부터 줄어들기 시작해 1990년대 후반에 급속히 감소한 이후, 2000년을 기점으로 몇년 사이에 거의 두배 가까이 폭증하여, 2003년에는 계약액 기준으로 이미 1000억달러를 넘어서고 있다.[4] 2000년대 들어서 계약액과 실행액의 격차는 다시 빠르게 벌어지고 있다. 이는 1990년대초에도 나타난 현상이며, 당시 이 현상은 1990년대 후반 투자 감소로 이어진 바 있다. 이에 비해 중국경제의 제도적 환경이 바뀐 현상황에서 두번째로 나타나고 있는 계약액과 실행액 격차는 이후의 지속적 실행액 유입의 확대로 이어질 개연성이 높아 보인다.

다음으로 관찰되는 또하나의 특징은 투자규모의 변화이다. 직접투자 계약건수와 계약액의 변동 추이를 살펴보면, 1995년 이후 계약건당 투자규모가 커졌음을 알 수 있다. 1990년 건당 91만달러, 1993년 건당 134만달러이던 투자규모는 1999년에는 244만달러, 2003년에는 280만달러로 증가하고 있으며, 투자규모는 앞으로 더 커질 것으로 예상된다. 이처럼 투자규모가 커지는 것은 선진국의 초국적기업의 중국 진출이 늘고 있고,[5] 1990년대말에서 2000년대초 세계적인 IT산업 붐을 타고 외국인 직접투자가 집중되었기 때문으로 보인다. 이런 투자에 힘입어 중국의 IT 하드웨어 생산은 2000년 미국과 일본에 이어 세계 3위로 성장했다. IT 하드웨어 생산의 핵심인 전자통신 분야는 1997년 이후 중국 제조업 성장의 핵심이어서, 1998~2000년 시기 제조업 연평균 성장률 14%의 두배인 연평균 28%의 성장률을 보였다. 전자통신을 포함하는 전기전자부문이 제조업에서 차지하는 비율은 1992년의 8%에서 2000년 16%로 상승했는데,

---

4) 2004년 추정액은 1월에서 8월까지의 실제 유입액수(중국상무부 통계)를 기초로 해당 연도 총액을 추정한 것이다.

5) 현재 중국에는 전자통신업을 중심으로 모토롤라, 노키아, 에릭슨, GE, 델 등 세계 500대 기업 중 400여개가 진출해 있다(金山權 2002: 343).

전자통신 분야에서 특히 두드러지는 점은 외국인투자기업의 비중이 높다는 점이다. 2000년 전자통신 분야에서 차지하는 외자기업의 비중은 생산액의 45%, 수출액의 74%로, 중국의 IT부문 해외수출을 이 전자통신 분야 외국기업들이 주도하고 있으며, 이들 기업의 투자붐이 2000년대 들

〈표 1〉 주요 투자국별 대중국 외국인직접투자 유입액 (단위: 억달러)

	1991	1992	1993	1994	1995	1996	1997	1998	1999	2000	2001	2002	2003	2004
홍콩	25.79	77.06	174.45	198.23	201.85	208.52	206.32	185.08	163.36	155.00	167.17	178.61	177.00	190.00
일본	6.09	7.48	13.61	20.86	32.12	36.92	43.26	34.00	29.73	29.16	43.48	41.90	50.54	54.50
대만	4.72	10.53	31.39	33.91	31.65	34.82	32.89	29.15	25.99	22.97	29.80	39.71	33.77	31.20
한국		1.20	3.81	7.26	10.47	15.04	21.42	18.03	12.75	14.90	21.52	27.21	44.89	62.50
씽가포르	0.58	1.26	4.92	11.80	18.61	22.47	26.06	34.04	26.42	21.72	21.44	23.37	20.58	20.10
미국	3.30	5.19	20.00	24.91	30.84	34.44	32.39	38.98	42.16	43.84	44.33	54.24	41.99	39.40
유럽	2.86	3.23	68.00	16.60	22.66	30.13	44.39	43.09	47.97	47.65	44.84	40.49	42.72	48.00
버진군도		0.04	0.13	1.28	3.03	5.37	17.17	40.31	26.59	38.33	50.42	61.17	57.77	67.30
케이맨군도					0.12	0.53	1.58	3.24	3.78	6.24	10.66	11.80	8.66	20.40
총액	46.66	112.92	277.71	339.46	378.06	421.35	452.57	454.63	403.19	407.15	468.78	527.43	535.05	606.30

(단위: %)

	1991	1992	1993	1994	1995	1996	1997	1998	1999	2000	2001	2002	2003	2004
홍콩	55.3	68.2	62.8	58.4	53.4	49.5	45.6	40.7	40.5	38.	35.7	33.9	33.1	31.3
일본	13.1	6.6	4.9	6.1	8.5	8.8	9.6	7.5	7.4	7.2	9.3	7.9	9.4	9.0
대만	10.1	9.3	11.3	10.0	8.4	8.3	7.3	6.4	6.4	5.6	6.4	7.5	6.3	5.1
한국	0.0	1.1	1.4	2.1	2.8	3.6	4.7	4.0	3.2	3.7	4.6	5.2	8.4	10.3
씽가포르	1.2	1.1	1.8	3.5	4.9	5.3	5.8	7.5	6.6	5.3	4.6	4.4	3.8	3.3
미국	7.1	4.6	7.2	7.3	8.2	8.2	7.2	8.6	10.5	10.8	9.5	10.3	7.8	6.5
유럽	6.1	2.9	24.5	4.9	6.0	7.2	9.8	9.5	11.9	11.7	9.6	7.7	8.0	7.9
버진군도	0.0	0.0	0.0	0.4	0.8	1.3	3.8	8.9	6.6	9.4	10.8	11.6	10.8	11.1
케이맨군도	0.0	0.0	0.0	0.0	0.0	0.1	0.3	0.7	0.9	1.5	2.3	2.2	1.6	3.4
총액	100.0	100.0	100.0	100.0	100.0	100.0	100.0	100.0	100.0	100.0	100.0	100.0	100.0	100.0

출처『中國統計年鑑』 각 연도.

어 중국의 외국인직접투자 유입을 주도하고 있다고 할 수 있다(木村福成·丸屋豊二郎·石川幸一 2002: 4~6).

다음으로 〈표 1〉에서는 주요 투자국별 대중국 외국인직접투자 유입액의 추이를 살펴보았다. 이 추세에서 우선 관찰되는 것은 홍콩이 차지하는 외국인투자의 비중이 매우 높지만 그 비중이 줄곧 줄어들었다는 점인데, 홍콩은 1990년대 중반까지 전체 투자액의 절반 이상을 차지하던 데서 이제는 전체의 3분의 1 수준으로 줄어들었다. 홍콩의 외국인직접투자의 3분의 1 정도가 우회투자임을 고려하면 실제 홍콩투자의 비중은 훨씬 더 줄어들었음을 알 수 있다. 홍콩의 투자와 더불어서 대만과 씽가포르 등의 화교자본 또한 1990년대 초반까지 중국의 화남(꽝뚱성과 푸젠성)지역을 중심으로 중국의 외국인직접투자를 주도해왔지만, 2000년대 들어 홍콩과 이들 화교자본의 투자액을 합하더라도 전체 액수의 절반 이하로 비중이 줄어들고 있다는 것 또한 주목된다.

그다음으로 여타 국가들의 투자 변화를 살펴보면, 1990년대 후반에는 일본의 투자가 감소했다. 1998년에는 절대액에서도 하락하여 비중이 2% 이상 떨어진 데 비해 미국의 투자 비중이 상승한 점이 눈에 띄며, 2000년대 들어서는 이 추세와는 반대로 일본의 투자 비중이 늘어나는데 반해 미국의 투자 비중이 하락하는 점이 두드러진다. 2003년부터 한국의 투자가 급격하게 늘고 있는 점도 주목되는데, 한국의 대중 투자는 2004년 8월에 이미 2003년의 총투자액을 넘어섰다.[6]

---

6) 중국의 외국인직접투자 동향에서 1997년 이후 무엇보다 두드러지는 점은 버진군도와 케이맨군도 같은 조세도피처의 투자가 갑자기 늘어난다는 점이다. 두 지역을 합한 수치는 최근 들어 15% 수준에 이르고 있어, 홍콩에 이은 제2의 투자원이 되고 있다. 이 조세도피처의 투자의 절반 이상은 대만의 투자로 알려져 있다(ジェトロ, 2003: 162). 이를 포함할 경우 1990년대 후반 이후 중국 외자유입 중 대만의 투자 비중은 10%대에 이르러 미국, 일본, 유럽 수준에 올라선 것으로 볼 수 있다.

(2) 일본의 해외투자와 중국

1) 일본의 해외투자의 특징

앞서 살펴보았듯이 1990년대 후반 감소한 일본의 대중국 직접투자는 2000년대 들어 다시 빠른 속도로 늘어나고 있다. 〈표 2〉는 일본의 국가별 해외투자 추세를 보여주고 있다. 표에서 나타나듯이 1990년대 일본 해외투자의 60% 이상은 미국과 유럽에 집중되어 있다. 반면 중국과 동남아지역은 상대적으로 적은 비중이지만 15% 정도 수준을 유지하고 있다. 이는 일본의 해외투자가 두 유형으로 나뉘어 진행됨을 시사해준다. 한편에서 미국과 유럽에는 시장개척과 현지판매를 위한 대형투자가 집중되는 반면, 동아시아지역에는 국제적 분업구조 고리를 확대하려는 중소형 제조업투자가 집중되는 현상이 나타난다. 즉 미국과 유럽에 대한 투자가 판매시장 확대 목적이라면, 동아시아에 대한 투자는 제조업 분야 생산기지라는 특성을 강화하기 위한 것이다(백승욱 1999; Machado 1995).

1984년 이후의 대대적인 해외진출기에 북미와 유럽에 대한 투자가 5.5배 증가한 반면 아시아에 대한 투자는 1.7배 증가하였는데, 외견상 일본의 해외진출은 중심부 국가를 향한 투자가 주도하고 있는 것으로 보인다. 그런데 북미와 유럽에 대한 투자에는 선진국의 보호주의를 피하기 위한 현지생산투자 외에도 금융·부동산 부문의 투기성 자본이 다수 포함되어 있어, 환율, 일본 국내의 주가와 지가의 변동에 따라 누적투자액의 기복이 심한 반면, 동아시아에 대한 누적투자액은 기복없이 일정한 속도로 계속 증가하고 있다는 차이점이 두드러진다(Kojima 1995).

2000년말 기준 일본의 해외 현지법인 숫자를 보면 아시아의 비중은

<표 2> 일본의 국가별 해외투자 (단위: 억엔)

	1993	1994	1995	1996	1997	1998	1999	2000	2001	2002	2003
중국	1954	2683	4319	2828	2438	1377	849	1112	1819	2152	3553
홍콩	1447	1179	1106	1675	853	789	1088	1045	436	253	447
ASEAN4	2524	3329	3299	5575	6989	4276	3302	2264	3201	1857	2188
씽가포르	735	1101	1143	1256	2238	832	1158	505	1435	917	364
미국	16936	18016	21845	24789	25486	13237	24885	13448	8196	10299	11955
유럽	9204	6525	8281	8305	13749	18039	28931	26989	13263	18807	14268
총액	41514	42808	49568	54094	66229	52413	75292	54193	40413	44930	40795

주 ASEAN4는 태국, 인도네시아, 말레이시아, 필리핀(1995년 이전은 필리핀 제외).
출처 『日本統計年鑑』 각 연도; 2003년은 일본재무성통계(www.mof.go.jp: 검색일 2004.9.30).

(단위: %)

	1993	1994	1995	1996	1997	1998	1999	2000	2001	2002	2003
중국	4.7	6.3	8.7	5.2	3.7	2.6	1.1	2.1	4.5	4.8	8.7
홍콩	3.5	2.8	2.2	3.1	1.3	1.5	1.4	1.9	1.1	0.6	1.1
ASEAN4	6.1	7.8	6.7	10.3	10.6	8.2	4.4	4.2	7.9	4.1	5.4
씽가포르	1.8	2.6	2.3	2.3	3.4	1.6	1.5	0.9	3.6	2.0	0.9
미국	40.8	42.1	44.1	45.8	38.5	25.3	33.1	24.8	20.3	22.9	29.3
유럽	22.2	15.2	16.7	15.4	20.8	34.4	38.4	49.8	32.8	41.9	35.0

투자액수 비중보다 훨씬 높은 48.3%를 차지하며, 제조업은 그보다 훨씬 더 높아 60.1%를 차지한다는 점에서 이런 특징은 잘 드러난다. 종업원수에서도 아시아 현지법인 종업원은 204만명으로 전세계 투자기업 종업원수의 59.0%를 차지하는데, 그중 89.5%인 183만명이 제조업에 고용되어 있다(今井宏 2003: 160~63). 제조업투자액이 비제조업투자액을 앞선 1999년을 예외로 하면 1996~2003년의 일본의 해외직접투자 중 제조업투자 비중은 늘 30~45% 사이였는데,[7] 이런 점에 비추어, 아시아에 진출한 일본기업의 제조업 비중은 상대적으로 매우 높다고 할 수 있다. 투자액 비중

에 비해 현지법인수와 종업원수, 그리고 제조업의 비중이 높다는 것은 아시아에 진출한 일본기업이 중소규모의 노동집약적인 제조업에 집중되어 있다는 뜻이다.

〈그림 2〉 일본의 주요 아시아 국가 직접투자

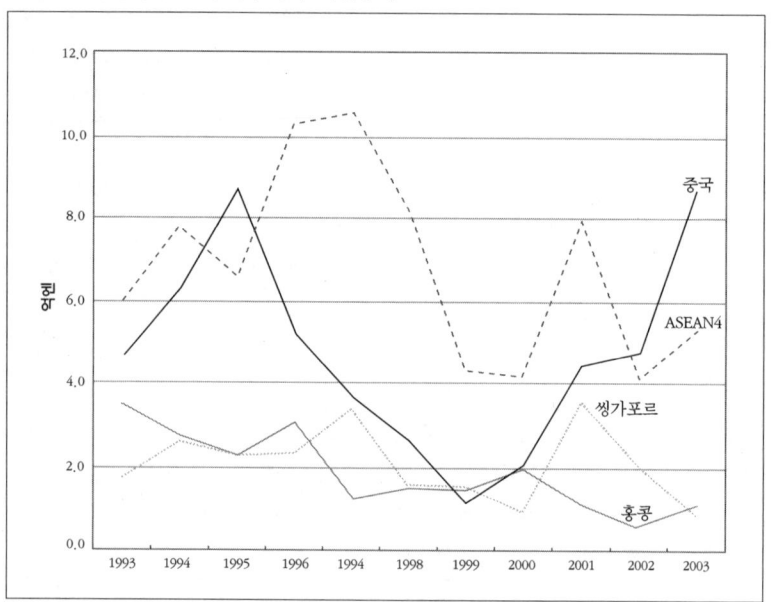

출처 〈표 2〉에서 작성.

〈그림 2〉는 〈표 2〉의 자료 중 1990년대초 이후 일본의 대아시아 투자 현황을 살펴본 것이다. 이 그림을 보면 일본의 아시아 주요 투자지역은 크게 중국과 ASEAN4[8]로 나뉘며, 두 지역의 비중은 서로 우세를 바꾸어 가면서 일정한 합계 수준을 유지하고 있다. 1993년 이후 증가하던 두 지역 투자는 1995년에 중국이 ASEAN4를 앞섰다가 이후 빠르게 하락한 반

---

7) 일본 국제협력은행 자료에서 계산(www.jbic.go.jp: 검색일 2004.10.1).
8) 빠른 성장을 보이는 태국, 말레이시아, 인도네시아, 필리핀을 말한다.

면, ASEAN4에 대한 투자는 계속 늘어났으며, 동아시아 금융위기 이후에는 ASEAN4에 대한 투자 또한 대중국 투자와 비슷한 속도로 하락하였다. 이 두 지역에 대한 투자는 1999년과 2000년경 바닥까지 떨어진 후 다시 증가하는데, ASEAN4에 대한 투자가 그 이후 등락을 거듭하는 반면, 중국에 대한 투자는 계속 늘어나 2002년부터 중국투자가 ASEAN4를 앞서고, 2003년에 그 차이는 더욱 벌어졌다.

이로부터 아시아에 대한 일본의 투자에서 아직 중국과 ASEAN4는 대체관계를 형성하고 있지는 않으며, 아시아 금융위기 이후에도 동남아시아에 대한 일본의 관심은 지속되고 있지만, 최근 들어 ASEAN4에 비해 중국의 중요성이 훨씬 커지고 있다는 점을 알 수 있다.

2) 일본의 대중국 투자의 다양한 통로

일본의 대중국 투자의 중요성이 커지고 있는 것에 비추어, 중국에 진출한 일본자본의 역할은 화교자본에 가려서 두드러지지는 않는다. 통계 수치로 볼 때 중국에 진출한 외국인투자에서 일본자본이 차지하는 비중은 아직 홍콩에 훨씬 못 미치는 수준이며, 대만이나 미국보다 크게 앞서는 수준도 아니다.

그러나 동아시아 내에서 일본자본의 확장의 역사에 비추어 볼 때, 일본자본의 수치상 비중을 낮은 영향력의 지표로 볼 수 없다는 것은 분명하며, 일본자본 진출의 실체를 종합적으로 판단하기 위해서는 몇가지 다른 요소들을 함께 고려해야 한다. 첫째, 일본자본의 진출은 정부개발원조나 차관제공 등을 통해 사전 정지작업을 한 후 장기투자되며, 둘째, 중국의 경우 홍콩을 통한 간접진출이 직접투자 통계에 잡히지 않으며, 셋째, 중소형기업 중심의 '방어적 해외직접투자'를 실행하는 불완전한 중

소형 일본 다국적기업의 능력을 보완해 종합상사와 일본은행망이 동원
된다는 점을 고려해야 한다. 넷째, 일본자본의 확장은 다층적 하층체계
라고 부르는 국제적 하층구조의 확장을 뜻하는데, 이는 직접투자를 늘리
기보다는 소수지분투자의 확대나 현지 하층업체와의 연결망 형성 등 다
양한 영향력 확산 방식을 동원해왔다. 다섯째, 적은 직접투자로도 일본
에 대한 기술의존을 확대시키는 무역구조를 형성해낸다는 점을 고려해
야 한다. 아래에서는 중국에 진출한 일본자본의 영향력을 평가하기 위해
이런 요소들을 살펴볼 것인데, 이 요소들을 고려했을 때 중국에 진출한
일본자본의 영향력은 직접투자액 통계에 나타난 것 이상이라는 점을 알
게 될 것이다. 이중 무역구조는 뒤에서 따로 다룰 것이다.

원조와 차관

1992년 이전까지 중국이 이용한 외국자본 중 원조와 차관의 비중은
외국인직접투자보다 컸다. 1992년 이후에도 차관의 절대액수는 줄어들
지 않았지만 외국인 직접투자가 빠르게 증가함에 따라 그 상대적 비중은
하락하여, 1990년대말 유입된 외국자본 중 원조와 차관은 20% 정도로
하락했다. 그런데 이 원조와 차관의 많은 부분은 일본이 제공한 것이었
다. 1996년말까지 일본은 중국에 150억달러의 정부차관을 제공했고, 이
는 중국이 받은 정부차관의 40%를 차지했다. 일본정부는 1996~98년에
도 중국에 40개 프로젝트에 5800억엔의 차관을 제공할 계획을 수립했다
(FBIS-EAS-98-018).[9] 이처럼 일본의 비중이 큰 차관을 직접투자액에 합할
경우 1984~97년까지 중국이 이용한 외자액 중 일본의 비중이 17%로 늘어

---

9) 중국이 받아들인 대외차관 총액 중 일본이 제공한 액수가 차지하는 비율은 1990년대에도
   20% 정도를 유지하여, 1991년 19.4%, 1993년 23.8%, 1995년 18.4%, 1996년 19.0%를 기록했다
   (『中國統計年鑑 1997』 606면과 『中國對外經濟統計年鑑 1994』 260면에서 계산).

나는 반면 홍콩은 40%, 미국이 7%, 대만이 6%로, 다른 나라의 비중이 감소한다는 점에서도 차관의 중요성은 적지 않다고 하겠다(FBIS-CHI-98-064).

동아시아 경제성장과정에서 일본의 원조와 차관은 현지에 진출한 일본기업의 축적을 원활히 하기 위한 하부구조를 건설하는 역할을 하거나 수혜국의 경제구조를 일본경제에 의존적인 형태로 만드는 역할을 해왔다. 이중 특히 중요한 몫을 담당한 것은 일본정부가 해외경제협력기금(OECF)을 통해 제공하는 ODA였다. 다른 선진국들의 ODA가 주로 무상증여 형태를 띠는 데 비해 일본의 ODA는 원조차관 형태가 많으며, 특히 하부구조 건설에 집중되어 일본자본 진출을 측면 지원하는 역할을 해왔다(Söderberg 1996: 1장; 張躍東·戚紅過 2001; 于於瀟 2002). 이러한 일본의 ODA 및 그와 유사한 차관은 본국에 대한 경제적 연계효과의 형성을 중시하는 일종의 간접투자로 간주될 수 있으며, 이는 동남아시아에서도 확인된 바 있다(송주명 1997: 51).

1980년대 중반까지 중국이 도입한 외국차관 중 절대적 비중을 차지하던 ODA의 비중이 1990년대 들어서 줄어드는 대신 상업차관의 비중이 늘어나고 있긴 하지만, ODA는 여전히 중국의 하부구조 건설에서 매우 중요한 역할을 하고 있다. 중국은 1990년대에 일본 ODA의 최대 수혜국이었다(Söderberg 1996: 214).[10] 1979~95년까지 일본이 제공한 ODA는 중국이 받은 총 ODA 액수의 39.1%를 차지하였고, 특히 OECD 산하에 설치된 개발원조위원회 가입국들이 중국에 제공한 ODA의 58.1%를 차지했다(奧邨彰一 1998: 47). 일본이 제공한 이 ODA의 70~80%는 원조차관 형태를 취하며, 대부분이 하부구조 건설에 투자되었는데(Söderberg 1996: 215), 1998년 3월까지 제공된 일본의 ODA 차관 2조 542억 9000만엔 중

---

10) 1995년까지 중국은 일본 ODA의 제1수혜국이었지만 1996년에는 인도네시아가 중국보다 1000만달러 정도 더 많은 ODA를 받았다(MOFA 1997: 136).

50.1%는 도로, 철도, 항만 건설 등 수송부문에 투자되었으며, 그다음으로 18.0%가 전력과 가스사업에 투자되어 직접투자의 기반을 닦는 역할을 하였다(OECF 1998: 77). 1990년대말에는 일본차관이 중국 내륙지역 하부구조 개발에 많이 이용되었는데(FBIS-EAS-97-284), 이는 일본자본의 진출 방향이 양쯔강 상류의 내륙지역으로 확대되고 있는 것과 무관하지 않은 것으로 보인다.

일본의 ODA는 사전에 포괄적인 정부간 쌍무적 합의를 거쳐서 사용 방향이 확정된 후 제공되며, 이는 일본정부의 부처간 협력기구인 OECF를 통해 지불된다(Taylor 1996: 60~62; Machado 1995: 61~62). 이 차관을 공여하고 프로젝트를 실행하는 과정에서 상례화된 일본과 중국의 고위층 접촉을 통해 일본측은 중국의 장기경제계획에 대한 구체적 정보를 얻을 수 있으며, 여기에 일본의 의견을 적극적으로 반영할 수 있어 일본자본은 이를 통해서도 간접적인 수확을 얻을 수 있다(Taylor 1996: 62~63).

중국의 공식통계에 잡힌 일본의 직접투자액이 차관 공여액을 넘어서는 시기는 1990년대 중반이며, 홍콩을 통한 간접투자를 고려하면 이 시기를 1990년대 초반으로 볼 수 있다. 이는 10여년간 차관제공을 통해 직접투자를 위한 하부구조 기반을 강화한 후 1990년대 초부터 일본자본의 직접투자가 본격적으로 진행되고 있는 것이라고 볼 수 있다.

홍콩을 통한 간접투자

홍콩은 최근 들어 중국에 유입된 외국인직접투자액의 약 30%를 차지하는데, 여기서 주목해야 할 점은 그중에 제3국이 홍콩을 중개지로 삼아 중국에 투자한 액수가 상당부분 포함되어 있다는 사실이다. 국제연합무역개발회의의 분석은 그 비율을 홍콩의 중국투자액의 30% 정도로 보고 있다(UNCTAD 1997: 80). 그렇다면 실제 중국에 대한 지금까지의 외국인직접투자액 중 10~20%의 실체가 홍콩의 투자 이면에 가려져 있다는 말인데, 이를 좀더 추적해가면 일본자본의 중국 진출 통로를 발견할 수 있다.

우선 홍콩에 대한 외국인직접투자에 대해 살펴보기로 하자. 홍콩의 대중국 직접투자가 정점에 달했던 1990년대 중반 홍콩에 대한 주요 투자국은 일본, 미국, 중국, 독일, 영국, 스위스로, 이들 나라의 직접투자 누계액(stock)이 전체 직접투자 누계액의 81%를 차지했다(UNCTAD 1997: 79). 이중 가장 많이 투자한 나라는 일본과 미국이며, 일본의 홍콩 직접투자는 1989년경부터 미국의 직접투자액을 앞선 것으로 평가된다(OECD 1993: 82). 홍콩에 대한 일본의 직접투자는 1986년경부터 늘어나기 시작해, 1990년대 들어서는 홍콩에 대한 가장 중요한 투자국이 되었으며, 1993년경이 되면 일본의 홍콩 직접투자 누계액은 미국과 유럽의 직접투자 누계액을 합한 수준에 이르렀다(Asian Development Bank 1996: 198, 그림 3.5).

이런 추세는 특히 제조업부문에서 두드러진다. 홍콩에 대한 제조업 분야의 외국인투자는 대부분 '껍데기 투자'로서, 실제로 홍콩에서 제조업 활동을 벌이는 경우는 거의 없고 중국에 진출하기 위한 교두보를 설립하려는 목적을 지닌 것이 대부분이다(Chen and Wong 1997: 95). 그런 점에서 홍콩에 설립된 외국인투자 제조기업들은 홍콩을 통한 대중국 간접투자의 동향을 반영한다고 할 수 있다. 제조업체를 대상으로 시행된 홍콩정부의 투자조사에 따르면, 일본은 1995년에 홍콩 제조업부문 외국인직접투자 중 투자항목의 29.8%, 자산 총액의 38.7%를 차지해, 미국의 16.7%와 27.6%를 상당히 앞섰고, 이런 추세는 1997년에도 유지되어, 일본은 투자항목과 자산 총액에서 29.4%와, 37.8%를 차지했다(『香港經濟年鑑 1997』 159면; 『香港經濟年鑑 1998』 514면). 홍콩에 진출한 거의 모든 일본 기업이 본사의 긴밀한 지원하에 중국에 계열사를 설립했다는 데서도 일본의 대홍콩 투자 성격은 잘 드러나는데(Chen and Wong 1997: 96~97), 1997년

한해만 해도 300개의 일본기업이 홍콩을 통해 중국에 투자했다(Lin 1998: 9). 이처럼 일본의 대홍콩 투자는 중국을 겨냥한 것이어서 홍콩에 대한 일본의 투자 증가는 중국에 대한 투자 증가와 동시에 진행되었고, 때로는 두 지역에 사이에 보완관계가 형성되기도 하여, 톈안먼사태 이후 대중 투자가 감소한 시기에 우회로로서 홍콩에 대한 투자는 빠르게 증가했다(Bassino and Teboul 1999: 80).

직접투자 외에 홍콩을 중개지로 삼는 일본자본의 중국 진출 추세를 잘 보여주는 것은 홍콩에 설립된 다국적기업의 지역본부(RHQ)수가 빠르게 증가했다는 점이다. 1990~96년에 홍콩에 설립된 미국 다국적기업의 지역본부가 252개에서 188개로 감소한 반면, 일본 다국적기업들이 설립한 지역본부는 20개에서 122개로 비약적으로 증가했다(Jao 1997: 137). 여기에 일본 다국적기업의 지역사무소 338개를 더하면, 1996년에 홍콩에 설립된 일본의 다국적기업 주재기구수는 460개로, 414개를 설립한 미국과 각각 213개씩 설립한 영국과 중국을 앞서며, 세계 각국이 홍콩에 설립한 주재기구 총수의 20%를 차지했다(UNCTAD 1997: 80).

홍콩을 거처서 중국으로 재수출되는 중개무역에서도 일본의 대중국 투자의 영향을 발견할 수 있다. 1996년에 홍콩을 경유해서 중국으로 재수출된 상품액은 홍콩 중개수출 총액의 35.2%로 가장 많았는데, 이중 일본상품이 차지하는 비율은 22.7%로 대만의 18.1%와 미국의 10.9%를 앞섰다(『香港經濟年鑑 1997』 38, 54면에서 계산). 이는 홍콩을 중개지로 삼아 중국에 진출한 일본기업들이 홍콩본부를 통해 일본으로부터 기계설비를 도입한다는 증거인데, 홍콩이 일본에서 수입하는 상품액의 61.1%가 기계와 운수설비라는 데서도 이런 특징을 엿볼 수 있다(『香港經濟年鑑 1998』 422면에서 계산).[11]

이처럼 일본자본이 홍콩을 중개지로 삼아서 중국에 진출하는 이유는 홍콩을 통한 간접 진출이 중국에 직접 진출할 경우 생기는 위험부담을 최소화해주며, 또 무역중개지이자 지역금융 및 정보쎈터인 홍콩의 잇점을 활용할 수 있기 때문이다. 또 일본의 동아시아에 대한 투자에서 현지 파트너를 찾아서 소수지분 합작투자를 하는 것이 일반적 관행이었다는 점에 비추어, 홍콩의 자회사와 계열회사가 화인자본망을 이용하여 중국 진출 파트너를 물색하는 역할을 했다는 점도 지적할 수 있다(Sawada 1998: 145). 일본 통산성의 발표에 따르면 홍콩 외에 씽가포르와 대만의 일본 자회사도 이처럼 화교자본망을 이용해 일본자본이 중국에 진출하는 투자창구의 역할을 했다(Bassino and Teboul 1999: 80).

종합상사와 은행의 역할

미국이나 유럽의 다국적기업이 '거래비용의 내부화'라는 잇점을 배경으로 초국적으로 확장된 것임에 비해(Arrighi 1994), 1960년대 이후 동아시아에 진출한 일본의 다국적기업은 중소형기업들이 생산비용을 낮추기 위해 인근지역으로 생산을 이전하는 방어적 형태로 출현했다. 이 때문에 현지에 진출할 때 기술, 정보, 자본 등에서 취약할 수밖에 없었는데, 원활한 자본축적이 가능하도록 이 약점을 조직적으로 보완해준 것이 종합상사와 일본은행이었다. 종합상사는 무역업무뿐 아니라 해외투자처의 현지 진출과 적응에 필요한 정보 제공, 그리고 투자 파트너의 역할도 해왔는데, 이런 기능은 동남아시아뿐 아니라 중국에서도 계속 확대되었다. 중국에 진출한 일본기업의 다수는 중소형기업이며, 또 현지 파트너와의 합작투자를 선호한다. 미국과 유럽에 진출한 일본 계열사의 70%가 전액

---

11) 1996년에 일본의 홍콩 수출 중 62.1%는 홍콩을 경유해 재수출되었으며, 이 재수출 중 73.2%는 목적지가 중국이므로(『香港經濟年鑑 1997』 37, 56면에서 계산), 일본에서 홍콩으로 수출되는 상품 중 45% 정도가 실제로는 중국에 수출되는 것이라고 볼 수 있다.

출자기업인데 반해, ASEAN 국가와 중국에 진출한 일본 계열사의 70%는 합작기업이며(Sawada 1998: 144), 이런 중소형기업이 현지 합작선을 구할 때 종합상사의 중개 역할은 매우 중요하다.

일본의 종합상사들은 일본의 제조업체들이 중국에 진출하기 전에 먼저 진출하여 각지에 투자의 교두보를 만들기 시작해 현재는 중국 전역을 담당할 수 있는 능력을 갖추고 있다. 이들은 1980년대에 일본과 중국의 무역이 늘어나면서 주로 이 무역업무를 담당하기 위해 중국에 진출했지만, 그후 일본 투자기업의 현지 진출을 지원하는 업무 또한 적극적으로 추진하고 있다.

1994년까지 아시아에 설립된 종합상사를 살펴보면 중국은 일본의 제조업 기지인 태국 다음으로 일본 종합상사들이 많이 진출한 나라이며, 그 증가율 면에서는 가장 높다(Jaussaud 1999: 99). 중국에 진출한 대표적 종합상사들의 1996년 활동을 보면 이또오쭈우(伊藤忠)는 23개 도시에 사무실을 두고 맥주 생산에서 고속도로 건설까지 170가지 활동에 간여하여 연간 총거래액 4600억엔을 달성했으며, 미쯔이(三井)는 18개 도시에 출장소를 두고 100개 프로젝트에 관여하고 있고, 마루베니(丸紅) 또한 비슷한 수준의 활동을 전개하고 있다(Delapierre and Milelli 1999: 66~67).

중국에 진출한 일본 종합상사들이 일본기업을 현지기업과 연결할 때 이용하는 중요한 자원은, 이들이 동아시아와 동남아시아에 진출할 때 형성한 화교기업들과의 연결망이다. 일본 종합상사들은 이 관계를 이용해 중국의 현지기업을 소개받거나 화교자본들로 하여금 중국기업과 합작 투자하도록 한 후 이 지분을 다시 인수하는 방식으로 중국에 진출하며, 중국 지방정부와의 직접 교섭에 이들 화교기업을 이용하기도 한다 (Sawada 1998: 145~48).

일본 은행도 종합상사와 더불어 일본의 현지 투자기업에 중요한 도움을 주고 있다. 중국에 진출한 일본기업들은 대부분 현지법인 자금조달 비율이 낮고 본사의 송금에 절대적으로 의존하고 있는데, 이 업무를 일본 은행들이 담당한다. 중국에 진출한 일본 은행은 구미 은행들과 달리 투자은행이 아니라 대부분 여신업무만을 관할하고 있으며, 현지 투자기업에 대한 융자 외에 상담과 자문이 중요한 업무이다(Delapierre and Milelli 1999: 68). 이런 업무의 성격상 중국에 진출한 일본 은행은 일본 투자자가 많은 샹하이, 따렌(大連), 선전 등에 집중해 있다. 1990년대 후반 중국에 진출한 은행수는 홍콩이 일본보다 많지만 사무소수를 합하면 일본이 홍콩에 앞서며, 특히 일본 은행의 자산은 외국계 은행 총자산의 40%를 차지하고 있고(홍콩은 10%), 일본 은행의 평균 점포 규모도 홍콩의 4배에 달한다(今井健一 1998: 359~60).

다층적 하층체계

일본의 동아시아 투자의 특징 중 하나는 소수지분투자가 많다는 점이다. 이 소수지분투자는 위험부담은 줄이면서도, 현지 기업들을 일본의 국제적 하청고리 속에 편입시켜 생산비용이 낮은 부품 및 중간재 공급자로 만들고, 이들 지역을 일본의 고부가가치 기계장비류 및 기술에 대한 고의존 상태에 묶어두게 된다. 따라서 일본의 동아시아 투자에서 다수지분을 획득하는 것은 주요 기술이전이 문제될 경우에 선택하는 방법에 불과하다. 이외에 책임자의 임명, 기술·원료·부품이나 반제품의 공급, 생산의 분담이나 자본장비의 임대, 용도가 정해진 차관의 제공, 그리고 생산품을 되사는 등의 방법을 통해 하청계열화를 형성한다(Machado 1995: 57~60). 직접투자는 이런 다양한 영향력의 통로를 반영하지 못하는데, 일본의 영향력이 큰 동아시아의 어떤 나라에서도 일본자본의 직접투자 비중이 투자 대상국 외국인직접투자 누계액의 50%를 넘는 경우는 매우 예외적이라는 사실(Asia Development Bank 1996: 198, 그림 3.5)에서도 이런 특징을 확인할 수 있다.

이처럼 다양한 고리를 통해 일본을 정점으로 한 생산분업구조를 형성한 동아시아경제는 생산비용과 노동숙련, 하부구조 완비의 정도에 따라 상이한 분업의 층위에 참여하는 다층적 하층체계(multi-layered subcontracting system)를 형성하게 된다(Arrighi 1996; Arrighi et al. 1993).

일본자본의 중국 진출로 이런 다층적 하층체계가 중국으로 확대되고 있는데, 앞서 논의한 많은 특징들, 즉 차관의 제공, 화인자본망을 통한 현지 파트너의 물색, 종합상사의 중개 역할, 부품생산기업들의 진출 등은 직접투자 통계에 드러나지 않는 다층적 하층체계 확대의 근거라 할 수 있다.

3) 일본의 대중국 투자 추세

〈그림 3〉 일본의 대중국 직접투자

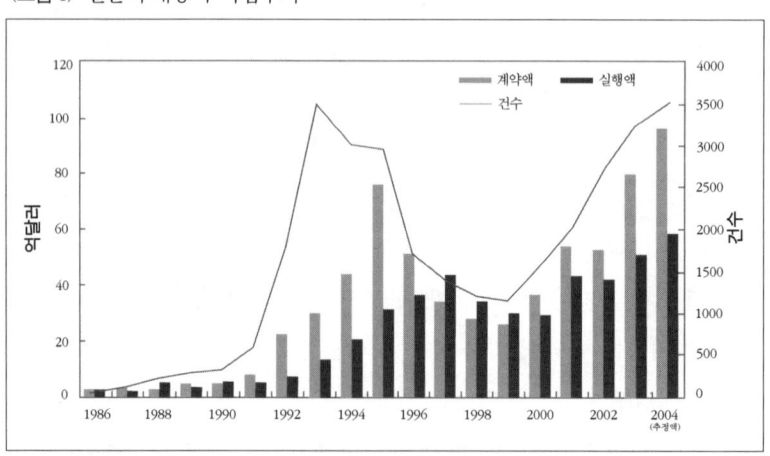

출처『日本統計年鑑』각 연도; 2004년은 일중투자촉진기구 자료(www.jcipo.org: 검색일 2004.10.6).

〈그림 3〉은 일본의 대중국 직접투자 추세를 보여준다. 일본의 대중국 직접투자에는 크게 세번의 붐이 일어난 바 있다. 1차 붐은 1988년에 일본측 요구를 대폭 수용한 중일투자보호협정이 체결된 이후 1980년대말까지의 시기였고,[12] 2차 붐은 1993~95년의 대대적 진출기, 3차 붐은 2000년 이후 최근까지 IT붐을 탄 시기이다. 그중 1차 붐 시기의 투자는 지금의 기준으로는 미미한 수준이라고 볼 수 있으며, 일본의 대중 투자에서 중요한 계기가 된 것은 1988년 체결된 일중투자보호협정이었다. 이 협상은 1981년 이후 오랫동안 진행되었는데, 이처럼 다른 나라보다 늦게 투자보호협정이 체결된 이유는 일본측이 자국 투자기업에 대해 다른 나라 투자기업과 다른 특별한 대우를 해줄 것을 요청했기 때문이었다. 이 협정에서 주요 안건은 세가지 항목이었는데, 일본은 다른 나라들과 마찬가지로 첫째, 일본기업에 대해 최혜국대우를 해줄 것, 둘째로 만일 일본 투자기업이 국유화될 경우 적절한 보상을 해줄 것, 셋째로 일본기업에 대해 내국인대우를 해줄 것을 요청했다. 이 셋째 요구 때문에 난항을 겪던 양국간의 협상은 결국 1988년에 중국이 일본측의 요구를 수용하여 이례적인 투자보호협정이 체결되었고, 이후 투자를 촉진하는 주요한 계기가 되었다. 이어 1990년에는 통산성의 후원하에 일중투자촉진기구(JCIPO)가 설립되어 대중국 투자와 관련된 각종 지원 업무를 담당하게 되었고, 이에 조응하여 중국측에도 중일투자촉진위원회(CJIPC)가 설립되었다(Zhang 1998: 154~59). 이처럼 투자보호협정이 체결된 이후 특히 일본의 제조업부문 투자가 크게 늘어나, 1980년대에는 비제조업부문의 비중이 1983년을 제외하고 65~94%였던 데 비해, 1991년에는 제조업부문의 비중이 53.4%로, 1993년에는 81.4%로 빠르게 증가했다(Zhang 1998: 144~48).

---

12) 1987년 이전 일본 제조업의 중국 진출은 미미해서, 제조업이 일본의 대중국 직접투자에서 차지하는 액수는 써비스투자액의 6분의 1에 지나지 않았다(Hilpert and Hoak 2002: 115).

본격적인 투자붐이 나타난 것은 1990년대초였다. 특히 이 시기는 표에서 읽을 수 있듯이, 투자액수 증가에 비해 투자건수가 더 크게 증가해 건당 투자규모가 작아진 시기였는데, 이는 다시 말해 중소규모의 기업이 이 시기의 투자를 주도했음을 뜻한다.

1992년 이후 투자 가속기에 들어서 달라진 특징은 일본자본의 투자동기에 변화가 나타난 것이다. 그전까지 노동력 비용 절감이 주요 투자목표였던 데 비해, 이 시기에 들어서 중국 국내시장의 개척이 가장 중요한 목표로 떠올랐다. JCIPO의 조사에 따르면 1991년에 가장 중요한 투자동기로 값싼 노동력을 중시한 일본기업이 52.0%였고 내수시장개척을 중시한 기업이 20.0%였던 데 비해, 이듬해에는 이 비율이 28.3%와 47.8%로 역전되었으며, 1995년에 이르러서는 18.8%와 62.5%로 격차가 크게 벌어졌다(大原盛樹 1998: 167).

이는 일본의 투자가 초기의 노동집약적 섬유 및 전자산업 중심의 투자에서 벗어나 수송기기와 내수형 기계산업, 소재산업 등의 분야로 확대되고 있는 것과 무관하지 않으며, 투자처가 연해지역을 벗어나 충칭(重慶), 우한(武漢) 등 내륙으로 향하는 것도 이런 변화를 반영하고 있다. 내륙으로 진출하는 기업은 대부분 부품업체와의 연관고리를 형성할 수 있을 뿐 아니라 중국 내수시장을 겨냥할 수 있는 지역으로 진출하고 있는데, 혼다를 필두로 수송산업과 부품업체들이 진출한 충칭의 경우 1995년 이 도시에 대한 외국인직접투자의 57%, 1995년말까지의 외국인투자 누계액의 43%가 일본기업의 투자였다(大原盛樹 1998: 175).

1990년대에 대형 일본기업들은 샹하이와 삐이징 등 대도시를 중시했으며(Lin 1998: 11), 그중에서도 샹하이는 최대 투자 도시가 되었다. 1997년 샹하이 도시권에만 일본 투자기업이 2130개 집중해 있고, 샹하이시에 400개의 일본기업의 현지 사무소가 설치되어 있었다. 이런 추세를 반영하여 1997년 전반기 들어서 샹하이시의 제1투자국이 홍콩에서 일본으로 바뀌었다(FBIS-EAS-97-313).

1990년대초 일본의 중국 투자붐 이후 일본의 투자는 투자건수, 투자계약액수, 실제투자액 순으로 줄어든다. 투자건수는 줄었지만 계약액수는 늘어난 1994년과 1995년은 오히려 건당 투자규모가 커졌음을 보여주기 때문에 투자가 준 것은 아니지만, 1995년 이후부터는 투자계약액이 급속히 줄어들고, 실제투자액도 2년 정도의 시차를 두고 줄어들기 시작한다.[13]

1995년 이후 일본의 대중국 투자가 줄어든 것은 역플라자라고 부르는 엔저현상이나 일본의 해외투자 감소 때문은 아니었다. 앞의 〈표 2〉에서 알 수 있듯이, 1995년 이후 일본 해외투자의 절대액까지 지속적으로 감소한 지역은 중국뿐이었다. 중국에서만 예외적으로 투자가 감소한 원인으로 중국 내부의 요인을 들 수 있는데, 1993년 이후 긴축정책으로 경제상황이 악화되었고, 과잉투자로 시장이 포화상태에 이르렀다는 전망이 제기된 것이 큰 영향을 끼친 듯하다. 특히 1995년이라는 싯점이 문제된 것은 중국이 1994년에 발표한 수입 기계류에 대한 관세우대정책 폐기와 부가가치세 등 세제의 강화 때문이었다. 이 때문에 중국에 진출할 계획을 세운 많은 기업들이 시간을 앞당겨 한꺼번에 진출한 측면도 무시할 수 없다(Lin 1998). 일본의 장기불황으로 동남아에 투자하고 있는 기업들이 지속적으로 중국에도 투자선을 확대하기 어려웠다는 점과 중국에서 주5일제 도입으로 생산비용이 상승했다는 점(馬黎明 2003: 144), 중국 내의 경기쇠퇴와 시장경쟁 과열, 금융불안정에 따른 일본 투자자들의 투자의

---

13) 중국과 일본의 투자집계 방식의 차이 때문에 여기서의 추세는 앞의 〈표 1〉의 중국측 통계와 차이가 난다. 중국의 통계에서는 일본의 대중 투자가 줄어들기 시작한 것은 1998년부터이며, 이후 3년간 감소한 것으로 나타난다.

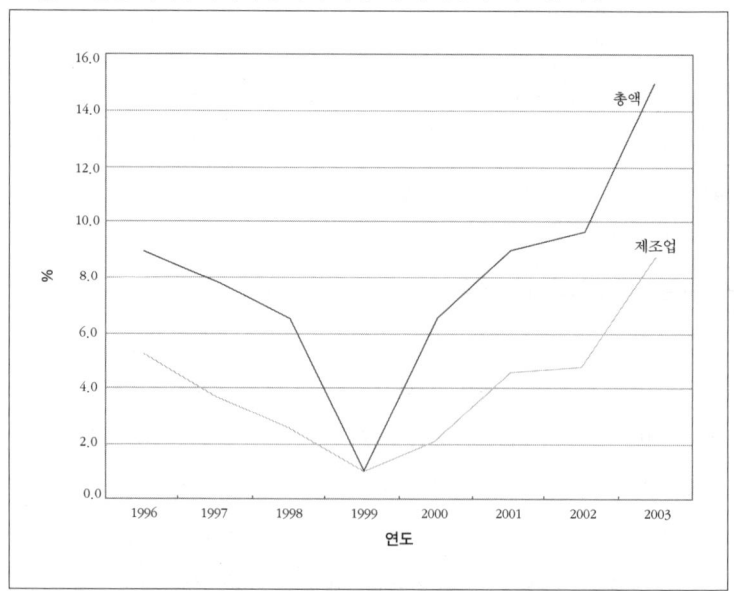

출처 鈴木まゆみ(2004), 齊藤啓(2003)와 그외 『開發金融研究所報』 자료에서 구성.

욕 감소와 일본의 해외투자조정 등의 영향도 작용한 것으로 보인다(劉昌 黎 2000).

이렇게 줄어들던 일본의 대중국 투자는 중국과 미국의 WTO 가입 협 상이 타결된 2000년부터 다시 증가하기 시작한다. 이후 투자 증가속도 가 급속히 빨라지며 특히 2003년 이후 투자는 가파르게 증가하고 있다.

중국에 진출하는 일본의 투자 동향은 제조업부문을 떼어내 살펴보면 더욱 분명해진다. 〈그림 4〉는 일본의 해외투자 중 중국이 차지하는 비중 을 투자 총액과 제조업으로 나누어 살펴본 것이다. 그림에서 나타나듯이 제조업만을 살펴볼 경우, 일본의 해외투자에서 중국이 차지하는 비중은 두배 가까이 높아지는 것으로 나타나, 다른 지역보다 제조업에 투자가 집중되어 있음을 알 수 있다. 그런데 이런 제조업투자의 비중은 중국의 외국인직접투자 총액에서 차지하는 일본의 투자 비중이 하락한 1990년 대 후반에 더불어 하락했다. 특히 1999년에는 제조업투자가 대폭 감소, 일본 해외투자 중 중국이 차지하는 비중보다 제조업 해외투자에서 차지하는 비중이 더 대폭 하락하여 양자의 차이가 거의 사라질 정도였다. 그러나 2000년부터 제조업투자는 다시 빠른 속도로 증가하여, 2002년에는 일본의 전체 제조업투자 중 10%에 근접하고, 2003년에는 15%에 이르러, 일본의 제조업 생산기지로서 중국의 비중이 커지고 있음을 보여준다.

3차 투자붐 시기인 2000년대초 일본의 대중국 투자의 특징 중 하나는 투자규모의 확대다. 1차에서 2차 투자붐으로 이어진 시기인 1980년대말에서 1990년대초에 건당 투자액이 100만달러에서 150만달러 수준으로 상대적으로 작은 규모였음에 비해, 일본의 대중 투자가 감소하는 1990년대 후반 이후 오히려 평균 투자액 규모는 200만달러 이상으로 높아졌다. 그리고 3차 투자붐이 나타나는 2000년대에도 대체로 그 수준을 유지하다가 최근 250만달러 이상으로 다소 상승하는 추세를 보여주고 있다. 이는 초기 투자가 노동집약적 산업에 집중된 반면, 최근 투자는 자본집약적 부문을 동반하여 진행되고 있음을 시사해주는 것이다. 특히 최근 투자가 IT 분야나 자동차산업을 중심으로 진행되면서 투자규모가 확대되고 있음을 보여준다.

이처럼 일본의 대중국 투자가 확대되면서 중국에 설립되는 일본의 해외생산거점 또한 늘어나고 있다. 일본의 국제협력은행은 매년 해외진출 기업을 대상으로 설문조사를 실시하는데,[14] 일본기업의 해외생산거점 중 중국에 설립된 생산거점수는 2000년 이후 미국을 앞질렀고, 2003년

---

14) 이 조사에서 생산거점수는 실제 설립된 생산거점수가 아니라 표본조사에 나타난 수임을 염두에 두어야 한다. 그렇지만 일본의 해외진출 조사를 수행해온 기관들 중 국제협력은행의 조사가 응답률이 가장 높고, 같은 방식의 조사를 15년째 반복 수행해왔기 때문에, 조사 결과의

에는 ASEAN4의 생산거점수에 근접하고 있는 것으로 나타난다(鈴木まゆ
み 2004). 여타 지역의 생산거점수에는 큰 변화가 없는 것으로 나타나 현
상을 유지하는 수준에 머물고 있으며, ASEAN4에서 다소 완만한 상승추
세가 나타나는 데 비해, 중국의 생산거점수는 그보다 빠른 수로 늘어나
고 있다. 이는 신설 생산거점수가 많음을 반영하는 것이다.

4) 중국 진출 일본기업의 유형

중국에 투자하고 있는 일본기업은 세가지 유형으로 구분할 수 있다.
첫째는 중국 현지에서 완성품을 제조하여 중국 내수시장에 판매하는 형
태이다. 이 경우도 일부는 해외시장에 수출할 수 있지만 주요한 대상은
중국 내수시장이다. 그러나 자동차산업의 경우 다른 국가에 비해 중국
진출이 뒤늦은 편이며(Hilpert and Hoak 2002: 181), 가전제품산업의 경우 완
성품의 시장점유율이 높지는 않다. 이미 1992년에 중국에 진출하는 이
유로 내수시장 개척이 47.8%로 나타난 데 비해, 값싼 노동력은 28.3%로
그 전해에 비해 중요성의 순위가 역전된 이후, 일본기업의 중국 진출은
중국 내수시장의 개척을 중요한 목적으로 삼아왔다(大原盛樹 1998). 2002
년 경제산업성의 조사에서도 중국을 중요한 시장으로 보는 기업이
80.6%로, 미국의 73.4%보다 높게 나올 만큼 일본자본의 중국시장에 대
한 관심은 높게 나타나며(經濟産業省 2003: 79), 지속적인 투자 확대로 이어
지고 있다. 그러나 1990년대 후반 일본이 주로 미국과 유럽시장의 개척
과 동남아시아 투자선의 유지에 힘을 쏟으면서 상대적으로 대중국 투자
가 감소하던 시기에 여타 국가들의 대중국 투자가 늘어났다. 그 결과, 핵

신뢰성이 확보되어 있으며, 시간적 추이에 따라 나타나는 변화의 양상을 잘 발견할 수 있다는
장점이 있다.

심 산업에서 중심부국가 초국적기업의 산업점유율이 1990년대 후반부터 급격하게 높아졌고, 1997년에 이르면 중국시장은 포화상태에 이를 정도로 기업간 경쟁이 극심해졌다(岳健勇 2001: 71~72). 이 때문에 중국 내수시장을 겨냥한 일본의 완제품 생산 노력은 예상과 달리 아직 성공적이라고 평가하기 어려운 수준에 머물러 있다.

둘째 유형의 투자는 일본의 디자인과 설계로 중국 현지에서 저렴한 노동력을 고용해 생산하여 일본 내수시장에 소비재를 공급하는 것으로, 섬유산업에 진출한 기업들을 들 수 있다. 이런 유형의 기업은 초기 일본 투자의 상당수를 차지하여, 이후 중국의 섬유제품이 일본시장을 장악하는 데 기여해왔는데, 시간이 지남에 따라 산업 전반의 중심이 점차 중국 토착기업 쪽으로 이전해가는 경향을 보이고 있다(ジェトロ 2003).

셋째 유형은 완성품이 아니라 핵심부품, 특히 정밀도가 요구되는 전자부품들을 제조하여 중국 내수시장과 해외시장에 공급하는 기업들이다. 전기전자업계를 중심으로 하는 이런 기업들은 기존 동아시아 분업구조의 중심축으로 고부가가치 영역을 점유해왔다. 이런 경우 핵심부품 생산에서 일본기업의 우위는 뚜렷하게 나타난다. 한 예로 TV 생산의 경우 음극전자관(CRT)은 중국 자체기술에 의한 생산 비중이 매우 낮고, 시장 수요 중 27%는 일본과의 합자기업이 공급한다. 일본에서 기술을 도입하는 기업까지 합하면 그 비중은 77%로 높아진다. 냉장고와 에어컨의 핵심부품인 컴프레서의 경우도 중일합자기업이 중국 내 생산의 90%를 공급하고 있다(Hilpert and Hoak 2002: 187~91). 이처럼 완제품시장에서 확고한 우위를 확보하지 못하고 핵심부품에서 우위를 점하고 있기 때문에 일본 투자기업의 경우 구미기업에 비해 수출형기업 비중이 높은 편이다. 생산량의 70% 이상 수출을 기준으로 수출형기업을 분류할 경우 아직도 중국 진출 일본기업의 51.3%는 수출형기업이며, 내수비중이 70%가 넘는 내

수형기업은 36.8%에 지나지 않는다(ジェトロ 2003: 24).

5) 일본 해외투자에서 중국과 ASEAN의 위상

2000년대 들어 일본자본의 대중국 투자가 늘면서 이와 관련해 제기되는 쟁점은 일본이 향후 ASEAN지역에서 중국으로 생산을 재배치할 것인가 하는 점이다. 이는 향후 동아시아 내에서 상호연관된 경제구조의 변화의 방향을 가늠해볼 수 있는 중요한 쟁점인데, 일본의 대중국 투자의 성격이 그 방향을 좌우할 것으로 예상된다. 동아시아 금융위기 이후 동남아시아로 유입되는 자본이 급격하게 줄어든 데다 일본 또한 장기불황의 그늘을 벗어나지 못하면서, 동남아시아의 투자가 중국지역으로 빠져나갈 것이라

〈그림 5〉 일본 해외기업이 중기적으로 유망하게 보는 국가

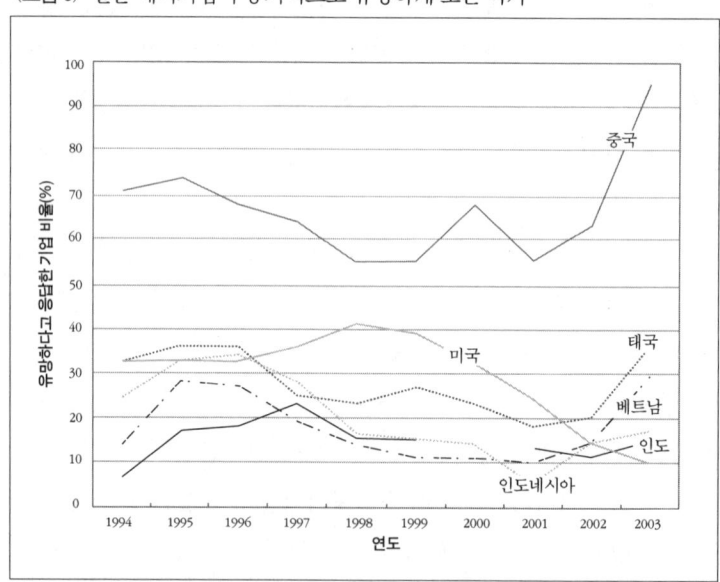

출처 丸上貴司·春日剛·齊藤啓·鈴木まゆみ(2004)에서 구성

는 '공동화'의 위기감이 크게 고조되었다. 이런 위기감은 동남아지역이 중국과의 자유무역협정을 시급히 체결하려는 시도에서도 발견된다.

이와 관련해 〈그림 5〉에서는, 매년 일본의 국제협력은행이 설문조사를 통해 내놓은 자료에서 지난 10년간 일본의 해외진출 기업들이 중기적(향후 3년)으로 유망하다고 본 국가를 볼 수 있다. 이 그림을 보면 중국이 가장 전망이 있다고 응답한 경우가 절반 이상을 차지했는데, 그 응답비율은 1990년대 후반 60% 이하로 다소 하락했다가 2000년대 들어 다시 빠르게 상승하고 있고, 2003년의 조사에서는 거의 모든 응답자가 중국이 유망하다고 응답했다.

그러나 이와 동시에 발견되는 특징은 일본이 진출한, 대표적인 동남아시아 국가인 태국이 유망하다는 응답이 다시 상승세를 타고 있고, 새로운 진출지로서 베트남을 거론하고 있는 경우도 대폭 늘어났다는 점이다. 인도네시아의 경우도 2003년 조사에서는 유망 투자지로 미국보다 다소 높은 응답을 얻었다.

이를 통해서 알 수 있는 것은 일본에서 향후 중국으로 새로 진출하는 기업들이나 사업을 확장하는 기존 기업들이 늘어날 것으로 보이지만, 그것이 아세안지역을 완전히 대체하지는 않을 것이라는 점이다. 또다른 조사에 따르면 일본기업 중 아세안에서 철수하여 중국으로 이전을 계획중인 기업은 거의 없는 것으로 나타났다. 이전을 고려하는 기업은 대부분 일본에서 중국으로 이전하려는 기업들이었고, 응답 기업의 98.7%는 아세안지역에서 사업을 계속할 계획이라고 밝혔다(木村福成·丸屋豊二郎·石川幸一 2002: 70~76).[15] 다만 ASEAN지역에서는 신규투자 계획이 있는 기업

---

15) 현재까지 동아시아에서 일본기업 해외투자를 잔고 기준으로 보면 NIEs지역에 249억달러, ASEAN4지역에 188억달러, 중국에 125억달러로, 대체로 40%, 30%, 20% 선을 유지하고 있다(ジェトロ 2003: 22~23). 일본은 이중 어느 한 지역에서 발을 빼기보다는 각 지역을 조정하면서 사업기반을 유지해갈 가능성이 높다.

은 소수이고, 대부분은 현재 설비를 유지하거나 확장할 계획이다. 신규 투자의 경우는 대부분 중국을 대상으로 삼고 있기 때문에 장기적으로는 중국에 대한 투자가 훨씬 더 늘어날 것으로 보인다.

2000년대 들어 동남아시아에서 외국인직접투자가 급격히 감소했다. 예를 들어 일본의 주요 관심국인 태국의 경우 외국인직접투자가 1998년의 75억달러 수준에서 2003년에는 18억달러 수준으로 감소했다(UNCTAD 2004: 370). 그럼에도 태국에 대한 일본의 투자 전망이 양호하다는 것은 제조업 생산지로서 태국의 중요성이 유지되는 동시에 태국에 대한 일본의 영향력이 커질 가능성이 높다는 점을 말해준다. 이는 중국의 상황과는 다소 다른데, 중국의 경우 일본의 투자와 더불어 다른 국가의 투자도 증가하기 때문에 일본의 투자가 중국에 미치는 영향력은 여전히 제한적인 수준으로 남을 것이다.

동아시아지역 내의 일본의 투자가 한곳으로 집중되기보다 다소 분산될 가능성이 높은 또다른 이유는 중국의 기술개발 방식 때문이다. 중국의 가전업체들은 기술개발의 요체는 혁신적 핵심기술이 아니라 선진국에서 개발된 부품이나 기간 장비를 외부조달한 후, 이들 부품장비를 조립하여 시장에 적응하여 생산할 수 있는 분야에 촛점을 맞추고 있다(經濟産業省 2003: 86~90). 이 때문에 일관생산에 의거한 자체 부품생산 기술개발에 대한 투자는 취약한 편이고, 부품은 주로 외부업체나 해외에서 공급한다. 이 때문에 해외수출형 현지 일본기업의 경우 부품을 해외에서 조달하고, 현지 내수판매용일 경우는 부품을 현지에서 조달하는 이원화 체제를 운용하기도 한다(北眞收 2004: 30~36). 동아시아 내에서 일본의 연구개발 분야 투자가 여전히 ASEAN4에 집중되어 있는 것도 이런 이유로 해석될 수 있다(經濟産業省 2003: 97).

3. 중국과 일본의 무역구조

(1) 전반적 추세

외국인직접투자의 증가와 더불어 중국의 총무역액 또한 빠른 속도로 늘어나고 있다. 특히 중국과 일본의 무역거래가 빠르게 늘어나, 일본은 1993년 이후에 중국의 최대 무역상대국이 되었다. 동아시아의 경험에 비추어 볼 때 대일 무역구조의 변화는 때로는 일본 직접투자의 유입보다 더 중요한 의미를 지닌다. 일본은 2003년에 중국 총무역의 15.7%를 차지했으며, 수입에서는 18.0%로 1위, 수출에서는 13.6%로 미국과 홍콩에 이어 3위를 차지하였다.[16] 일본의 경우에도 중국은 2001년부터 한국과 대만을 앞서 미국에 이은 두번째 수출상대국이 되었으며, 2002년에 미국을 앞질러 일본의 최대 수입상대국이 되었다. 2003년 중국은 일본 총수출의 13.4%와 총수입의 16.9%를 차지했다.[17]

중국의 해외무역에서 특이한 점은 중국에 진출한 외국인투자기업이 수출에서 차지하는 비중이 매우 크다는 점이다. 수입 총액에서 외자기업의 비중은 이미 1996년 50%선을 넘어섰으며, 수출에서도 그 수치가 2001년 50%를 넘어섰다. 2002년 대외무역에서 차지하는 외자기업의 비중은 53.2%였으며, 각기 수출 52.2%, 수입 54.3%를 담당했다(ジェトロ 2003: 159). 일본을 대상으로 하는 무역의 경우 이 수치는 더 높아져서 외자기업이 수출 58.7%, 수입 67.5%를 차지하고 있으며 그 대부분은 일본의 투자기업이다(ジェトロ 2003: 12).

최근의 무역증가에서도 외자기업의 역할이 큰데, 2002년 수출 증가액

---

16) 『中國統計年鑑 2004』.

17) 일본무역진흥회 자료(www.jetro.go.jp: 검색일 2004.10.30).

이 국유기업의 경우 8.5%인데 비해 외자기업은 27.6%를 보였고, 수입에서는 국유기업이 38.8%로 높지만, 외자기업은 그보다 훨씬 높은 54.2%를 기록하고 있다(ジェトロ 2003). 최근 중국의 무역에서는 수출증가세보다 수입증가세가 더 빠른데, 이는 주로 외자기업이 주도한다고 볼 수 있다. 이처럼 외자기업의 수입이 급증하는 이유는 중국에 유입되는 중간부품이 늘어나기 때문인데, 동아시아 각 지역에서 중국으로 향하는 수출품목 중 가장 성장폭이 큰 상위 3개 품목은 사무기기부품, 초소형 전자회로·통신기기부품 등 가공조립형 기계부품이다. 이는 중국이 다른 동아시아 지역에서 부품을 공급받아 최종조립국 역할을 점점 더 강하게 수행하고 있다는 것을 보여주며(經濟産業省 2004: 162), 이러한 무역구조는 일본에 대한 의존도가 높은 동아시아국가의 특징과 유사하다.

(2) 중일간의 무역구조

아래에서는 일본과 중국의 무역관계를 통해 이런 전반적인 변화를 좀더 자세히 살펴보기로 하겠다. 〈표 3〉에서 일본의 국가별 수출액 변화추이를 살펴보면, 수출시장으로서 미국의 비중이 절대적이긴 하지만 시간이 지나면서 그 비중이 줄어드는 반면 동아시아 역내 수출시장의 비중은 전반적으로 높아지고 있다. 2002년 현재 한국과 대만, 홍콩이 거의 비슷한 수준을 차지하는 반면 중국은 그보다 한단계 앞서가고 있고, 태국과 씽가포르의 경우 한국, 홍콩, 대만의 절반 수준을 차지하고 있다.[18]

〈표 4〉에서는 주요 품목별로 일본의 대중국 수출의 변화추이를 살펴보았다. 중국 자체 생산이 증가하는 철강, 영상기기, 선박 등의 비중이

---

18) 1985년 일본의 수출에서 차지하는 중국의 비중은 상당히 높은 것으로 나타나는데, 이는 이 해의 수출에서 자동차, 선박, 영상 분야에서 대중 수출이 이례적으로 많았기 때문이다.

<표 3> 일본의 국가별 수출액   (단위: 백만엔, %)

	1985	1990	1995	1999	2002
총액	41,955,659	41,456,940	41,530,895	47,547,556	52,108,956
중국	2,991,151	883,510	2,061,960	2,657,428	4,979,796
한국	1,693,658	2,517,998	2,927,822	2,606,234	3,572,439
대만	1,204,790	2,234,470	2,709,586	3,276,252	3,281,188
홍콩	1,564,927	1,887,543	2,599,570	2,507,213	3,176,359
태국	487,606	1,315,373	1,849,932	1,284,801	1,648,577
씽가포르	924,516	1,546,624	2,157,607	1,854,167	1,774,536
독일	1,646,278	2,565,538	1,907,967	2,121,636	1,765,886
미국	15,582,715	13,056,598	11,332,952	14,605,315	14,873,326

	1985	1990	1995	1999	2002
전체	100.0	100.0	100.0	100.0	100.0
중국	7.1	2.1	5.0	5.6	9.6
한국	4.0	6.1	7.0	5.5	6.9
대만	2.9	5.4	6.5	6.9	6.3
홍콩	3.7	4.6	6.3	5.3	6.1
태국	1.2	3.2	4.5	2.7	3.2
씽가포르	2.2	3.7	5.2	3.9	3.4
독일	3.9	6.2	4.6	4.5	3.4
미국	37.1	31.5	27.3	30.7	28.5

자료 『日本統計年鑑』 각 연도.

줄어드는 대신, 반도체 등 전자부품 분야의 비중이 대폭 늘어나며, 화학·정밀기기의·자동차부품의 비중이 늘어나고 있는 점도 눈에 띈다. 전기기기의 비중과 반도체 등 전자부품 분야의 비중이 늘어나는 점은 앞서 언급한 중국 IT산업 발전과 관련해 주목된다.

〈표 5〉는 이러한 변화를 다른 각도에서 조명해보기 위해, 주요 부문별로 일본의 총수출에서 차지하는 대중국 수출액 비중을 살펴보았다. 이

〈표 4〉 일본의 대중 수출 품목 비중 (단위: %)

			1985	1986	1990	1995	1999	2002
화학			5.7	6.9	12.3	9.3	12.9	12.5
		플라스틱	2.8	3.6	3.5	3.0	4.8	4.5
금속 및 금속제품			28.3	31.6	19.4	14.2	10.9	10.5
		철강	25.7	27.4	17.3	10.7	6.6	7.3
기계기기			57.0	50.2	46.2			
	일반기계					27.8	21.2	20.9
		원동기	0.9	2.4	1.7	2.7	2.5	1.5
		사무용기기	1.0	1.2	1.1	2.1	3.2	3.2
	전기기기					21.9	25.5	26.8
		영상	8.6	1.5	3.9	2.9	0.3	0.2
		반도체 등 전자부품	1.3	1.4	3.3	3.2	7.0	10.5
	수송기기					4.2	3.4	6.0
		자동차	12.2	6.4	2.3	2.1	1.6	3.7
		자동차부품				1.2	1.3	2.2
		선박	3.0	1.2	0.9	0.1	0.1	0.0
	정밀기기					2.0	3.5	4.1
		과학광학기기	2.0	1.5	1.5	1.9	3.2	4.0
기타			6.1	5.7	9.5	8.3	9.6	10.2
전체			100.0	100.0	100.0	100.0	100.0	100.0

주 1990년까지 자동차부품은 별도 항목으로 집계되지 않아 자동차 항목 속에 포함되었다. 일반기계, 전기기기, 수송기기, 정밀기기 등의 항목도 마찬가지이다.
자료『日本統計年鑑』각 연도에서 구성.

표에서 보면 화학, 반도체 등 전자부품, 그리고 광학기기 분야에서 일본의 수출시장에서 중국이 차지하는 비중이 매우 높으며, 1990년대 초반에 비해 그 비중이 빠르게 증가해왔음을 알 수 있다.

그런데 일본의 수출에서 중국의 비중이 늘어나면 그에 따라 해당 상품의 비중도 함께 늘어나는 것으로 나타나기 때문에, 이를 통제하고 특

〈표 5〉 일본 수출품 중 주요 상품별로 중국이 차지하는 비중　　　　(단위: %)

	1985	1990	1995	1999	2002
화학	9.3	4.7	6.8	9.8	14.9
철강	23.6	8.4	13.5	11.4	18.9
사무기기	1.6	0.3	1.5	2.8	5.4
영상기기	41.0	11.5	6.1	0.7	0.5
반도체 등 전자부품	3.4	1.5	1.7	5.0	13.6
자동차	4.5	0.3	0.9	0.6	2.1
자동차부품			1.4	2.1	5.1
과학광학기기	3.7	0.8	2.3	3.8	10.4
총액	7.1	2.1	5.0	5.6	9.6

자료 『日本統計年鑑』 각 연도에서 구성.

정 부문의 상품이 일본의 수출시장에서 차지하는 중요성을 파악하기 위해 〈표 6〉에서는 일본 특정 수출상품 편중도를 제시했다. 이는 특정 부문 상품의 일본 총수출액 중 특정 국가의 해당 부문이 차지하는 비율을 일본의 총수출 중 특정 국가가 차지하는 비율로 나눈 것이다.[19] 이 표에서는 중국뿐 아니라 일본과 밀접한 경제관계를 맺고 있는 동아시아 국가들, 그리고 일본의 최대 수출시장인 미국과 유럽의 최대 수출대상국인 독일도 함께 포함되어 있어, 특정 수출상품의 편중도를 비교해볼 수 있다. 이러한 특정 수출상품 편중도는 한 나라의 대일 수입구조에서 특정 상품이 다른 상품보다 일본에 더 의존하고 있는지를 살펴보는 지표가 될 수 있다. 이 경우 〈표 3〉에서 제시된 국가별 일본 수출시장 비중이 낮더라도(즉 수출시장으로서 그 국가의 중요성은 낮더라도) 일본이 그 상품을 전세계에 판매한 수출 총액에서 그 나라에 수출되는 특정 상품의 총

---

19) 여기서 특정 수출상품 편중도=(일본 수출 중 특정 부문 해당국 수출액/특정 부문 일본 총수출액)/(특정 국가 대상 일본 수출액/일본 총수출액)이다. 이는 다시 〈표 4〉에서 제시된 특정 상품의 수출품목 비중×(일본 총수출/일본의 특정 품목 수출 총액)으로 나타낼 수 있다.

액이 차지하는 비중이 크면 편중도가 높아진다. 반대로 특정 상품 총액이 해당 상품의 일본 수출시장에서 비중이 높더라도 그 나라가 일본의 수출시장으로서 지니는 비중이 그보다 크다면 편중도는 낮아진다. 또 해당 국가 수출액 중 차지하는 특정 상품의 비중이 일정하더라도 일본이 세계시장에 판매하는 해당 상품의 총액의 변화에 따라 편중도는 변화할 수 있다.

일본 수입품 구성 내용, 상품별로 일본의 총수출액에서 차지하는 비중, 그리고 이러한 특정 수출상품 편중도를 함께 살펴보면 특정 국가의 어느 분야에 수출이 편중되어 있는지 알 수 있다.[20]

〈표 6〉에서 우선 중국의 변화를 보면 영상기기의 편중도가 가장 빠르게 저하되었음을 알 수 있다. 철강은 앞서 일본 수입품 가운데 그 비중이 저하되었음에도 불구하고 편중도는 상당히 높게 나오는데, 이는 여타 동아시아 국가에서도 관찰되는 특징이다. 화학산업의 편중도 또한 높게 나오며, 특히 반도체 등 전자부품의 편중도와 광학기기의 편중도도 빠르게 상승하고 있다. 이는 일본의 대중국 수출의 평균 수준에 비해 철강, 화학, 전자부품, 광학기기 등의 분야에서 훨씬 더 집중적으로 진행되고 있음을 의미하며, 중국의 산업화가 이들 분야에 대한 일본의 의존도를 높이는 방향으로 진행되고 있음을 뜻한다.

동아시아 다른 국가의 편중도를 살펴보면 이런 방향의 추론이 타당함을 알 수 있다. 일본에서 핵심부품과 기술을 공급받아 산업화한 동아시아 NIEs, 특히 한국과 대만에서는 중국과 상당히 유사한 특징이 나타나

---

20) 편중도의 값이 1을 넘을 경우 일본의 수출시장에서 차지하는 그 나라의 비중보다 특정 상품이 일본 해당 상품 수출에서 차지하는 비중이 더 높다는 것을 말하며, 이는 다시 말해 특정 상품이 일본에 더 의존적인 것으로 해석될 수 있다. 한편, 제시된 〈표 6〉은 중국을 살펴보기 위한 몇가지 대표 분야만 제시한 것이기 때문에 국가에 따라 무역 비중은 높지만 제외된 분야가 있을 수 있다.

〈표 6〉 각국별 일본 특정 수출상품 편중도

		1985	1990	1995	1999	2002
중국	화학	1.3	2.2	1.4	1.7	1.6
	철강	3.3	4.0	2.7	2.0	2.0
	사무기기	0.2	0.1	0.3	0.5	0.6
	영상기기	5.8	5.4	1.2	0.1	0.1
	반도체 등 전자부품	0.5	0.7	0.3	0.9	1.4
	자동차	0.6	0.1	0.2	0.1	0.2
	자동차부품			0.3	0.4	0.5
	과학광학기기	0.5	0.4	0.5	0.7	1.1
한국	화학	3.2	2.5	2.0	2.1	1.9
	철강	1.5	1.8	1.9	2.6	2.8
	사무기기	0.6	0.4	0.3	0.4	0.5
	영상기기	0.0	0.1	0.1	0.2	0.5
	반도체 등 전자부품	2.2	2.0	1.1	1.9	1.8
	자동차	0.0	0.0	0.0	0.0	0.0
	자동차부품			0.5	0.5	0.6
	과학광학기기	0.5	0.6	1.2	1.1	1.5
대만	화학	2.9	2.2	2.0	1.9	1.9
	철강	1.3	1.7	1.8	1.5	1.2
	사무기기	0.6	0.6	0.6	1.1	0.9
	영상기기	0.0	1.4	0.2	0.2	0.3
	반도체 등 전자부품	3.3	2.2	1.9	1.3	1.5
	자동차	0.1	0.1	0.1	0.1	0.1
	자동차부품	0.0	0.0	0.9	0.7	0.5
	과학광학기기	2.2	2.5	2.1	1.8	2.8
홍콩	화학	1.1	1.2	1.2	1.3	1.0
	철강	0.6	0.8	1.1	1.3	0.8
	사무기기	0.7	0.6	0.5	0.6	0.9
	영상기기	1.3	2.6	2.6	1.4	1.3
	반도체 등 전자부품	2.4	1.6	1.3	2.0	2.3
	자동차	0.3	0.2	0.3	0.2	0.1
	자동차부품			0.1	0.1	0.1
	과학광학기기	1.2	0.9	0.8	1.0	1.5

태국	화학	3.0	1.4	1.2	1.4	1.1
	철강	2.2	2.6	2.3	3.1	2.6
	사무용기기	0.3	0.2	0.3	0.5	0.4
	영상기기	0.2	0.2	0.1	0.1	0.2
	반도체 등 전자부품	0.4	0.6	0.8	1.7	2.0
	자동차	0.8	0.3	0.4	0.3	0.3
	자동차부품			1.5	1.6	1.6
	과학광학기기	0.4	0.3	0.5	0.4	0.5
씽가포르	화학	1.1	0.9	0.8	0.8	0.8
	철강	1.0	1.3	1.0	1.0	0.9
	사무용기기	0.7	0.7	1.0	1.4	1.3
	영상기기	1.0	1.6	1.3	0.9	0.8
	반도체 등 전자부품	3.1	2.6	2.7	2.8	2.6
	자동차	0.1	0.2	0.2	0.3	0.3
	자동차부품			0.2	0.2	0.2
	과학광학기기	0.7	0.6	0.6	0.7	0.8
독일	화학	0.9	0.8	0.8	0.7	0.8
	철강	0.1	0.1	0.1	0.1	0.1
	사무용기기	2.4	1.8	2.0	1.8	1.3
	영상기기	0.7	1.3	1.2	1.7	2.3
	반도체 등 전자부품	2.2	1.1	1.1	0.9	0.9
	자동차	0.8	1.2	1.4	1.0	0.8
	자동차부품			0.3	0.4	0.5
	과학광학기기	2.8	2.3	2.1	1.8	1.5
미국	화학	0.5	0.5	0.6	0.6	0.6
	철강	0.6	0.6	0.3	0.4	0.2
	사무용기기	1.4	1.6	1.7	1.3	1.3
	영상기기	0.5	0.4	1.3	1.6	1.4
	반도체 등 전자부품	0.8	0.9	0.9	0.6	0.3
	자동차	1.5	1.4	1.5	1.6	1.8
	자동차부품	0.0	0.0	1.5	1.5	1.5
	과학광학기기	1.1	1.1	1.3	1.2	0.8

주 특정수출상품 편중도=(일본 수출 중 특정 부문 해당국 수출액/특정 부문 일본 총수출액)/(특정 국가 대상 일본 수출액/일본 총수출액). 자료『日本統計年鑑』각 연도에서 구성.

고 있음을 발견할 수 있다. 한국은 철강과 반도체, 화학산업 생산이 중요한 국가인데도 철강과 반도체, 화학에서 높은 상품 편중도를 보이고 있고, 지난 20년 사이 큰 변화가 나타나지 않는다. 대만 또한 이 세 분야에서 비슷한 추세를 보이며, 다만 철강에서의 편중도가 다소 낮고, 광학기기의 편중도가 한국보다 높은 것으로 나타난다. 2000년대 들어 일본 특정 수출상품에 대한 중국의 편중도구조는 한국·대만과 상당히 동형적인 특성을 보이고 있는데, 이는 1990년대말 이후 전자통신산업을 중심으로 외부에서 핵심부품을 공급받아 조립생산기지로 전환해가는 중국 산업구조의 한 특성을 보여준다.

이에 비해 동아시아 NIEs의 다른 두 지역인 홍콩과 씽가포르는 지역적 차별성을 나타내고 있다. 홍콩은 중공업 토대가 약한 데다 중국의 교두보 역할로 전환함에 따라, 주로 중국을 위한 중개무역 역할에 치중하는 경향을 보인다. 이에 따라 홍콩과 중국 현지생산을 위한 전자부품 편중성은 지속적으로 높게 나타나지만 화학과 철강 분야의 편중성은 높지 않고, 오히려 소비재인 영상기기 편중성이 높게 나타난다. 영상기기 편중성이 높다는 것은 토착 가전산업의 저발달의 결과이기도 하다. 씽가포르 또한 전자부품 편중성은 높은 반면 화학이나 철강, 광학기기 편중성은 낮고 사무기기에 대한 편중성은 높아서 산업구조나 일본과의 분업관계에서 한국이나 대만과 차별성을 보이고 있다. 동아시아의 후후발 공업지역인 태국에서 오히려 한국이나 대만 유형과 더 가까운 특징들이 발견되어, 태국의 경우 화학, 철강, 전자부품에 대한 편중도가 높게 나타난다. 특히 일본의 자동차 생산 거점으로 특화되어가는 특징을 반영해 자동차부품의 편중도가 높게 나타나지만, 광학기기의 편중도는 낮아서 산업발전 단계에서 다소 뒤처져 있음을 보여준다.

이에 비해 미국과 독일의 편중도구조는 매우 상이하게 나타난다. 이 두 지역 모두 사무기기와 영상기기 같은 소비성기기에서 일본상품에 대한 편중도가 높다는 점이 두드러진다. 그러나 화학이나 철강의 편중도는 매우 낮고, 전자부품에 대한 편중도도 일본의 해당 국가 수출의 평균 이하에 머물고 있다. 다만 미국의 경우는 일본의 주요한 자동차 수출시장인 동시에 생산거점이라는 점에서 자동차와 자동차부품에 대한 편중도가 높으며, 독일은 광학기기에서 다소 높은 편중도를 보여주고 있다는 차이를 보여준다.

이상의 검토에서 우리는 1990년대말 이후 중국의 무역구조가 일본에서 핵심 소재와 부품을 수입해 조립가공하여 수출하는 동아시아 무역구조와 점차 동형화해가고 있음을 발견할 수 있었다. 이는 물론 일본의 대중국 투자의 영향력은 아니다. 그보다는 1980년대 후반 주로 홍콩자본의 대중국 투자에 따라 동아시아 내 국제분업구조의 최하층 파트너로 편입된 단계에서 1990년대 중후반 이후, 특히 2000년대 들어 일본뿐 아니라 대만과 한국 등 동아시아의 주요 생산기지들의 산업이 중국으로 이전되면서 중국 무역구조가 한단계 상향조정되었다는 점을 반영한다.

다음으로 일본의 대중국 수입을 살펴보기로 하자. 〈표 7〉은 일본이 중국에서 수입하는 주요 상품들의 구성을 보여준다. 여기서 일본의 대중 수출보다 수입 쪽의 변화가 더 급속하게 진행되고 있음을 발견할 수 있다. 우선 광물성연료와 원료의 수입 비중이 대폭 감소했음을 알 수 있다. 그에 비해 섬유제품과 기계기기의 비중이 늘어났다. 이 두 부문을 합하면 60% 가까이 되어 최근 중국의 대일 수출을 주도하고 있다는 것을 알 수 있다.

〈표 8〉과 〈표 9〉는 앞과 같은 방식으로 일본의 대중 수입상품을 살펴본 것이다. 여기서 섬유제품의 편중도가 대단히 높음에 비해서 기계기기의 편중도는 높지 않음을 알 수 있다. 이는 일본의 섬유수입은 중국에 대

<표 7> 일본의 중국 수입상품 구성   (단위: %)

	1985	1990	1995	1999	2002
식료품	14.2	16.0	13.0	12.3	9.5
원료	12.6	8.8	3.8	2.9	2.0
광물성연료	45.9	23.9	5.8	3.2	3.3
화학제품	4.6	5.4	3.7	3.1	2.9
섬유제품	14.9	26.7	34.6	30.6	25.6
금속및금속제품			6.0	3.6	3.6
기계기기	0.3	4.3	14.4	24.1	33.5
그중사무기기			1.6	3.5	9.2
반도체전자제품			0.3	0.9	1.1
전체	100.0	100.0	100.0	100.0	100.0

자료『日本統計年鑑』각 연도에서 구성.

한 의존도가 매우 높지만, 기계기기는 대중 수입에서 차지하는 비중은 높더라도 여타 지역에서의 수입 비중이 높다는 것을 뜻한다. 그렇지만 시간이 지나면서 기계기기의 편중도가 높아지고 있기 때문에 향후 기계기기의 수입이 점점 더 중국에 집중될 가능성은 높아 보인다. 2002년 들어 처음으로 기계기기 수입이 섬유제품 수입을 앞질렀다는 점도 이런 추세를 시사한다. 기계기기 중에서는 대표적으로 사무기기의 수입이 중국에 집중된 경향이 나타나고 있다. 현재 중국에서 수입하는 기계기기 중 IT 관련 상품의 비중은 64.2%로 매우 높으며, 특히 컴퓨터 등 완성품의 비중이 높다(ジェトロ 2003: 21).

<표 8> 일본의 주요 수입상품에서 중국이 차지하는 비중 (단위: %)

	1985	1990	1995	1999	2002
식료품	5.9	6.1	9.2	11.9	13.9
원료	4.5	7.1	4.2	5.6	6.2
광물성연료	5.3	5.1	3.9	2.7	3.1
화학제품	3.7	4.1	5.4	5.8	6.8
섬유제품	24.7	24.9	50.6	63.0	72.0
금속 및 금속제품			10.9	10.9	16.2
기계기기	0.1	1.3	6.1	10.6	19.3
그중 사무기기			3.6	7.7	26.4
반도체 전자제품			0.9	2.8	4.4
총액	5.0	5.1	10.7	13.8	18.3

출처 『日本統計年鑑 2006』 각 연도에서 구성.

<표 9> 일본의 주요 중국 수입상품의 편중도

	1985	1990	1995	1999	2002
식료품	1.2	1.2	0.9	0.9	0.8
원료	0.9	1.4	0.4	0.4	0.3
광물성연료	1.1	1.0	0.4	0.2	0.2
화학제품	0.7	0.8	0.5	0.4	0.4
섬유제품	4.9	4.9	4.7	4.6	3.9
금속 및 금속제품			1.0	0.8	0.9
기계기기	0.0	0.2	0.6	0.8	1.1
그중 사무기기			0.3	0.6	1.4
반도체 전자제품			0.1	0.2	0.2
총액	1.0	1.0	1.0	1.0	1.0

출처 <표 8>에서 구성.

4. 동아시아 수직분업구조의 재편

이상에서 살펴보았듯이 2000년대 들어 중국경제는 일본과의 관계에서 빠르게 새로운 단계적 변화에 접어들고 있는 듯하다. 이는 동아시아에서 일본을 중심으로 한 수직적 분업구조에 중국이 한걸음 더 편입해가는 과정으로 진행되고 있다고 해석할 수 있다. 우선 직접투자 면에서 1990년대 후반 감소하던 일본의 대중국 투자는 2000년대 들어서 빠르게 회복되어 1990년대 수준을 앞지르고 있고, 투자규모에서도 대형화 추세로 나아가고 있다. 특히 이런 투자는 제조업 분야에 집중되어 있으며, 완제품 판매보다는 중간재부품 공급 측면이 강해 중국은 일본자본의 제조업 생산기지 성격을 강화해가고 있다. 그러나 아직까지 중국은 일본자본의 해외투자에서 동남아시아를 대체하는 관계로 설정되어 있지는 않으며, 다만 신규투자 면에서만 동남아시아를 대체해가고 있는 것으로 보인다. 이로부터 우리는 일본의 동아시아지역 투자가 당분간 동남아시아와 중국이라는 두 축을 중심으로 상호보완적으로 지속되면서, 중국에 대한 투자가 점차 늘어날 것이라고 예상할 수 있다.

일본의 대중국 직접투자의 증가는 무역구조 면에서도 핵심부품을 중심으로 중국의 대일본 의존도를 높이고 있다. 이런 무역구조는 기존 동아시아모델과 유사한데, 특히 2000년대 들어 일본의 대중국 수출구조는 한국이나 대만과 유사한 형태로, 즉 핵심 자본재와 중간재의 대일 의존을 심화하는 형태로 진행되고 있다. 이는 핵심부품을 공급받는 조립생산기지로서의 중국이라는 특징을 정착시켜가고 있는 것으로 보인다.

이처럼 일본의 대중국 투자는 중국의 경제구조를 동아시아 국제분업구조에 편입시키는 데 중요하게 작용하고 있지만, 중국의 특수한 상황은 이후 전개될 과정에 복잡성을 더할 것으로 예상된다. 첫째로 중국 내수시장의 중요성이 해외자본을 흡입하는 주요한 동기로 작용하고 있으며, 둘째로, 일본뿐 아니라 각 중심부의 초국적자본의 투자가 이미 상당정도 진행되어 국가들간의 경쟁이 치열하기 때문에 일본투자의 영향력이 동아시아 다른 국가에 비해 제한된다는 점을 지적할 수 있다. 셋째로, 해외 수출부문과 국유부문이 병존하면서 중국이 일정하게 발전국가적 특징을 유지하고 있으며, 중국에 대한 투자국가가 많다는 점은 중국의 대외 교섭력을 강화하는 요인으로 작용한다. 넷째로, 한국과 대만 등 동아시아의 중간규모 국가들의 자본투자 또한 중국의 동아시아 경제로의 편입 과정에서 중요한 요인으로 작용하고 있다. 마지막으로, 최근 드러나듯이 중국과 일본의 정치적 갈등 요인들이 경제 분야에도 영향을 미칠 수 있다는 점을 지적할 수 있다.

5장

중국과 동아시아
발전모델

1. 동아시아 발전모델 논쟁의 배경

일본과 동아시아 신흥공업국 4개국의 빠른 경제성장은 '동아시아 발전모델'에 대한 많은 논쟁을 불러일으켰다. 여기에 1980년대말 이후 동남아시아 일부 국가들(태국, 말레이시아, 인도네시아 등)과 중국이 가세하면서 동아시아 발전모델에 대한 논의는 새로운 국면에 접어들었다. 세계은행의 1993년 『동아시아 기적』 보고서와 1994년 크루그먼의 동아시아 기적에 대한 비판——요소투입 증가에 따른 성장모델——은 동아시아 국가들의 성장 요인과 한계를 둘러싼 여러 논의를 촉발했다(World Bank 1993; Krugman 1994). 이런 논의에 전기가 된 사건은 1997년 태국을 시작으로 동남아시아 및 한국 등에 몰아닥친 대대적인 금융위기였다. 이 금융위기에 대한 평가를 놓고 동아시아 발전모델에 대한 서로 다른 입장의 쟁점들, 예를 들자면 투기적 금융자본 책임론이나 '정실자본주의'론 등은 그 모델의 형성에 대한 관점만큼이나 위기 원인에 대해서도 대립점을 형성했다(Wade and Veneroso 1998; Burkett and Hart-Lansberg 1998; 우정은 1999; Clark and Jung 2002; Krugman 1998).

중국은 새롭게 변화하는 동아시아의 구도에서 매우 중요한 국가로 부상하고 있고, 자본주의를 지향하는 구조조정을 빠른 속도로 추진하고 있지만, 이를 동아시아발전모델에 비추어 검토한 연구는 많지 않았다. 중국의 거대한 성장 잠재력에 주목하는 '차이나 쇼크'(매일경제 국제부 외 2001)나 일본과 더불어 중국이 새로운 동아시아 축적구조의 중심으로 부상하리라는 예상(이수훈 2001; Arrighi 1999) 등이 제기되고 있지만, 이는 주로 중국의 잠재성에 대한 논의이지, 중국의 발전전략에 대한 분석으로까지 나아가고 있지는 않다. 중국의 발전전략이 보여주는 모습이 다면적이기 때문에 이것을 동아시아 발전모델과 연계해 고찰할 때 입장에 따라 결론이 전혀 달라질 수도 있다. 경제자유화와 외국인직접투자 유치라는 측면에 촛점을 맞추어 일본이나 한국 등의 발전국가모델보다는 동남아시아의 개방형 경제에 더 가깝다는 분석(Clark and Jung 2002)이 제기되기도 하고, 기업지배구조의 변화나 주식시장의 성장, 노동체제의 유연화 등에 촛점을 맞추어 중국이 한국이나 일본과 달리 '동아시아적 모델'을 뛰어넘어 영미형 자본주의에 훨씬 근접한 방향으로 나아갈 것이라는 전망(이근·한동훈 1998; 이근·임경훈 2001)이 제시되기도 한다. 반면 산업정책에 촛점을 맞추어 중국이 한국이나 일본과는 다르지만 대만과 유사한 형태의 '연성 산업정책'을 추진해온 것으로 보고, 중국 발전모델과 대만 발전모델의 유사성을 찾아내려 하기도 한다(이일영·장하준 외 2002).

이른바 동아시아 발전모델에 대해서는 크게 신고전파 입장과 발전국가론 입장으로 나뉘어 논의되어왔다. 신고전파의 논의가 동아시아 국가들의 대외개방성과 수출지향 경제, 정부의 불필요한 간섭의 배제 등에 주목한 반면(Balassa 1988; World Bank 1993), 발전국가론 입장은 동아시아 국가들의 '신중상주의'라 할 만한 정책들, 즉 정부주도의 경제계획 수립, 특정 부문 집중육성을 위한 산업정책, 기업에 대한 정부의 우위, 금융자원 배분에서 정부의 절대적 권한 행사, 억압적 노동통제를 통한 사회적 축적조건의 형성, 토지개혁을 통한 과두제세력의 해체 등을 강조해왔다(Johnson 1982; Amsden 1989; Wade 1990; Haggard 1990; Pempel 1999; 신광영 1999). 발전국가론 내부에서도 편차가 있어, 국가중심론을 비판하고 동아시아의 발전국가를 가능케 한 사회적 조건을 강조하는 '사회중심론'(Bring society back in)이 등장하기도 했다(Evans 1995; Moon and Prasad, 1998; 조희연 1999).

동아시아 발전모델, 특히 일본과 '네마리 용'을 주요 대상으로 한 '발전국가' 모델은 2차대전 이후 특수한 국제적 정치·경제 정세 아래에서 가능했던 역사적 산물이었다. 그 가능성의 핵심 조건은 미국 헤게모니하의 냉전체제의 형성과 전후 세계경제의 팽창이었다. 냉전에 힘입어 동아시아의 최전선에 위치한 일본, 남한, 대만은 미국의 원조, 군사적·정치적 지원, 미국시장의 개방, 미국기업의 진출 억제 등의 혜택을 입어 빠른 경제성장을 이룩할 수 있었다(Palat 1993; 신광영 1999). 전후 미국 중심의 세계경제가 팽창국면을 지속함에 따라 특별한 기술 없는 노동집약적 수출산업의 시장은 계속 확대될 수 있었고, 이 부문에 특화한 국가들은 수출을 계속 증대시킬 수 있었다(Clark and Jung 2002).

1970년대 유가파동 이후 세계경제의 팽창국면은 중단되었지만, 동아시아 국가들의 빠른 경제성장은 계속되었고 이런 고속성장군에 동남아시아 국가까지 가세했다. 1970년대 이후, 특히 1980년대 중후반 이후의 동아시아 분업구조 외연의 확장은 세계경제의 침체국면을 맞아 일본을 정점으로 하는 이 지역 경제체제 내에서 더 낮은 생산비용을 찾아 공정의 일부를 재배치함에 따라 발생한 것이다. 앞선 국면과 비교해 이 시기는 냉전 시기 미국의 정치적 지원이라는 조건이 사라짐에 따라 대외개방과 '자유화'를 내장한 체제가 지역적으로 확대되었다는 차이점이 있다. 따라서 동아시아모델의 3단계라 할 수 있는 동남아시아 국가들의 경우 전지구적 조건의 변화에 따라 그에 앞선 일본이나 한국, 대만 등에서 나타난 발전국가적 특징이 적게 나타날 수밖에 없으며, 금융적 통제력이나 독자적 산업정책 수행능력 등에서 차이를 보이고 있다. 동남아시아의 경우 오히려 일본 금융체계와 산업정책의 외연적 확장(송주명 1997)이나 일본경제 지배력의 확장 및 위계적 체계 속의 편입(Burkett and Hart-Landsberg 2000)이라는 맥락 속에서 더 잘 이해할 수 있는 측면도 있다.

중국 또한 동남아시아와 비슷한 시기에 동아시아 분업체계에 편입되면서 고속성장을 해왔으며, 따라서 동남아시아 국가들과 유사한 국제적 조건에서 출발하였다. 그러나 동남아시아의 조건들과 중국의 조건이 달라 이후 발전노선의 상이점을 낳게 된다. 중국은 동남아시아처럼 외국인투자 부문이 수출을 주도해가고 대외개방을 촉진했다는 공통점이 있지만, 그와 상이한 특징들 또한 있다. 이런 특징들은 중국의 상이한 조건들에서 기인하는 것으로 보이는데, 국유와 집체로 구성된 공적소유부문이 절대적 비중을 차지하고 있었다는 점, 대외개방이 연해지역 등 일부로 한정되었다는 점, 금융부문의 발전이 늦었으며 이 때문에 초국적 금융자본의 유입이 어려웠다는 점, 외국인투자가 집중적으로 중소규모 화교자본에 의해 이루어졌다는 점, 농촌지역의 중소규모 향진기업이 노동집약적 산업을 발전시키는 거대한 배후지가 되었다는 점, 그리고 국내의 저축률이 높았다는 점 등을 들 수 있다(So and Chiu 1995; 백승욱 2002b). 이런 차이점 때문에 동아시아 발전모델 제3단계에서 성장해온 중국은 동남아시아보다는 오히려 일본 및 아시아 신흥공업국들과 유사한 특징을 보여주기도 한다.

물론 중국이 2001년 WTO에 가입하면서 이런 구도에 또다른 변화요인이 발생하고 있는 것도 부정할 수 없다. 기존 발전전략의 상당한 수정이 불가피하며, 실업이나 국유기업 구조조정 문제 등 불안정화 요소가 혼재되어 있기 때문에(백승욱 2002a) 계속 변화하는 중국의 발전전략의 어느 한시점을 잘라서 평가하기 어려운 것도 사실이다. 그러나 1992년 '사회주의 시장경제'라는 구호를 내건 이후 변화 속에서 일정한 발전 방향성이 드러나고 있다. 이를 지금까지 전개되어온 동아시아 발전모델 논의의 틀에 비추어 본다면 앞으로 중국이 걸어갈 방향과 직면하게 될 문제점들을 어느정도 예측할 수 있을 것이다.

2. 동아시아 발전모델을 통해서 본 중국적 발전의 길

중국은 빠르게 변화하고 있고, 지역적으로 그리고 시기별로 매우 상이한 모델의 특징을 보여준다. 그러므로 이를 단일한 모델로 지칭하기보다 현재 중국이 보여주는 여러 모습들을 조합하여 그것을 '중국모델'이라고 지칭하는 편이 일반화나 단순화의 오류를 피할 수 있는 손쉬운 길이다. 그러나 중국적 모델의 특성을 비교연구의 맥락에서 설명하기 위해서도 기존 논의들에 비추어 중국을 살펴보는, 우회로를 통한 접근은 불가피해 보인다. 중국의 지리적 위치나, 발전전략상의 특징, 국제적 분업구조 속에서 차지하는 위상, 특화하고 있는 업종이나 주요 수출시장, 경제에 대한 정부의 개입 형태 등을 놓고 볼 때 중국을 동아시아 발전모델에 비추어 살펴보는 것은 흥미로운 연구전략의 하나이다. 이러한 연구는 중국의 발전전략과 동아시아 발전모델의 근접성을 살펴보는 것일 뿐 아니라, 이른바 '동아시아 발전모델' 자체가 중국이라는 변수가 개입됨에 따라 어떻게 변화해갈 것인지를 검토해보는 것이기도 하다.

세계은행 보고서와 '발전국가론자'들의 분석은 일본, 한국, 대만 등 동아시아 국가의 발전과정이라는 동일한 사안에 대한 서로 다른 평가를 보여준 바 있는데, 대상이 중국으로 바뀌더라도 이는 마찬가지이다. 최근 중국의 변화가 동아시아 발전모델을 주장하는 서로 다른 논지들에 의해 어떻게 상이한 방식으로 해석될 수 있는지 살펴보기로 하자. 먼저 동아시아적 맥락 속의 '다층적 하청체계'(Arrighi et. al 1993)의 편입이라는 관점에서, 1980년대 이후 중국이 동아시아경제로 편입되면서 나타난 전반적 특징들을 살펴본 후, 이러한 변화 및 이와 관련된 중국 내의 구조변화를 자유화론(신고전파적 관점)과 발전국가론의 입장에서 각각 검토해보기로 하겠다.

(1) 다층적 하청체계

중국의 세계경제 재편입은 주로 홍콩, 대만 등지의 화교자본에 의해 주도되었다. 이들 화교자본은 홍콩, 대만에서 섬유, 전자 등 노동집약적 제조업에 집중하다가, 동남아시아 국가들의 추격에 직면해 가격경쟁력이 사라지자 생산기반을 중국으로 이전하였다. 이들은 핵심 기계류와 기술을 일본에서 수입하여, 생산된 물품을 미국시장에 판매하는 가공산업형 기업들이었다. 이 산업이 중국에 이전됨에 따라 중국은 동아시아 분업구조 내에서 화교자본이 맡았던 하층분업 영역을 넘겨받게 되었다(So and Chiu 1995). 1990년대 들어 중국에 대한 투자가 화교자본에서 일본, 한국 등으로 확대되면서, 동아시아 분업구조 내에서 차지하는 중국의 위상도 하위 제품에서 중하위 제품까지 확대되었다. 이처럼 분업구조 사다리의 하층에서 중층까지 넓게 참여하고 있다는 점도 여타 동아시아 국가와 다른 중국의 특이성이다.

이런 특성은 중국의 무역구조에도 나타나는데, 중국 수출품의 경우 크게 미국시장과 동아시아 역내의 저가 소비재시장을 겨냥하고 있으며, 수입선의 경우 기계류가 대종을 차지하는 일본이 최대 비중을 차지하고 있다.

2000년의 수출액 2492억달러를 지역별로 살펴보면, 아시아 53.1%, 북미 22.2%, 유럽 18.3%로, 아시아 지역 내의 수출이 가장 많지만, 국가별로 보면 미국이 20.9%, 홍콩이 17.9%, 일본이 16.7%, 한국이 4.5%를 차지하고 있어, 단일 국가로서 미국시장에 심하게 편중되어 있음을 알 수 있다. 대미 수출의 비중은 홍콩을 통한 간접수출까지 포함하면 더 늘어난다. 수입은 같은 해 2251억달러였는데, 지역별로는 아시아 62.8%, 유럽 18.1%, 북미 11.6%로, 수출에 비해 아시아에 대한 의존도가 훨씬 더 크며, 수입에서 차지하는 미국의 비중은 수출에 훨씬 못 미치는 것으로 나타난다. 수입액을 다시 나라별로 살펴보면, 일본 18.4%, 대만 11.3%, 한국 10.3%, 미국 9.9%, 독일 4.6%로 수출의 경우와 추세가 달라짐을 알 수 있다.[1]

이처럼 대상 국가별로 수출과 수입의 차이가 발생하는 이유는 무역구조에서 차지하는 각국의 위상이 상이하기 때문이다. 중국의 최대 수출국인 미국의 경우 1999년 수출 총액은 419억달러였다. 이중에서 최대 수출품은 기계·전자류로 29.6%를 차지했으며, 대부분 저가 소비재 가전제품이었다. 그다음은 신발 10.4%, 방직 제품 9.5%, 완구 및 운동용품 9.3%, 플라스틱 제품 4.9%, 기초금속 제품 6.2% 등으로 일상소비재가 다수를

---

1) 『中國統計年鑑 2001』 591~93면에서 계산.

이루고 있다. 다음으로 일본의 경우를 살펴보면 1999년의 대일 수출은 324억달러였는데, 방직 제품 31.5%, 기계 · 전자 20.6%, 식품 5.6% 등으로, 대표적인 노동집약산업인 방직과 가전에 집중해 있음을 알 수 있다. 특히 방직 제품은 1990년대 들어 일본이 디자인을 담당하고, 중국 현지에서 생산하여 일본에 재수입하는 방식이 늘어남에 따라 대일본 방직 제품의 수출이 늘고 있다. 반면 수입은 338억달러였는데, 기계 · 전자 제품이 48.9%, 기초금속 12.0% 등으로 기계류의 비중이 매우 높음을 알 수 있다.[2] 중국과 일본의 교역에서 기계 · 전자 제품은 수출입 모두에서 비중이 높지만, 중국이 일본에 수출하는 제품은 주로 일반기계류나 부품인 반면, 일본에서 수입하는 제품은 정밀기계류가 주류를 이루어 비대칭성을 드러낸다.[3]

이러한 무역구조에서 볼 수 있듯이, 중국의 대외무역구조는 크게 대미 수출시장과 동아시아 역내시장이라는 두 축을 중심으로 형성되고 있다. 또한 일본으로부터 핵심 기술과 기계를 수입해 노동집약적인 소비재나 부품 생산에 특화하여, 미국 및 역내시장에 수출해 무역수지를 해결하는, 다층적 하청체계 내의 동아시아 다른 국가들과 유사한 무역구조를 보이고 있다. 여기에 중국이 일본으로부터 제공받은 원조와 차관의 중요성, 홍콩을 통한 간접투자, 빠른 속도로 중국에 진출해 일본기업 진출의 매개 역할을 하는 종합상사와 일본 은행의 중요성 등을 고려하면(백승욱 1999), 중국은 일본 중심의 동아시아 국제분업구조 속에 이미 상당히 편입되어 있음을 알 수 있다.

---

2) 『中國對外經濟統計年鑑 2000』 51~77면에서 계산.

3) 이런 비대칭성과 관련해 버켓과 하트-랜즈버그는 '날아가는 기러기'(雁行)모델이나 자유주의적 모델, 국가주의적 모델을 비판하면서 동아시아의 분업구조에서 나타나는 위계적 특성 및 일본의 내부 모순의 대외 배출의 측면을 강조하고 있다(Burkett and Hart-Landsberg 2000).

중국의 대외개방에서 중요한 역할은 주로 차관보다는 외국인직접투자가 수행했고, 그중에서도 홍콩, 대만 등의 화교자본이 절대적 비중을 차지해왔다. 중국은 1979~2000년에 5189억달러의 외자를 도입했는데, 그중 외국인직접투자가 3466억달러로 66.8%를 차지했으며, 특히 1990년대 들어서는 차관보다 직접투자의 비중이 늘어났다(백승욱 2002a: 18). 동아시아 금융위기가 발생한 1998년 중국에 유입된 외국인직접투자는 455억달러로 최고치를 기록한 후, 이후 2년간 다소 감소했으나 2001년 들어 469억달러로 다시 증가했다.[4] 중국은 발전도상국 중 외국인직접투자 유치액이 가장 많은 국가이며, 세계적으로 보더라도 1990년대에 미국에 이어 두번째 외국인직접투자 유입국이었다. 1990년대 초까지 외국인직접투자의 70% 이상을 차지하던 화교자본의 비중이 1990년대 들어 다소 줄어들었지만, 2000년의 외국인직접투자 유입액 중 홍콩·마카오, 대만, 씽가포르 등 화교계 자본이 차지하는 비중은 49.9%로 여전히 높다. 여기에 일본과 한국을 포함한 아시아의 외국인직접투자를 합하면 62.6%로, 중국에 유입되는 외국인직접투자 중 3분의 2 정도는 아시아에서 유입됨을 알 수 있다. 1990년대 들어 미국이나 유럽의 직접투자도 늘어나 2000년에 이들 지역이 차지하는 비중을 보면 유럽이 11.7%, 북미가 11.8%로 거의 같은 수준이다.[5] 이런 구조는 노동집약적 가공산업에 투자하는 수출지향형의 화교계 외국인직접투자와 중국시장 개척 성격의 초국적기업 중심의 직접투자, 두가지 형태로 분화가 진행되지만 여전히 전자의 비중이 크다는 것을 보여준다.

이상에서 살펴보았듯이, 1980년대 이후 중국의 세계경제 재편입은 화교자본, 무역과 투자에서 동아시아에 대한 의존, 일본에 대한 기술의존,

---

4) 『中國統計摘要 2002』 155면.
5) 『中國統計年鑑 2001』 604~606면에서 계산.

미국시장 진출 등의 키워드를 통해 이해할 수 있는데, 이는 일본 중심의 동아시아 다층적 하청구조의 제3단계 팽창이라는 맥락에서 설명될 수 있을 것이다.

(2) 경제자유화모델

경제자유화모델 또는 신고전파모델의 핵심 주장은 '정부 실패'와 '비교우위'라고 할 수 있다(World Bank 1993; Balassa 1988).[6] 1993년 세계은행 보고서에서도 나타나듯이, 이런 입장은 동아시아의 빠른 경제성장 원인을 수입대체 공업화에서 나타나는 비효율적이고 자의적인 정부개입에 기인한 '정부 실패'의 길을 따르지 않고, 비교우위론에 입각한 산업화를 통해 개방적이고 대외지향적인 경제구조를 만들어간 데서 찾는다. 여기서 중요한 역할을 한 것은 국유부문이 아니라 사적부문이며 이 사적부문이 시장유인에 따라 올바르게 작동했고, 정부의 역할은 이런 시장기제의 올바른 작동을 가능케 하는 지원에 머물렀다는 것이다.

중국의 경우 이 모델을 지지해주는 것처럼 보이는 사례는 적지 않다. 1990년대 중반까지 중국의 빠른 성장을 주도해온 것은 국유부문이나 집체부문 같은 사회주의하에서 형성된 공유제 경제부문이 아니었다. 그보다는 외국인직접투자를 통해 형성된 외자기업들과 농촌지역에 형성된 중소규모 향진기업이 중요한 역할을 했다. 그리고 여기에 최근 들어 빠르게 발전하고 있는 개체·사영 경제 부문이 추가될 수 있다. 이들 부문은 정부의 직접적 계획이나 통제 밖에 있으며, 주로 노동집약적 산업에 투자하여 해외시장을 목표로 생산하는 개방형 경제의 특징을 보이고 있었다.

---

6) 이에 대해 비판적으로 검토하는 Wade(1990), Burkett and Hart-Lansberg(1999, 2000)를 참고하라.

중국에서 국유기업의 비중 또한 계속 줄어들고 있는데, 공업부문에서 살펴보면 총생산가치에서 국유기업이 차지하는 비중은 개혁개방 시작 시기인 1978년의 77.6%에서 1998년에는 28.2%까지 줄어들었다.[7] 고용 인원의 측면에서 보더라도 2000년에 전체 경제활동 인구 중 국유부문 종사자의 비중은 11.4%, 도시 경제활동 인구 중 38.1%로 낮아졌다.[8] 이에 반비례해 비국유부문은 크게 성장했는데, 국유 및 매출액 500만위안 이상의 비국유부문 공업기업의 총생산가치 중에서 외자기업의 비중은 27.4%를 차지하며, 사영기업의 비중도 6.1%를 차지하고 있다. 소유제 형태가 다양화함에 따라 유한책임회사와 주식제 유한책임회사(국유형태 포함)의 비중 또한 늘어, 이 총생산가치 중 24.5%를 점했다. 도시 경제활동인구에서 비공유부문이 차지하는 비중도 늘어나 2000년에 사영기업 피고용자가 6.0%, 자영업자 13.8%, 외자기업 피고용자가 3.0%,[9] 유한책임회사와 주식제 유한책임회사(국유형태를 포함해)의 비중이 5.4%를 차지하는 것으로 나타난다.[10] 외자기업은 2000년에 국유 및 매출액 500만위안 이상의 공업기업 중 총자산 20.4%, 이윤 총액 29.2%를 차지하고 있다.[11] 외자기업의 중요성은 대외무역에서 더 분명하게 드러나, 수출입 총액 중 외자기업이 차지하는 비중은 1986년의 4.0%에서 1992년에 26.4%로, 1999년에는 50.8%로 증가했으며(陳漫 2001: 96), 2001년에도 50.8%를 유지하고 있다.[12] 이런 외자기업들이 수출지향경제를

7) 『新中國 50年: 1949~1999』 548면.
8) 『中國統計年鑑 2001』 107면.
9) 『中國統計年鑑』에는 소유제 형태에 따라 외자기업으로 분류된 항목의 종업인원 총수가 642 만명으로 나타나지만, 다른 소유제 형태로 등록된 외자기업이나 농촌지역의 외자기업에 고용된 노동자까지 합하면 1990년대말 외자기업 총수는 15만개, 종업인원 1750만명으로, 비농업 노동인구의 10% 정도를 점하는 것으로 분석된다(『新中國 50年』 267면).
10) 『中國統計年鑑 2001』에서 계산.
11) 『中國統計年鑑 2001』 410~13면에서 계산.

주도해감에 따라, 중국의 무역의존도는 1985년의 23.1%에서 1990년 30.0%, 1999년 36.4%로 높아졌으며, 중국의 WTO 가입이 확정되면서 그 비중이 더 높아져 2000년과 2001년 모두 44.0%를 유지했다.[13]

뒤에서 다시 자세히 논하겠지만, 1980~90년대에 들어서면서 중국정부의 경제개혁 방향은 정부의 역할을 경제 전체에 대한 계획에서 점차 거시경제조절 영역으로 축소했다. 그리고 국유기업의 비중을 계속 축소하여 몇몇 핵심 영역에 한정시키고, 금융부문을 정부의 직접적 통제에서 개방했으며, 증권시장 발전을 촉진하고, 노동유연화를 점점 더 증대하는 방향으로 진행되고 있다. 더욱이 2001년 WTO에 가입하면서, 국내시장 보호조치들도 대대적으로 축소되고, 외국의 금융기구들의 진출도 더욱 폭넓게 허용되는 등 세계은행이나 IMF가 요구하는 수준의 탈규제와 대외개방의 방향으로 나아가고 있다. 이처럼 어떤 측면에서는 사적부문 중심의 수출지향경제와 정부의 탈규제, 대외개방이 1990년대 고속성장을 가능케 한 배경이며, 중국 전체 경제구조가 이런 방향으로 재편되고 있다고 주장할 수 있다. 이런 점에서 중국과 동아시아모델의 유사성이란, 자유화 폭의 확대와 비교우위에 입각한 정부의 소극적 개입의 결과라는 세계은행의 논지로 설명할 수도 있을 것이다.

(3) 발전국가론

1990년대까지 중국의 빠른 경제성장을 주도하고 특히 대외개방을 주도해온 것이 비국유부문임을 고려하면, 이 부문의 변화와 성장에 촛점을 맞추어 중국의 발전모델이 자유주의적 노선을 걸어왔다고 할 수도 있다.

---

12) 『中國統計摘要 2002』147, 159면에서 계산.

13) 『中國統計摘要 2002』에서 계산.

하지만 중국경제 전체로 시야를 확대하고, 1990년대 중반 이후 진행되고 있는 국유기업의 구조조정 방향을 고려할 때 신고전파적 시각만으로는 중국의 실제 모습을 제대로 파악하기 어려워 보인다.

우선 국유기업이나 집체기업 등 공적소유제기업이 중국경제 전체에서 차지하는 비중은 아직도 상당히 높고, 이 부문을 통한 정부의 직접개입의 여지는 상당히 크다. 앞서 자유화의 추세를 보여주던 통계는 역으로 중국에서 국유기업의 절대적 비중과 중요성, 그리고 여기서 작용하는 정부의 개입을 보여주는 자료로 동원될 수도 있다. 2000년 도시 경제활동인구의 38.0%는 여전히 국유기업 노동자이며, 전체 고정자산 투자의 53.4%를 국유부문이 차지하고 있다. 또한 공업생산 총가치에서 국유기업의 비중이 30% 이하로 떨어졌지만, 국유기업 및 매출액 500만위안 이상의 공업기업을 대상으로 계산하면, 국유 및 국가 다수지분 공업기업의 총생산가치가 차지하는 비중은 47.3%로 높아지고, 기업 자산총액에서 국유부문이 차지하는 비중은 그보다 높아서 66.6%로 나타난다. 국유 이외에 집체기업 및 집체에서 전환한 주식합작제기업이 총생산가치에서 차지하는 비중 또한 17.3% 수준으로 아직 높다.[14]

또한 외국인투자자가 100% 지분을 갖는 독자기업이 아니라 중국측 파트너를 정해 투자하는 합자기업의 경우 파트너 중 상당수는 국유기업이다. 이처럼 외자 파트너가 되는 국유기업의 경우 국가의 경제정책의 직접적 통제 대상에서 벗어나지만, 반면 여러가지 정책적·금융적 우대혜택을 받는다는 점에서 국가의 대외개방 정책의 적극적 수혜자인 것도 사실이다. 게다가 국유기업은 국유은행 대출의 거의 절대액을 차지하고 있다.

---

14) 『中國統計年鑑 2001』에서 계산.

물론 이런 국유기업의 비중이 민영화 등의 방식을 통해 급격히 하락한다면 의미가 달라지겠지만, 중국의 경우 동유럽에서 제프리 싹스(J. Sachs) 등의 자문을 받아 시행한 '쇼크요법'에 매우 비판적이고(王夢奎 1999: 13~14), 중소기업 지원 방향도 국유기업을 민영화하기보다는 창업을 지원하는 방식을 선호하고 있어, 국유기업의 비중이 급격히 하락할 것으로 보이지는 않는다.[15] 물론 1990년대 국유기업의 구조조정 방침이 '큰 것은 쥐고 작은 것은 놓는다'로 설정됨에 따라 소수 대형기업을 육성하는 반면, 다수의 중소형 국유기업은 비국유 형태로 전환한다는 전략이 세워졌다. 하지만 이 자체가 어떤 방식으로 진행되는가는 좀더 넓은 경제정책 차원에서 이해할 필요가 있으며, 여기서 작동하는 메커니즘을 신고전파의 틀로 이해하기는 힘들 것이다.

국유기업의 비중이 크다는 것이 중국에서 두드러지는 예외성이라는 점에서 이를 잠시 제쳐두면, 신고전파적 시각을 비판하는 발전국가론자들은 동아시아모델에서 산업정책과 금융정책을 통한 정부의 개입, 그리고 이를 바탕으로 한 수출지향 공업화의 진행 등을 강조했다. 이와 관련해 로버트 웨이드는 동아시아 발전국가에서 나타난 정책들을 검토한 후 이를 다른 발전도상국에 적용할 수 있는 정책제안 형태로 만들어 제시한 바 있다(Wade 1990: 350~77). 이는 역으로 발전국가, 또는 웨이드 식으로 말해서 통제된 시장(governed market) 모델의 특징을 보여주는 것인데, 이를 중국의 현실과 비교해보자.

웨이드의 정책제언은 다음 열가지이다.

---

15) 국유기업은 국가 재정 수입 문제와도 연관되어 있다. 2000년 국가 재정 수입은 1조 3395억 위안이었는데, 이중 각종 세금 수입이 1조 2582억위안으로 93.9%를 차지하며, 세금 수입 중에서는 공상세가 82.4%를 차지한다(『中國統計年鑑 2001』 247~48면). 그런데 1994~97년 통계를 보면 이 공상세의 60%를 국유기업이 납부하고 있어(平新橋 2001: 126), 국가 재정 수입이 절대적으로 국유기업에 의존하고 있음을 알 수 있다.

① 국경 내에서 산업투자를 촉진할 국가정책을 이용하고, 이 투자를 미래의 경제성장에 중요한 산업으로 유도할 것.

② 국제적으로 경쟁력있는 산업군을 창출하는 데 도움이 되도록 보호를 이용할 것.

③ 전체 전략상 높은 무역 의존도가 요구된다면, 수출촉진정책에 우선권을 둘 것.

④ 다국적기업을 환영하되, 이를 수출로 유도할 것.

⑤ 은행에 기반한 금융체계를 추진하고 이를 정부가 통제할 것.

⑥ 점진적으로 무역과 금융자유화를 추진할 것.

⑦ 중앙관료제에 경제의 산업·무역 부문과 그 미래의 성장도정에 정책적 관심을 기울이는 경제총괄부서를 만들 것.

⑧ 체계의 민주화 이전에 효율적인 정치기구를 발전시킬 것.

⑨ 체계의 민주화 이전이나 그 민주화에 동반해 코포라티즘적 제도를 발전시킬 것.

⑩ 연성국가일지라도 온건한 산업정책을 더 잘 지원할 수 있는 제도의 수립이 가능하도록 점진적 개혁을 추진할 것. (Wade 1990: 350~77)

이를 중국의 경험에 적용해보면 다음과 같은 결과를 얻을 수 있다.

① 노동집약적 부문에는 외국인직접투자를 유치하고, 자본집약적 고기술부문에는 소수 우수기업으로 인수·합병을 촉진하며, 정책성 융자나 기술지원 등을 통해 체계적으로 지원한다.

② 외국자본이 국내에 투자하는 경우 수출쿼터제, 국산화율 규정, 국내시장 진출 제한 등의 조치를 수행해 국내 유치산업을 성장시키고 국내시장을 보호한다.

③ 노동집약적 산업의 수출촉진정책을 추진하고, 외국자본의 국내시

장 진출을 제한하며, 생산품의 해외시장 수출을 적극 추진한다. 수출기업에는 각종 융자, 세금환급 등의 혜택을 부여한다.

④ 다국적기업을 유치하되, 이를 주로 연해지역에 집중해 수출산업의 주체가 되도록 조직한다.

⑤ 은행을 국유 형태로 유지하고, 은행 대출에 대한 정부 통제력을 행사하며, 상업은행과 투자은행의 영역을 명백히 구분한다. 주식시장의 발전은 제한적으로 허용하고, 외국자본의 주식시장 유입을 제한한다.

⑥ 점진적으로 무역관세를 인하해 WTO에 가입하고, 금융시장의 개방은 늦춘다.

⑦ 국가발전계획위원회와 경제무역위원회, 그리고 그 산하의 싱크탱크를 이용하여 정부의 거시조정정책과 중장기 발전계획을 입안하고, 국유기업 개혁 및 금융개혁의 방향설정과 전략적 중요성을 지니는 산업에 대한 지원책을 체계적으로 마련하도록 한다.

⑧ 경제개혁에 이어 효율적 정부를 위한 행정개혁을 1998년부터 시행한다.

⑨ 사회주의체제에서 형성된 코포라티즘적 체제를 유지하되, 그 유연성의 폭을 확대하며, 여기에 신흥 사영기업가까지 포섭하도록 한다.

⑩ '쇼크요법'을 배격하고, 새로운 제도를 도입할 때는 실험대상〔試點〕을 선정해 충분한 시험을 거친 후 점진적으로 도입하도록 한다.

이중 몇가지 특징들은 2000년대 들어 WTO 가입과 더불어 불가피하게 변할 수밖에 없지만, 1990년대에 중국은 웨이드의 '발전국가적 처방'을 대체로 따랐다고 볼 수 있다. 비슷한 시기에 경제성장을 한 동남아시아와 비교해보더라도, 거대한 공유제부문의 존재, 높은 국내저축률, 상당한 중화학공업 기반의 존재, 독자적인 산업정책의 수립, 노동집약적 산업과 자본집약적 산업의 동시 발전, 계획경제체제의 경험, 거대 관료제를 지닌 중앙행정부의 존재, 오랜 코포라티즘 기반 등의 측면에서 양자는 조건이 다르며 이것이 발전전략의 차이를 낳게 된다.

이처럼 중국은 동남아시아 국가들에 비해 발전국가적 특징을 더 많이 보이는 듯하다. 하지만 일본이나 한국형 발전국가모델과 비교해보면, 중국의 경우 경제 전체에서 차지하는 비중이 높은 기업(즉 국유기업)에 대한 정책적 지원이나 경사정책을 통해 수출지향 경제를 주도해간 것이 아니라 '시장형성'정책 속에서 성장한 비국유부문이 수출지향 공업화를 주도해갔으며, 그다음 단계에서 핵심기업인 국유기업의 구조조정이 현안으로 부각되고 있다. 이런 배경에서 국유기업부문과 비국유기업부문은 이원적 틀 속에서 서로 다른 논리에 따라 움직이고 있다. 그런 점에서 중국은 한국·일본과도 다른 특징을 보이고 있다.[16)]

3. 중국의 발전모델

(1) 1980년대 이후 계획과 시장의 관계 변화

중국의 발전모델과 관련해 개혁개방 이후의 과정을 크게 세 시기로 나눌 수 있다. 첫번째 시기는 도시 국유기업 개혁이 시작된 1984년부터 1992~93년까지로, 이 시기에는 기존 계획경제의 틀이 서서히 해체되면서 새로운 유인기제와 경쟁기제가 도입되었다. 그러나 국가와 기업의 관

---

16) 또 동아시아모델의 사회적 기초로 거론되는 '공장 전제주의'(신광영 1999)와 관련해서도 중국은 오히려 코포라티즘적 체제에서 그 해체 방향으로 이행하고 있다는 점에서 기존 모델과 다른 특징을 보이고 있기도 하다(백승욱 2001a, 2002c).

계나 금융체계 면에서 근본적인 전환이 있었다고는 보기 힘들며, 주로 지방정부와 국유기업에 권한을 하방하고, 기업경영의 자주권을 청부제 형태로 부여한 시기였다. 국내의 소비증가에 힘입은 투자 확대와 화인자본의 직접투자를 매개로 한 수출경제의 발전이 이 시기의 특징이고, 이 시기의 문제는 소규모 중복투자를 낳은 '투자열'로 나타난 바 있다(백승욱 2002a: 15; 韓德强 2000, 2001). 두번째 시기는 1992~93년에서 98년까지로, 지령성 계획체제가 해체되어 제한적인 지도성 계획으로 전환되고 국가의 경제개입이 거시경제 관리로 바뀌었으며, 금융체제와 국유기업 개혁에서 새로운 모델로 '사회주의적 시장경제'가 등장하여 정착되는 시기이다. 시장은 보조적 지위에서 주도적 지위로 격상되었고, 국유기업의 기업지배구조와 금융체제 개혁이 핵심 쟁점으로 등장했으며, 비화교계 직접투자가 늘어나면서 외국자본에 의한 국내시장 진출이 본격화한 시기이기도 하다(吳敬璉 2001a; 王夢奎 1999; 嶽健勇 2001). 세번째 시기는 1998년 이후로 WTO 가입이 눈앞에 다가오면서 대외개방이 대대적으로 진행되고, 국내시장 보호에 입각한 발전노선에 적지않은 변화가 모색되는 동시에 내수 확대를 위한 새로운 정책이 시행되는 시기이다.

이 시기에 진행된 핵심적인 변화들을 중국 발전모델의 변화라는 맥락에서 간략히 살펴보자. 주요한 변화는 계획보다 시장이 점차 우위에 서게 되는 맥락과 국유기업 개혁에 대한 방침의 변화과정이다.

개혁개방기 들어 시장론자들의 도전이 맨 처음 제기된 것은 1978년 7월에서 9월 사이 국무원이 주최한 이론학습회의[務虛會]에서였다. 이회의에서 쟁점은 사회주의에서 가치법칙의 작용 문제였는데, 쟁론의 결과 당시 국무원 부총리 리 셴녠(李先念)에 의해 '계획경제와 시장경제의 결합'이라는 테제로 정리되었다. 1979년에도 이 같은 토론회가 개최되었으며, 1980년에는 이런 변화를 수용하여 쉬에 무차오(薛暮橋) 등이 작성한 「경제체제 개혁에 관한 초보의견」이 제출되어 토론되었다. 이 「의견」은 생산수단 공유제 우위하에서 다종경제가 병존하는 상품경제를 시행할 것을 주장하고, 또 계획이 지도하여 시장조절 작용을 충분히 발휘하도록 경제구조를 개혁할 것을 요구하였다. 이 「의견」은 당시 당 총서기이던 후 야오빵(胡耀邦)의 지지를 받았지만, 1980년말 경제사정이 악화되자 이에 대한 비판이 커졌다.

계획경제의 '보충'이 아니라 시장 그 자체가 주도적 지위를 갖도록 하려는 시장론자들의 힘이 다시 강해진 것은 1984년경이었다. 국유기업 개혁을 개시한 국무원은 5월에 「국영기업 자주권을 진일보 확대하는 것에 관한 잠정 시행규정」('권한확대 10조')을 발표하여 국유기업의 자주권을 늘렸다. 이어 중공중앙 12기 3중전회를 준비하는 과정에서 우여곡절을 거쳐 사회과학원장 마 홍(馬洪) 책임으로 보고 초안이 작성되어 10월 12기 3중전회에서 「경제체제 개혁에 관한 결정」으로 통과되었다. 이 「결정」은 '시장경제의 보조적 역할'이라는 일반적 용어법과 정책을 '사회주의 상품경제'라는 용법으로 대체하였으며, 중국에서 시장메커니즘이 본격적으로 확대되는 계기가 되었다. 이런 추세를 반영해 1987년 개최된 13차 중국공산당 전국대표대회에서는 '계획경제'가 언급되지 않았다(吳敬璉 2001a: 301~12).[17]

그러나 1988년에 인플레이션이 심각한 사회적 문제가 되자 그 원인에 대한 논쟁이 벌어졌고, 이는 특히 1989년 톈안먼사태를 전후해 시장의

---

17) 이런 변화와 연관되어 금융 영역에서도 변화가 나타나, 국가가 기업의 모든 투자자금을 직접관리하던 체제를 바꾸어, 1983년 6월에는 유동자금 부족분을 은행대출 공급으로 전환했고, 1985년에는 국가예산 내 기본 건설투자를 재정 직접지급에서 은행대출로 전환하는 '발개대(拔改貸)'가 시행되었다. 1979년부터 진행된 중앙은행의 상업성 업무 분리 또한 계속 진행되어, 1984년에 중국공산은행이 네번째 전문은행으로 설립되면서 중국인민은행이 중앙은행의 전문 영역을 확보하게 되었다(吳敬璉 1999: 258~60).

성격과 관련해 '성이 자본주의인가 사회주의인가'(姓資姓社) 논쟁으로 이어졌다. 톈안먼사태 이후인 1990년 7월 5일 중국공산당 중앙위원회 정치국이 주관한 고위층 회의에서는 계획과 시장의 우위를 놓고 격렬한 논쟁이 벌어졌으며, 시장지향파와 계획론자들의 입장이 충돌하였다(吳敬璉, 2001a: 314).

시장론자들이 다시 우위를 점한 결정적 계기는 1992년 1~2월 떵 샤오핑의 남부지방 시찰〔南巡〕이었다. 이에 이어 1992년 4월초 뻬이징 교외 샹산(香山)에서 개혁개방 문제에 관한 고위급회의가 개최되었는데, 이 회의에서 시장우위론을 강하게 주장한 우 징롄(吳敬璉)은 4월 30일 「계획과 시장 표현법에 관한 건의」를 중앙지도부에 제출해 새로운 경제체제에 대한 표현을 '사회주의 상품경제'와 '사회주의 시장경제' 중에서 선택할 것을 제안하였다. 같은 해 6월 9일 국가주석 장 쩌민은 중앙당교 연설에서 '사회주의 시장경제체제'라는 표현법을 선택하였고, 이것이 이후 10월의 14차 당대회에서 공식 노선으로 채택되었다(吳敬璉 2001a: 317~19). 이 표현의 제창자인 우 징롄이 명시적으로 말하듯이 사회주의적 시장경제는 시장이 계획을 보완하는 것이 아니라 시장이 주도하는 경제체제라는 점에서 '시장사회주의'와 다른데(吳敬璉 2001a), 이는 국유기업의 비중은 크지만 시장메커니즘이 주도하는 일종의 국가자본주의적 체제를 지향하는 것이라고 볼 수 있다.

사회주의적 시장경제체제의 선포에 이어 시장메커니즘의 형성과 작동을 위한 국가의 적극적 개입이 시작되었다. 1993년부터 국가계획의 영역이 경제사회 발전전략 분야로 축소되었고, 지령성 계획 대신 거시조정 중심의 경제조정 방안이 마련되었다. 그리고 은행의 상업화 진척, 정책성 대출과 상업성 대출 분리를 통해, 국유기업에 대한 재정을 통한 직접투자를 은행대출을 통한 간접적 자금조달 방법으로 전환하였다. 1993

년 11월의 14기 3중전회에서는 「사회주의 시장경제체제 건립 약간 문제에 관한 결의」가 발표되어 국유기업 개혁에 대해 기존 기업자주권 확대 모델을 이제 기업 지배구조의 개혁을 핵심 쟁점으로 하는 소유권/재산권 개혁을 통해 해결하는 방식으로 전환하여(錢永— 2000: 182), '현대기업제도의 도입'이라는 기치하에 국유기업의 법인화 과정이 개시되었다.[18] 1989년 처음으로 구상이 발표된 산업정책에 대해 1994년 국무원이 「1990년대 산업정책 강요」를 발표하여, 계획경제에서 거시조정정책으로 전환한 이후 본격적인 경제 구조조정정책을 입안한 것도 이 시기의 변화이다. 1995년 14기 5중전회에서는 국유기업의 구조조정 방향으로 '큰 것은 쥐고 작은 것은 놓는다'는 방침이 제시되어, 핵심 국유기업은 합병 등의 방식으로 대형화하여 집중지원하지만, 소형 국유기업은 매각, 임대, 주식합작화 등의 방식으로 비국유화한다는 결정이 내려졌다.[19]

1990년대 초반부터 진행된 변화는 1997년 9월의 15차 당대회에서 정식화되어, 공유제경제가 '국민경제 주체'에서 '국민경제 기초'로, 사유경제는 '국민경제의 보충'에서 '국민경제의 중요 구성부분'으로 전환되었다(錢永— 2000: 182). 이 15차 당대회에서 변화된 내용의 해석에 따르면, 공유제에는 국유와 집체뿐 아니라 주식회사처럼 혼합소유제경제 중의 국유성분과 집체성분도 포함되는 것으로 해석되었다(王夢奎 1999: 20). 이런 변화들은 1999년 3월의 헌법개정에 반영되었다. 1999년 15기 4중전회에

---

18) 이처럼 경제체제가 전환되면서 서구의 경제학 성과를 도입해 중국경제를 조정하려는 시도도 늘어나고 있다. 대표적인 것이 1994년 라디, 매키넌, 아오키 등을 초청해 기업지배구조, 기업재무구조 등의 분야에서 서구의 미시경제학 연구를 중국 현실과 접목하려는 논의를 진행시킨 '징룬(京倫)회의'였다. 이 회의는 '중국경제체제 개혁의 총체설계'와 '중국세제체계와 공공재정의 종합 분석과 개혁설계' 과제조를 이끌던 우 징롄과 저우 샤오촨 등이 국가경제무역위원회와 공동으로 개최하였다(吳敬璉·周小川 1999).

19) 1994년에는 또한 지방정부에 부여된 조세권의 일부를 중앙정부로 재귀속시켜 중앙재정을 강화하는 분세제가 1월 1일부터 시행되었다.

서는 국유기업에 대한 구조조정 방침이 조금 더 분명히 제시되었는데, 첫째로, 국가가 통제하는 부분을 공익성이 있는 부분과 국가안전과 관련된 부분 등 4개로 제한하였고, 둘째로 소수 국가독점 분야 이외에는 모두 주주권을 다원화하기로 했고, 셋째, 사회적으로 방출하여 활력을 도모하는 분야를 국유소기업에서 중형기업까지 확대했으며, 넷째, 대형 국유기업에서 소유자와 경영자가 상호 제어할 수 있는 기업지배구조를 설립하기로 했다(吳敬璉 2001a: 52~53). 여기서 특히 주목할 것은 '기업지배구조'(公司治理)에 대한 언급이 1993년 14기 3중전회와 1997년의 15차 당대회의 문건 초안에 등장한 이후, 1999년 15기 4중전회에서 명시적으로 중공중앙의 결정에 기록됐다는 점이다(吳敬璉 2001a: 139~40).

1998년 들어서는 1994년 이후의 긴축조정 국면을 벗어나 디플레이션 조짐에 대한 대처 방안으로 내수확대정책이 추진되었고,[20] 필요한 자금은 국채를 대량 발행하여 조달했다. 1998년부터 2000년까지 중국정부는 모두 1조 1206억위안의 국채를 발행했다(王夢奎 1999).

(2) 발전국가를 둘러싼 쟁점들

앞서 말했듯이 중국의 발전정책은 1980년대의 '돌을 더듬으며 강을 건너는' 단계를 거친 후 1990년대 들어서는 '사회주의적 시장경제'라는 틀을 통해 체계화되었다. 이 틀 속에서 중국의 발전정책은 크게 이원구조로 진행되고 있다. 비국유부문은 계속 확장되면서, 특히 대외개방과 세계경제 편입에서 주도적 역할을 해나가고 있다. 외자기업과 사영기업 등으로 대표되는 이런 비국유부문은 자금조달 면에서도 국가 의존도가

---

20) 1998년 6월에 이르러 중국의 '결핍경제'적 특성이 사라지고, 중국경제가 판매자시장에서 구매자시장으로 전환했다는 판단도 이런 내수확대정책과 관련이 있다(李京文 2000: 34).

매우 낮다. 한편 국유부문은 1990년대 들어 경제 전체에서 차지하는 비중이 계속 감소하고 있기는 하지만 여전히 상위부문인 중화학공업의 핵심 비중을 차지하고 있고, 앞서 살펴보았듯이 고정자본투자, 생산총액, 종업원수 등의 면에서는 여전히 절대적 비중을 차지하고 있다. 또 국유기업은 국유은행의 대출에서도 핵심 수혜자라는 점에서 그 위상은 여전하다. 이런 이원체제는 중국경제의 발전 방향 전체에 영향을 끼치고 있다.

1990년대 중국의 발전노선 변화의 함의를 읽는 데 중국의 향후 전망에 대한 이견들을 살펴보는 것은 유용할 것이다. 특히 전반적인 개방경제를 지향하는 학계의 노선과 현실주의 정책노선 수행을 지향하는 관방의 경제학자들의 이견은 발전국가론이라는 모델과 관련해 중국의 변화를 읽어내는 데 중요한 의미를 지닌다.

이들의 견해차는 1997년 동아시아 금융위기에 대한 평가에서도 드러난다. 학계를 대표하는 비교우위론자인 뻬이징대학의 린 이푸(林毅夫) 교수는 동아시아 위기, 특히 한국의 경우 위기의 근원을 비교우위의 원칙을 지키지 않은 데서 찾는다. 린 이푸는 동아시아 경제성장에 대한 세계은행의 평가를 수용하면서 일본과 아시아 네마리 용의 성공 원인을 부존요소의 한계를 벗어나지 않는 비교우위전략을 점진적으로 거친 데서 찾는다. 이런 주장에 근거해 그는 자본 부족이라는 현재 상황에서 노동집약적 산업을 중점 육성하는 것이 가장 바람직한 길이며, 자본집약적 산업의 육성은 자본 부족에 따른 문제를 촉발하고 비효율적인 정부투자와 과도한 해외자본 의존을 유발하는 잘못된 정책이라고 비판한다(林毅夫 外 2001; 林毅夫·劉培林 2001).

이에 비해 정부의 경제정책 결정에서 핵심적 역할을 해온 국무원 발전연구쎈터의 우 징롄은 동아시아 위기의 원인을 기업 지배구조에서 찾는다. 그는 동아시아모델에서 정부의 과도한 개입을 비판하고 있지만, 그보다는 경제의 미시적 기반에 대한 구조조정의 실패에 촛점을 맞추고 있다. 그는 일본경제의 장기침체 원인이 재정확대에만 의존하고 기업지배구조의 변화에는 실패함에 따라 재정확대가 금융거품으로 종결된 데서 찾는다. 그러나 린 이푸처럼 비교우위론에 입각해 노동집약적 산업에 특화할 것을 주장하지는 않으며, 국유기업에 대해서는 정부의 적극적 구조조정을 통한 경쟁력있는 성장산업 육성을, 비국유기업에 대해서는 중소기업을 지원하는 정책을 동시에 지원할 것을 주장하고 있다(吳敬璉 2001a). 정부정책 결정에 영향력이 있는 것으로 알려진 후 안깡도 비교우위론을 수용하지 않으며, 국가발전계획위원회 산하 연구소의 왕 윈꾸이는 자본이동이 활발한 전지구화 시대에 자본 부족을 이유로 노동집약적 부문의 비교우위를 주장하는 것은 타당성이 없으며, 중국은 중기술산업을 집중육성하는 정책을 펴야 한다고 반박한다(胡鞍鋼 2000, 2002; 王允貴 2002).[21]

린 이푸나 우 징롄 모두 정부의 과도한 개입을 비판하고, 중소기업의 집중육성을 중요한 방향으로 설정하고 있다는 점에서 큰 차이를 보이지 않는 듯하나, 국유기업에 대한 구체적 개혁 방안에서 불가피하게 차이가 발생한다.

우 징롄이 주장하듯이 1990년대 중국 경제개혁의 핵심 쟁점은 두가지이다. 첫째는 국유기업의 비중을 어떻게 정할 것인가이고, 둘째는 자원을 어떤 수단을 통해 어느 곳으로 집중배치할 것인가이다(吳敬璉 2001a). 양자는 서로 긴밀하게 맞물린 문제이기도 하지만, 전자가 주로 국유기업의 기업지배구조와 관련된 문제라면, 후자는 주로 정부의 거시조절 기능

---

21) 국무원 발전연구쎈터나 뻬이징대학 중국경제연구소 등 다양한 경제분야 싱크탱크의 형성과 분화에 대해서는 노턴(Naughton〔2002〕)을 참고하라.

의 변화와 관련된 문제라고 할 수 있다. 이 문제는 중국의 향후 발전노선이 동아시아적 발전모델의 특징을 공유하게 될지 영미형 자유주의적 노선에 가까운 방향으로 나아갈지를 가름할 것이다. 여기서 중요한 것은 국유기업의 기업지배구조 형성, 금융체계의 변화, 산업정책의 향방 이 세가지가 어떻게 관련을 맺고 형성될 것인가 하는 점이다.

국유기업 구조조정

중국의 국유기업 개혁 방안은 첫째로 어떤 분야의 기업을 국유로 남겨두고, 어떤 국유기업을 국가가 육성할 것인가, 둘째로 국유기업의 기업지배구조의 방향을 어떻게 설정할 것인가 하는 문제로 집약된다.

1990년대 들어 국가의 지령성 계획체제에서 지도성 계획으로 전환하면서 정부의 역할은 경제의 거시조정으로 전환되었다. 그런데 국유기업이 지나치게 넓은 범위에 분포되어 있고, 각 지역별로 중복 분포되어 있다는 문제점이 지적되면서, 국유기업을 선별하여 핵심 영역만을 국유 형태로 남겨두는 방안이 제시되고 있다(吳敬璉 2001a: 95; 吳敬璉 1999). 1999년 15기 4중전회에서는 국유로 남겨둘 핵심 전략 부문으로 우선 안보와 관련된 부문을 선택하고, 그 외에 중대형 고기술산업을 중시하고 있다. 이는 앞서 비교우위론자의 견해와 다른 부분인데, 이와 관련해서는 국가발전계획위원회 산하연구소 연구원인 왕 윈꾸이가 중국이 집중 육성해야 할 분야로 중기술산업을 들고 있다는 점이 주목된다(王允貴 2002: 73). 왕 윈꾸이는 비교우위를 근거로 노동집약적 산업을 육성할 것을 주장하는 것은 중국의 경제발전에 의미가 없고 자연우위는 오히려 장애가 될 수 있다고 주장한다.[22)]

---

22) 하이테크기술(高新技術) 발전을 지향하고, 이를 위해 핵심 소수 대형국유기업을 국가가 집중육성하는 산업구조 고도화 지향형 경제정책을 추구해야 한다는 데 대해서는 국무원 발전

이처럼 중기술 분야를 중요한 전략산업부문으로 채택한다고 할 때, 국가가 시행할 중요한 정책조치로 산업구조조정을 드는데, 현재 분산된 중소규모기업들의 난립을 조정하여 이를 기업 대형화와 과점화를 통해 핵심기업을 육성하는 것이 목표이다(Smyth 2000). 1990년대 중반 산업정책을 세우면서 중점기업제도를 도입해 512개 중점기업을 정해 이를 대형화하기로 한 것 또한 이런 정책의 일환으로 볼 수 있다.

기업지배구조 개혁과 관련해 시행되고 있는 정책은 현대기업제도의 설립으로, 국유기업을 법인 주식회사 형태로 전환하는 것이다. 이 조치의 목표는 '산권(産權)'을 분명하게 하는 방침으로 제시되었고, 이 조치의 목표는 기업의 소유권과 경영권의 경계를 분명히 하는 것이다. 즉 기업의 소유제도를 주식제도로 전환하고, 주주총회, 이사장, 이사회, 감사회[23] 제도를 설립하여, 국가는 다수 지분을 차지하는 형태로 국유기업 대주주의 권한만을 행사하는 제도를 수립하는 것이다. 이는 20세기초 미국에서 형성된 '법인기업'모델을 도입하는 것인데, 여기에서 촛점은 최근의 영미모델에서 볼 수 있듯이 주식시장을 통해 기업간 인수·합병이 활발하게 진행되는 길로 나아갈 것인가 하는 점이다.

이와 관련해 중국 주식시장의 육성을 놓고 경제학자들 사이에 논쟁이 벌어진 바 있는데, 학계에서는 주식시장을 기업의 인수·합병이 원활히 진행되는 공간으로 보는 반면, 정부측은 주식시장을 단지 자본조달의 공

연구센터 부주임인 루 빠이푸(陸百甫), 사회과학원의 핵심 연구역량이면서 정책수립의 브레인 역할을 해온 류 꿔꽝(劉國光), 리 징원(李京文), 장 줘위안(張卓元), 뻬이징대학 전 총장이자 전인대 재경위원을 역임한 우 슈칭(吳樹靑), 국가계획위원회의 연구원인 린 자오무(林兆木) 사이에 거의 이견이 없는 것으로 보인다(張卓元 2000).

23) 감사회 제도는 본래 독일형 모델에서 차용한 것이지만, 현실적으로 중요한 결정권은 이사회로 집중되고, 감사회는 실질적 권한이 없는 노사협의회와 비슷한 위상으로 전락할 수밖에 없다는 점에서 이러한 기업 지배구조모델은 현실적으로 영미형과 더 유사하다는 지적이 제기된다(吳敬璉 2001a: 141).

간으로만 보고 있다(林毅夫 外 2001). 기업의 상장 자체가 강한 정부 통제 아래 있는 데다, 상장 국유기업의 경우도 국유주와 법인주 등 비유통주식 비중이 상장기업 주식의 60% 정도로 높은 수준이어서(吳敬璉 1999: 281) 주식시장에서 기업의 소유·경영권이 이전될 수 없다는 점도 지적될 수 있다. 우 징롄 같은 이는 경제 규범이 확립되지 않은 상황에서 빠른 주식시장 개방이나 팽창에 부정적인 태도를 보이고 있는데(吳敬璉 2001a), 이처럼 기업지배구조의 전환이 주식시장을 통해 직접 매개되지 않는다면, 국유기업의 체제전환이 곧바로 영미형 기업지배구조의 형성으로 귀결되지는 않을 것으로 보인다.

금융체계

국유기업의 기업지배구조와 관련해 가장 중요한 관건은 금융체계의 변화이다. 그중 핵심 쟁점은 법인기업으로 전환한 중국 국유기업의 주요 자금조달 통로를 은행으로 할 것인가, 아니면 주식시장의 직접금융에 의존하는 체제를 형성하고, 활발한 인수·합병을 통해 경영권 전환과 구조조정이 가능한 체제를 형성할 것인가 하는 점이다.

이중 직접금융과 관련해서는 정부가 주식시장의 육성이나 외국 자금의 주식시장 유입에 대해 제한적이고 점진적 접근을 하고 있다는 점에서 단기간의 빠른 팽창을 전망하기는 어렵다. 주식시장과 관련해 GDP 대비 시가 총액의 비율이 25% 정도로 짧은 시기에 빠르게 성장했고,[24] 상장기업의 경우 주식시장을 통한 자본조달 비율이 대단히 높다는 점을 들어, 이후 중국의 금융체계가 은행보다는 주식시장을 통한 직접금융으로 나아갈 가능성이 높다는 지적도 있다(이근·한동훈 1998). 그러나 여전히 중

---

24) 중국의 주식시장 상장기업은 이미 1000개를 넘어섰으며, 중국 주식시장의 규모는 발전도상국 중 최대이다(Langlois 2001: 613).

앙정부가 주식시장의 상장 자체를 강력히 통제하고 있다. 상장기업의 경우 주식시장을 통한 직접금융 조달의 비율이 높은 이유는, 국유주나 법인주 형태의 비유통주식이 많은 상황에서 기업이 이윤배당을 중시하지 않고, 기업의 경영성과를 통제할 메커니즘이 형성되어 있지 않아 은행대출보다 주식시장을 통한 자본조달 비용이 더 저렴하기 때문이라는(林毅夫 外 2001) 반론이 있다. 이는 주식시장 중심형 금융체제가 형성되기는 어렵다는 것을 방증하는 것이기도 하다. 비교우위론자인 린 이푸조차도 자본시장의 대외개방을 가능한 한 늦출 것을 요구하고 있어(林毅夫 外 2001), 당분간 중국에서 주식시장이 자본조달 통로로 은행보다 중요해질 것으로 보이지는 않는다. [25] 외국자본의 주식시장 진입에 대해서도 WTO 가입을 계기로 내국인에게만 허용된 A주식시장에 외국 기간투자가의 진입을 점진적으로 허용할 예정이지만, 경상계정의 태환만 허용하고 자본계정의 태환을 허용하지 않는 현체제를 당분한 유지할 방침이어서, 이것이 곧바로 투기적 금융자본의 대량 유입으로 귀결될 것으로 보이지는 않는다. [26]

이처럼 증권시장의 발달이 제한적인 상황에서 중국 국유기업은 여전히 간접금융에 절대적으로 의존하고 있는데, 중국의 간접금융은 은행에

---

25) 이 문제와 관련해 우 징롄과 주식시장의 빠른 성장을 지지하는 경제학자들 사이에 벌어진 논쟁에 주목해볼 필요가 있다. 우 징롄은 주식시장 성장에 투기적 요소는 불가피하고, 투자를 활성화하기 위해서는 증권시장에 대한 '억압'을 철폐하고 '큰손'까지도 허용해야 한다는 많은 경제학자들의 주장을 반박한다. 그는 투자와 투기를 구분하고, 현재 중국의 문제는 증권시장의 규범화가 부재한 상태에서 '지대추구자'들이 대량 등장하여 대중을 약탈하는 것이 문제라고 비판하고, 관료자본주의의 위험을 극복하기 위해서라도 증권시장 발전을 점진적으로 허용할 필요성이 있음을 주장한다(吳敬璉 2001b).

26) 아직 자본시장의 발달이 늦어 주식과 채권을 통한 자본조달은 금융부문을 통한 자본조달의 4분의 1 수준에 불과하다(Tong 2000: 203). 특히 주식시장 이외의 직접금융 통로인 회사채시장 또한 정부의 통제를 받아 저발전 상태여서 그 규모는 국채시장의 15분의 1에 불과하다(Langlois 2001).

집중되어 있다. 1990년대 들어 은행상업화 정책을 시행했지만, 은행 대부분이 국가 소유라는 사실에는 변함이 없다. 1993년 은행 상업화를 통해 네개의 국유상업은행이 독자 영업을 개시하였고, 1994년에는 정책성은행인 국가개발은행, 농업발전은행, 수출입은행을 설립해 정책성 대출은 상업은행 업무에서 분리되었다.[27] 이후 건설, 농업, 상업, 외환 등으로 구분되어 있던 상업은행의 업무 영역에 상호교차가 가능한 경쟁조치가 도입되었고, 1998년에 중앙은행인 중국인민은행은 은행에 대한 대출계획을 폐지하고 은행부채비율로 대출을 규제하는 간접관리 방식으로 전환했다(Tong 2000). 그러나 국유은행 이외의 은행의 발전은 더뎌서, 현재 국유은행이 대출 총액의 80%와 개인예금의 75%를 차지하고 있다. 비국유 상업은행의 경우도 국유기업이나 현지 정부가 국유기업 대출이나 지역투자를 위해 자체 자금으로 설립한 것들이 대부분이다. 은행 이외의 비은행 금융기구는 대부분 소규모인데, 전체 금융자산의 5분의 1 정도를 차지할 뿐이다. 도시 자영업자나 사영기업에 자금을 공급하는 도시신용사, 그리고 농촌의 향진기업에 자금을 공급하는 농촌신용사, 그리고 그 외 1980년대말 많은 문제를 일으킨 바 있는 신탁투자공사 등이 이에 해당한다. 이처럼 금융에서 국유은행의 비중이 절대적이므로, 정부는 이들 은행을 통제함으로써 금융자원을 통제할 수 있다(Tong 2000: 204). 이런 상황은 직접 재정지출을 통한 투자를 은행대출을 통한 투자로 전환한 1985년 '정부 직접 재정지출을 은행 대출로 전환' 정책 이후에도 크게 달라지지 않았다고 평가된다(王珏 2000: 168).

중국의 높은 저축률을 반영하듯 금융기관의 예금 및 대출 규모도 크

---

27) 그러나 1990년대말 정책성 은행의 자본 부족으로 이들 은행의 대출금리가 상업은행의 대출금리보다 높지 않아 정책성 은행의 현실적 효과에 의문이 제기되기도 한다(吳敬璉 2001a; 吳敬璉 1999).

게 증가하여, 2001년 중국 금융기구의 예금 총액은 14조 3617억위안(미화 1조 7234억달러, 한화 2123조 2337억원)이고, 그중 기업예탁금이 35.9%, 개인예금이 51.4%를 차지하며, 대출 총액은 11조 2315억 위안이다. 2001년 한국의 은행예금 총액이 455조 6305억원(미화 3724억달러), 대출금 총액은 357조 3834억원이었으며,[28] 2000년 일본의 은행예금 총액이 486조 1910억엔(미화 3조 9318억달러), 대출 총액이 452조 5020억엔이었음을 고려하면,[29] 현재 중국 금융기구의 예금규모는 일본의 44% 수준, 한국의 4.6배로 결코 작지 않으며, 이 또한 중국과 동남아시아 사이에 분명한 차이가 나타나는 지점이다. 그러나 이런 거대 규모의 은행자금 중 비국유기업에 대출되는 부분은 무시해도 좋을 만큼 적은데, 2001년 총대출액 중 외자기업의 비중은 단지 2.9%, 사영기업 및 자영업자의 비중은 0.8%에 불과할 뿐으로, 거의 절대액이 국유부문에 집중되어 있다.[30]

이후 중국 금융체계의 변화를 살펴볼 때 대체로 두가지 중요한 방향을 예측해볼 수 있다. 첫째는 은행에 대한 국가 통제가 쉽게 사라지지는 않을 것이라는 점이다. 우선 중앙은행인 중국인민은행을 국무원이 직접 통제하고, 중앙은행의 독립성을 제한적으로만 허용하는 체제는 지속될 것으로 보인다. 정부 화폐정책에서 정부의 직접 통제를 선호하고 중앙은행을 통한 간접 통제 수단이 상당히 부족한 것도 이런 체제의 지속성을 예측할 수 있게 해준다. 중앙은행의 지역별 분행(分行)에 대한 지방정부의 간섭을 배제하기 위해, 1998년 성(省)별로 분리되어 있던 분행을 몇성에 걸쳐 운영하는 미국식으로 전환한 것도 은행에 대한 중앙정부의 통제

---

28) 한국은행 자료(http://www.bok.or.kr).

29) 『日本統計年鑑』 자료(http://stat.go.jp).

30) 『中國統計摘要 2002』 77면에서 계산.

력을 오히려 강화하는 방향으로 작용할 수 있다. 4대 상업은행을 국유체제로 유지하는 것도 금융자금에 대한 정부 통제라는 맥락에서 이해될 수 있다. 1999년 4대 자산관리공사의 설립을 통해 4대 상업은행의 불량채권을 매입하여 출자전환 방식으로 해결하는 방법이 모색되었는데, 궁극적으로 정부의 재정부담으로 전환된 이런 문제의 해결을 위해서도 정부의 은행 통제는 지속될 것으로 보인다.

둘째 특징은 미국의 글래스-스티걸법(Glass-Steagall Act)과 유사하게, 1995년 '상업은행법'에서 중국 상업은행의 비은행업무 진출 금지조항을 만든 것이다. 이는 주식시장에 대한 중국정부의 소극적 정책과도 연관되어 있는데, 정부가 국유은행 통제를 통한 금융자원 통제를 유지할 것이고, 특히 투기자본의 유입에 대한 통제를 중요한 과제로 삼고 있다는 것을 보여준다(Langlois 2001: 612).

WTO 가입에 따른 은행업 개방의 결과 외국계 은행이 점진적으로 기업과 일반인을 대상으로 인민폐 예대업무에 진출할 수 있게 되었지만, 현체제에서 외국계은행이 중국에서 적절한 대출처를 찾기 어렵다는 점에서 예금이 외국계은행으로 몰릴 가능성은 낮은 것으로 평가된다(Langlois 2001: 624).

산업정책

중국 발전노선의 변화에 따라 나타난 또다른 변화 중 하나는 산업정책의 체계적 수립에 대한 관심이다. 1990년대초부터 전체 경제에서 차지하는 국유기업의 비중을 줄이고 국유기업에 대한 국가재정을 통한 직접 자금지원이 중단됨에 따라, 국가는 간접 방식을 통해 국유기업의 구조조정 및 재배치를 할 필요가 생겼다.

산업정책 수립이 절박해진 배경으로 보통 네가지를 든다. 첫째로, 불합리한 산업구조로 생산능력이 과잉 상태여서 절반 이상의 국유공업기업이 생산 가동률 60% 이하에 머물고 있다. 둘째로 기술구조가 불합리하여 1990년대까지 국제기술 수준에 도달한 것은 18%뿐으로 기술고도화를 위해 국가적 차원의 지원 필요성이 거론되었다. 셋째는 기업이 소규모여서 국제 경쟁에서 뒤처지고 있다는 점이 지적되었고, 넷째는 이런 소규모기업들이 성별, 지역별로 중복되어 있어 국내적으로도 비교우위를 보일 수 없다는 지적이 제기되었다(經濟貿易委員會 2002: 4~6).

중국에서 산업정책은 국가계획위원회를 중심으로 모색되기 시작하여 1989년 「당면 산업정책 요점에 관한 결정」과 1994년 「1990년대 산업정책 강요」를 통해 체계적으로 모습을 드러내기 시작했다. 이후 1990년대에는 이런 「산업정책 강요」에 따라 「자동차공업 산업정책」(1994) 「수리산업정책」(1997) 등이 발표되었다.

중국의 산업정책은 크게 산업조직과 산업구조조정에 대한 것으로 구분해볼 수 있는데, 전체적으로 산업구조조정에 더 무게가 실리고 있는 것으로 보인다. 이는 사회주의적 계획경제의 유산으로 보이는데, 수입대체 공업화에서 수출지향형 노동집약적 공업 육성, 그다음으로 중화학공업화를 동반한 자본집약적 공업화의 길을 걸어간 동아시아 발전국가와 달리, 중국의 경우 이미 상당히 발전한 중화학공업이 존재하고, 이러한 중화학공업의 구조조정이 큰 현안이라는 점을 무시할 수 없기 때문이다.

1994년 「산업정책 강요」에서 중국은 기계·전자, 석유화공, 자동차 제조, 건축업을 지주산업(支柱産業)으로 지원하기로 결정했다. 이중 신규산업의 경우 주로 전자산업에서 신흥 정보산업의 육성에 촛점을 맞추고 있고, 석유화공이나 자동차 제조의 경우는 기업규모를 대형화하고 시장을 과점체제로 전환하는 것이 목표이다(經濟貿易委員會 2002; 이남주 2001). 산업정책의 방침은 크게 사양산업 및 낙후기술의 도태와 선진기술의 도입,

핵심기업의 대형화와 집중화로 집약된다. 사양산업과 기술의 도태에서는 경제무역위원회 주관으로 도태목록이나 제재목록까지 작성하여, 해당 분야에 대해서는 영업허가 취소, 대출 중단 등의 강력한 조치를 취한다는 방침이 발표되었다. 방직, 석탄, 강철, 자동차, 건재, 석유화학 등 문제가 많은 대형산업에 대해서는 소수를 대형화하고 선진기술 도입을 추진하는 방침이 추진되고 있는데, 이러한 방침들은 '큰 것은 쥐고 작은 것은 놓는다'는 정책의 연장선에 있는 것이다. 중국정부는 512개 국가 중점기업을 집중적으로 지원 육성하여, 이를 초업종적, 초지구적, 초국적 경쟁기업으로 성장시키며, 이를 위해 법규지원, 대출 우선권, 채권발행이나 상장 우선권 부여, 외자유치권 부여 등의 지원책을 마련하고 있다(經濟貿易委員會 2002: 6~12).

그러나 중국의 산업정책은 아직 정착되지 않은 것으로 보인다. 우선 1994년 「산업정책 강요」에서 4대 지주산업을 확정한 이후에도 자동차산업을 제외하면 각 지주산업에 대한 구체적인 산업별 정책이 제정되지 못하고 있고, 구체적 지원책이 분명히 드러나고 있지 않으며, 광범하게 지주산업을 선정하는 방식에 대해서도 그 효과에 대한 비판이 제기되었다(이남주 2001). 산업정책의 주관기관도 정착되지 않아 초기 입안 과정은 국가계획위원회가 주도했는데, 1998년 정부조직에 대한 대대적 구조조정이 진행됨에 따라, 국가계획위원회가 국가발전계획위원회로 전환되고, 산업정책의 수행 주체가 국가계획위원회에서 경제무역위원회 산하의 산업정책사로 바뀌었다(經濟貿易委員會 2002).[31] 중국의 탈집중적인 경제구조와 상당한 권한을 지니고 있는 지방정부도 전국적 산업정책의 수립과 실시에 장애가 되고 있는데, 각 지방정부는 「산업정책 강요」가 발

---

31) 경제무역위원회는 2003년 대외경제무역합작부와 통합되어 상무부로 개편되었다.

표된 후 유리한 지위를 차지하기 위해 자기 지역 지주산업을 경쟁적으로 선정하여 지역별 차별성과 비교우위를 도모하려던 산업정책의 의도에 반하는 대응을 보였다(이남주 2001: 220). 각 산업의 담당 부처들의 이해관계도 복잡하게 얽혀 있다는 점 또한 산업정책의 수행에 난점으로 작용한다.

지주산업 중 유일하게 체계적인 산업정책이 공표된 자동차산업의 경우도, 표면적으로 공표된 정책들이 실제로 실행되지 못하고 있다. 사실 이 정책 자체도 '자동차공업'에 한정돼 있어서 연관 분야의 지원이 부족하며, 경제형 자동차 지원이나 부품 수출 지원, 기술개조 지원에 필요한 정책 수립이 시급하다는 지적이 제기되고 있기도 하다(石耀東 2002). 심지어 자동차산업을 경제성장의 새로운 동력으로 삼는 것이 적절하지 않다는 중국 지도부의 반대도 제기되었다(이남주 2001: 24).

더 나아가 중국 산업정책의 가장 큰 난점 중 하나는 2001년 중국이 WTO에 가입함에 따라 아직 시행되지도 못한 산업정책의 기조가 크게 변할 수밖에 없는 상황이 된 점이다. 자동차산업 관련 정책의 경우 국산화율 등에 의한 시장보호 조치는 중국의 WTO 가입조건과 상치되므로 이후 조정이 불가피하다. 그런데 조정 방향은 아무래도 특정 산업부문에 대한 특혜적 지원보다는 정부의 적극 개입에 의한 산업 내 집중과 과점체제의 형성으로 귀결될 것으로 보인다.

이처럼 초기에 제정된 산업정책의 한계가 지적되면서 1990년대 후반 9차 5개년 계획기에는 1994년 「산업정책 강요」의 방안에 상당한 조정이 필요해졌고, 전면적인 진흥정책은 선별지원과 집중돌파 방식으로 전환되었다(劉鶴·楊偉民 1999). 1998년 하반기 경제무역위원회가 작성한 「산업정책 현시기 공작의 요점」은 낙후산업의 도태와 대대적인 구조조정, 핵심산업의 선별지원('경제성장점'의 지원)을 통해 산업정책의 효율적 수행을 지향하는 방침을 내놓았다. 이에 따라 산업정책의 방향이 방직, 철강, 석유화학 분야에서 기업의 대형화와 시장 과점체제의 형성에 중점을 둔 대대적 구조조정으로 전환되었고, 이를 국유기업의 개혁과 연계시키고 있다(이남주 2001: 27~35).

그러나 이처럼 중국의 산업정책의 효과가 미진하다고 해서 곧바로 중국의 발전노선에서 정부의 역할이 상대적으로 부차적임을 의미하지는 않는다. 한국이나 일본의 경우 산업정책의 중요성은 정부가 금융통제를 매개로 특정 민간산업을 집중 육성하는 데서 나타났다고 할 수 있다. 그러나 중국의 경우 산업정책 대상이 사실상 국유기업이거나 외국기업과 합자한 국유기업이고, 국유기업의 자금조달에 대한 금융통제권을 국가가 장악하고 있으며, 여전히 중국공산당 중앙위원회의 '경제공작회의' 같은 비공식적 조직이 영향력을 발휘하고 있다. 당면 현안은 정보기술산업 분야를 제외하고는 특정 산업의 육성보다는 기존 배치구조의 재조정이기 때문에 선별적·부문별 산업정책의 상대적 중요성은 낮을 수 있다. 오히려 금융체계에서 나타나는 특성이 산업정책의 취약성을 보완할 수 있다고 본다.

1990년대 들어 지령성 계획체제가 중단되면서 기존 국무원 산하 부처들 중 산업별 영역을 직접 주관하던 부서들(예를 들어 야금공업부, 경공업부, 기계공업부 등)이 경제무역위원회 산하의 국으로 축소되었지만, 이들 부처는 여전히 중앙정부와 지방정부의 수직적 라인(條條)을 통한 통제권을 쥐고 있으며, 관련 산업부문의 구조조정과 기업집단 대형화, 과점체제의 형성에서 적지않은 힘을 발휘하고 있는 듯하다. 1998년 정부부처 조직개편 이후 특정 산업과 관련된 독립된 부서로 남아 있는 것은 '정보산업부'인데, 이는 산업정책 영역 중 부문경사형 산업정책의 중요성을 강조하고 있음을 보여주는 것이기도 하다. WTO 가입을 둘러싼 중국정부 내부 논쟁 과정에서 WTO 가입에 대한 정보산업부의 반발이

가장 심했다는 것은(Zeng 2001) 산업정책을 통한 정부의 보호조치의 한계
와 산업정책의 급속한 변화를 보여주는 것이기도 하지만, 동시에 정보기
술산업에 대한 정부 차원의 집중 지원이 지속될 것임을 보여주는 사례이
기도 하다.

(3) 동아시아 발전모델과 비교

이상의 1990년대 중국의 발전노선의 여러 특징을 동아시아 발전모델
의 여러 변종들과 비교해볼 때 몇가지 유사성과 차이점도 나타난다. 우
선 중국정부 역시 은행 중심의 금융체제를 통제하여 일정한 방향으로 경
제구조를 유도해간다는 유사점을 보이고 있다. 일본과 미국을 잇는 삼각
형 무역 및 분업구조에 편입되어 있다는 점에서도 유사점을 찾을 수 있
다. 한국이나 일본의 경우, 정부가 정책융자와 경사형 산업정책을 통해
민간 대기업을 육성하고, 이런 대기업이 수출을 주도해갔으며, 외국인
직접투자의 중요성이 상대적으로 적었다. 그러나 중국의 경우 정책융자
의 대상은 국유기업에 한정되고, 수출은 기능형 산업정책의 지원하에 외
국인직접투자와 결합된 중소형 비국유기업이 주도하여, 국유와 비국유
부문 사이의 이원체제가 형성되었다는 점에서 차이점을 보이고 있다. 금
융체계 면에서도 주거래은행 제도를 통해 은행이 기업통제권을 쥔 일본
과 다르며,[32] 대기업집단의 형성에서도 다각화를 통해 이종기업들을 연
합한 한국형 재벌구조와 달리 동종업종 내의 과점체제를 지향한다는 차
이점 또한 보이고 있다.

이런 측면에서 중국모델을 대만모델과 비교하는 것이 더 많은 것을

---

32) 중국에도 주거래은행 제도가 도입되었지만, 그에 대한 비판 또한 제기되고 있다.

시사할 것이다. 물론 중국과 대만 모델은 몇가지 유사점 외에 금융체계의 지향성이나 대기업의 비중 등에서 차이점 또한 내보인다.

대만모델의 경우 우선 공유제부문과 비공유제부문의 이원적 경제구조에 기반한 발전노선이라는 특징이 있다. 대만의 경우 중소형 개인기업들이 주로 수출지향 경제를 떠받치고 있었고, 이 부문의 자금은 은행보다는 사채시장(curb market)을 통해 공급되어왔다는 특징이 있다. 또한 정부의 산업정책도 이들 중소형 개인기업에 대해서는 부문별 산업정책보다는 기능적 산업정책 성격을 띠고 있었다고 볼 수 있다. 반면 공유제기업들은 제2차 수입대체 공업화의 맥락에서 중소형 수출 지향 기업들에 공급되는 상류부문의 제품들에 특화되어 있고, 자금조달에서 절대적으로 국유은행에 의존해왔으며, 부문별 산업조직정책의 혜택 속에서 규모의 경제를 이루며 과점체제를 형성하여 성장해왔다(Wade 1990; 윤상우 2005).

이를 중국의 경우와 비교해보면, 우선 로버트 웨이드가 말하듯이 대만에서 "공적 소유가 〔시장〕보호와 서로 교환관계에 있"듯이(Wade 1990: 179), 중국의 경우도 경제 전체에서 상당한 비중을 차지하는 공유제기업 자체가 정부의 적극적 산업정책의 필요성을 경감시키는 역할을 해왔다. 특히 국가가 대부분의 은행을 소유하고 있고, 그 대출 대상이 주로 국유기업에 한정될 때 공적 소유는 산업정책을 대신해 시장보호 기능을 할 수 있었던 것으로 보인다. 중국에서 공유제부문, 특히 국유부문은 자본집약적인 수입대체 중화학공업화에 집중되어 있는 반면, 비국유부문은 노동집약적인 수출지향적 공업화에 특화해 있다는 점도 유사성으로 지적될 수 있다. 자본조달 경로에서도 기업 내 유보금을 제외하고 국유기업은 절대적으로 은행차입에 의존하는 반면, 비국유기업의 경우는 은행 의존도가 매우 낮고, 외국자본 유치나 비공식적 루트를 통한 차입금의 조달에 의존하는 비율이 높게 나타난다. 산업정책에서도, 일부 경사형 산업정책이 모색되고 있긴 하지만 산업 구조조정정책을 우위에 두는 방향으로 진전되고 있어, '연성산업정책'(이일영·전병유 외 2002)으로 볼 수 있는 측면이 많다.[33]

주식시장에 투기자금이 유입되는 것을 강력히 통제하고, 주식시장이 기업의 인수·합병을 매개로 경영권이 거래되고 구조조정이 이루어지는 핵심 공간이 되지 못하는 금융산업의 '저발전' 상태도 양국 금융체계의 유사한 모습이다.

물론 중국은 규모 면에서 대만과 비교하기 어렵고, 대만처럼 틈새시장을 장악하는 방식의 수출지향 공업화를 수행하기도 어렵다. 또 국유기업의 비중이 대단히 높으며, 중소기업이 경제의 핵심 동력이 되어온 대만과 달리 중국에서는 국유기업이 여전히 핵심 영역을 차지하고 있으며, 상류부문에서 하류부문까지 거의 전 부분에 진출해 있다. 금융체계 면에서도 대만과 달리 중국에서는 사채시장이 발달해 있지 않기 때문에 중소기업의 발달에 필요한 자금공급에 한계가 있고, 이 때문에 발전의 축이 국유기업 중심으로 형성되기 쉽다는 차이점이 있다. 또 안정화를 기조로 고금리체제를 유지해온 대만과 달리 중국의 경우 국유기업에 대한 정책성 금융이 많으며, 1990년대 들어 긴축안정화 기조를 유지해왔지만, 1990년대말 이후 저금리를 바탕으로 내수확대 정책을 펴나가면서 안정화 정책에서 벗어날 가능성이 다분하다.

---

33) 대만의 경우 공적기업과 일반기업으로 나뉜 이원체제는 금융 면에서 연성 예산제약과 경성 예산제약의 이원체제를 낳았는데(Wade 1990), 이는 산업정책의 차별로 나타날 수 있다. 대만의 경우 외형적인 '연성 산업정책'이 국제시장의 비교우위에 따라 중소형기업의 적응전략 맥락에서 등장한 것과 달리, 중국의 경우 계획경제하에서 이미 상당기간 실질적 '강성 산업정책'을 거친 역사적 맥락에서 '연성 산업정책'적 특징이 나타난다는 점도 강조해둘 필요가 있다.

(4) 발전국가 지향의 난점들

대만과 비교한 데서 살펴보았듯이 중국의 발전노선에는 공유제와 비공유제의 이원체제의 유지를 통한 시장의 보호, 정부의 통제가 강력히 유지되는 보수적 금융체계, 이를 통한 제한적인 산업정책의 시행 등 발전국가 노선의 특징들이 담겨 있다.

그러나 WTO 가입과 개방화의 심화에 따라 이런 노선을 지속하는 데에는 적지않은 난관이 발생할 가능성이 있다. WTO 가입 배경에는 국유기업에 대한 외부적 자극의 동원과 외국인직접투자 유치의 가속화라는 맥락이 있었다(백승욱 2002a). 국유와 비국유의 이원체제는 자금조달에서도 상이한 방식을 동원했는데, 기업내 유보자금을 제외하면 국유기업은 은행 의존도가 높은 반면, 비국유기업은 외국인직접투자나 개인 차입에 크게 의존한다. 동아시아 금융위기 이후 중국에 유입되는 외국인자본이 줄어들면서 비국유기업은 이에 직접 영향을 받았으며, 이 문제를 해결하기 위해 중국정부는 대외개방을 가속화하지 않을 수 없었다.

그러나 1990년대 들어 초국적기업의 중국 진출이 늘어나면서 이전의 화교자본 중심의 투자와는 다른 모습들이 나타나는데, 첫째로, 중국기업과의 합자가 줄어들고 자체 경영권을 확보하는 전액투자 기업의 비중이 늘어난다는 점이다. 기존 합자기업의 경우도 투자지분을 늘리면서 경영권을 장악하려는 시도가 늘어나고 있다(裵長洪 2001; 李文鋒 2001; 백승욱 2002a).[34] 둘째는 이런 변화에 따라 핵심 산업을 중심으로 외국자본의 시장지분이 늘어나고 있다는 점인데(劉國光 2000: 58), 이동통신설비의 경우 외국기업이 100% 장악한 것을 비롯해, 컬러 브라운관, 엘리베이터, 승용

---

[34] 이는 동아시아 금융위기 이후 외국인직접투자의 형태가 주로 중심부 사이의 초국경적 M&A로 전환되었다는 점을 반영하는 것이기도 하다(UNCTAD 2001).

차 등의 부문에서 3분의 2 이상의 점유율을 보이고 있다(백승욱 2002: 16; 巚健勇 2001: 71~72; 鄭海東 2001).

중국은 자본계정의 태환을 통제하고, 경상계정의 태환만을 허용하여 투기성 자본의 유입을 막고 있지만, 금융세계화 국면에서 유지되고 있는 고정환율제라는 조건 때문에 각종 명목의 투기성 자금이 들어오는 것을 막지 못하고 있다. 이는 외자기업의 허위투자, 부동산부문의 과열, 선물시장과 주식시장의 과열 등에서 그 흔적이 발견된다. 1994년 이후 긴축정책하에서도 정부는 외환보유고 유지를 위해 이처럼 유입된 외환을 적극 매입하지 않을 수 없어 정부의 화폐정책 자율성은 제한받을 수밖에 없었다. 중국 또한 미국이나 여타 자본시장이 개방된 경제와 마찬가지로 환율안정화와 경제성장 촉진의 딜레마에서 벗어나기 어려운 상황이다(王표 2000: 303~304). 이런 불안정성 때문에 1990년대말 들어 각종 방식을 이용한 외환도피가 적지 않은 문제를 일으키고 있으며(Langlois 2001), 1998년 하반기 이후에 이 문제 때문에 전국적인 외환 대검사가 시행된 바도 있다(王표 2000: 305).[35]

다음으로 1980년대와 1990년대의 '투자열'을 통해 형성된 과잉투자 문제가 쉽게 해결되지 못하고 있으며, 이는 1998년 이후의 내수확대 정책에도 영향을 주어 정책의 실효성이 낮다는 문제 또한 기존 발전노선의 난점으로 작용한다(王夢奎 1999; 李京文 2000: 37; 吳樹靑 2000: 65~67).

---

35) 1998년부터 국내 소비확대와 서부 대개발을 위해 대량 발행된 국채 또한 장기적으로 자본시장의 개방과 연결될 가능성이 없지 않다. 현재 발행된 국채는 대부분 여유자금이 많은 국유은행이 매입하고 있고, 국채시장이 대외적으로 개방되어 있지 않지만, 향후 은행의 국채매입이 어려움을 겪을 경우 국가재정 적자보전을 위해 정부는 국채시장을 개방하지 않을 수 없게 될 가능성이 있다. 이 경우 신자유주의적 금융세계화의 가장 강력한 동력 중 하나인 금융자본세력의 공공채시장 장악 논리(Chesnais 2001)가 중국에서도 관철될 가능성을 부정하기는 어렵다.

더욱 큰 문제는 사회적 측면에서 제기되는데, 불균등발전에 따라 연해지역과 내륙지역, 도시와 농촌, 그리고 기업관리자와 일반 노동자의 격차 및 사회적 양극화 문제가 심각하게 등장하고 있다(백승욱 2002b, 2002c). 정부정책 결정에 발언권이 있는 경제학자들은 사회 안정성의 문제를 끊임없이 거론하고, 이의 해결을 위해 정부 재정의 적극투자, 사회보장체제의 완비를 서두를 것을 요청하고 있어 이 문제의 심각성을 보여주고 있다(胡鞍鋼 2000, 2002; 吳敬璉 2001a; 王紹光 外 2002). 노동의 유연성 증대를 목표로 한 노동체제의 개혁은 고용의 불안정성을 증대시키고 비정규직노동자를 양산했으며(백승욱 2001a, 2001b), 면직과 실업의 경계선이 불투명한 상태가 지속되면서, 도시의 실제 실업률이 8%를 넘어서고 있다(胡鞍鋼 2002). 이는 사회주의 코포라티즘적 체제(다시 말해 '단위체제')를 와해시키고 있는데 현실적으로 해결책 마련이 쉽지 않아 보인다.

개혁개방 초기에 많은 권한을 위임받아 독자적 이해관계를 형성해온 지방정부도 1990년대의 변화에 반발하고 있다. 중앙정부는 중앙정부 재정확보를 위해 1994년에 분세제(分稅制)를 도입하였고, 국유기업의 전국적 구조조정을 위해 산업정책을 도입했지만, 이것이 지역의 이해관계와 충돌함에 따라 시행에 어려움을 겪고 있다.

4. 중국 발전노선과 동아시아모델의 변환

이상에서 살펴보았듯이 중국의 발전노선은 당분간 자본시장 자유화를 동반한 영미모델을 따라가기보다는 동아시아 발전모델의 몇가지 중요한 특징을 공유하는 방향을 유지할 것으로 보인다. 여기서 핵심은 금융에 대한 국가 통제인데, 화교자본 중심의 외국인투자나 국유와 비국유의 이원적 경제구조, 고저축률 등이 이를 가능케 한 조건이었다고 할 수 있다. 기업지배구조의 변화도 이런 구조를 근본적으로 바꿔놓지는 않을 것으로 보인다.

물론 이런 중국의 발전모델은 미국 헤게모니의 약화와 신자유주의 세계화라는 조건하에서 과거 동아시아 국가들과는 상이한 배경에서 진행되고 있어서 구조 자체가 취약하다. 앞서 살펴보았듯이 비국유부문은 외국자본의 투자와 해외시장에 대한 의존도가 높기 때문에 자본시장의 개방 압력으로 작용할 것이고, 계속 늘어갈 수밖에 없는 재정적자는 앞으로 국채시장 개방의 압력으로 작용할 개연성이 높다. 국유기업의 구조조정 결과 발생한 대량실업문제 또한 개혁개방 이데올로기의 토대를 흔드는 주요한 요인이 아닐 수 없다. 노동 영역에서의 이런 구조조정은 과거의 코포라티즘적 포섭 토대를 약화시키는데, 사영기업가까지 당원으로 받아들이겠다는, 최근 당노선의 전환에 따른 계급정당에서 통치정당으로의 구조전환은, 토대에서의 코포라티즘적 통합력이 약화되는 현실과 부조응 관계를 낳지 않을 수 없다.

중국의 발전노선을 동아시아의 다른 모델들과 비교하여 검토할 때 해명되지 않는 주요한 문제 중 하나는 사회주의적 건설을 통해 남겨진 유산들이 현재 어떻게 작용하고 있는가 하는 점이다. 1990년대 중국의 향진기업을 둘러싼 논쟁 중 하나는 중국의 개혁개방 전략이 '마오노선 때문에' 가능했는지 아니면 '마오노선에도 불구하고' 가능했는지에 관한 것이었다. 이 질문은 전체 발전노선으로 확장될 수도 있는데, 지금과 같은 발전노선의 수립이 사회주의적 경험의 유산에도 불구하고 가능했는지 아니면 그 유산 때문에 가능했는지를 쟁점으로 남길 것이다. 물론 이는 현재의 중국적 발전노선이 신자유주의 세계화에 대한 '제3의 길'이라는 대안으로 부상할 수 있음을 의미하는 것은 아니다. 중국의 개혁개방

과정 자체가 넓은 의미의 전지구적 신자유주의화 과정 속에서 진행되는 것이고, 다만 어떤 노선이 거기에 더 효율적으로 부응할 수 있는가만이 쟁점이기 때문이다. 문제는 자본주의의 세계적 팽창이 그 정점에 달한 후 더이상 팽창할 공간이 남아 있지 않은 20세기말의 상황에서, 구사회주의권의 유산이 그 새로운 팽창의 공간을 제공할 수도 있다는 역설을 검토할 필요가 있다는 점이다. 자본주의 세계체계에 가장 반체계적인 사회주의체제의 유산이 그 자본주의 재생의 동력으로 작용할 수도 있다는 역설을 경험할지도 모른다. 이와 관련해서 이른바 '3극체제'의 각 지역이 직면한 상황이 다소 다르고, 그중에서도 구사회주의권과 기존의 중심부 자본주의가 가장 유기적으로 연관되어 지역이 동아시아라는 점을 지적할 수 있을 것이다. 그런 점에서 동아시아모델과 중국의 연관성이라는 문제는 단순히 양자의 유사성에 대한 탐구가 아니라 중국이라는 변수의 개입으로 동아시아 지역의 경제·사회 체제가 어떤 방향으로 변환될 것인가를 끊임없이 묻는 중대한 질문인 것이다.

6장

중국 외환보유고 증가와

금융적 변신 현황

1. 금융세계화와 중국

2001년 WTO에 가입한 이후 중국경제는 세계경제에 대한 개방도를 빠른 속도로 높여가고 있다. 수출입이나 외국인직접투자 등의 분야에서는 이미 대외개방이 상당히 진행된 상태였기 때문에, WTO 가입 이후 대외개방의 영향이 두드러지게 드러나지는 않지만, 그에 비해 지금까지 국가의 보호 속에서 금융세계화의 충격파로부터 상대적으로 벗어나 있던 금융 분야에 대한 WTO 가입의 영향력은 다른 어느 분야보다 클 것으로 예상된다.

중국에서는 금융부문이 상대적으로 해외 금융자본으로부터 보호되었고, 주요 산업부문에 대해서는 정부의 집중 육성 정책이나 정책금융을 통한 특정 부문 자금지원 등을 통한 국가의 광범한 경제개입이 지속돼왔다. 이런 점에서 신자유주의 시대 중국의 경제발전모델은 이례적으로 냉전시기 동아시아 발전국가와 유사한 특징들을 공유하고 있는 것처럼 보인다(백승욱 2003). 일본을 정점으로 하는 동아시아 내 국제적 분업구조(다층적 하청체계라 부르는)에 긴밀하게 편입되고 있다는 점이 이런 중국의 특이한 조건 형성에 중요한 기여를 했다고 볼 수 있다.[1]

중국은 1997~98년 동아시아 금융위기 시기에 간접적 영향을 받기는 했지만, 환율 급상승이나 자본의 대대적 이탈과 같은 직접적 금융위기를 겪지는 않았고, 위안화는 동아시아 금융위기에도 불구하고 달러에 페그(자국 통화가치를 달러가치의 등락에 직접 연동시켜 변동시키는 것)된 상태를 유지해 그 가치의 변화가 발생하지 않았다. 요컨대 중국은 금융시장의 폐쇄성 때문에 여타 동아시아 국가와 같은 외환위기를 겪지는 않았다. 이처럼 금융시장의 상대적 격리가 그간의 중국의 이례성을 설명해 주는 중요한 요소였다는 점에 이견을 제기하기는 힘들 것으로 보인다. 그런 점에서 WTO 가입에 따라 점진적으로 추진하기로 한 금융시장 개방의 효과가 어떨지에 관심이 커질 수밖에 없다.

특히 미국의 써브프라임 모기지 사태가 초래한 경제위기와 미국 달러의 약세화 추세 속에서, 중국 위안화에 대한 평가절상 압력은 지속적으로 작동하고 있으며, 그 평가절상의 압력이 작용하는 배후에 급속히 증가하는 중국의 외환보유고가 있으며, 이는 다른 한편 미국 재무부 증권에 대한 보유지분의 상승으로 연결되는 등, 금융 영역에서 이전과는 다른 중국의 중요성이 가시적으로 드러나고 있는 상황이다. 최근 들어서는 한발 더 나아가 외환보유고 활용 방식의 하나로 중국 국부펀드가 주목받고 있는 등 새로운 변화가 다양하게 드러나고 있기도 하다.

중국의 변화는 점점 더 중국에만 한정되지 않고, 동아시아 경제 전체,

---

1) 일본을 중심으로 하는 동아시아 분업구조 속으로 중국의 편입에 대해서는 백승욱(2005c)을, 그 역사적 맥락에 대해서는 백승욱(2006)을 참고할 것.

나아가 세계경제 전체에 상당한 영향을 끼치는 주요한 요인이 되고 있다. 중국의 성장이나 그에 연결되어 있는 대중국 외국인직접투자 유입의 집중 등의 현상은 이미 세계적인 영향을 미치고 있는데, 그 효과 또한 모든 지역과 국가에 동일하게 나타나는 것이 아니라, 차별화되어 나타나고 있다. 이는 특히 기술 수준이 높은 국가와 낮은 국가들 사이에 차별적 효과를 낳고 있는데, 중국의 성장과 대중국 외국인직접투자의 집중은 기술 수준이 높은 국가에는 혜택이 큰 반면, 낮은 국가들에는 부정적 효과가 더 큰 것으로 평가된다(Eichengreen 2006; Eichengreen and Tong 2006). 금융적 측면에서 중국의 부상 또한 그 파장이 적지않을 것으로 예상되며, 지금까지 제조업 영역에서의 중국 영향력의 확장과는 또다른 측면에서 새로운 변화의 시기에 들어서고 있다고 할 수 있을 것이다.

2001년 WTO 가입은 중국의 금융부문에도 새로운 변화를 불러오는 계기가 되었고, 반드시 이와 맞물린 것은 아니지만 다른 요인들도 동반하여 2000년대 중국의 금융구도에는 적지않은 변화가 나타나고 있다. 금융부문의 대외개방도의 증가, 그리고 외환보유고의 증가가 동반하는 여러 변화 요인들의 형성이 이런 구도전환의 핵심에 놓여 있다. 중국정부 또한 적극적으로 새로운 금융체계 형성을 주도하고 있다. 몇가지 핵심적 금융정책의 변화를 보면, 첫째로 은행부문의 변화를 볼 수 있는데, 여기서는 국유은행의 변화가 눈에 띈다. 1990년대부터 진행돼온 국유상업은행의 시장화정책 그리고 최근 몇년간의 핵심 정책은 4대 국유은행의 주식제 개조와 그에 뒤이은 기업공개, 그리고 외자도입 등이다. 그밖에 은행업의 전면적 대외개방과 농촌 금융체계의 정비, 그리고 국유은행부문의 자회사 설립을 통한 투자업 진출 등도 은행부문의 주요한 변화 내용이다. 둘째로 정부 화폐정책의 방향 변화가 있는데, 1998년 중앙은행의 독립성 형성 이후 통화량 조정을 중간목표로 설정해 시행해온 통화

정책의 한계를 인정한 다음, 다원적인 목표설정으로 화폐정책을 변환하려고 시도한다. 셋째로, 금융부문의 감독기제를 강화해, 금융감독회, 증권감독회, 보험감독회를 설립하고 그 기능을 정비한 정책이 추진된다. 넷째는 주식시장을 중심으로 하여 자본시장 개방의 조건을 형성해가는 것으로, 국내외 적격 기관투자가의 인증 사업, 채권시장과 보험시장의 육성 정책 등이 포함된다. 다섯째는 외환관리정책으로, 여기에는 적정한 인민폐 환율의 유지, 외환보유고의 관리와 운영(국부펀드의 운영을 포함해) 등이 포함된다(紀寶成 2007; 蕭灼基 2007).

2000년대 들어 중국의 금융정책이 대외 개방도를 높이고, 금융부문에 대한 외국자본의 투자를 허용하는 방향으로 크게 변신하고 있는 것이 사실이지만, 이것이 국가가 관리하는 점진적인 개혁개방 과정을 시장에 전면적으로 의존하는 방향으로 급격히 전환하는 것이라고 하기는 어렵다. 그보다 중국은 국가주도의, 관리된 금융 개방이 중국의 경제성장에 좀더 현실적 이득이 된다고 판단하고 있는 것으로 보인다. 그렇지만 중국의 금융부문 개방이 중국 뜻대로 점진적으로 진행될지, 아니면 인근 동아시아의 경험처럼 전지구적 변화의 동학과 맞물려 급격한 전환을 겪게 될지 그 방향을 예단하기는 쉽지 않다. 이런 점에서 최근 급격히 증가하고 있는 중국의 외환보유고를 둘러싼 변화는 중국의 금융화의 방향성을 보여주는 지시계 역할을 할 수 있을 것으로 보인다. 외환보유고의 증가 자체가 중국이 금융세계화 추세와 맞닥뜨려 있음을 보여주고, 다른 한편 이렇게 늘어난 외환보유고를 관리하는 과정에서 중국은 이전보다 더 깊이 금융세계화 과정에 맞물려 들어가게 되며, 이는 또한 WTO 가입 이후 진행되는 중국의 전체적인 금융적 변화의 맥락과도 맞물려서 작동하게 된다.

이 글은 이런 점에서 금융부문에서 중국의 영향력의 증대, 그리고 중국에 대한 세계금융자본의 연계성의 증가를 주로 외환보유고의 급격한 증가를 둘러싼 현상과 연관시켜 살펴보고자 한다. 그것이 최근 금융부문에서 중국이 가장 두드러지게 부각되는 측면이자, 중국 방식의 금융화가 진행되는 핵심축일 수 있기 때문에 특히 그 중요성은 크다고 할 수 있다.

2. 외환보유고 증가를 중심으로 살펴본 중국 금융시장의 변화

(1) 중국 외환보유고 증가 추세

〈그림 1〉 중국 외환보유고 변동 추이   (단위: 십억달러, %)

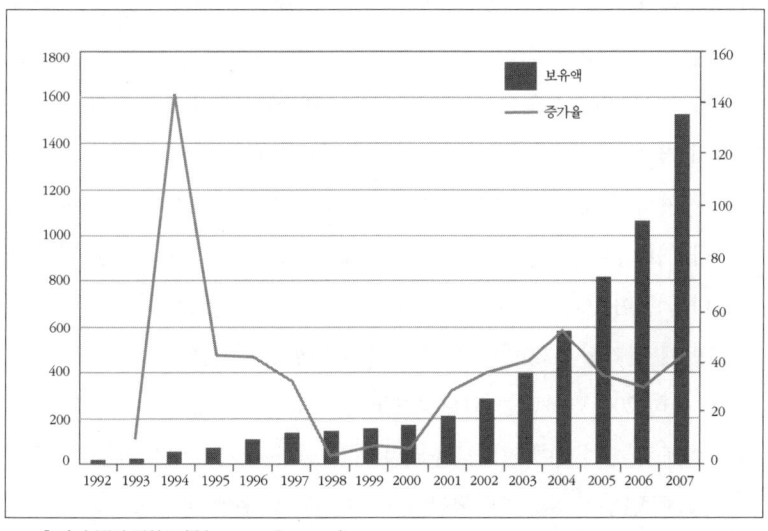

출처 中國外匯管理局(www.safe.go.cn).

위의 〈그림 1〉에서 보면 중국의 외환보유고는 2000년대 들어 급속히 증가하고 있으며, 이런 변화는 그에 앞선 1997년경부터 시작되었음을 알 수 있다. 이 그림에서 우리는 세 시기를 살펴볼 수 있는데, 1997년 이전, 1997~2000년, 그리고 2001년 이후의 시기이다. 1997년 이전 중국의 외환보유고는 1992년의 194억달러 수준에서 서서히 늘어나 1997년의 1050억달러로 비약적으로 증가했다. 규모 자체만 볼 때는 그 이후 시기에 비해 그렇게 두드러지지는 않지만 그 증가율은 눈에 띄게 높아, 이후 대규모 양적 증가의 기틀을 마련한 시기라 할 수 있다. 특히 눈에 띄는 해는 외환보유고가 전년 대비 143% 늘어난 1994년이었다. 1994년은 경상계정의 태환이 가능해지고 중국의 환율체제가 고정환율제에서 관리되는 변동환율제로 옮겨간 시점으로, 이 시기 달러 대 인민폐의 교환비율은 달러당 8.7위안으로 고정되었다.

두번째 시기를 살펴보면, 앞선 시기에 비해 동아시아 외환위기가 발생한 1997년 이후 중국의 외환보유고는 정체 상태에 놓여, 3년 연속 최저 증가율을 벗어나지 못하는 것으로 나타난다. 이 시기 중국의 외환보유고의 정체 상태는 다음 〈그림 2〉와 〈그림 4〉에서 보듯이 무역수지 흑자가 증가하지 않고, 외국인직접투자가 증가하지 않았으며, 포트폴리오투자나 기타투자는 대폭 감소한 데 주로 기인하며, 이는 중국이 간접적으로나마 동아시아 외환위기의 영향을 받았다는 점을 보여준다.

세번째 시기인 2000년대 들어 중국의 외환보유고는 폭발적으로 증가한다. 특히 2001년부터는 외환보유고 증가율이 매년 20% 이상 점점 더 빠른 속도로 증가하여 외환보유고의 대폭 증가에 기여하고 있음을 알 수 있다. 2001년부터 상승하던 증가율이 2004년 이후에는 다소 둔화되었지만, 기본적인 보유액 규모가 커지다보니, 증가율은 둔화되었으나 외환보유고 규모는 급속히 증가하여, 2006년에는 1조달러를 돌파했다. 2007년부터는 증가율이 다시 상승세로 돌아서, 2007년에는 1조 5000억달러를 돌파하였고, 2008년 2월 중국의 외환보유고는 벌써 1조 6000억달러를 넘어서고 있다.

이처럼 외환보유고의 규모가 커지면서, 중국은 일본을 제치고 세계 최대의 외환보유 국가로 성장했다. 2008년 2월 시점에서 보면, 세계적으로 외환보유고 규모가 큰 국가들은 중국(1조 6470억달러), 일본(1조 80억달러), EU(5570억달러), 러시아(5020억달러), 인도(3040억달러), 대만(2780억달러), 남한(2620억달러), 브라질(1950억달러), 씽가포르(1720억달러), 홍콩(1620억달러), 독일(1530억달러) 순인데,[2] 특히 외환보유고의 규모가 큰 국가들이 동아시아에 몰려 있다는 점이 두드러진다.

(2) 중국 외환보유고 증가의 원인들

경상수지계정의 태환은 허용되나 자본계정의 태환은 정부가 엄격하게 관리하는 중국의 경우 외환보유고의 증가는 몇가지 원인으로 한정된다.

외환보유고가 늘어나는 주된 이유 두가지는 무역흑자와 외국인직접투자(FDI)의 증가이다. 이 둘은 서로 맞물려 있기도 한데, 중국의 수출에서 외자기업에 대한 의존도가 매우 높기 때문에, 외국인직접투자의 증가는 수출을 증가시켜 무역흑자를 증가시킬 가능성이 크다. 그런데, 무역흑자의 증가가 FDI의 증가와 긴밀하게 맞물린다는 점은, 외환보유고가 증가하더라도 그 상당부분이 사실상 부채라는 점에 주목해야 함을 의미한다.

그런데 무역수지 흑자와 FDI 유입 외에도 또하나 중요한 원인이 있는데, 그것은 바로 투기성 자본인 핫머니의 유입이다. 중국은 자본시장을

---

2) http://en.wikipedia.org/wiki/Foreign_exchange_reserves (검색일 2008.4.1).

제한적으로만 개방하였으며, 자본계정에 대한 엄격한 통제를 시행하고 있다. 특히 외환거래에 대해서 강제적 외환매입매출(結售匯) 제도를 시행하고 있기 때문에, 공식적으로는 정부의 적격투자가 허가를 받은 제한된 포트폴리오투자 이외에는 투기적 목적으로 자본이 자유롭게 유입될 수는 없다. 그러나 경상계정과 자본계정상의 여러가지 헛점을 활용해 유입되는 자본량은 적지 않으며, 반대로 해외로 빠져나가는 자본도피 또한 무시할 수 없는 수준이다. 이런 투기성 자본의 비공식적인 유출입은 결측 통계로서 '오차 및 누락'에 기록된다.

가장 간단한 방식으로 집계된 중국의 외환보유고는 **경상수지＋자본 및 금융수지＋오차 및 누락**으로 집계될 수 있다. 〈그림 2〉에는 1995년 이후

〈그림 2〉 중국 외환보유고 증가의 주요 원인들　　　　　　　(단위: 억달러)

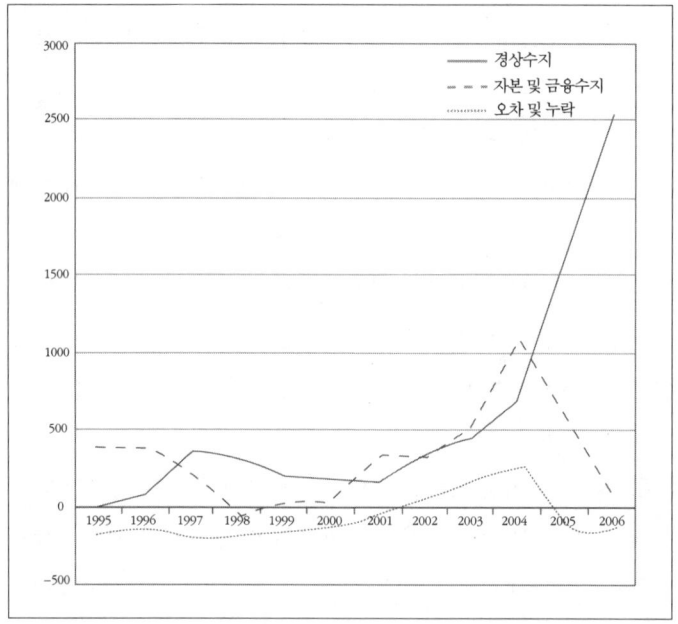

출처 中國外匯管理局(www.safe.go.cn).

이 세 요인들의 변동추세가 제시되어 있다. 이 그림을 앞의 〈그림 1〉과 함께 살펴보면, 중국 외환보유고 증가의 주요한 원인을 시기별로 나누어 살펴볼 수 있다.

증가의 원인 파악에서 특히 중요한 시기는 외환보유고의 급격한 증가를 초래하여, 거대한 외환보유고 형성의 출발점이 된 2001~04년이다. 〈그림 2〉에서 보면, 경상수지, 자본 및 금융수지, 그리고 오차와 누락 세 요인이 모두 이 시기에 주요하게 상승작용을 일으키고 있는 것으로 보인다. 그러나 이를 좀더 세분해서 살펴보면 더 중요한 특징을 발견할 수 있다.

경상수지 흑자의 증가는 거의 전적으로 무역수지 흑자의 증가에 기인한다. 경상수지 흑자는 1997년 급격히 늘어났다가, 그후 오히려 완만하게 감소하는 추세를 보여준다. 그러다 2001년부터 2004년까지 다소 빠르게 늘어나다가 2005년부터는 폭발적으로 증가한다. 2005년 이후 경상수지 흑자 이외의 다른 두 요인은 하락세로 돌아서고 있기 때문에 이 시기 외환보유고의 증가는 거의 전적으로 경상수지 흑자의 증가에 기인함을 알 수 있다. 그렇지만 그 이전 시기의 외환보유고 증가는 경상수지 흑자, 특히 무역수지 흑자를 통해 설명하기는 어려운데, 이는 경상수지 흑자와 무역수지 흑자의 추세를 분리해 보면 좀더 분명해진다.

〈그림 3〉에서 보면 경상수지 추이와 무역수지 추이는 2000년대 초반까지는 대체로 일치한다. 그런데 무역수지는 동아시아 금융위기를 겪은 1997년부터 시작해 2004년까지 정체 상태를 벗어나지 못하고 있음에 비해, 경상수지는 2001년부터 흑자 증가세가 관찰되고 이는 현재까지 지속되고 있음을 알 수 있다. 이는 2001~04년 외환보유고 급증에 무역수지 흑자 증가가 기여한 바는 거의 없는데 비해, 경상수지 흑자 증가는 분명 기여했음을 보여주고, 이런 차이점은 주로 경상수지 중 투자수익의 마이너스분이 줄어들어 양의 값으로 전환되고 또 이전수지의 흑자 증가가 늘

<그림 3> 중국 경상수지와 무역수지 추이　　　　　(단위: 억달러)

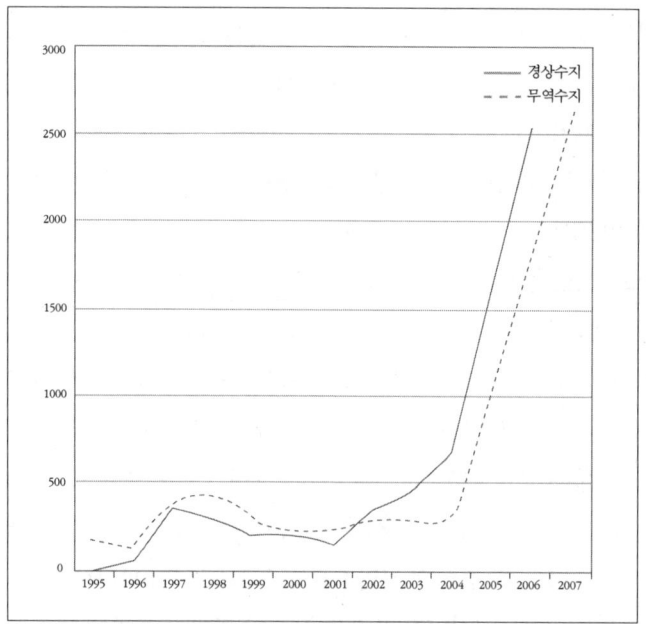

출처 中國外匯管理局(www.safe.go.cn)

어난 데 기인한다.

　그런데 이처럼 2001~04년에 무역수지는 증가하지 않았음에도 이전수지가 증가하고 있다는 사실은, 이를 외환보유고 증가를 초래하는 다른 두 요인과 연관해 이해해보면 좀더 그 함의가 분명해질 것이다. 〈그림 2〉에서 보면 자본(및 금융)수지 그리고 오차와 누락은 1990년대 후반 이후 매우 비슷한 변동 추세를 보여주고 있고, 특히 2001~04년 유사한 움직임을 보여준다.[3] 이런 점에서 경상수지 변동에 비해 이 두 요인이 이 시기 외환보유고 증가에 훨씬 중요한 기여를 하고 있는 것으로 보인다.[4]

---

　3) 여기에 덧붙여 단기 해외부채의 증가도 유사한 원인에 기인하고 있는 것으로 지적된다(蕭灼基 2007: 174).

〈그림 4〉에서 자본 및 금융수지를 내적인 요소들로 분해해서 자세히 살펴보도록 하자.

〈그림 4〉를 보면, 대외부채의 증가나 외국인직접투자 유입액의 증가는 이 시기 전체에 걸쳐 완만한 증가세로 나타나, 2000년대 초반의 급격한 자본수지 증가 요인으로 볼 수는 없다. 외국인직접투자의 실제투자액과 순유입액의 차이는 그리 크지 않으며, 다만 최근 들어 해외투자가 늘어나면서 그 차이가 벌어지고 있다.[5] 이에 비해 포트폴리오투자는 매우 급격한 변동 추세를 보이는데, 1997년 이후 순유입이 하락세로 전환해 마이너스로 떨어지다가, 2001년 이후 추세가 반전되어 급격히 늘고 있음

〈그림 4〉 자본 및 금융수지 변동의 주요 원인들　　　　　(단위: 억달러)

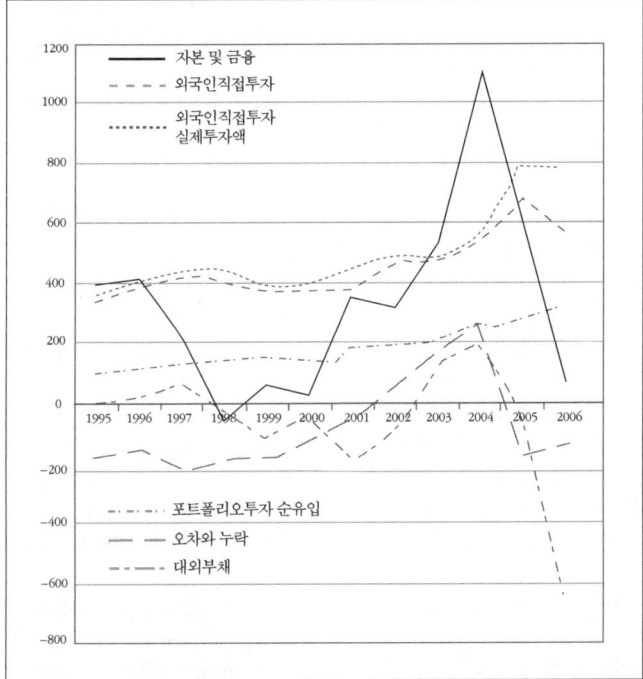

출처 中國外匯管理局(www.safe.go.cn), 『中國統計年鑑』.

을 알 수 있다. 2002년 17억 5000만달러이던 포트폴리오투자는 2003년에는 84억 5000만달러으로 급증하고, 이어 2004년 132억달러, 2005년 212억 2000만달러, 2006년 428억 6000만달러로 빠르게 늘어나고 있다. 반면 해외로 유출되는 포트폴리오투자액은 1997년 9억원에서 지속적으로 증가해, 정점에 이른 2001년 206억 5000만달러를 기록한 후, 급격히 하락하여 2003년과 2004년에는 장부상 마이너스를 기록하다가, 2005년 261억 6000만달러, 2006년 1104억 2000만달러로 다시 늘어나고 있다. 이처럼 서로 반대방향으로 운동하던 포트폴리오투자의 흐름이 2001~04년에 집중적으로 순유입되는 방향으로 작동했던 것이다.[6]

여기에 세번째 요인인 오차와 누락을 덧붙여보면 좀더 구도가 분명히 드러난다. 오차와 누락은 2001년까지는 마이너스를 기록하면서 그 액수가 계속 줄어들다가, 2002~04년에는 빠르게 증가하여 플러스 방향으로 대폭 늘어난다. 오차와 누락은 포트폴리오투자 유입 증가와 더불어 2004년까지 외환보유고 증대의 주요한 요인이 되었으며, 앞서 말한 바 있는 경상수지 흑자 중 이전수지 흑자가 늘어나는 추세 또한 이런 두 요인의 증가와 일정한 관계가 있는 것으로 보인다.

---

4) 실제로 2000년 외환보유고 증가에는 경상수지 흑자 증가가 전적으로 공헌했으며, 자본수지는 오히려 마이너스 요인으로 작용한 반면, 2001~04년 외환보유고 증가에서 경상수지 흑자의 공헌도가 33~47% 수준으로 하락한 반면, 자본수지 흑자의 공헌도가 54~66% 수준으로 급격히 증가한다. 2005년부터는 다시 자본수지 흑자의 공헌도가 하락하고 경상수지 흑자의 공헌도가 증가한다(蕭灼基 2007: 168).

5) 중국의 비금융 대외 직접투자액은 2002년 14억 5000만달러에서 2004년에는 55억달러로, 2007년에는 187억 2000만달러로 대폭 늘어난다. (중국 상무부 통계: http://hzs.mofcom.gov.cn/date/date.html)

6) 자본수지 흑자를 늘린 요인 중 하나는 기타 투자 범주에 속하는 것으로, 중국 은행들의 해외 대출을 철수해 국내로 방향을 전환한 것인데(Prasad and Wei 2007: 165), 이는 포트폴리오투자 유입의 증가나 오차와 누락에서 보이는 핫머니 유입의 증가와 동일한 맥락에서 이해될 수 있는 것이다.

외화계정과 인민폐계정의 집계 방식 차이에 환율 변동이 개입되기 때문에, 회계장부상의 문제로 오차와 누락이 나타나는 것으로 볼 수 있는 측면도 있지만, 그 상당부분은 투기성 자본의 유출입을 반영한다(Prasad and Wei 2007: 165~69).[7] 특히 중국처럼 자본시장의 폐쇄성이 높고, 포트폴리오투자가 정부가 규제하는 한정된 영역에서만 허용되는 경우에, 간접통로를 통한 투기성 자본의 유입이 이 오차와 누락이라는 모호한 범주속에 포괄되는 것으로 볼 수 있다. 2001년까지 그 수치가 마이너스를 기록한 것은 주로 중국자본의 해외도피를 반영한다. 반면 2002년 이후 그 수치가 플러스로 전환한 것은 투기성 핫머니의 대량 유입 때문인데, 2002년 이후 이런 핫머니는 주로 인민폐의 평가절상을 예상하고 유입된 자본들이었다(蕭灼基 2007: 171; Tung 2007: 84; Prasad and Wei 2007: 165~67). 이는 〈그림 4〉에서 오차와 누락의 변화와 포트폴리오 순유입의 변화 추세가 매우 유사하게 나타나고 있는 데서도 확인될 수 있다.

먼저 해외로 빠져나간 자본도피를 살펴보자. IMF 통계에 따르면 1994~2002년까지 중국에서의 자본도피는 1220억달러로, 매년 평균 140억달러 가량의 자본도피가 있었던 것으로 집계되며, 프랑크 군터(Frank Gunter)의 집계에 따르면 1994~2001년 자본도피는 그보다 훨씬 많은 연평균 690억달러였고, 특히 1997~2000년에는 연평균 1000억달러 규모에 달했다. 또다른 집계에 따르면 1984~2001년까지 9000억달러 가량의 자본이 중국을 빠져나갔거나 달러나 금으로 축장되었을 것이라고 추정하기도 한다(Tung 2007: 84).[8]

---

7) 중국이 보유한 해외채권은 환율변동 상황을 반영하지 않지만, 중국인민은행의 대차대조표상의 외환보유고는 환율변동을 반영한다. 이 때문에 달러가치가 변동하면 외환보유고의 달러자산가치의 변동은 오차와 누락의 범주에 포함될 수 있다(Prasad and Wei 2007: 167).

8) 2006년 이후에도 투기성 자본의 유입이 크게 줄지 않은 것으로 평가되는 중국측 집계에 따르면, 외환보유고 증가에서 차지하는 투기자본의 역할이 매우 강조된다. 1982년에 외환보유고

2002년부터 투기성 자본의 흐름은 유출보다 유입이 늘어나 플러스로 전환된다. 〈그림 4〉의 오차 및 누락은 유출입이 상쇄된 순액수만이 제시되고 있을 뿐이지만, 이것만으로도 핫머니의 유입 추세는 중국자본의 해외도피를 상쇄하고 남을 만큼 확연하게 나타난다. 다른 자료를 통해서 핫머니의 유입을 살펴보면, 그것이 본격 유입된 것은 2002년 이후로, 그 액수가 2003년 828억달러, 2004년 1140억달러, 2005년 467억달러, 2006년 69억달러로 집계되는데, 2004년을 정점으로 그 이후 하락이 두드러진다(Tung 2007: 88~90). 중국측 집계를 보면 이와는 다소 다른 흐름이 나타나는데, 넓은 의미의 투기자본의 유입은 2004년 1097억달러로 정점에 달했다가, 2006년 947억달러로 감소했고, 2007년 상반기에는 다시 1839억달러로 대폭 증가하는 것으로 집계된다(鄭建明·桑百川 2007: 111). 어느 쪽이건 2006년에는 투기성 자본의 유입이 감소한다는 점에서는 일치하는데, 이는 투기성 자본유입에 대한 규제가 강화되면서 자본의 유입보다 유출이 대폭 늘어났기 때문이라고 지적된다(양평섭·이인구 2007: 3).

이처럼 2002년 이후 투기성 자본의 유입이 늘어난 것은 인민폐가 저평가되어 있다는 판단 아래, 인민폐의 평가절상이 임박했다는 예상에서 금융적 투기자본이 대대적으로 유입됐기 때문이었다.

1994년 1월 1일자로 외환제도를 개혁하여 경상계정의 태환제도를 시행하고 이중환율제도를 철폐한 중국정부는 당시 인민폐와 달러의 교환비율을 1달러당 8.7위안으로 고정하고 관리된 변동환율제를 시행하였는데, 사실상 고정환율제나 다를 것이 없었다. 그 이후 인민폐 환율은 1995년 5월 달러당 8.3위안으로 절상되었고, 다시 1997년에 8.28위안으로 절

증가에 대한 무역계정의 기여도와 투기자본 유입의 기여도가 53.4% 대 5.7%로 거의 열배 가까운 비대칭성을 보인 반면, 2006년에는 다른 해에 비해 투기성 자본 유입이 줄었음에도 불구하고, 투기자본의 기여도가 더 높다고 보고 있다(鄭建明·桑百川 2007: 111).

상된 후, 2005년까지 그 상태를 유지하였다. 이 시기의 인민폐는 사실상 달러에 고정된 달러 페그제로, 고정환율제와 유사한 형태였다.

이렇게 인민폐가 달러에 고정됨에 따라 그 가치는 달러의 평가절하 추세에 따라 다른 외환에 대해서도 동반 하락하는 효과를 낳았다. 이런 추세는 특히 2000년대 들어 두드러지는데, 2002년 1월에서 2004년 1월까지 미국 달러화는 유로 대비 40% 평가절하되었고, 일본 엔화에 대해서도 20% 하락하였으며, 동아시아 다른 나라에 비교하면 대만, 씽가포르, 남한의 화폐에 대해서도 5~12% 평가절하되었다. 2004년에도 달러는 이들 화폐에 대해서 4.1~15.6% 평가절하되었는데, 이런 달러의 평가절하에 동반해 달러에 페그된 위안화 또한 같은 평가절하 효과를 누리게 되었다(Tung 2007: 81).

달러에 동반한 위안화의 평가절하에 대해 불만이 높아지고 위안화 평가절상 압력이 커지자 중국정부는 2005년 7월 21일 위안화를 미 달러 대비 2.1% 평가절상하여, 달러 당 인민폐 환율을 8.11위안으로 조정하였다. 그런데 이 싯점의 환율조정은 앞선 시기와 달리 달러 대비 환율을 절상한 데 그친 것이 아니라, 달러페그제를 포기하고 달러 이외의 주요 환율들과도 함께 연동하는 통화바스켓 제도로 전환했다는 점이 주목된다. 이는 달러가치 하락이 지속될 경우 이후 달러와 위안화의 관계가 새로이 정립될 가능성이 있음을 보여주는 것이다. 이후 위안화 환율은 시장 변화를 반영해 꾸준히 평가절상되었고, 일일 변동폭도 다소 넓게 조정되어, 2005년 7월 21일부터 2007년 4월 20일 사이 위안화는 다시 6.9% 평가절상되었다(Tung 2007: 81). 〈그림 5〉는 달러당 인민폐의 환율변동을 보여주고 있는데, 달러당 8.28위안에서 시작한 환율의 변동은 2007년 12월에는 7.37까지 하락하였고, 2008년 들어 4월 10일에는 6위안대를 돌파해 6.99위안을 기록했다.

중국 인민폐는 여전히 저평가되어 있다는 주장이 적지않게 제기되며, 그 수준은 대개 15~20% 정도로 본다(Kaplan 2006: 1182; Tung 2007; 양평섭 · 이인구 2007; Makin 2007). 그런데 인민폐가 실제로 저평가되었는지에 대해서는 반대 의견도 적지 않다. 이 때문에 인민폐의 저평가 자체만으로 해외자본 유입의 충분조건이 형성되었는지에 대해 검토할 필요도 있으며, 이런 점에서 중국과 미국의 이자율 격차, 즉 이자율 스프레드의 문제를 고려할 필요가 있다(Prasad and Wei 2007: 165; 紀寶成 2007: 330). 이자율 스프레드와 인민폐 절상에 대한 기대가 동시에 작용하여 투기성 자본의 유입을 촉진했다고 하는 편이 더 적절하다고 볼 수도 있다. 그렇게 볼 때 2005년 이후 유입된 자본의 방향 전환은 환율을 반영한 이자율 스프레드의 방향 전환에 기인한다고 해석할 수 있다(Suzuki 2008: 10).

인민폐 저평가 문제에 대한 견해가 어떻든 간에, 중국의 위안화 평가 절상이 지금보다 더 빠른 속도로 급격히 진행될 것으로 보기는 힘든데, 그 이유는 수출지향의 제조업 부문을 보호하기 위해 현재와 같은 환율체

〈그림 5〉 달러당 인민폐 환율

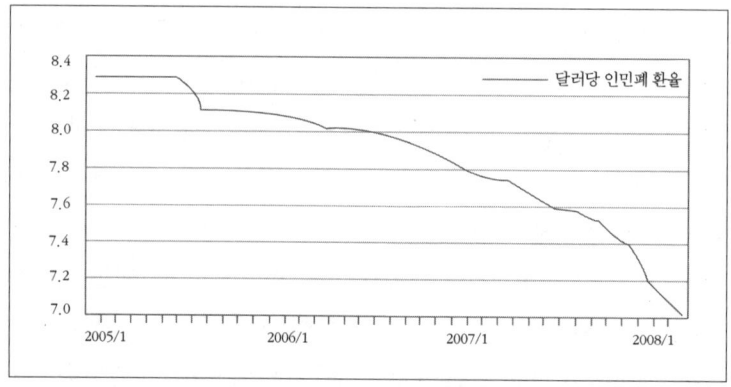

주 2007년말까지는 매월 평균 수치, 2008년은 매월말 수치.
출처 중국인민은행(www.pbc.gov.cn/diaochatongji/tongjishuju).

제를 유지하기 때문이다.

그렇다면 중국의 산업구조가 수출 중심의 가공무역에 크게 의존하고 있으므로, FDI의 유입은 지속적으로 늘어날 것이다. 또한 유입되는 모든 외환을 중앙은행이 집중관리하는 강제적 외환 매입매출 제도가 유지되고 있으며, 중앙은행이 외환시장에 개입하기 위한 외환전용기금(外匯占款)을 형성함으로써 외환보유고 증가에 중요한 영향을 끼치고 있다. 그리고 외환시장 개입을 위한 불태화 조작(sterilization: 對沖操作)의 필요성 등의 이유 때문에 외환보유액 증가 추세는 당분간 둔화될 것으로 보이지는 않는다(白晶徐翶 2007: 37~38).

(3) 외환보유고 증가의 세계적 추세

〈그림 6〉은 세계 외환보유고 총액의 증가 추세를 보여준다. 1995년 1조 3896억달러이던 세계의 총 외환보유액은 2007년에는 6조 3906억달러로 늘어, 이 12년 사이에 무려 4.6배 증가했다. 주로 2000년대 들어 대폭 증가했는데, 2001~2007년 6년 사이에만 3.2배 증가하였다.

그런데 그림에서 보듯이 이러한 증가 추세를 선진국과 발전도상국으로 나누어 보면, 뚜렷한 대조가 나타남을 볼 수 있다. 이 시기 선진국들의 외환보유고 총액은 증가하긴 했지만, 그 증가 속도는 발전도상국에 훨씬 못 미치며, 따라서 이 시기 세계 외환보유고 총액의 급속한 증가는 주로 발전도상국의 외환보유고 증가에 기인함을 알 수 있다. 이 시기의 처음과 끝을 비교해보면, 선진국 외환보유고 총액이 2.28배 증가한데 비해, 발전도상국의 외환보유고 총액은 6.68배 증가하여, 이 두 지역의 증가 비율은 세 배 가까운 차이를 보이고 있다. 그 결과 다음 〈표 1〉에서 보듯이 세계 외환보유고 총액에서 차지하는 선진국과 발전도상국의 비율

〈그림 6〉세계 외환보유고 총액 변동   (단위: 조달러)

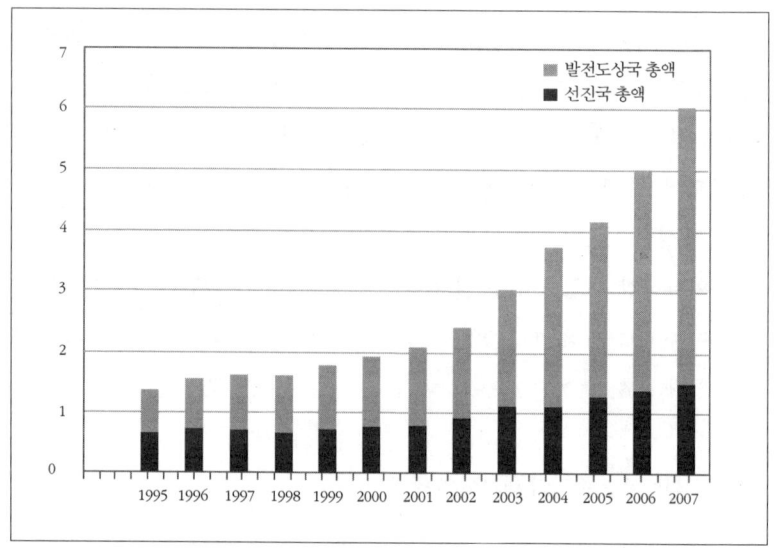

출처 IMF COFER 자료.
자료 http://www.imf.org/external/np/sta/cofer/eng/index.htm

또한 1995년의 47.3 : 52.7에서 2007년에는 23.5 : 76.5로 급격히 벌어져
외환보유고의 발전도상국 집중이 더 심해졌다.[9]

2000년대 들어 발전도상국의 외환보유고가 급증한 이유는 1990년
대 외환위기 형태로 출현한 각종 금융위기의 영향 때문이다. 세계 각국
은 금융위기를 예방하기 위해 외환보유고를 대폭 늘렸고, 석유 가격 인
상으로 1970년대와 유사하게 석유달러가 대폭 증가한 것도 영향을 미
쳤다.

중국의 외환보유고 증가는 이런 세계적 외환보유고 증가에 크게 기여

<hr>

9) 1957년 2월에는 선진국과 발전도상국의 비율이 2007년과는 완전히 반대로, 71.2 : 28.8였다
(鄭建明 · 桑百川 2007: 109~10).

하고 있으며, 그 결과로 세계 외환보유 총액에서 차지하는 중국의 비중이 커지고 있는데, 〈표 1〉과 〈그림 1〉의 자료에서 계산해보면, 세계 외환보유고 총액 중 중국의 비중은 1995년 5.3%에서 2007년 23.9%로 크게 증가했다. 개혁개방 초기인 1980년에 중국이 세계 외환보유고에서 차지하는 비중은 1.1%에 불과하였다. 중국의 외환보유고 증가는 발전도상국과 아시아 내에서의 중국의 지위를 더욱 두드러지게 만들었는데, 1980년 7월과 2007년 3월을 비교해보면, 발전도상국 내에서 중국의 비중은 2.68%에서 41.35%로, 아시아 내의 비중은 4.93%에서 59.86%로 크게 늘어났다. 중국과 더불어 아시아 국가들의 외환보유고 또한 외환위기 이후 대폭 증가했고, 이는 세계 외환보유고에서 아시아 국가들이 차지하는 비중을 늘렸는데, 1957년 2월 아시아 국가의 비중이 19.36%였던 데 비해, 2007년 3월 그 비중은 46.5%로 전체의 절반 가까운 수준으로 늘어났다(鄭建明·桑百川 2007: 109~10).

2008년초 기준으로 외환보유액 상위 10개국 중 7개국이 아시아에 속해 있을 만큼(중국, 일본, 인도, 대만, 남한, 씽가포르, 홍콩) 아시아 국가들의 중요성은 커졌는데, 이는 아시아 국가들의 금융력의 증가를 보여주는 동시에 역으로 금융위기에 개별적으로 노출되어 있는 아시아 국가들의 취약성을 보여주고 있는 것이기도 하다. 미국시장에 대한 주요 수출지역인 동아시아에서 외환보유고를 늘릴 수 있는 무역흑자가 집중 누적되고 있다는 측면과, 단일통화권인 EU지역의 경우 아시아 국가들에 비해 개별국가가 외환보유고를 늘려야 할 필요성이 적다는 측면을 함께 주목할 필요가 있다.

2000년대 들어 세계 외환보유고 총액의 증가와 더불어서 주목되는 현상의 하나는 외환보유 화폐 형태에 다소 변화가 발생하고 있다는 점이다 〈표 1〉에서 보면, 달러가 여전히 외환보유 화폐의 대부분을 차지하고 있

〈표 1〉 세계 외환보유고 추세(1995~2007)

		1995	1996	1997	1998	1999	2000	2001	2002	2003	2004	2005	2006	2007
외환보유고 총액		1,389,639	1,566,151	1,616,167	1,643,867	1,781,466	1,936,570	2,050,064	2,408,619	3,025,701	3,748,730	4,174,991	5,037,088	6,037,142
선진국 총액비중		47.3	46.2	43.7	41.0	40.8	40.4	38.5	37.6	37.1	35.2	31.0	27.7	23.5
발전도상국 총액비중		52.7	53.8	56.3	59.0	59.2	59.6	61.5	62.4	62.9	64.8	69.0	72.3	76.5
화폐별 보유 총액		1,034,175	1,224,464	1,271,982	1,282,406	1,378,620	1,517,374	1,568,849	1,795,447	2,221,773	2,651,031	2,838,019	3,309,851	4,064,806
보유화폐 현태별 비중	미달러	59.0	62.1	65.2	69.3	71.0	71.1	71.5	67.1	65.9	65.9	66.9	65.5	63.9
	유로	27.0	23.9	22.4	17.0	17.9	18.3	19.2	23.8	25.2	24.8	24.1	25.1	26.5
	영국 파운드	2.1	2.7	2.6	2.7	2.9	2.8	2.7	2.8	2.8	3.4	3.6	4.4	4.7
	일본엔	6.8	6.7	5.8	6.2	6.4	6.1	5.0	4.4	3.9	3.8	3.6	3.1	2.9
	기타	5.1	4.6	4.1	4.8	1.8	1.8	1.6	2.0	2.2	2.0	1.9	2.0	2.0

* 1998년까지는 각 연도 자료, 그후 2006년까지는 4/4분기 자료, 2007년도는 3/4분기 자료임.
1999년부터는 유로화의 비중이며, 그전까지는 이후 유로화로 통합된 구요, 통화들의 합계임.

출처 IMF COFER

자료 http://www.imf.org/external/np/sta/cofer/eng/index.htm

294

을 만큼 달러의 절대적 중요성은 유지되고 있다. 2007년에도 외환보유액에서 달러 비중은 63.9%를 차지했다. 그러나 2001년의 71.5%를 정점으로 외환보유고에서 차지하는 달러의 비중은 감소하고 있고, 반면 1990년대 후반 감소하던 유로화의 비중이 크게 늘어나고 있음을 알 수 있다. 달러화가 차지하는 비중은 2007년에 이르면 1996년 수준으로 줄어든 반면, 유로화 비중은 반대로 2007년 수준으로 늘어나, 이로부터 우리는 달러화와 유로화가 보유화폐로서 대체관계에 있음을 알 수 있다. 그에 비해 보유화폐로서 일본 엔화의 비중은 1990년대 후반 이후 지속적으로 하락하여 2006년부터는 영국 파운드화에 추월당했음을 확인할 수 있다.

(4) 중국 외환보유고의 운용과 미국 재무부 증권의 구매

중국에서 늘어나고 있는 외환보유고의 절대 액수는 달러인데, 이는 중국이 미국 수출시장에 대한 의존도가 높다는 점을 보여줄 뿐 아니라 미국경제의 변동에 강하게 영향을 받는 요인으로 작용한다.

중국의 외환보유액 중 달러자산의 비중은 60~70% 정도이며, 그 외 유로 20% 정도, 일본 엔화 등 여타 화폐가 10~20% 정도로 추정되며, 그중 달러자산의 비중이 점차 줄어들고 있는 것으로 알려져 있다.[10] 알려진 자료에 따른 집계를 보면, 2003년 6월 외환보유 화폐 구성은 달러화 70%, 유로화 15%, 일본 엔화 10%, 영국 파운드화 5%였으며, 2004년에는 그 구성에서 달러의 비중이 줄어, 달러화 60%, 유로화 20%, 일본 엔화 13%, 영국 파운드화 7%로 바뀌었다(黃金周銳 2007; 張帆 2007).

이처럼 중국의 외환보유고에서 달러화의 비중이 높은데, 이 보유 달

---

10) Zheng and Yi(2007:22)는 달러자산 비중을 2/3 정도로, 白晶徐翺(2007: 38)은 70% 정도로 보고 있다.

러화 중 가장 중요한 것은 미국의 국채인 재무부 증권이다.[11] 2008년 1월 중국이 보유한 미국 재무부 증권 보유액은 4926억달러로, 이를 2007년말 중국 외환보유고를 기준으로 계산해보면 전체 외환보유고의 32.2%를 차지하는데, 2006년에 그 비중은 37.6%였다. 그러나 중국의 외환보유고에서 달러자산이 차지하는 비중이 60~70%이므로, 달러자산 비율을 앞서의 논의에 따라 최근 60% 수준으로 계산하면, 외환보유고 달러자산 중 미 재무부 증권이 차지하는 비중은 2007년 54% 정도로 추정되며, 2000~06년에는 55~70% 수준을 유지한 것으로 보인다.[12]

이처럼 중국의 외환보유액에서 미국 재무부 증권의 중요성이 매우 높은 것을 반영해, 미국 재무부 증권의 국가별 보유현황을 보면 중국이 차지하는 비중이 빠르게 상승하고 있음을 알 수 있다.[13] 〈표 2〉를 보면, 2000년 이후 미국 재무부 증권 보유 국가에서 아시아 국가/지역들이 차

〈표 2〉 국가별 미국 재무부 증권(securities) 보유 현황(2000~08년)　　　(단위: 십억달러, %)

연도	2000[a]	2001	2002	2003	2004	2005	2006	2007	2008
총액	1088.9	1010.8	1029.6	1237.7	1568.5	1874.5	2045.4	2120.6	2402.5
일본	29.6	30.9	30.2	31.1	37.1	36.2	31.9	29.6	24.4
중국	6.6	6.1	7.5	9.8	10.0	11.9	15.3	18.9	20.5
홍콩	3.5	3.9	4.5	4.0	3.5	2.4	2.2	2.6	2.3
남한	2.3	2.8	3.1	3.0	3.8	2.9	3.5	2.9	1.8
대만	4.0	3.4	3.3	3.0	3.4	3.6	3.4	2.8	1.6
씽가포르	3.0	2.6	1.8	1.4	1.5	1.6	1.6	1.4	1.6
영국	7.1	4.7	4.5	6.6	5.8	5.0	7.7	4.9	6.7
석유 수출국	4.0	4.8	4.4	3.9	2.8	3.6	4.4	5.3	5.9
아시아 6개 지역 합계	60.2	59.2	59.3	62.7	67.9	67.3	70.0	68.4	64.7

* 각 연도 1월 기준, a) 2000년은 4월 수치.
출처 Department of Treasury("Major Foreign Holders of Treasury Securities Holdings at End of Period": http://www.treas.gov)

지하는 비중이 절대적으로 중요해졌음을 알 수 있다. 일본, 중국, 홍콩, 대만, 남한, 씽가포르를 합한 아시아 6개 국가/지역의 합계가 차지하는 비중은 낮게는 59%에서 높게는 70%를 차지해, 사실상 미국 재무부 증권은 전적으로 동아시아 국가들의 외환보유고에 의존하고 있음을 알 수 있다.

그런데 이 추세를 좀더 자세히 살펴보면, 아시아 국가들 가운데 중국의 비중이 급속히 늘어나고 있음을 알 수 있다. 외국이 보유한 미국 재무부 증권 총액에서 중국의 비중은 2000년의 6.6%에서 2008년에는 20.5%로 급상승했다. 반면 일본의 비중은 2004년 최대였던 37.1%에서 2008년에는 24.4%로 낮아져 중국과 비슷한 수준이 되었고, 남한·대만의 비중도 상당히 낮아졌음을 알 수 있다. 이런 추세라면 재무부 증권 보유액에서 조만간 중국이 일본을 추월할 개연성이 높으며, 미국 재무부 증권의 절반 가까이를 일본과 중국 양국이 소화하는 상황이 될 것으로 보인다.

아시아 국가들의 미국 재무부 증권 보유액이 늘어난 이유는 외환보유고의 급증 때문이며, 또한 1990년대말 미국으로의 자본유입의 핵심이던 미국에서의 초국경적 인수·합병에 동원되던 유럽의 금융자본이 줄어들고, 그 자리를 동아시아의 외환보유고가 메우게 된 데서도 그 이유를 찾을 수 있다. 그런데 미국 재무부 증권의 동아시아 국가(특히 일본과 중국)에 대한 과도한 의존, 그리고 동아시아 국가들의 외환보유고의 재무

---

11) 재무부 증권(Treasury Securities)에는 1년 이하의 단기채권(재무부 증권: Treasury bills)과 1~10년의 중기채권(Treasury notes), 그리고 10년 이상의 장기채권(재무부 채권: Treasury bonds)이 포함된다. 2008년 1월 외국인이 보유한 미국 재무부 증권 중 단기채권이 12.2%, 중장기채권이 87.8%로, 중장기채권의 비율이 훨씬 높다(http://www.treas.gov).

12) 2003년까지 달러자산 보유 기준 70% 수준을 맞추면, 2003년이 55.8%로 가장 낮은 비율을 보인다.

13) 2007년 9월 재무부 증권 총액은 9조달러로, 그중 53%는 미국 정부 트러스트 펀드가 보유하며, 나머지 47%를 민간이 보유한다. 민간이 보유한 이 4조 3000억달러 중, 외국인 보유액은 52.6%로 매우 높다(Morrison and Labonte 2008: 6).

<표 3> 미국의 증권 중 국가별 외국인 보유 증권 비율(2007년 6월 30일)　　　　(단위: %)

국가	일본	중국	홍콩	남한	대만	쌍가포르	영국	석유수출국	아시아 6개 지역 합계
보유비율	12.2	9.4	1.4	1.4	1.2	1.8	9.4	3.2	27.5

출처 Department of Treasury, "Preliminary Report on Foreign Holdings of U.S. Securities At End-June 2007,"(http://www.treas.gov: February 29, 2008)

부 증권으로의 과도한 집중과 비교해, 재무부 증권을 포함한 미국 내의 외국인 증권 보유 전체 추세는 상당히 다른 양상이 나타난다.

2007년 6월 30일 기준 미국 내 외국인 증권에 대한 외국인 지분 소유의 총액은 9조 7720억달러로 외국인의 재무부 증권 보유액의 4배를 넘어선다. 그런데 이중에서 아시아 6개 국가/지역이 차지하는 비중은 <표 3>에서 보듯이, 27.5%로, 이들 지역이 보유한 재무부 증권 비중의 절반 수준에도 미치지 못한다. 일본과 중국 모두 재무부 증권에서 차지하는 비중의 절반 또는 그 이하 수준만을 차지할 뿐인 반면, 영국의 경우는 재무부 증권에서 차지하는 비중에 비해 전체 증권에서 차지하는 비중이 더 높게 나타난다.[14] 이는 동아시아 국가들의 미국 내 금융자산에서 재무부 증권 보유의 편중성을 잘 보여준다. 이러한 비대칭성이 보여주는 바는, 동아시아의 금융화된 외환보유고가 미국 금융화의 핵심을 장악하여 추동하고 있다기보다는, 주로 미국의 무역적자를 보충하기 위한 자본수입 채널이자 미국의 이자율을 낮게 유지해주는 기제로 활용되고 있다는 점이다. 그렇지만 중국의 외환보유고가 점차 재무부 증권 이외 분야의 투

---

14) 이처럼 중국의 미국 증권 보유는 주로 재무부 증권과 정부공채에 집중되어 있는데, 그중 중국이 차지하는 비중은 재무성 장기증권보다 장기정부공채에서 더 커서, 2006년 6월 미국의 모든 증권에 대해 각국의 보유 비중에서 중국이 차지하는 비중은 각각 21.1%와 53.9%였다 (Morrison and Labonte 2008: 5).

자로 확대되고 있다는 점에도 주목할 필요가 있는데, 여기에는 수익성이 높다고 판단되어 투자된 주택담보부 증권(MBS), 회사채 등이 포함된다(白晶徐鞱 2007: 38).[15]

(5) 거대한 외환보유고의 경제적 부담

외환보유고의 대폭 증가는 세계경제에서 중국이 차지하는 금융력의 일정한 상승을 표현하는 것이기도 하지만, 반면 금융세계화가 동반하는 금융위기에 휘말려 들어갈 가능성이 그만큼 더 높아졌음을 보여주는 것이기도 하다. 지금까지 상대적인 보호 영역 속에서 남아 있었기 때문에 금융세계화가 동반하는 위험에서 다소 유예되어 있던 중국이 과연 이전 같은 조건을 유지해갈 수 있을지 점점 더 문제가 되고 있는 것이다.

첫번째로 문제되는 것은, 달러자산 외환보유고의 규모가 커지는 것은 달러화 가치의 변동에 따라 위험부담이 점점 더 커진다는 것을 뜻한다. 위안화가 달러에 페그되어 있던 2005년 이전과 달리, 2005년 이후 달러에 대해 지속적으로 위안화 평가절상이 진행되는 상황에서는 달러의 평가절하로 발생되는 손실이 재무부 증권 등에 투자해 얻는 낮은 이익보다 훨씬 커질 가능성이 높고, 이런 환차손의 증가는 지속적으로 부담이 된다. 그렇지만, 이제는 중국의 달러자산 규모가 너무나 커졌기 때문에 달러가치가 하락한다고 해서 다른 통화 형태로 그 보유자산 구조를 쉽게 변경할 수 있는 것도 아니다. 이렇게 될 경우 다른 나라에도 연쇄작용을 일으켜, 더 큰 달러가치의 하락을 초래할 위험을 낳고, 그 결과 중국 수

---

15) 보고된 일부 내용을 살펴보면, 2007년 10월 중국 은행은 75억달러의 써브프라임 MBS를 보유하고 있었고, 2006년에 중국은 이를 포함해 150억달러의 기업 자산연계 증권(ABS)을 보유하고 있었다고 보고되었다(Morrison and Labonte 2008: 4).

출품 수요가 급감하여 중국에 심각한 경기침체를 불러올 수 있기 때문이다(Morrison and Labonte 2008: 11).

둘째로 인플레이션 개연성과 화폐정책의 자율성 상실이 서로 얽혀 있다는 문제점을 지적할 수 있다. 자본계정이 통제되고 있으며 외환 매입 매출 제도가 시행되는 조건에서, 외환 유입의 증가는 그 매입 대신 방출되는 화폐공급량을 대대적으로 증가시켜 인플레이션을 유발할 개연성이 커진다. 물론 외환보유고의 증가 자체가 곧바로 인플레이션으로 이어지는 것은 아니지만, 그것은 다른 이유로 촉발된 인플레이션을 격화하는 요인으로 작용할 가능성이 높아진다. 그 효과는 특히 2006년부터 주목되는 주가 인상, 부동산 가격 인상, 소비자 물가 인상이라는 삼중의 현상에서 두드러진다. 2006년 9월에서 2007년 9월 1년 사이에 주가지수는 3.2배 상승했고, 소비자 물가지수는 2006년 말부터 상승해 2007년 3사분기에 전년 대비 6.1% 상승했다.[16] 부동산 가격 인상 또한 2007년부터 두드러진다(Suzuki 2008: 7~10).[17]

외환보유고가 곧바로 유통통화의 증가로 이어지지 않게 하고 인플레이션 충격을 없애기 위해서 외환당국은 유입되는 화폐를 불태화하는 개입을 하게 된다.[18] 그런데 이런 불태화 규모가 커지면서 이에 따르는 비

---

16) 2008년 들어 소비자물가지수 상승은 더 커져서, 4월 16일 국가통계국의 공식 발표에 따르면, 2008년 1사분기 소비자물가지수 상승률은 8.0%였다(www.fsonline.com.cn/news/pic/2008041700&.htm: 검색일 2008.4.24).

17) 쑨과 장은 환율이 관리되고 자본시장이 개방되어 있지 않은 상황임에도 금융체계가 저발전 상태이기 때문에 외환보유고의 증가가 부동산 거품을 발생시킬 가능성이 높다고 지적한다(Sun and Zhang 2008: 36).

18) 2006년에는 본원통화 총량의 54.95%만 불태화했을 뿐이다(鄭建明·桑百川 2007: 110~11). 다른 한편, 불태화 정책의 불충분함 때문에 유동성 과잉 문제가 발생하여 자산 거품이 형성된 것이 아니라, 화폐 수요의 부족으로 유동성 과잉 문제가 발생했다는 지적도 있는데, 이 견해에 따르자면 화폐 수요 부족은 개인 저축자가 주식시장을 선호하게 되었을 뿐 아니라, 물가인상률에 비해 은행이자율이 낮아서 저축 의욕이 낮아졌기 때문이다(余永定 2008: 40).

용 자체가 부담이 되는 동시에, 규모가 커질수록 불태화로 처리할 수 있는 부분이 줄어들고 화폐공급량이 지속적으로 늘어나는 문제에 부딪히게 된다. 그리고 이렇게 늘어나는 화폐량이 많아지면 통화당국은 자율적인 화폐정책을 추진하기가 매우 어려워지는 상황에 빠지게 된다. 특히 중국처럼 강제적 외환 매입매출 정책을 시행하고 있는 조건에서는 유입되는 모든 외환을 매입하고 불태화하기 위한 중앙은행 외환전용기금의 부담이 늘어나게 된다. 또한 이를 통해 화폐공급량을 통제하는 데 중앙은행의 화폐정책이 가장 우위에 놓이게 됨에 따라 화폐정책의 자율성은 제약되지 않을 수 없다(Tung 2007; Kaplan 2006; 張明 2007; 鄭建明·桑百川 2007; Shi 2006; 蕭灼基 2007: 173).

중국 인민은행은 불태화를 위해 중앙은행 채권을 발행해 공개시장조작 정책을 수행했다. 이를 위해 발행한 채권의 규모는 2003년 7223억위안(GDP의 5.3%), 2004년 1조 5072억위안, 2005년 2조 7882억위안, 2006년 3조 6500억위안(GDP의 17.5%)으로 지속적으로 늘고 있다(Tung 2007: 96).[19] 이것이 외환전용기금(外匯占款: Funds outstanding for foreign exchange)인데, 2006년 이래 그 규모는 월평균 30%씩 증가하여, 2006년 9월말 기준으로 그 액수가 8조위안을 넘어섰다(白晶徐翱 2007: 37). 그리고 이는 중앙은행 채권의 금리와 은행간 금리를 높이는 요인으로 작용한다(Suzuki 2008: 6~7).

물론 외환보유고가 증가하고 불태화 비용이 늘어나더라도, 외환보유고의 투자를 통해 적절한 수익을 얻고, 불태화 비용이 감당할 수 있는 수준이라면, 또 정치·사회적 이득이 제도적 틀을 유지하는 비용을 상회한다면, 이런 불태화에 기반한 제도적 틀은 유지될 수 있다. 그러나 현재와

---

19) 2007년 6월말에는 4조위안(Suzuki 2008: 6).

같은 불태화제도는 외환보유고 수익에 비해서 국내 불태화 비용이 높기 때문에 이를 책임지고 있는 금융기관, 특히 은행의 부실화로 연결될 개연성을 높인다(Prasad and Wei 2007: 169).

그러나 이런 여러가지 문제들이 있음에도 중국이 급속한 위안화 평가절상을 통해 외환보유고를 줄이는 방향으로 전환할 것으로 보이지는 않으며, 더구나 대대적인 자본시장 개방이나 완전한 변동환율제로의 이행을 통해 문제를 해결할 것으로 보이지도 않는다. 이는 문제를 해결하기보다는 오히려 새로운 방향으로 확산할 것이고, 중국의 핵심 동력인 수출산업의 국제경쟁력에도 심각한 문제를 초래할 것이며, 실업문제를 오히려 증폭시킬 가능성이 높다고 보기 때문이다. 또한 중국 외환보유고 증가의 주요한 요인인 대미 무역흑자도 지금 수준의 지속적인 위안화 평가절상을 통해서 눈에 띄는 큰 변화를 가져올 것으로 보이지는 않는다.

이런 이유 때문에 적정 외환보유고 수준을 3500억~5700억달러로 보는 다양한 입장이 제기됨에도 불구하고(양평섭·이인구 2007: 4; Zheng and Yi 2007: 21), 중국의 외환보유고는 앞으로도 증가하리라 보는 편이 합당할 것이다. 중국 국무원 발전연구중심, 사회과학원 세계경제와정치연구소, 그리고 뻬이징 톈저(天則) 경제연구소 등의 기구들은 2010년에 중국 외환보유고가 2조달러가 될 것으로 전망했으며, 세계은행은 2012년에는 2조 9000억달러에 이를 것이라 보았다. 일부 학자는 기존 정책이 변하지 않으면 5년 내 그 규모가 5조달러는 될 것이라고 보기도 한다(白晶徐翱 2007: 37).

3. 외환보유고 활용 통로로서 국부펀드의 등장

이처럼 외환보유고 증가로 초래될 문제들이 많기 때문에 이를 예방하고, 또 증가한 외환보유고를 활용하는 방법으로 최근 들어 세계적으로 주목받는 흐름이 국부펀드(sovereign wealth funds)의 설립이다. 중국 또한 외환보유고 유지비용을 줄이고 외환보유고의 수익모델을 만들어내기 위한 방법 중 하나로 국부펀드의 설립을 추진하고 있다. 그런데 여기서 주목되는 점은 중국에서 국부펀드의 설립과 그 추진 방향이 외환보유고의 금융적 투자 활용을 위한 위탁자를 제도화한다는 맥락뿐 아니라, 중국 내의 금융개혁을 확대 지속해간다는 또다른 맥락을 갖는다는 점이다. 후이진공사(匯金公司)와 중국투자공사(CIC)라는 두 국부펀드가 설립되었는데, 이 둘은 서로 연관되면서도 상이한 기금 형태로 추진되고 있다.

먼저 중국 금융개혁의 경과를 간략히 살펴본 후, 구체적으로 두 펀드의 출현과정을 살펴보도록 하자.

(1) 중국 금융개혁과 후이진공사의 설립

사회주의 시기 중국의 금융체계는 대통일의 기치 아래 모든 금융업무가 중앙은행인 중국인민은행으로 통합되었다가, 이 중국인민은행도 간판만 남기고 1969년 이후에는 재정부에 통합되는 형태로 운영되었다. 각 지역에서는 중앙은행의 지사와 재정국이 합병하여 재정금융국이나 재정국 형태로 유지됐다.

개혁개방과 더불어 중앙은행이 재정부에서 분리되고 각종 상업은행의 독립적 운영이 추진되면서 새로운 금융 질서가 마련됐다. 1970년대 후반 개혁개방 개시기부터 2000년대 초반까지 주요한 금융개혁의 진행

〈표 4〉 중국 금융개혁의 진행과정(1978~2001년)

연 도	주요 금융개혁 내용
1978	중앙은행이 국무원의 독립단위로 분리되고 지사 설립 가능.
	농업은행과 중국인민건설은행 독립.
	중국은행이 외환관리 전담을 위해 분리독립.
	중국인민보험공사 부활.
	중국국제투자신탁공사 설립.
1984	중국공상은행 독립.
1985	국유기업에 대한 재정예산 직접 지급을 은행대출로 전환(拔改貸)하는 정책 시행.
1986	각종 상업 주식제 은행 설립 가능해짐.
1990/1991	상하이와 선전 증권거래소 설립.
	화폐시장 발전과 자본시장 개척: 은행간 콜시장, 어음 할인 및 재할인 시장, 증권교역시장, 채권시장 등이 형성.
1992	증권시장과 부동산 거품 형성과 투기 발생.
1993	12월 '금융체제 개혁에 관한 결정'
1994	국가개발은행, 중국수출입은행, 중국농업발전은행 3곳을 국책은행으로 설립.
	기존 4대 은행(중국공상은행, 중국농업은행, 중국은행, 중국인민건설은행)에 대해 상업화 개혁 시작, 법인체계 갖춤.
	외환관리에 변화가 발생해 경상계정하에 인민폐의 조건부 태환제도 수립.
1996	12월에는 경상항목하의 인민폐의 완전태환이 실현됨.
1998	금융 관리감독체제 개혁.
1999	중앙은행의 금융 관리감독체제를 강화, 국무원의 증권위원회와 중국증권감독회를 합병해 국무원 직속의 중국증권감독회를 수립, 중국보험감독회 또한 설립.
	국유은행 부실채권 정리를 위해 4대 자산관리공사 설립(신다, 화룽, 장청, 동팡), 4대은행과 국가개발은행으로부터 1조 4천억위안의 부실자산을 인수.
2001	WTO 가입: 2006년말까지 중국 금융업의 완전 대외개방을 진행하기로 약속함. 은행업에서 외자 은행 설립 제한, 지역 제한을 철폐하고, 인민폐 고객 업무를 허용하도록함. 보험업과 증권업에서도 외자개방을 점차 확대하게 됨.

출처 李利明·曾人雄(2007)에서 정리.

상황을 〈표 4〉에 정리해두었다.

이런 금융개혁의 배경하에, 2003년말 중국정부는 외환보유고를 활용해 중국 국유은행의 개혁에 착수하기 시작했다. 2003년 12월 16일 외환보유고에서 450억달러의 자금을 출연해서 중국 최초의 국부펀드라 할 수 있는 중앙후이진투자유한책임공사(中央匯金投資有限責任公司: 이하 후이진공사로 약칭)를 설립했다. 12월 30일 후이진공사는 각각 225억달러씩의 자본을 중국은행과 중국건설은행에 투입하여 이 두 은행의 자본금으로 삼았다. 그리고 본래 재정부가 출자한 두 은행의 자본금 3200억위안은 부실채권 전용 준비금으로 전환하여 불량대출로 인한 손실을 충당하는 데 쓰도록 했다. 이렇게 자본금을 투입한 이후에는 후이진공사가 재정부를 대신해 두 은행 유일의 주주로 등장하였다.[20]

이를 기반으로 두 은행은 주식회사로 전환되었는데, 2004년 8월 26일 후이진공사는 유일한 주주로서 중국은행 유한주식회사를 발기·설립하였고, 9월 21일에는 후이진공사, 중국건설은행투자, 국가전기네트워크, 바오강그룹, 창장전력 등이 공동 발기하여 중국건설은행 유한주식회사를 설립하였다. 건설은행에 대해서는 그 지분 중 후이진공사가 85.228%를, 후이진공사가 지분을 100% 가지고 있는 건설은행이 지분을 10.653% 가지고 있어, 후이진공사가 직간접적으로 보유한 지분은 95.881%에 이른다. 2005년 4월 22일에는 후이진공사가 150억달러의 자본금을 투입해, 재정부와 함께 중국공상은행의 제1 대주주가 되었다.[21]

---

20) 이하의 내용은 李利明·曾人雄(2007: 222~34)에서 정리.
21) 중국건설은행·중국은행과 중국공상은행의 개조방식은 다소 대조적이다. 앞의 두 은행의 경우 후이진공사가 절대적 지분을 차지하고 있으며, 불량채권으로 의심되는 부분을 일시에 처분하였고, 자본 도입도 주로 관리와 업무 합작 분야에 한정한 데 비해, 중국공상은행의 개조시에는 중앙은행(후이진공사를 매개로 한)과 재정부가 50%씩의 지분을 보유하고서 불량채권 처리에 시장화 방식을 도입하고, 자본 도입도 주로 투자은행, 보험그룹과 신용카드 회사

후이진공사의 자금투입을 통해 주식회사로 전환한 국유은행의 주식 일부는 외국 기관투자가에게 전매되어 이를 통해 후이진공사는 자금을 일부 회수하였다. 2005년 6월 아메리카은행이 전략투자가의 지위로 25억달러를 출자해 후이진공사로부터 건설은행 지분 9%를 인수했다. 7월에는 씽가포르의 테마섹(Temasek)이 지주회사로 있는 '아시아금융지주 프라이빗유한회사'가 14억 6600만달러를 출자해 후이진공사로부터 건설은행의 지분 5.1%를 획득하였다. 이 두차례의 교역 후 후이진공사의 건설은행 지분은 85.228%에서 71.028%로 줄어들었다. 후이진공사가 이 두 국외 투자자에게 지분을 넘기고 얻은 수익은 투자 대비 17% 정도였다. 2005년에는 중국은행의 지분 21.6%도 유사한 방식으로 외국 투자자에게 이전되었다. 투자 후 약 3년 동안 후이진공사는 지분 매각과 배당의 형태로 투자금의 20% 정도를 회수했다.[22]

3대 국유은행의 주식회사화 이후에도 후이진공사는 중국 금융기구의 시장화 구조조정의 수단으로 활용되고 있다. 후이진공사는 30억위안을 교통은행에 출자하여 교통은행의 네번째 대주주가 되었으며, 2005년 7월에는 중국수출입은행에 50억 달러를 출자하였다. 또한 2005년 상반기에는 증권회사 부실화문제를 해결하기 위해 후이진공사가 일부 중요 증권회사에도 출자하게 되었는데, 이를 위해 후이진공사와 그 자회사가 출자하여 투자공사를 설립해 중점 증권회사에 대한 시장화 조정을 시행하였다. 이 과정에서 중국 최대 증권사 중 하나인 인허(銀河)증권회사가 주식제로 전환하여 후이진공사와 재정부가 70억위안을 출자한 중국인허금융

등에 의존하였다(紀寶成 2007: 356)

22) 2005년 중국은행과 중국공상은행도 외자를 받아들여, 각각 외국인 지분 비율이 21.85%와 10%로 높아졌다. 한편 중국건설은행은 2005년 10월 홍콩 증시에, 중국은행은 2006년 6월, 중국공상은행은 2006년 10월에 홍콩과 국내 A주식 시장에 상장하였다. 중국농업은행의 상장도 추진되고 있다(紀寶成 2007: 214)

지주공사로 정식 출범하게 되었다. 이후 후이진공사는 합자회사 쪽으로
도 방향을 전환해, 2007년 7월에는 발전은행을 통해서 영국계 바클레이
스(Barclays)은행에 30억달러를 투자하여 3.1% 지분을 획득했고, 중국 합
작 에버브라이트(Everbright)은행에 27억달러를 투자해 71%의 지분을
획득했다.

(2) 중국 투자공사 설립과 국부펀드

중국정부는 후이진공사와 별도로 2007년 9월 29일 본격적인 국부펀
드인 중국투자유한책임공사(CIC)를 설립했다. 이 중국투자공사는 자본
금 2000억달러로, 이 자본금은 재정부가 1조 5500억위안의 장기국채를
발행하고, 그에 필요한 비용을 농업은행과 중국인민은행의 외환보유에
서 차입하는 방식을 취해, 사실상 외환보유고를 활용한 국부펀드 형식으
로 설립되었다(張明 2007: 115).

국부펀드는 최근 무역흑자와 석유 매각대금 증가로 외환보유고가 급
증한 몇몇 국가들이 중심이 되어 거대한 규모의 외환보유고를 유지하는
데 따르는 위험부담을 줄이고 손실비용을 덜기 위해서 국가 주도로 만들
어지기 시작했다. 사실 국부펀드는 1950년대에 처음 탄생해 오래전부터
존재해왔지만, 최근 10~15년 사이에 본격 성장했고, 그 중요성이 두드러
진 시기는 중국과 러시아가 부각되기 시작한 2006년 무렵부터이다. 이처
럼 최근 국부펀드가 급속히 발전한 이유는 첫째로 국제수지 불균형이 심
화되어 특정 국가의 외환보유고가 급증했는데, 이는 해당 국가에 유동성
과잉이라는 문제를 발생시킬 개연성을 높였고, 여기에 달러화의 지속적
가치하락이 결합될 경우 손실을 입을 개연성이 높아졌다는 점을 들 수
있다. 둘째로 최근 3년간 유가가 인상되어 석유달러가 증가한 결과 그

수익의 위험분산에 관심이 높아졌다는 점을 들 수 있다.[23]

특히 국부펀드의 영향력은 2007년에 세계적으로 대폭 확대되었다. 2007년 이전까지는 형성된 국부펀드들이 금융 중심지인 월가에 끼어들

〈표 5〉주요 국부펀드

국 가	펀드명칭	설립일	규모(10억달러)	주요 투자
아랍에미리트 아부다비투자국	아부다비 투자국 (ADIA)	1976	875	시티그룹 지분 4.9% 획득.
씽가포르	씽가포르투자청 (GIC)	1981	330	스위스은행(UBS) 지분. 9% 획득
노르웨이	Government pension Fund Global	1990	322	소규모 분산투자.
사우디아라비아			300	알려진 정보 없음.
쿠웨이트	Kuwait Investment Authority	1953	250	다이믈러 지분 7.2%, 중국공상은행 지분 보유.
중국	중국투자공사(CIC)	2007	200	모건 스탠리와 블랙스톤 지분 각 10% 보유.
홍콩	Hong Kong Monetary Authority Investment Portfolio	1998	140	홍콩 환율 유지를 위한 기금.
러시아	Stabilization Fund of the Russian Federation	2003	127	투자 대상 모색중.
씽가포르	Temasek Holdings	1974	108	대부분 자산을 씽가포르와 아시아에, 20%를 OECD 국가에 투자.
중국	후이진공사	2003	100	중국 은행에 주로 투자.
두바이	Dubai Holdings	2004		자회사인 International Capital 이 120억달러 자본 보유.

출처 http://www.forbes.com (2007년 12월 19일 기사)

기 어려웠는데, 그 이유는 금융시장 상황이 좋았기 때문에 후발주자인 이런 국부펀드가 참여할 여지가 좁았고, 그에 대한 견제도 심했다는 점을 들 수 있다. 그러나 2007년 써브프라임 모기지 사태의 충격으로 월가의 자본이 부족한 반면, 미국정부의 직접 개입이 어려워지면서 국부펀드가 여러 방식으로 월가에서 투자를 늘려갈 수 있는 조건이 형성되었다. 아랍에미리트의 아부다비 투자국이 시티그룹에 투자하게 된 것이 그 대표적인 사례라 할 수 있다.[24]

IMF 통계에 따르면 현재 정식으로 국부펀드를 설립한 국가/지구는 36개이며, 그중 2007년 7월 기준으로 자산규모 100억달러 이상은 13개였다.[25] 모건 스탠리의 연구로는 25개 국가/지구의 국부펀드에 2조 5000억달러의 자산이 있는 것으로 파악되며(張曉聲·朱戰勇 2007: 120), 런던국제금융쎈터에 따르면 2007년 그 규모가 3조 3000억달러에 달하는 것으로 파악되는데,[26] 상위 5개 기금이 전체 자산의 63%를 차지할 정도로 펀드의 집중도가 높다(張明 2007: 115). 2007년 5월 국부펀드의 투자 총액은 2조 5000억달러로, 2006년말 헤지펀드 투자 총액 1조 4000억달러를 훨씬 뛰어넘었다(Suzuki 2008: 11).

〈표 5〉에서 보면 주요 국부펀드는 석유수출국에 집중되어 있으며, 석유수출국이 아닌 경우는 중국과 씽가포르 같은 동아시아 외환보유고 증가 지역에서 등장하고 있다. 국부펀드는 향후에도 증가할 것으로 예상되는데, 스탠더드 차터스 은행의 예측에 따르면, 2012년 그 규모가 10조달러가 될 것으로 보이며,[27] 모건 스탠리의 연구결과로는 2015년에 12조달

---

23) 『21世紀經濟報道』 2008. 1.14.

24) 『21世紀經濟報道』 2008. 1.14.

25) 『第一財日報』 2008.1.7.

26) http://news.mk.co.kr/outside/view.php?year=2008&no=180760

27) 『21世紀經濟報道』 2008. 1.14.

러로 늘어날 것으로 예상된다(張曉聲·朱戰勇 2007: 120).

2007년 미국의 써브프라임 모기지 위기 이후 월가를 중심으로 이런 국부펀드들의 국제 금융시장 진출이 늘어났는데, 50억달러 이상 투자된 대표적인 사례만 들어도 씨티그룹에 투자한 아부다비 투자국, 스위스은행에 투자한 씽가포르투자청(GIC)과 사우디아라비아, 그리고 모건 스탠리에 투자한 중국투자공사 등이 있다.[28]

2000억달러 자본금 규모로 출발한 중국투자공사는 그 설립 초기에 30억달러 규모의 자금으로 블랙스톤의 사모펀드를 매입했다가, 미국 주식시장 하락의 영향을 받아 곧바로 투자금 3분의 1의 가치 하락을 경험했고, 2008년 4월에는 주가하락으로 48%의 평가손실을 경험한 바 있다. 이로써 이후 중국투자공사의 투자 방향에 대한 논란을 불러일으켰다. 지금까지 중국투자공사는 이 블랙스톤 사모펀드 이외에 중국 중철(中鐵) 홍콩 상장 주식 1억달러 구입, 모건 스탠리 전환사채 구입에 50억달러 투자, 2008년 미국 비자카드의 기업공개(IPO)에 1억달러 투자 등을 진행해왔다. 모건 스탠리 전환사채는 주식으로 전환된 후에는 이 회자 지분 9.9%를 소유할 것으로 예상되는 규모이다.[29]

중국투자공사의 이사장 러우 지웨이(樓繼偉)는 주주이익 최대화와 금융기구에 투자해 지배구조를 개선하는 것을 중국투자공사의 목표로 삼는데, 여기서 알 수 있듯이 중국의 국부펀드는 단지 해외투자를 통한 수익창출만을 목표로 하는 것은 아니고, 내부 구조조정의 중요성을 동시에 강조하고 있다는 점이 주목된다.[30] 재정부 부부장 리 용(李勇)에 따르면

---

28) 『21世紀經濟報道』 2008. 1.14.

29) 『第一財經日報』 2008.1.1; http://news.mk.co.kr/outside/view.php?year=2008&no=190261

30) 『第一財經日報』 2008.1.1. 매년 5~6% 정도의 위안화 평가절상과 공채 발행 지급 이자율 3% 정도를 고려했을 때, 중국 정부가 중국투자공사의 수익률을 어느정도 높게 잡으리라 예상하지 않을 수 없는데, 그 수준은 GIC의 지난 25년간 평균 수익률인 9.5% 정도에 맞추어지고 있

중국의 국부펀드는 3분의 1씩 나누어 세 방향으로 투자될 예정인데, 그 일부는 후이진공사에 투자되어 기존에 진행되는 3대 국유은행의 주식회사화의 관리를 위해 사용되고, 다른 일부는 주요 국책은행인 농업은행과 국가개발은행의 주식회사화를 위한 자금으로 쓰이며, 나머지는 세계 금융시장에 투자될 예정이다(張明 2007: 113).

이런 중국 국부펀드의 운용 방향은 씽가포르 국부펀드의 분업구조를 모방하려는 의도가 있는 것으로 보인다. 씽가포르 국부펀드는 전략적 투자를 담당하는 테마섹과 포트폴리오투자를 중심으로 하는 GIC가 업무를 분담한다. 중국 또한 중국투자공사와 후이진공사 사이에 이런 분업구조를 형성하려는 의도를 가지고 있는 것으로 보인다.[31]

다른 한편 주로 발전도상국 중심의 국부펀드가 금융세계화의 주요한 행위자로 등장한다는 점은 매우 특이한데, 한편에서 이런 국부펀드 자체가 과거 연기금이 수행한 것과 유사하게 금융화를 가속화하고 금융위기를 심화할 개연성을 배제할 수 없는 측면이 있으나, 국부펀드들의 전략적 방향설정에 따라 다소 다른 결과가 예상되는데 이런 측면도 무시할수 없다. 즉 1970년대 유가파동시 형성된 석유달러가 거의 선진국 은행에 집중되어 제3세계의 외채위기를 증폭시켰던 것과 대조적으로, 현시기의 석유달러는 선진국 은행에 집중되는 대신 자체 국부펀드를 형성해 분산투자되며, 이런 국부펀드들에 대한 선진국의 견제 때문에 그 진출통로가 비중심부로 확대되고 있다는 점, 그리고 씽가포르의 테마섹처럼 특히 자금부족 지역에 전략적으로 진출하는 시도를 보이고 있다는 점에

는 듯하다(Suzuki 2008: 13).

31) 한편 국가외환관리국도 일종의 국부펀드로서 해외투자에 참가할 가능성이 높다. 최근 국가외환관리국은 호주의 3개 은행 지분 인수와 프랑스 4위 정유업체 토탈의 지분 1.6% 인수에 나섰다(http://www.edaily.co.kr/news/world/newsRead.asp?sub_cd=DD43&newsid=01200486586373168&clkcode=00203&DirCode=0050505&curtype=read). (검색일 2008.4.8)

서,[32] 금융적 함의 이상의 정치적 함의를 띤 펀드로 발전할 가능성도 배제할 수는 없다.[33] 그 함의는 중국 국부펀드의 향배와 관련해서도 마찬가지인데, 블랙스톤 사모펀드 투자의 '실패'를 둘러싼 논란 이후, 그 방향을 외부로 돌리기보다 내부 성장을 위한 투자자금으로 활용하라는 요구가 높아진다는 점에서, 그것이 중심이 되어 세계의 유사한 국부펀드 등을 연결해 이후 '새로운 반등'으로 확장될 것이라는 아리기 식 예단은 다소 과도하다고 할 수 있다(Arrighi 2007: 384~85). 그러나 금융세계화 흐름 속에서 중국의 위상이 어떻게 변해갈 것인가를 결정하는 데 중요한 변수가 될 개연성은 여전히 크다고 하겠다.

4. 중국 금융시장 개방과 대응들

WTO 가입과 더불어 시작된 금융시장개방 조치의 결과 다양한 측면에서 외국자본이 밀려들고 있다. 그러나 이 조치가 즉각적으로 외국자본의 대량유입을 낳고 있지는 않고, 그 변화는 점진적인데, 그 주된 이유는 직간접적 장벽들 때문이다.

은행업 분야에서 보면, 2006년 11월 15일 '중화인민공화국 외자은행 관리조례'가 발표되어, 은행업에서 외국계 은행을 차별하는 모든 조치가 철

---

32) 『21世紀經濟報道』 2008. 1.14. 중국투자공사가 중국의 에너지 자원 개발을 위한 전략적 진출의 교두보가 될 가능성도 큰데, 그 예로 2007년 11월 중국투자공사의 자금 지원을 받기로 한 중국발전은행과 베네수엘라 정부는 중국의 석유문제 해결을 지원하기 위한 공동 투자기금 설립을 결정한 바 있다(Suzuki 2008: 20).

33) 국부펀드의 구성에서 달러 평가 자산의 비중이 높지 않다는 점도 주목된다. 노르웨이 연금펀드의 달러자산 비중은 30% 정도이며, 중동지역 국부펀드에서 달러자산 비중은 50%를 넘지 않는 것으로 알려져 있다(Suzuki 2008: 17).

〈표 6〉 외국자본의 중국 은행에 대한 주요 투자

연도	대상 은행	투자자	지분액(백만달러)과 지분 규모
2002	샹하이은행	IFC/HSBC/홍콩상하이 상업은행	133(13.0%)
	중국 에버브라이트은행	IFC	19(4.9%)
	난징시 상업은행	IFC	27(15.0%)
	샹하이 푸둥발전은행	시티그룹	67(4.62%)
2004	싱예(興業)은행	헝성은행/IFC/GIC	326(24.9%)
	민성은행	IFC/Temasek	458(6.2%)
	선전 발전은행	Newbridge Capital	150(17.9%)
	시안시 상업은행	IFC/Bank of Nova Scotia	−(14.9%)
	지난시 상업 은행	Commonwealth Bank of Australia	17(19.9%)
	교통은행	HSBC	1750(19.9%)
2005	뻬이징은행	ING/IFC	270(24.9%)
	항저우시 상업은행	Commonwealth Bank of Australia	78(19.9%)
	화샤은행	Deutsche Bank/Pangaea	454(20.9%)
	보하이은행	Standard Chartered Bank	123(19.9%)
	중국건설은행	BOA/Temasek	3966(14.1%)
	중국은행	RBS/Temasek/UBS/ADB	5220(16.84%)
	톈진시 상업은행	Australia and New Zealand Bank	110(20%)
	중국공상은행	Goldman Sachs 주도 consortium	3600(10%)
2006	닝뽀시 상업은행	OCBC	70.6(12.2%)

출처 Ma(2006: 26), 中國産業地圖編委會 · 中國經濟景氣監測中心(2006: 58)

폐되긴 했지만, 외국계 은행이 중국에 들어가 직접 인민폐 영업을 수행하는 것은 여전히 수월한 일이 아니다. 고객에 대한 정보의 부재뿐 아니라, 예대업무 이외 분야의 금융업의 저발전, 상업은행과 투자은행의 분리를 명확히 하는 법률구조, 고객 신용에 대한 체계적 정보의 부족 등으로, 2005년 20개 지역에 사은행의 설립이 허가되긴 했지만, 실제로는 1997년에 비해 2003년에는 오히려 외국계 은행 수가 감소했다(Naughton 2007: 459).

이 때문에 은행부문에서 외국계 자본의 주된 투자 방식은 자회사 은행을 신설하는 것이 아니라 기존 중국 은행에 대한 지분투자 방식으로 진행되고 있다(蕭灼基 2007: 307). 〈표 6〉에서는 2006년까지의 이러한 주요 투자 사례들이 제시되어 있다. 2005년말까지 보면 중국 은행에 대한 외국인직접투자 총액은 165억달러로, 은행부문 핵심 자산의 15%를 차지하는 수준에 이르렀다(Ma 2006: 27).

주식시장도 외국자본에 개방되고 있으며, 국내 자본의 해외투자 통제도 점차 완화되고 있다. 그러나 이는 일정한 통제하에서 추진되는데, 주로 기관투자가에 한해서 자본유입과 자본유출을 허용하는 방식의 변화가 추진되고 있다.

외국인투자자에 대해서는 2002년 12월 1일부터 적격외국인기관투자가(QFII)제도가 도입되어 내국인에게만 개방되어 있는 중국 주식시장의 A주 거래를 외국인에게도 허용하였는데, 2007년 2월말 현재 누계로 99억 9500만달러의 외국인투자가 승인됐다(양평섭·이인구 2007: 3). 그러나 그 규모는 아직은 그리 크다고 보기는 어려운 수준이다. 외국인투자자와 반대로 해외에 투자할 수 있는 중국의 기관투자자에게는 적격국내기관투자가(QDII) 자격을 부여하는 제도가 2006년부터 도입되었는데, 정책 도입 후 단기간에 투자액이 100억달러에 이를 만큼 해외투자에 대한 수요가 많은 것으로 나타난다(白晶徐翱 2007: 38). 외환보유고 급증 문제를 해결하기 위해 해외펀드투자의 장려, 개인 외환매입 상한선 인상, 기업들의 필요 외화 자체 보유 허용 등을 통해 "바깥으로 나가기"(走出去) 정책을 추진함에 따라(胡曉煉 2008: 36), 이는 적격국내기관투자가의 역할을 더 확대하고 자본의 해외유출을 늘릴 것으로 보인다.[34]

그런데 중국의 경우 직접금융보다 간접금융의 중요성이 여전히 높고,

---

34) 그런데 QDII 또한 인민폐 절상의 영향을 받기 때문에, 환율의 지속적 절상이 예상되는 조건 하에서는 그 급속한 증가에도 일정한 제동이 걸리지 않을 수 없다(余永定 2008: 40).

기업 상장이 까다로우며 비유통 주식의 비중이 높다(2007년 10월 시가 총액의 68%)는 등의 이유로 주식시장은 자본조달이나 기업 인수·합병의 통로보다는 주로 국유기업의 구조조정 통로로 활용되는 측면이 강하다(백승욱 2003a; Naughton 2007: 469~79; みずほ綜合研究所 2007).[35] 2000년대 들어 2005년까지는 중국 주식시장의 시가총액이 오히려 감소한 것도 이런 측면을 반영한 것이다.

외환시장은 지속적으로 외환보유고 증가의 영향을 받을 것으로 보인다. 중국의 주요 무역상대국인 미국과의 관계에서 중국 위안화가 평가절상되더라도 그것이 미국의 무역적자를 해소할 것으로 보이지 않기 때문에(Zhang, Fung and Kummer 2006: 46), 중국의 대미 무역흑자는 지속적으로 늘어날 것으로 보인다.

그런데 이렇게 늘어나는 외환보유고는 중국의 경제구조를 금융화 방향으로 전환시킬 것으로 보이지만, 그 구조는 미국시장 의존의 결과물이며, 그런 점에서 점점 가시화되고 있는 미국경제의 위기의 조짐들이 중국에 직접 전달되는 위기의 고리로 작용할 가능성도 높아지고 있다.

이런 금융적 파장에 연결된 중국경제 내부적 문제점들도 곳곳에 도사리고 있다. 외환보유고 증가에 대한 불태화 작업이 불충분함에 따라 화폐공급이 늘고 자산시장 거품을 형성하고 물가상승을 가속시키는 요인이 등장할 개연성은 점점 높아지고 있다. 이런 거품은 특히 부동산시장을 중심으로 투자율의 과도한 상승을 촉발시켰는데, 2003~05년 평균투자율은 43.8%로, 1992~94년 경기과열기의 40.7%보다 높다. 소비자물가 또한 상승세이며, 산업의 공급과잉이나 지방정부 주도의 의욕만 넘치는 과도한 투자는 거품과 부실채권을 더욱 키우고 있다. 또 최근 들어 중

---

35) 중국 국내 증시에 상장한 기업들의 기업공개 후 성과가 좋지 않은 반면, 홍콩 등 해외 증시에 상장한 경우 더 나은 성과를 거두었다는 점도 이런 특징의 이면을 보여준다(Hu 2007).

국의 금융적 불안정성의 하나는 단기부채의 비중이 급증한다는 점이다. 2006년 중국의 단기부채 비율은 56.9%로 10여년 전에 비해 이례적으로 높아졌으며(Tung 2007: 96~105), 이런 단기부채의 증가는 특히 2000년대의 특징이다.[36]

5. 중국 금융화의 전망

중국이 WTO에 가입한 이후 금융개방의 속도가 가속화하고 있는 것은 사실이지만, 전지구적 기준에 비추어 중국의 자본·금융 시장의 개방 정도는 아직 낮은 것으로 보이며, 이 과정 자체도 국가의 통제하에 진행되고 있다고 할 수 있다. 제조업 분야에서 중국정부의 정책 방침이 국유기업의 전면 민영화가 아니라, 비효율적인 부분을 민영화하면서 반대로 경쟁력있는 분야는 오히려 거대 국유기업으로 육성하는 방향으로 추진하고 있듯이, 금융시장에서도 해외자본에 전면 개방하여 국제 금융자본의 시장적 힘에 의존하는 금융개혁을 추진하고 있다고 보기는 어렵다.

이런 정책이 추진되는 이유는 1990년대말 동아시아 금융위기의 학습효과를 거친 후, 중국 경제의 안정적 성장을 위해서는 전면 개방보다는 개방에 적응할 적절한 기제를 먼저 확립하는 것이 필요하다는 인식과, 이렇게 관리되는 금융체제하에서 비로소 수출 중심 경쟁력이 유지될 수 있다고 판단했기 때문인 듯하다.

그렇지만 중국경제는 점점 더 금융세계화의 영향력과 무관하게 존재하기는 어려울 것 같다. 급속한 외환보유고 증가 자체가 그런 효과를 보

---

36) 그러나 최근 이런 단기부채 증가 요인의 40% 정도는 무역신용의 증가 때문이어서 위험성이 생각보다 덜하다는 주장도 제기된다(Prasad and Wei 2007: 161).

여주며, 특히 2001~04년의 외환보유고 증가에서 보듯이, 투기성 자본의 대대적인 유입과 그에 뒤이은 증시와 부동산의 과열, 거품 형성 과정은 중국에 작용하는 금융세계화 영향력의 단면을 보여준다.

중국 외환보유고의 급증 자체가 세계적으로 중국 금융의 힘이 커지고 있는 것으로 볼 수 있는 측면이 없는 것은 아니나, 그러한 외환보유고의 형성 자체가 미국이 주도하는 전지구적 금융화의 파생효과로 진행되고 있다는 점에서 이는 중국경제의 취약성을 보여주는 측면이기도 하다. 이 모든 취약성은 중국경제가 대미 수출시장 의존도를 높여가는 과정에서 그 부수효과로 금융화가 진행된다는 독특한 맥락에서 연원하는 것이라 할 수 있다. 금융위기의 형태가 반드시 외환위기에 한정되는 것은 아니기 때문에 외환보유고의 이례적인 증가가 외환위기를 예방할 수도 있겠지만, 모든 금융위기, 그리고 그로 인한 경기침체를 미리 막을 수는 없을 것이며, 외환보유고 자체가 금융위기의 전달체로 작용할 수도 있다. 중국이 보유한 금융 분야의 부는 미국의 연착륙에 보조제로 작용해 중국의 경제성장을 당분간 지속시킬 수도 있지만, 반대로 미국의 위기를 중국에 전달하는 통로가 될 수도 있을 것으로 보인다. 마치 1980년대말에서 1990년대에 걸쳐 일본에서 무역흑자와 외환보유고가 대폭 증가했지만 이것이 일본의 장기침체를 막지 못하고 오히려 그것을 심화시켰듯이, 한층 더 진행된 전지구적 금융세계화라는 조건에서 거대한 외환보유고의 형성을 중심으로 중국은 변신하고 있다. 하지만 이는 그 자신의 안정적 기반을 마련하지 못한 채, 세계적인 금융의 취약성에 노출된 채 추진되고 있다.

7장

신자유주의와 중국 지식인

자유주의의 쇄신인가 초극인가?

1. 중국의 발전방향을 둘러싼 두 입장

1990년대 들어 중국은 국내적으로 구조조정에 박차를 가하는 동시에 대외개방의 수준을 높여가고 있다. 이러한 발전방향은 1992년 14차 당대회에서 '사회주의적 시장경제'로 정의되었다. 구체적으로 1990년대 중반 이후 국유기업과 집체기업에 대해 '큰 것은 쥐고 작은 것은 놓는다'는 방침을 적용하여 기존 공유제부문을 축소하고 사적자본주의부문을 적극 확대하는 한편, WTO 가입을 통해 적극적으로 세계경제에 편입해가려는 모습으로 표현되고 있다. 사유화의 길을 걷지 않는 국유기업들도 주식회사 형태로 전환되는 과정에서 '인원을 줄이고 효율성을 높인다' (減員增效)는 목표 아래 강력한 구조조정을 겪고 있다. 공유제부문의 '과잉고용'을 비효율의 대명사로 지적하고 있는 이 구조조정과정에서 1000만명 이상의 노동자들이 면직이라는 반실업 상태로 밀려나고 있어 사회문제가 되고 있다.

중국사회의 한측에서는 이를 건전한 시장경제로 가는 과정에서 불가피하게 겪을 수밖에 없는 일이라며 긍정적으로 해석하는 반면, 다른 측에서는 이는 전지구적으로 진행되는 신자유주의적 구조조정의 중국판에 불과하며, 그 결과 소수 특권층이 형성될 뿐, 구조조정 과정에서 밀려난 피해자들은 그 전보다 더 나은 삶을 살 수 없게 될 것이라고 비판하고 있다.

이런 사회적 상황 아래 중국에서는 1990년대 중반부터 중국의 발전방향에 대한 논쟁이 진행되고 있으며, 이 논쟁은 앞의 두 입장에 따라 분화하고 있는데, 중국 내외에서 이를 자유주의 대 '신좌파'의 논쟁이라고 부르는 경우가 많다(任劍濤 2000; 이욱연 1999; 이희옥 2000). 이 논쟁에서 비판적 입장을 견지하고 있는 대표적 인물은 루쉰(魯迅) 연구에서 출발한 인문학자인 왕 후이(汪暉)와 미국에서 활동하고 있는 정치학자인 추이 즈위안(崔之元) 등이다. 그중 한 사람인 왕 후이가 자유주의 대 신좌파라는 구도가 잘못된 것이라고 적극 주장하고 있듯이(汪暉 2003; 汪暉·柯凱軍 2000: 143; 왕후이·이욱연 2000: 337~39; Wang, Hui 2000), 이 논쟁은 현재 진행되고 있는 중국의 발전모델을 신자유주의로 규정하고, 이에 대해 찬성하는 측과 비판적인 측 사이에서 벌어지는 '신자유주의 논쟁'이라고 보는 편이 더 적절할 것이다. 왕 후이의 말처럼 중국 내에서 '신좌파'라는 용어가 마녀사냥의 속성을 띨 뿐 아니라, 중국의 비판적 지식인들은 중국의 근대세계체계 편입이라는 긴 역사적 맥락에서 중국 '근대'의 뿌리를 추적하면서, 이를 현 시기 전지구적인 신자유주의화 물결 속에서 자유주의 기획의 성립 가능성을 타진한다는 이중의 맥락에서 문제를 제기하고 있기 때문에, 이를 통상적인 '신좌파'의 범주로 설정하기는 어려워 보인다(Wang, Hui 2000: 74~77; 汪暉 2003).

이때 제기될 수 있는 질문은 이런 신자유주의 논쟁 속에서 '시장의 환상'을 비판하는 중국의 비판적 지식인들이 한걸음 더 나아가 '발전주의의 환상'을 극복하여 자유주의의 한계를 근본적으로 넘어서는 계기를 마련하고 있는가 하는 점이다. 여기서 말하는 자유주의는 자기조절적 시장경제의 자율성과 개인의 사적 재산권을 강조하는 좁은 의미의 고전적 자유주의에 한정되는 것이 아니라, 근대세계체계의 지배적 이데올로기로서, 다른 반대되는 이데올로기까지 포섭한 넓은 의미의 자유주의이다. 그것은 '발전주의의 환상'으로 표상되듯이, 개명된 엘리뜨들이 국가권력을 장악하여 점진적으로 조절된 경제성장을 추구하며, 이를 통해 선진국의 길을 따라간다는 기획을 의미하는데, 이는 현재 민족국가의 위기와 더불어 난관에 봉착한 자유주의이다(월러스틴 외 1994a: 2장; 월러스틴 1996: 5, 6장).

이 글에서는 시장의 환상을 비판하고 있는 중국의 반신자유주의 지식인들이, 혁신된 '강력한 중국 민족국가'를 토대로 한 쇄신된 자유주의라는 지점에서 이 비판을 중단함으로써 결국 자유주의의 한계 속에서 머물게 될지, 아니면 자유주의의 기획 자체를 넘어서는 요소들을 발전시킴으로써 자유주의의 초극으로 나아갈지 그 가능성을 검토해보려고 한다.

2. 논쟁의 배경: 신자유주의와 중국 지식인사회의 분화

(1) 1980년대와 1990년대의 논쟁 구도

1980년대에 중국은 새로운 지적 르네쌍스를 겪었다. 과거에 대한 비판적 평가와 새로운 모색들이 나타났고, 서구의 다양한 지적 조류들이 소개되었으며, 제도적으로는 정치학과 사회학 등 사회과학 분야의 학과들이 대학 내에 복원되었다. 1980년대의 중국 지식계는 이런 새로운 변화를 배경으로 과거 사회주의 시기를 어두운 과거로 규정지어 부정하고 서구적 계몽정신을 모색했으며, 이것이 '신계몽주의'라는 흐름으로 등장했다. 신계몽주의가 주장하는 중국 현대사의 문제점이란, 위기의 극복에 치중한 나머지 계몽정신을 부정하여 개인의 가치를 무시했고, 이것이 전제주의적이고 봉건주의적인 사회주의로 귀결되었다는 것이다. 중국의 과제는 아직 형성되지 못한 '근대'라는 목표를 달성하는 것이며, 이를 위해서는 보편적 가치와 '합리적'인 제도를 건설하는 것이 목표로 설정되었다. 이를 구체적으로 살펴보면, 정치적으로 법치주의를 확립해 개인의 가치를 보장하고, 경제적으로는 이를 뒷받침하기 위해 자유로운 시장경제를 도입하는 것이 중요하다고 주장되었다(왕 후이 2000: 244~50). 신계몽주의는 1980년대 중국 자유화의 분위기를 주도했으며, 1989년 톈안먼사태 전야에 중국에서 형성된 서구적 자유주의를 주창했다. 이 시기 신계몽주의와 다소 다른 맥락에서 비판적 사조로 등장한 인도주의적 맑스주의도 그 전거는 달랐지만 개인의 가치를 중심에 두었으나 구체적 사회분석으로 나아가지 못했다는 점에서 신계몽주의의 문제설정을 크게 벗어나지는 못했다(왕 후이 2000: 243).

그러나 1989년 톈안먼사태가 발생하고 사회 분위기가 급속히 보수화하면서 신계몽주의는 내부적으로 분화를 겪게 된다. 1990년대 들어 신계몽주의는 급진주의에 대한 비판을 주도하는데, 이는 멀리는 5·4운동, 가깝게는 톈안먼 시기에 대한 비판으로, 중국의 급진주의와 혁명전통이 계몽정신을 파괴한 주범이라고 공격한다. 이런 급진주의 비판은 1990년대초 시민사회 논쟁으로 이어져, 시민사회는 민중의 자발성을 조직하는 비판공간이 아니라, 급진주의나 인민주의(民粹主義, populism)를 제어하기 위한 통제공간이라는 주장이 제기되었다. 1980년대의 신계몽주의는 변화된 맥락에서 정치적으로 제한된 개혁을 지지하고, 경제적으로는 급진적 시장경제의 도입을 옹호하는 방향으로 나아갔다. 하지만 정부의 신자유주의적 발전방향에 대한 비판세력이라기보다는 사실상 지지자로 전환될 수밖에 없었고, 그중 일부는 정부의 정책결정 과정에 직접 참여하기도 했다(왕후이 2000: 245; 汪暉 2003; 甘陽 2000: 1~4).[1]

1980년대 중국의 자유주의를 대변하던 신계몽주의가 1990년대 들어서 신자유주의의 적극 주창자로 전환하면서 경제개혁 때문에 발생한 사회문제들에 대해 비판적 발언권을 상실해가게 되자, 기존 논쟁을 반성하면서 새롭게 등장하는 사회문제를 비판적으로 바라보는 입장들이 등장하기 시작했다. 이를 먼저 주도한 것은 인문학계로, 이는 '인문정신' 논쟁이라는 형태로 나타났다. 인문정신 논쟁은 문화의 상품화 속에서 인문적 지식인의 가치를 옹호하는 일군의 지식인들이 제기했는데, 이는 현실비판으로 나아가지 못하고 지식인의 '자세'에 대한 강조 차원에 머물면서 1990년대 중반 중단되었다.[2]

이와 다른 맥락에서 등장한 것이 소위 '신좌파'라는 흐름인데, 이는 사유화과정에 대한 반대, 민주에 대한 적극적 해석, 신자유주의와 전지구화에 대한 비판이라는 맥락에서 등장했으며, 추이 즈위안을 제외하면 대부분의 논의가 사회과학자가 아닌 인문학자를 중심으로 제기되었다는 점이 특징이다. 왕 후이는 이런 새로운 비판세력을 '비판적 지식인'이라고 지칭한다(汪暉 2000: 7). 이 새로운 세력은 신계몽주의를 계승하는 중국의 자유주의가 신자유주의로 자기변신하면서 비판능력을 상실했다고 보며, 그렇게 된 주요한 이유는 자유주의가 전지구적 자본주의의 역사적

---

1) 톈안먼사태 이후 지식인계에서 나타난 '국학열풍'〔國學熱〕은 현실 사회에 대한 비판력을 상실한 신계몽주의의 보수화의 한 측면을 보여준다(Liu 1998).
2) 인문정신 논쟁에 대해서는 백원담(2000)을 참고하라.

변화를 분석하지 못하고, 시장과 계획의 이분법에 따른 시장경제의 환상에 사로잡혀 있으며, 민주의 문제를 제한적으로만 이해하고 있기 때문이라고 본다.

(2) 보수적 자유주의와 그에 대한 비판

앞서 신계몽주의의 전환 과정에서 볼 수 있듯이 1990년대 중국에서 자유주의는 우월한 지위를 점한 경제적 자유주의의에 정치적 자유주의를 종속시키는 형태로 나타났다. 여기서 경제적 자유주의란 국가가 소유, 계획, 복지공여 등의 정책을 통해 경제에 개입하는 것을 일체 반대하고 탈규제를 주장하면서 자기조절적 시장경제의 확립을 목표로 삼는 입장을 말한다. 그러나 실제 국가의 모든 개입에 반대하는 것은 아니고, 국가가 적극적으로 나서서 사적 재산권을 확립하고, 대내외 개방을 촉진하며, 노동 유연성을 확대하고, 기업들의 매각과 합병을 '규범화'하는 길을 닦아줄 것을 요구하고 있다. 이런 점에서 이런 자유주의는 전지구적 자본의 요구에 사회의 요구를 종속시키는 신자유주의나 신보수주의적 경향을 띤다.

친 후이(秦暉)는 중국 자유주의의 원천을 네가지로 나누고 있다. 첫째는 하이에크(F. A. Hayek) 이론으로 대표되는 서구 자유주의의 '소극적 자유' 이론, 둘째는 거래비용을 중심으로 하는 신제도주의 경제학, 셋째는 20세기초까지 거슬러 올라가는 전통을 지닌 사회민주주의 경향의 '제3의 길' 유의 자유주의, 마지막으로 넷째는 해외 신유가를 중심으로 제기된 자유주의 이론이다(秦暉 1999: 117).

이중 첫째와 둘째가 결합하여 중국 신자유주의의 기반을 이루고 있는데, 여기서 우위를 차지하는 것은 보편적인 개인 권리의 확대라기보다는

'자유로운 시장'의 정착을 위한 사유재산권의 보호와 이를 가로막는 집단적 권리의 제한이라는 측면이다. 국가의 어떠한 간여도 '비자연적'인 것으로 거부하는 하이예크가 자유주의의 중심인물로 신봉되는 것도 이런 맥락과 무관하지 않다. 자유주의자인 쉬 지린(許紀霖)조차 중국의 자유주의는 지나치게 보수적이며, 정치적으로 "헌법이 규정하는 기본적 공민의 자유를 주장하지만 (…) 중국의 맥락을 벗어나 사유화를 논의하고 개인재산권을 주장하며, 공정성의 문제에 대해서는 최소한의 관심도 보이지 않고, 엘리뜨들이 국유자산을 독점하는 데 대해 이론적인 '돈세탁' 노릇을 하고 있다"고 비판하고 있다(許紀霖 外 2000: 324). 이 자유주의자들은 '자유시장경쟁'이라는 용어를 통해 사실상 '자발적 사유화' 과정에서의 권력의 시장화와 시장의 권력화를 은폐하고 있다는 것이다(韓毓海 2000: 225). 지식의 불완전과 정보의 불완전에 대한 하이예크 논의에 기반해 중국의 일부 경제학자들은 중앙은행의 폐지와 복지제도의 폐지를 주장하는 '속류 자유주의자'의 모습을 보이고 있기까지 하다(汪暉·柯凱軍 2000: 142).

이처럼 보수화한 자유주의에 대해 두가지 비판이 나타났는데, 하나는 현재의 시장지향적 개혁방향은 인정하면서 이 과정에서 발생하는 절차적 불공정을 시정하고 기회균등을 보장하여 '건전한' 자본주의를 수립하려는 자유주의 좌파의 노력이다. 그 대표적 인물이 바로 친 후이이다. 그는 자유시장경제는 자유로운 기회를 평등하게 보장해야 하는데, 이것이 소수 엘리뜨들에 의해 독점되지 않으려면 출발점에서의 공정이 필요하다고 주장한다. 그는 현재의 중국 상황을 일종의 '시초축적' 상황으로 보는데, 자본축적의 초기 단계에 필요한 이런 시초축적에는 필연적으로 강탈, 독점, 억압 등이 따른다는 논지를 비판하고, 역사적으로 '시초축적'은 필연이 아니며, 오히려 시초축적 없이 출발점의 공정성을 보장하는 것이

건전한 시장경제를 수립하는 데 중요하다고 본다(秦暉 2003; 卞悟 1998, 2003).[3] 그러기 위해서는 시장만능론에 빠져서는 안되며 정치개혁이 중요하다는 입장을 보임으로써, 주류 자유주의자들과 구분선을 긋는다.[4]

이와 다른 둘째 입장은 현재 나타나는 사회적 문제들이 자본주의 자체의 문제이며, 특히 이 문제들을 현시기 신자유주의적 전지구화와 분리할 수 없기 때문에, 근본적인 이론의 혁신과 제도의 혁신이 필요하다고 주장하는 신자유주의 반대론자들이다. 이들은 친 후이처럼 시장=공정, 시초축적=억압으로 보는 논지에 대해서, 이는 절차와 출발점의 공정성만 강조하고 결과의 공정성 문제나 과정 자체에 숨어 있는 불평등의 문제를 보지 못한다고 비판한다(韓毓海 2000: 223~24; 許紀霖 外 2000에서 뤼 깡羅崗의 발언: 322). 이들은 신자유주의를 시장의 규범화를 통해 정정할 수 있는, 건전한 자본주의의 일탈적 사례로 보는 견해를 받아들이지 않으며, 이는 현시기 가장 전형적인 자본주의이며 여기서 발생하는 특권이나 부패는 이 체제의 본질적 요소라는 입장을 취하고 있다.

신자유주의를 비판하는 이런 입장은 보수적 자유주의뿐 아니라 자유주의 좌파와도 대립하여 자유주의의 문제설정 자체를 넘어서는 측면이 있는데, 다음 절에서는 이를 몇가지 측면으로 나누어 살펴보려 한다.

---

3) 『현대화의 함정』이라는 책으로 중국 내에서 논란를 불러일으킨 허 칭롄은 부패문제를 없는 것으로 여기거나 예외적으로 치부하는 경제학의 무능력을 비판하는데, 공정한 시장의 운용을 위한 정부의 개입을 요구한다는 점에서 관점은 기본적으로 친 후이와 유사해 보인다(何淸漣 1998). 이들에 대한 왕 후이의 평가도 유사하다(Wang, Hui 2000: 78).
4) 또다른 대표적 자유주의자인 왕 띵띵(汪丁丁)은 개인의 선택의 자유를 보편적으로 보장하는 것이 자유주의의 핵심이라고 주장하지만, 자본주의에 대해서는 이를 "인류가 합작하여 만든, 질서 확대발전의 서방적 형태"라고 높이 평가하고 있다(汪丁丁 2000: 268~69).

3. 관점의 전환: 자유주의의 초극인가?

(1) 역사적 자본주의

자본주의관의 혁신: 건전한 자본주의의 불가능성

신자유주의 비판은 자유로운 시장경제라는 환상에 대한 비판에서 출발한다. 한 위하이(韓毓海)는 자본주의를 저속한 것과 건전한 것으로 나누고, 자본주의의 규범화를 통해 자본주의가 건전한 자본주의로 발전할 수 있다는 견해를 비역사적이라고 비판한다. 이런 견해에 따르면 저속한 자본주의란 점차 투기자본주의화하고 중간계급이 스스로 이 투기에 빠져드는 앵글로색슨 자본주의를 말하며, 이에 반해 일본이나 서구의 자본주의는 성실한 중간계급에 바탕을 둔 건전한 자본주의라는 것이다. 이에 대해 한 위하이는 자본주의는 이윤추구라는 내적 모순에 의해 저속화(低俗化)하는데, 여기서 중간계급은 건전한 자본주의를 만들어내는 주체가 아니라 이 자본주의의 저속화와 동행할 수밖에 없는 행위자일 뿐이라고 주장한다. 건전한 자본주의처럼 보이는 일본과 서구의 자본주의란 냉전 시기에 미국의 지원하에 가능했을 뿐이고, 이런 세계적 조건을 고려할 때 저발전국가는 장기적 산업화 단계를 거쳐 건전한 자본주의로 나갈 수 없다고 본다. 전지구화와 자본주의의 저속화는 서로 분리된 과정이 아니기 때문에, 전지구화 흐름 속에서 미국 자본주의만 떼어내 저속한 자본주의라고 할 수는 없다는 것이다(韓毓海 1999).

이처럼 전지구화와 자본주의, 그리고 현재 중국에서 나타나는 사회문제가 떼려야 뗄 수 없는 관계에 있다는 것이 신자유주의에 대한 비판론자들의 공통된 입장이라 할 수 있다. 이들은 자본주의=시장=공정이라는 도식을 거부하고, 그 대신 자본주의=반(反)시장=독점이라는 테제를 채택한다(許紀霖 外 2003에서 쉬 지린許紀霖의 지적: 325). 왕 후이를 포함해 많은 신자유주의 비판론자들은 자본주의를 근본적으로 반(反)시장으로 보는 브로델(F. Braudel)-월러스틴(I. Wallerstein)-폴라니(K. Polanyi)의 테제를 수용하여, 자본주의란 본질적으로 시장에 반대하는 독점체제일 수밖에 없고, 따라서 자본주의하에서 공정한 시장이란 불가능한 유토피아일 뿐이라고 본다.[5]

왕 후이는 이런 관점에서 자본주의는 자유시장이나 시장규칙이 아니라 반시장적 역량이라고 보며, 이 때문에 권력의 시장화와 시장의 권력화는 전형적인 자본주의 현상이라고 주장한다. 그렇다면 더 나아가 사회주의조차 독점의 한 형태로서 근대세계체계 내에서 자본주의와 본질적으로 그렇게 다르지 않은 '반시장적' 형태로 이해될 여지가 있다(汪暉·柯凱軍 2000: 141). 이런 추론을 따라가면, 중국에서 시장경제를 도입하면서 발생하는 자본의 독점과 특권층의 형성, 정치적 권력과 경제적 권력의 융합, 다시 말해 아래로부터 출현하는 '건전한' 자본주의가 아니라 위로부터 특권과 독점을 통해 형성되는 '저속한' 자본주의는 일탈적이고 예외적인 현상이 아니라 바로 자본주의의 고유한 특징이며, 이는 자본주의의 규범화를 통해 극복될 수 없다는 결론에 이르게 된다.

---

5) 브로델은 자본주의를 시장 위에 발달하여 교환과정과 기존 위계질서를 교란시키는 다국적 성격의 독점으로 보면서, 시장과 자본주의를 대립시킨다(브로델 1995: 13~14). 월러스틴은 브로델의 구분법을 받아들여, 자본주의하에서 거대이윤의 원천은 시장이 아니라 시장의 작동을 억제하는 독점이며, 이 독점적 지위를 확보하기 위한 경쟁 속에서 특정 국가를 활용하여 특허와 가격통제, 무역통제 등의 방식을 통해 특정 자본이 상대적으로 독점적인 우위를 확보한다고 본다(월러스틴 1993; 월러스틴 1994b: 264~83). 폴라니는 19세기에 등장한 자기조절적 시장경제란 영국 중심의 자유무역 질서가 붕괴해가는 과정에서 등장한 하나의 이데올로기에 불과하며, 이는 '시장'과는 무관한 허구적 유토피아에 불과하다고 본다(Polanyi 1957: 68~76).

역사적 자본주의와 세계체계

이처럼 자본주의를 시장에 반하는 역량으로 보는 것은 자본주의를 규범적 모델로 이해하는 것이 아니라, 현실의 역사 속에서 나타난 구체적인 형태로 이해하는 것이기도 하다. 이러한 관점은 자본주의를 '자유선택'의 문제로 이해하는 것이 아니라(樂鋼 2003: 378~80), 세계경제구조의 변화 속에서 발생하는 역사적 현실로 파악한다.

이 역사적 자본주의를 이해하는 데 있어 두번째 단계의 혁신은 자본주의를 한 국가 내의 현상으로 이해하는 것이 아니라, 장기적으로 세계 전역을 포섭해가는 과정에서 발생하는 전지구적 생산양식으로 이해하는 것이다. 이를 위해서는 역사적으로 출현한 자본주의의 다양한 모습을 종적으로 장기 역사 속에서 살펴보고, 횡적으로 발전국과 저발전국을 동시에 고려하는 이론적 틀이 필요하다. 이런 필요에서 유럽의 화폐통일, 미국 금융자본의 유동이 끼친 충격, 동아시아의 금융위기 등을 계기로 중국에서는 1980년대에 소개된 종속이론과 세계체계론이 1990년대 들어 부흥하는 현상이 발생하였다(王思睿 2000: 287).

자본주의를 전지구적으로 이해하는 것은 자본주의를 장기적 역사 속에서, 그리고 중심부와 반주변부, 주변부라는 공간적 분할 속에서 이해하는 것을 뜻한다. 쉬에 이(薛毅)는 자본주의에 대한 역사적·공간적 시야를 확대할 것을 요구하면서, 전지구화의 역사는 300년을 통해 살펴보아야 하며, 자유주의가 보지 못하는 제3세계의 문제를 고려해야 하고, 미국과 동아시아 네마리 용의 성장 맥락을 고려할 때 중국의 미래는 동아시아보다는 오히려 라틴아메리카와 유사해질 가능성이 있다고 주장한다(許紀霖 外 2000: 320).

왕 후이는 이를 맑스의 『자본』의 서술 속에 있는 형식적 요소(「상품」장의 서술)와 역사적 자본주의 분석에 기반한 실질적 서술(상업자본주의와 식민지 등에 대한 분석) 사이의 긴장을 통해 설명하고, 이 둘 중 후자의 우위를 주장하는데, 자본주의를 지역들간의 상호작용과 지배의 확장, 그 속에서 발생하는 공간적 불평등 및 서로 다른 시간대 속에서 근대에 편입되는 과정, 그리고 공동체의 파괴와 그에 대한 사회적 대응의 틀속에서 이해하자는 것이다(왕 후이·백승욱 2000: 326~35; 汪暉 2000b).

중국의 현실에서 이 주장은 자본주의를 주기적 역사 속에서 이해하는 것,[6] 미국 헤게모니의 성장과 쇠퇴 속에서 각 지역의 부침을 이해하는 것,[7] 냉전이라는 조건이 사라진 동아시아적 조건 아래에서 중국 자본주의의 미래를 주변부나 반주변부적 맥락 속에서 이해하는 것 등을 의미한다.[8]

전지구화와 자유주의 기획의 무능성

역사적 자본주의라는 관점을 결여한 자유주의는 전지구화에 대해 이론적으로 무력한데, 전지구화를 고려하지 않거나, 아니면 이를 중국의 시장경제 확대를 위한 우호적인 기회로 생각하는 정도에 머문다. 세계경제에 편입해가는 중국의 변신 과정에서 발생하는 제반 문제들은 현재의 결과가 아니라 과거의 유제들이 파생시키는 문제들로 간주될 뿐이다. 이

---

6) 쉬 빠오창은 브로델의 논의에 의거해 아시아 금융위기를 자본주의 중심지역의 교체라는 틀로 설명한다(許寶强 1998).

7) 루 띠는 이를 설명하는 데 브로델보다 아리기가 더 적합하다고 본다(盧荻 1998).

8) 신좌파라고 지칭되는 비판적 지식인들의 구호는 '이론혁신과 제도혁신'으로 집약되었다. 여기서 이론혁신이란 현재 중국의 현상을 옹호하는 이데올로기에 대한 비판을 거쳐 이 이데올로기들이 가로막고 있는 지식의 공간을 개발하는 것을 말한다. 왕 후이는 이를 19세기적 전통에 따라 '정치경제학'이라고 부른다. 추이 즈위안이 자신의 전공을 정치경제학이라고—맑스주의 경제학이라는 의미가 아니라 정치와 경제를 결합된 것으로 분석하는 아메리카적 정치경제학—말한 것도 우연이 아닐 텐데, 왕 후이는 정치경제학이라는 이름 아래 기존 분과 학문체계를 넘어서는 공동작업의 필요성을 강조하고 있고, 이것을 제도연구라는 말로 요약하고 있다(왕 후이·백승욱 대담; 崔之元).

때문에 왕 후이가 비판하듯이,

　　신자유주의는 시장제도를 '자연발생적 질서'로 간주하고, 자유무역을 시장
　경제의 자연법칙으로 보며, 이익최대화를 시장시대의 유일한 윤리준칙으로
　간주한다. 이러한 이론적 시야는 날로 심해져가는 빈부격차, 부단히 심화하고
　있는 경제위기, 끊이지 않는 부패와 권력시장화 과정과 첨예하게 대비된다. 신
　자유주의는 추상적 '시장' 개념을 이용해 중국사회와 당대 세계의 엄중한 사회
　불평등을 은폐하고, 개혁과정에서의 급격한 사회분화를 은폐하며, 이런 사회
　경제적 과정과 정치의 내재적이고 불가분한 관련성을 은폐한다(汪暉 2003: 29).

　　신자유주의를 비판하는 입장에서 전지구화와 중국의 자본주의화는
뗄 수 없는 과정이며, 전지구화란 초민족적 자본의 지배력이 민족국가적
틀을 허물면서, 미국 헤게모니 아래에서 전지구경제를 특정한 형태로 편
입시키는 과정이다. 앞서 언급한 쉬에 이는 전지구화의 역사를 300년 정
도로 확장해 보고 있고, 왕 후이는 사미르 아민(Samir Amin)을 인용해
전지구화과정을 중상주의와 고전적 자유주의 시대를 거치면서 주변부
를 편입해온 과정으로 보며, 현재의 전지구화는 자족적인 국민공업체계
를 와해해가고 있다고 본다(왕 후이 2000b: 282; 汪暉·柄穀行人 1999: 190~91).

(2) 근대성

　　자본주의적 근대의 지평을 시공간적으로 확대하면, 중국의 역사를 보
는 시각도 달라지는데, 이는 중국에서 근대성의 문제를 설정하는 방식의
차이로 나타난다. 신계몽주의와 이를 계승한 (신)자유주의자들은 중국
의 경제개혁을 기점으로 삼아, 전근대적인 것에서 근대적인 것으로의 이

행이라는 시기구분을 한다. 여기서 근대적인 것은 경제적으로는 자본주의적 시장경제의 도입이며 정치적으로는 입헌정치와 자유로운 개인 주체의 형성이다.

그러나 앞서 본 것처럼 세계체계의 관점에서 역사적 자본주의로 시야를 넓히면, 중국 사회주의의 역사적 경험은 근대세계체계 전체의 변화와 뗄 수 없는 관계가 되며, 사회주의의 경험과 그 이후의 세계경제로의 편입과정을 모두 근대성의 시각 속에서 설명해야 할 필요성이 생긴다. 왕후이는 이처럼 중국 사회주의의 역사를 근대성의 문제의식 속에서 살펴보면서, 그 특수성을 '반근대성의 근대'라고 규정한다. 그는 마오 쩌뚱의 기획이 자본주의적 길이 아닌 사회주의적 길을 채택했다는 점에서 자본주의적 근대에 대한 반근대성의 표현이라고 본다. 하지만 실제 내용은 진보에 대한 신념과 근대화에 대한 긍정을 바탕으로 하여, 민족국가에 기반한 국가권력이 이 과정을 주도해 공업화를 달성하려는 '발전주의'를 벗어날 수 없었다는 점에서 근대성의 틀 속에 머물러 있었다고 본다. 즉 자본주의에 반대하는 근대화라는 점에서 반근대적이지만 근대성의 경계를 넘어선 것은 아니라는 주장이다(왕 후이 2000: 238~38; 汪暉·柯凱軍 2003: 131~32).

왕 후이는 사회적 근대화와 문화적 근대화를 분리시키려는 근대화론자들의 생각을 비판하고, 실질적 근대화를 규범적 근대화 프로젝트와 구분한다. 근대성이라는 문제설정은 한 사회가 어떤 역사적 위치에서 근대에 진입했는가를 강조하는 것이 아니라, 그로 인한 변화의 정도와 무관하게 근대의 과정 속에 편입되어 발생하는 특수성을 강조하는 것이라고 본다(왕후이·백승욱 2000: 328). 이는 근대성이라는 문제를 규범적 틀에 맞추어 그 목표가 달성되었는가 아닌가로 보는 서구중심적 관점이 아니라, 근대성이 구현되는 다양한 길, 특히 중심부와 주변부 사이에서 나타나는 근대적 길의 차이와 여기서 발생하는 종속 및 불평등 관계를 강조하는 관점이라고 할 수 있다. 왕 후이는 근대라는 문제를 제기하는 이유가 두 가지 목적론을 타파하기 위해서라고 보는데, 첫째는 1980년대 이전을 봉건주의나 전통으로 보고, 1980년대 이후를 계몽이나 근대로 보면서 현재 추진되는 변화를 정당화하려는 목적론이고, 둘째는 서구적인 것은 모두 근대적이고 동양적인 것은 모두 낙후된 것이라고 보면서 서구 근대화 속의 모순을 비판하지 못하는 목적론이라고 이야기한다(왕후이·백승욱 2000: 329).

근대성의 범위가 이처럼 넓어진다는 것은 근대성의 외면적 통일성과 총체성 아래 이질적이고 모순적인 요소들이 담겨 있으며, 이런 이질적 요소들은 장기적으로는 근대성에 포섭되더라도 근대성에 대항하는 '반근대성'의 요소로 등장할 가능성이 있음을 의미한다. 왕 후이는 이를 근대성의 '역설적' 특징이라고 부른다. 역설적이라는 것은 근대성의 과정 자체 내에 반근대성의 요소를 담고 있다는 의미이다. 중국의 경험을 통해 살펴보자면 이는 서로 다른 두 층위에서 나타나는데, 하나는 서구적 자본주의적 길에 대한 반대로 나타난 사회주의적 길—그러나 형태상 매우 유사한 결과를 낳은—이라는 반근대성의 요소이고, 둘째는 문화혁명의 경험에서 나타나는, 근대에 대한 매우 급진적인 저항이라는 요소이다. 그중 후자는 근대성에 덜 포섭된 것이며 더 파괴적이다. 왕 후이가 중국에서 논쟁의 대상이 된 이유 중 하나는 문화혁명의 경험에 대한 비정통적 해석을 제시했기 때문인데, 그는 다음과 같이 주장한다.

〔문화대혁명은〕 관료제 국가에 대한 공포, 형식화된 법률의 경시, 절대적 평등주의에 대한 찬양과 같은 반근대의 사회적 실천과 유토피아주의를 만들었다. 중국의 역사적 맥락에서 근대화 노력은 '합리화'과정에 대한 거부와 함

께 진행되어 심각한 역사적 모순을 낳았다. 마오 쩌뚱에 대해 말하면, 그는 한 편에서는 집권적 방식으로 근대국가체제를 만들었지만, 다른 한편 이 체제를 '문화대혁명'식으로 파괴했다(왕 후이 2000: 239).[9]

문화혁명을 재해석하면서 왕후이가 강조하고 있는 것은 그 속에서 나타나는 근대성의 역설이다. 다시 말해 문화혁명 속에는 급진적 반근대성의 요소가 포함되어 있었지만, 이 반근대성의 요소는 현실 속에서 평등을 실현하는 데로 나아간 것이 아니라 오히려 더욱 억압적인 등급제 사회의 탄생으로 나아가게 되었다는 것, 그러나 그 반근대성의 요소 자체를 부정할 수는 없다는 것이다(汪暉 2000: 9).

왕 후이 외에 추이 즈위안도 중국 사회주의의 역사적 경험 속에서 새로운 재해석 거리를 발견하는데, 그것은 '안강헌법'이다. 그는 대약진 시기 안산강철에서 만든 자체 내규인 안강헌법을 서구 비판법학의 분석을 응용해 절대적 소유권의 해체를 보여주는 사례로 제시하는데, 이를 통해 국유자산의 사유화과정을 비판하고 있다(崔之元 1994).[10]

(3) 전면적 민주

신자유주의 비판자들은 신자유주의가 정치적으로 표방하는 '자유'가 소유의 자유로 협소화되고, 사실상 이것은 평등과 민주를 부정한다고 주장한다. 앞서 하이예크를 도입한 중국 지식인들이 자유를 '소극적 자유'

---

9) 왕 후이(2000: 239). 쾅 신녠도 마오 쩌뚱 사상 속의 반근대성의 두가지 측면을 강조하면서 영원한 사상적 · 정치적 도전으로서 마오 쩌뚱을 부각시킨다(쾅 신녠 2000).
10) 추이 즈위안은 스스로 '쁘띠부르주아 사회주의'라는 정치적·이론적 입장을 택하고 있다고 말하는데, 이 때문에 그의 입장은 다른 '신좌파'와는 다소 달라진다. 이에 대한 자세한 내용은 추이 즈위안 · 백승욱 대담(추이 즈위안 2003: 177~210)을 참고할 것.

로 제한적으로 이해했다고 지적한 바 있는데, 깐 양(甘陽)은 이사야 벌린 (I. Berlin)의 논의를 빌려, 소극적 자유란 토끄빌(A. Tocqueville)이 말한 자유에도 못 미치는 것이라고 비판하고, 적극적 자유를 강조한다(甘陽 2000). 이런 대립은 쾅 신녠(曠新年)의 말처럼 오늘날의 중국이 관료·지 식인과 노동자·농민이라는 서로 다른 두 세계로 분열되어 있음을 보여 주는 현상이라 할 수 있다(쾅 신녠 2000: 277).

신자유주의자들의 자유론은 자유의 문제를 정치적으로는 입헌주의 에 한정하고 경제적으로 소유의 자유로 한정한다. 그러나 비판적 지식인 들은 앞서 살펴본 반시장으로서의 자본주의라는 전제에서 드러나듯이, 당연히 정치적 민주와 경제적 민주는 분리될 수 없기 때문에 정치적 민 주를 넘어서는 전면적 민주를 실행해야 하며(陳燕穀 2000),[11] 여기서 자유 와 평등은 분리되지 않는다는 주장을 편다.

자유주 내에서도 소극적 자유에 대한 비판이 제기되어 친 후이 등 이 출발점의 공평성 문제를 제기한 바 있으나, 이에 대해서는 결과의 공 정을 보지 못하고 등가교환의 외양을 띠는 거래중에 발생하는 불평등을 보지 못한다는 비판이 제기되었음은 앞에서도 지적한 바 있다.

이러한 전면적 민주의 주장이 앞서 살펴본 세계체계적 관점과 결합하 면서 민주주의를 추진할 수 있는 공간에 대한 문제제기로 이어지는데, 왕 후이나 천 옌꾸(陳燕穀)는 전면적 민주가 민족국가 내부에서 해결되 기 어렵다는 한계를 지적한다(汪暉·柄穀行人 1999: 197; Wang Hui 2000: 87; 陳 燕穀 2000: 237). 사회적 억압과 불평등은 중심부와 주변부 사이의 세계적 공간 내에서의 불평등, 초민족적 자본에 의한 세계경제의 지배, 그리고

---

11) 그러나 이러한 전면적 민주가 직접민주주의를 담는다는 것 이상의 구체적 내용이 무엇인지 자세히 논의되고 있지는 않다. 추이 즈위안 같은 이는 이를 정치적으로는 풀뿌리 직접민주주 의와 경제적으로는 소유의 공적 성격의 확립과 이해관계자의 공동경영으로 제시하기도 한다.

전지구화의 국내적 수혜자인 특권계급 등의 문제와 서로 얽혀 있기 때문이다.

4. 이론혁신과 제도혁신: 자유주의의 쇄신일 뿐인가?

비판적 지식인들은 그 내부에 다양한 편차가 있지만 현재 진행되는 신자유주의적 방향이 문제의 해결이 아니라 문제의 심화일 뿐이라고 본다는 점, 중국의 문제를 전지구적 시각에서 이해해야 한다고 보는 점, 정치적 민주(혹은 자유)와 경제적 민주(혹은 자유)가 분리될 수 없다고 보는 점, 중국 사회주의의 역사적 경험을 모두 부정해버릴 수 없다고 주장하는 점 등에서 공통점을 지니고 있으며, 이런 점에서 제한된 정치적 자유와 급진적 시장개혁을 주장하는 신자유주의자들과 분명히 구분된다.[12]

신자유주의를 비판하는 중국 지식인들은 개별국가들이 따라가야 하는 단일한 과정이 아니라, 서로 환원될 수 없는 복수의 '근대들'이 있고, 이를 전지구적 자본주의화 과정 속에서 이해해야 하며, 자본주의에서 정치와 경제(또는 시장과 국가)를 결코 분리할 수 없다고 주장한다는 점에서 '시장의 신화'나 '근대화의 신화'에 빠져 있는 자유주의를 초극할 수

---

12) 자유주의자들은 이런 비판적 지식인들의 견해를 반박하고 있는데, 첫째는 이런 비판세력이 과거 사회주의 시대를 복귀시키려는 수구세력이라는 것, 둘째는 중국의 현실은 모르는 채 관념에만 의거하고 서구이론을 수입하여 잘못된 문제를 제기하고 있다는 것, 셋째는 유토피아적이어서 현실적인 대안을 제시하지 못한다는 것이다(秦暉 「淮橘爲枳, 出國者迷 —— 中國式的 "新左派" 理論及辨析」, 秦暉 2000 수록. 許紀霖 2000에서 류 칭劉擎의 주장, 319면). '신좌파'들에 대해 중국 내에서 제기된 비판을 보려면 이욱연, 앞의 글 217~22면을 참고하라. 그외 이들에 대해 세계적 추세를 거스르려는 '민족주의자'라는 비판이 제기되기도 한다.

있는 요소들을 담고 있다고 할 수 있다. 따라서 이들은 중국 정치를 좀더 의회민주주의적으로 바꾸거나 시장에 대한 '자의적' 교란의 요소들을 제거하고 국가의 개입을 축소함으로써 중국이 더욱 '정상적인 근대화의 길'에 들어설 수 있다고 믿지 않는다.

그러나 눈을 돌려 이론의 혁신과 제도의 혁신, 그리고 비판의 공간을 보는 입장을 살펴보면, 이런 비판적 지식인과 자유주의자들(특히 그 좌파) 사이의 구분선이 흐려짐을, 자유주의를 넘어서는 요소들이 단지 자유주의 쇄신의 한계 속에 다시 갇히게 되는 측면이 있음을 발견하게 된다. 현실의 대안에 대한 논의에서 그런 함의를 찾을 수 있는데, 대표적으로 시민사회론과 제3의 길을 둘러싼 논의에서 그런 시각들이 드러난다.

(1) 공공영역과 시민사회

비판적 지식인들의 일부는 '시민사회'라는 용어에 대해 비판적인데, 그 이유는 중국에서 시민사회론 논쟁이 전개되는 맥락이 매우 보수적이기 때문이다. 시민사회론은 민중들의 정치참여를 보장하기 위해서라기보다는 민중의 정치참여를 배제하고 급진파의 위험을 제어하기 위해 제기되었다는 것이다.[13] 중국에서 시민사회란 부르주아계급사회를 의미하는 것으로 해석되었고, 시민사회는 곧 사적재산권을 보호받는 부르주아계급의 성립을 전제하는 것으로 간주된다(왕 후이·백승욱 2000: 345~46). 그런데 중국에서 이렇게 형성되는 신흥 부르주아계급은 특권적 지위를 이용해 자산을 독점한 과거 특권층들이 정치엘리뜨에서 경제엘리뜨로 전환한 경우가 대부분이기 때문에 비판적 영향력을 행사하거나 정치적

---

13) 許紀霖 外(2000) 중 뤄 깡과 쉬에 이의 견해, 313~15면.

자유를 추진할 가능성은 전혀 없다. 비판적인 자유주의자들도 지적하고 있듯이, 사유화과정에서 특권층이 국유자산을 독점하는 현상이 발생하고 있기 때문이다.

이 때문에 왕 후이 등은 '시민사회'라는 용어를 거부하면서 대신 하버마스(J. Habermas)를 수용해 '공공영역'을 중시하고 있다(汪暉 2000c). 이 공공영역이란 국가와 사회 '사이'에서 자유로운 토론과 의사소통을 통해 비판적 목소리를 형성하는 '자율적'인 공간이다. 중국 지식인들이 공공영역을 강조하는 이유는 설사 부르주아 계급이 없더라도 이 공간이 형성될 수 있고, 중국의 비판적 지식인들이 바로 이 공간에서 목소리를 내고 있다고 생각하기 때문이다(왕 후이·백승욱 2000: 345).

그런데 여기서 문제는 부르주아계급사회로서의 시민사회론을 부정하더라도 제도화된 공공영역을 국가와 사회 사이의 '자율적' 공간으로 보는 시민사회론의 문제점을 넘어서고 있는 것은 아니라는 점이다. 이는 이들 비판적 지식인들의 정치적 기획의 불분명함에서 기인하는 것이기도 하다. 이들은 정치민주와 경제민주가 분리될 수 없고, 민주는 사회의 모든 영역으로 확산되어야 하는 원리라고 주장하고 있지만, 그것을 가능케 하는 조직적·제도적·이데올로기적 조건에 대해서는 다소 모호한 태도를 보이고 있으며, 그것이 공공영역 또는 공공성 담론으로 다시 모아지는 것으로 보인다. 왕 후이가 정치와 경제를 분리시키려는 것이 신자유주의자들의 이론적 문제점이라고 보고 국가와 사회의 이분법적 구도를 반대하면서도 국가와 사회 사이의 자유로운 공간으로서 공공영역이나 공공공간을 설정하고 있는 데서 그런 딜레마를 엿볼 수 있다.

공공영역론을 포함하는 넓은 의미의 시민사회론의 문제는 그 공간이 사실 자율적이지 않으며 민족국가 내의 제도화된 공간이라는 점을 몰각하고 있다는 점, 따라서 강한 시민사회는 강한 민족국가에 의해서만 보장된다는 점을 잊어버린다는 점이다. 이는 시민사회론적 틀 속에서는 민족국가적 동일성과 발전주의 이데올로기라는 근대 자유주의의 두가지 핵심적 구성요소에 대해 문제제기를 하기 어렵다는 것을 의미한다.

이 문제는 왕 후이도 인정하고 있는 것으로 보인다. 그는 발전주의 이데올로기와 총체성이라는 미명하에 실질적으로 다양성을 억압해온 것을 자유주의의 핵심적 한계로 지적하고 있으며, 하버마스의 난점 중 하나로 "현대사회의 통치형식 및 시장사회의 기본적인 순종주의를 건드리지 않고서 하버마스가 가정하고 있는 '의사소통'에 기초하여 건립된 '개인의 사회화'가 문화차이를 포용할 수 있겠는가?"라는 문제점을 지적하고 있다(汪暉 2000c: 56). 이는 자유주의가 전제하는 민족국가적 동일성의 동질성에 대한 문제제기이다.

또한 시민사회론적 틀은 세계체계적 공간에서 발생하는 불평등 문제에 대해서도 취약하다. 한 예로 장 루룬(張汝倫) 같은 자유주의자도 코소보전쟁에 대한 하버마스의 견해를 검토하면서 그에게 '서구중심주의적' 시각이 있음을 비판하고 나서는데, 이는 하버마스가 북대서양조약기구(NATO)의 코소보 폭격에 대해 '인권의 정치'를 내세워 그 폭격의 도덕적, 법적 정당성을 부여한 데 대한 반발이었다(張汝倫 1999). 이는 다시 말해서 하버마스의 의사소통행위이론과 공공영역의 이론이 서구적인 '강한 국가'에 의해 지탱되는 시민사회'의 이론이며—따라서 매우 근대적이고 자유주의적인 틀이며—, 세계체계 내의 국가들간의 불평등구조와 '자유주의의 위기' 이후 나타나는 탈근대적 각종 정치형태들에 대한 대응으로는 부적절하다는 비판이 제기될 수 있다는 것이다.

그렇지만 국내적으로 여전히 시민사회론은 변형된 발전주의 이데올로기의 지지자가 될 수 있다. 추이 즈위안 같은 경우 국가 대 사회라는 이원구조 대신 국가–엘리뜨–민중 세 층으로 구성된 '양성 순환'을 주장

하면서 시민사회론적 견해를 강하게 개진하고 있다(崔之元 2000). 이 시민
사회는 공동소유적 성격을 바탕으로 이익 관련자들의 합의를 통해 효율
과 민주를 결합할 수 있는 제도적 틀로 제시되고 있다.[14] 왕 후이에게서
조차도 그런 함의가 보인다. 그는 전지구화를 다국적기업 때문에 민족국
가가 약화되는 현상으로 보는데, 이는 다국적기업에 대한 통제를 통해
민족국가적 발전주의 노선을 다시 유지해갈 수 있다는 주장으로 읽힐 여
지가 있다.[15]

이 때문에 뤄 깡(羅崗)은 시민사회론뿐 아니라 공공영역에 대해서도
비판적이다. 그는 중국에서 자유주의는 시민사회 및 공공영역의 논술과
지적 자원이나 역사서술에서 상호지지하며, 현실문제에서도 서로 호응
한다고 주장하고, 공공영역은 사실 매우 취약해 '재봉건화'의 가능성이
아주 높다고 본다(羅崗 2000: 64).

(2) 제3의 길과 제도혁신

'제도혁신'에 대한 관점을 살펴보면 이상의 함의들이 좀더 분명해진
다. (신)자유주의자들과 달리 비판적 지식인들은 시장의 규범화를 통해
문제가 해결될 수 없다고 본다는 점에서 뚜렷하게 대립되지만(許紀霖 外
2000 글 중 뤄 깡의 견해: 328), 비판적 지식인들이 대안으로 제시하는 '제도
혁신'에서는 구분선이 그처럼 분명하지는 않다. 간단히 말해 신자유주의

---

14) 崔之元「以俄爲鑒看中國!」;「第二次思想解放與經濟民主一崔之元博士訪談錄」, 인터넷 자료
(http://www.chinabulletin.com).
15) 왕 후이·백승욱(2000: 353~54)을 참고. 왕 후이의 논의에서 발견하게 되는 문제의 하나는
그가 폴라니를 원용하여 주장하는 자기조절적 시장경제의 파괴성에 대한 사회의 자기보호운
동이라는 변증법을 수용하면서 발생하는 문제이다. 왕 후이가 자본주의를 시장에 대한 반대
역량이라고 규정할 때, 그는 이런 폴라니의 변증법을 염두에 두고 있으며, 중국의 톈안먼사태
과 그 이후의 변화도 이런 사회의 자기보호운동으로 규정하고 있기도 하다(汪暉 2003).

를 비판하는 비판적 지식인들이 제도혁신으로 그리는 그림의 내용은, 앞서의 시민사회론적 변형을 거쳐서 사회민주주의적인 내용으로 귀결되는 경향이 있다.

추이 즈위안에게서 그런 함의가 분명히 드러나는데, 그는 자신의 이론적 전거로서 비판법학이나 분석적 맑스주의 등 사회민주주의나 자유주의 좌파의 이론을 사용하여 절대적 소유권의 해체와 노동자의 기업경영 참여라는 논지를 도입한 바 있다. 또한 내수시장의 육성을 강조하기 위해 새케인즈주의자(New Keynesian)[16]인 스티글리츠(J. Stiglitz)를 적극적으로 원용하기도 한다.[17] 추이 즈위안은 사유화는 반대하지만 사유화의 대안으로 이익 관련자가 공동으로 참여하는 합작체제 운영모델을 중시하고 여기서 효율과 민주가 결합될 수 있다고 본다. 그는 미시적 차원의 경제민주모델을 포스트포드주의적인 '적기생산'(just in time)에서 찾기까지 한다. 그의 대안은 민주적인 강력한 정부(중앙정부＋지방정부)와 노동자 참여를 결합하는 것이다.[18]

대립하던 자유주의자들과 비판적 지식인이 다시 만나는 곳은 '제3의 길'이다. 왕 후이는 제3의 길에 대해 다소 유보/비판적이고(왕 후이·백승욱 2000: 350~51), 왕 후이와 함께 『뚜슈(讀書)』를 편집하는 황 핑은 평가를 유보하는데(黃平 2000), 자유주의자에 대해 비판적인 태도를 견지하는 뤄 깡은 제3의 길에 대해 우호적이어서, 제3의 길은 아주 강하게 거부되는 것은 아닌 듯하다. 흥미로운 것은 이들과 대립하던 자유주의자 친 후이도 제3의 길에 대해서는 아주 긍정적인 태도를 보인다는 점이다. 그는

---

16) 새케인즈주의는 불황기에 적용하여 완전고용의 목표를 포기하고 대신 고용유연성과 금융 분야의 활성화를 통한 경기부양을 강조하는 입장으로, 미국의 '신경제' 그리고 신자유주의와 친화적이다.

17) 崔之元, 앞의 글들; 崔之元(1999).

18) 崔之元 「以俄爲鑒看中國」; 「第二次思想解放與經濟民主—崔之元博士訪談錄」.

현단계 중국의 과제에서 자유주의와 사회민주주의 사이에는 대립점이 없고 오히려 공동의 목표가 있으며, 그런 점에서 자신의 입장을 제3의 길로 볼 수 있다고 말한다(秦暉 1999: 5~6). 자유주의자의 대표자인 왕 띵띵이 제도와 혁신 간의 평형 유지 장치로서 제도는 중용적 관점에 서 있는 것으로 볼 수 있다고 말한 것도 이런 맥락으로 읽힐 수 있다(汪丁丁 1997: 130~31).

그러나 이런 제3의 길론은 앞서 시민사회론이 부딪힌 한계에 맞닥뜨리는데, 그것은 자유주의를 뛰어넘는 기획이라기보다는 민족국가적 발전전략과 코포라티즘적 통제를 유지하려는 자유주의적 발전주의라고 할 수 있다. 다시 말해 추이 즈위안의 논의에서도 나타난 바 있듯이 포괄적 복지국가를 전제하고 기업의 지배구조에 이해 당사자의 이익을 반영시키는 협조적 기업조직을 바탕으로, 질서자유주의(Ordo-liberalism)를 핵심 내용으로 하는 사회적 시장경제[19]가 신자유주의 중국판으로 합의될 가능성도 배제할 수 없음을 보여주는 것이다.

5. 자유주의의 쇄신인가, 초극인가?

이상에서 살펴보았듯이 신자유주의를 명확히 반대하는 중국의 비판적 지식인 집단은 자유주의를 비판하는 자본주의관, 근대성에 대한 상이한 관점, 포괄적 민주주의관 등을 지니고 있어 이를 통해 '시장의 환상'을 비판하는 반신자유주의의 길로 나아갔고 자유주의의 전제들을 근본적으로 비판할 수 있었다. 하지만 민주적인 강력한 국가가 통제하는 근대

---

19) 그레이(1999: 143~44) 참고. 여기서 염두에 두는 모델은 독일의 사례이다.

적 발전의 길이라는 자유주의의 핵심적 내용을 포기하지는 못한 것으로 보인다. 이 때문에 이들이 지닌 자유주의 초극의 요소들은 자유주의의 쇄신이라는 한계에 묶일 가능성도 있다. 물론 이 비판적 지식인 집단이 아직 형성 초기에 있고, 다양한 방식으로 이들을 다시 자유주의의 틀 속으로 끌어들이는 영향력들이 작동하고 있기 때문에 아직 전반적인 평가를 내리기는 이르다.

그렇지만 중국의 비판적 지식인들에게서 이런 두가지 측면이 혼재되어 나타나는 주요한 이유를 다음과 같이 두 방향에서 찾아볼 수 있을 것 같다. 한편에서는 이들의 전면적 민주론에서 나타났듯이, 정치적 기획의 전망이 불분명하고 아직 모색중이기 때문으로 보이는데, 이들의 논의가 계속 시민사회론적 문제설정으로 회귀되는 것 같다. 다른 한편으로는 자유주의가 겉으로는 부정하면서도 사실은 '발전주의의 환상' 속에서 강력하게 붙잡고 있는 발전의 민족주의를 넘어서기가 쉽지 않다는 점이다. 이 두가지 문제는 불가분의 관계에 있다.

현시기 중국은 세계 어느 나라보다도 발전주의 이데올로기의 영향력이 강한 곳이다. 물론 더이상 냉전 시절 발전주의 국가모델을 지속할 수는 없다고 하더라도, 그 지정학적 위치로 인한 경제성장의 지속과 소비수준의 상승, 정치적·군사적 영향력의 증대 등과 결합해 당분간 발전주의의 신화는 지속될 전망이다. 중국에서 자유주의는, 자유주의자들이 신자유주의로 전향하면서 비판적 힘을 잃어, 늘어가는 사회문제에 대처할 수 없게 되었고, 이데올로기적인 경쟁자들이 늘어가고 있다는 점에서 위기에 처해 있지만, 그 조건은 다른 나라와 다르다. 유럽처럼 국가 경계를 넘어서는 통합의 과정 속에서 자유주의가 민족적 동일성의 문제나 다양성과 차이를 억압해온 문제를 해결할 수 없게 되면서 봉착하게 된 위기나 라틴아메리카나 아프리카처럼 국가의 역량(capacity) 자체가 급속히 붕괴하여 국가권력의 통치가 미치지 않는 공간이 늘어나면서 발생한 자유주의의 위기를 중국은 아직 겪고 있지 않고 있으며, 그런 점에서 자유주의의 통합력이 그 반대자들에게도 아직 유지되고 있다고 볼 수 있다. 이런 특수한 역사적·지정학적 요소가 신자유주의에 비판적인 중국 지식인들에게도 영향을 끼치고 있다. 이런 상황에서 반신자유주의가 현실적으로 중화주의적 민족주의에 포섭되어버릴 가능성도 부정할 수는 없을 것이다.

전지구적인 신자유주의는 중국의 지식인을 서재〔廟堂〕에서 광장으로 다시 불러내고 있다. 중국의 비판적 지식인들이 자유주의의 한계를 넘어서 신자유주의에 대한 진정한 대안을 모색해낼 것인가. 이는 그들의 역량에 의해서만 결정될 수 있는 문제는 아니다. 다만 1990년대의 논쟁을 거치면서 분명해진 신자유주의에 대한 대립구도 속에서 신자유주의를 넘어서는 이론적 자원들을 과거와 현재의 중국의 경험들과 어떻게 비판적으로 묶어낼 것인가에 따라 자유주의 초극의 단서들을 발전시켜 나갈 수도 있을 것이다.

8장

20세기 중국의

역사적 경험과 한국사회

1. 마오 쩌뚱의 유령

　동아시아를 포함한 세계 각 지역이 곤경을 겪어온 것과 대조적으로 중국은 고속성장을 지속하고 있다. 아시아 금융위기 이후 주춤하던 외국 자본의 투자도 늘어나고 있으며, 세계시장의 구도에 더 깊숙이 편입해가기 위한 구조조정 또한 빠른 속도로 진행되고 있다. 도시 고소득층을 중심으로 한 소비구조 또한 빠르게 변화하면서 각종 소비재를 구입할 수 있는 든든한 소비층이 형성되었고, 외자기업이나 경영 성과가 좋은 일부 국유기업에 소속된 노동자들은 점점 더 중국의 경제성장과 자신들의 소비수준의 향상을 동일시하고 있다.

　반면 이런 성장의 이면에 어두운 그림자가 드리워지고 있는 현실 또한 부정할 수 없다. 중국은 세계에서 가장 빠른 속도로 소득배분의 불평등이 심화되는 대표적 사례로 떠오르고 있다. 여기에 덧붙여 연해 도시

지역과 내륙 농촌지역의 불균등발전의 격차 또한 심각한 상황으로 나타나, 두 지역 간 일인당 소득은 열배 이상의 차이를 보이고 있다. 또한 내륙지역에서 배출되어 도시에 들어온 '유동인구' 또는 농민공은 도시에서 각종 권리를 박탈당한 '2등시민'으로서 저임금노동 분야에 종사하면서 생계를 유지하고 있다. 도시 국유기업에 대한 구조조정은 면직 형태의 거대한 실업자군을 낳았으며, 특히 면직으로 직장을 잃어 연금 지급과 의료혜택의 제공에 심각한 문제가 발생한 퇴직자들은 곳곳에서 부당한 대우에 항의하는 시위를 주도하고 있다.[1]

다시 말해 중국사회는 양극화 경향을 보이고 있다. 양극화는 소득에서 나타날 뿐 아니라 소득과 연관되어 있는 각종 권력에서도 관찰되는 현상이다. 이런 양극화를 정당화하기 위해 경제성장 지상론과 '선부론'에 입각한 단계론적 설득이 유포되고 있는데, 즉 우선 일부가 부유해진 다음에 전체가 부유해진다는 것, 그리고 경제성장을 이룬 다음에 사회적·정치적 문제를 해결한다는 것이다. 그러나 현실의 양극화가 진행됨에 따라 개혁개방을 정당화하는 이데올로기에는 균열이 발생하지 않을 수 없으며, 현실에 불만을 갖는 적지않은 사람들은 현실을 비판하기 위한 전거를 과거의 역사적 경험 속에서 찾아내기 시작한다. 그러면서 무덤 속에 있던 죽어 있던 마오 쩌뚱의 유령이 여기저기서 등장하기 시작한다.

중국의 노동자들은 마오 시대의 경험을 저항의 담론으로 가공하여 활용하고 있으며, 문화혁명의 담론을 직접 활용하는 경우도 있다.[2] 또한 중국 퇴직생활자의 생활 실태를 조사하던 외국학자에게 한 퇴직자는 "계획경제 시절이 모든 면에서 더 나았다 (…) 철밥그릇이 빈 밥그릇보

---

1) 본서 서장과 1장을 보라.
2) 이에 대해서는 백승욱(2007b), Lee(2007, 2002)를 참고.

다 낫다"는 말을 던졌다. 같은 조사에서 충칭의 한 노동자는 다음과 같이 말했다(Hurst and O'Brien 2002: 359).

나는 내 생애를 바쳐 이 기업을 세웠고, 군대에 복무했고, 조국을 지켰고, 사회주의를 건설했다. 그 시기 동안 나는 하루 15시간씩 일했고, 휴일에도 쉬지 않았지만 초과수당을 달라고 한 적은 없다. 이제 나는 늙었기 때문에 공장에서 적어도 내 건강만은 책임져야 한다. 단위가 돈을 댈 수 없다면 국가가 방도를 찾아내야 한다. 어떻게 지금 와서 단위와 국가가 나를 무시할 수 있는가? 이건 말도 안된다. 더군다나 공장장은 이제 일년에 15만위안이나 벌고 있다. **마오 주석이 아직 살아 있다면 이따위 일은 생기지도 않았을 것이다.** (강조—인용자)

이렇게 나타난 마오 쩌뚱의 유령은 단지 변화에 적응하지 못한 뒤처진 자들의 자기한탄 속에서 등장하는 액자 속의 빛바랜 사진에 불과한가? 아니면 개혁개방 노선의 변천사를 마오가 던진 문제에 대한 끊임없는 부정과, 그에 이은 마오 유령의 재출현, 그에 대한 재부정과 재출현의 반복 과정으로 읽어야 하는 것일까? 우리는 앞으로 더욱 많은 마오의 유령들을 보게 되지는 않을까? 쾅 신녠은 관료·지식인과 노동자·농민이라는 서로 다른 중국으로 분열된 현상이 마오에 대한 서로 다른 두가지 이미지로 나타난다고 말한다(쾅 신녠 2000: 277). 그렇다면 사회양극화가 진행될수록, 중국에서 사회주의를 단지 헌법 제1조의 규정과 몇가지 수사 속에 껍질만 남은 시체일 뿐이라고 생각하고 있을 권력을 쥔 자들도 마오의 유령은 포스트사회주의 시기에 대중들이 찾아내는 사회주의적 요소의 표상으로서 계속 출몰할 것이라는 점을 모르지 않을 것이다. 그리고 이로 인한 '대중에 대한 공포'는 집권자들을 끊임없이 가위눌리게 할지도 모른다.

1990년대 말 중국 내의 이른바 '신좌파' 논쟁에서 중국의 대표적인 신좌파 이론가인 왕 후이는 마오 쩌뚱 시대 중국의 역사적 경험을 '반근대성의 근대성'으로 규정한 바 있다. 이 경험은 자본주의적 근대를 거부한다는 점에서 반근대적이지만, 발전주의와 국가주의를 특징으로 하는 자본주의적 근대성의 핵심 특성을 공유한다는 점에서 근대적이기도 하다.

> 마오 쩌뚱의 사회주의는 한편에서 일종의 근대화 이데올로기이지만, 다른 한편에서는 유럽과 미국의 자본주의 근대화에 대한 비판이다. 그러나 이 비판은 근대화 자체에 대한 비판이 아니라, 정확히 반대로 혁명 이데올로기와 민족주의적 입장에 기초하여 생겨난, 근대화의 자본주의 형태 혹은 단계에 대한 비판이다. 이 때문에 가치관과 역사관의 측면에서 말하자면, 마오 쩌뚱의 사회주의 사상은 일종의 자본주의 근대성에 반대하는 근대성이론이다(왕 후이 2000).[3]

왕 후이의 말처럼 마오 쩌뚱 시대를 거쳐 그의 사후 떵 샤오핑과 장쩌민을 거쳐서 현재에 이르기까지 중국의 역사적 경험을 반근대성의 근대성의 자기모순으로 본다면, 이를 다른 방식으로 중국이 자본주의적 세계에서의 궤도이탈〔脫軌, delinking〕을 거친 후 다시 그 궤도로 진입하는 궤도진입〔接軌〕의 과정으로 볼 수도 있다. 그렇다면 궤도이탈 과정에서 제기된 질문들은 단지 궤도에 재진입했다고 해서 소멸되는 것은 아니다.

이 글은 마오 쩌뚱의 유령이 우리에게 어떻게 말을 거는지, 20세기 중국 사회주의의 역사적 경험은 우리에게 어떤 질문들을 던지고 있는지, 그 질문들이 무엇을 함의하고 있는지, 그리고 더 나아가 그 유령이 던지지 않은 질문들 중 무엇을 그 유령에게 던져야 하는지를 살펴보려고 한

---

3) 汪暉「當代中國的思想狀況與現代性問題」, 『死火重溫』, 人民文學出版社 2000, 50면(국역 『새로운 아시아를 상상한다』, 창비 2003에 수록).

다. 이는 유령이 더이상 배회하지 않게 하기 위해서, 그리고 죽었지만 죽지 않은 유령의 질문을 살아 있는 사람들의 질문으로 바꾸기 위해서이다.

그런데 이 질문들이 단지 중국에 한정되는 것이 아니라 중국과 떨어져 있고 다른 역사적 경험을 해온 우리에게도 계속 제기되어왔으며 지금도 제기되고 있는 질문임을 강조해둘 필요가 있다. 중국은 우리에게 반면교사이기도 하고 경험과 이론의 우회로이기도 했다. 중국의 역사적 경험을 되돌아보고, 마오 쩌뚱의 유령과 말걸기를 시도하는 이유는 우리가 지금 처해 있는 신자유주의 세계화의 모순들을 어떻게 돌파해갈 것인가를 고민해야 하기 때문이며, 이를 위해 중국의 경험이 우리에게 적지않은 생각거리를 제공해주기 때문이다.

이런 관심에서 먼저 중국 사회주의의 역사적 경험이 한국사회의 논쟁 속에 어떻게 스며들었는지를 살펴보도록 하자.

2. 한국사회 논쟁과 중국 사회주의의 역사적 경험

한국사회에서 중국 사회주의의 역사적 경험에 대한 대중적 관심을 불러일으킨 계기를 꼽으라면 리영희(李泳禧) 선생의 작업을 들 수 있다(리영희 1974, 1977, 1980). 중국에 대한 관심은 강압적 반공체제에서 북한 사회주의에 대한 관심을 표명조차 할 수 없던 상황이 가져온 사회주의에 대한 관심의 우회로이자 세계에 대한 비판적 이해의 통로였으며, 사회주의 사회 내부의 논쟁과 모순에 대한 관심의 발로이기도 했다. 리영희 선생의 작업은 주로 문화혁명의 다양한 시도들에 대한 저널리즘적 소개와 분석에 촛점을 맞추었고, 특히 도덕적 관점에서 문화혁명을 통해 나타난 새로운 인간형의 소개가 주요 내용 중 하나였다.[4] 물론 새로운 인간형

문제에 촛점을 맞추었더라도 동시에 그것을 둘러싼 제도적·실천적 조건의 전화라는 맥락에 대한 관심도 중요했다는 점을 무시할 수는 없다. 그러나 이런 소개는 당시의 중국의 변화를 좀더 긴 역사적 시야 속에서 분석한 것은 아니었고, 또 중국 사회주의의 등장과 전환의 동학을 그 내적 모순과 20세기 세계의 관계 속에서 분석적으로 접근한 것은 아니었다. 그 때문에 문혁이 왜 실패와 비극으로 귀결되었는지, 그럼에도 그 속에 남아 있는 중요한 함의는 무엇인지를 분명히 하지 못한 채 과제를 이후 세대에게 넘겼다.

중국 사회주의의 역사적 경험이 학술적 공간을 벗어나 실천적 맥락에서 좀더 본격적으로 한국사회의 논쟁에 끼어든 계기는 1980년대 중반 이후의 한국사회 성격 논쟁이다. 중국혁명에 대한 여러 문헌 및 자료들과 중국혁명에서 제기된 논쟁들, 그리고 코민테른의 논쟁들이 소개되었고, 이런 배경에서 중국혁명의 경험은 한국사회 성격 논쟁에 중요한 전거 중 하나로 등장하였다. 중국의 역사적 경험의 함의를 확장하는 과정에서 관련된 쟁점은 두가지였는데, 하나는 자본주의를 어떻게 이해하는가, 또하나는 변혁론의 쟁점으로서 사회주의 혁명을 어떻게 이해하는가였다. 중국사회 성격 논쟁과 혁명 경험에 대한 해석은 이 두 쟁점에서 논점이 분기하는 중요한 계기였다.

당시 중요한 논쟁의 출발점은 식민지반봉건사회론을 어떤 방식으로 이해할 것인가였다. 이는 민족해방(NL)과 민중민주(PD)라는 현실 운동 노선의 분기를 반영하는 이론적 분기점이기도 했고, 이러한 이론적 분기점은 다시 현실에서 운동 노선의 분기를 더욱 촉진시켰다. 중국혁명에

---

4) 리영희·백영서(2003)도 참고할 것. 리영희 선생의 중국 소개는 베트남전쟁에 대한 비판과 결합되어 더욱 강렬한 충격을 주었고, 이 때문에 리영희 선생의 책들은 1970년대와 80년대 대표적인 금서로 판매금지 조치되었다.

대해 스딸린과 코민테른이 제시한 입장은 식민지반봉건사회론을 사회구성체적 규정으로 이해한 것으로, 즉 식민지반봉건사회는 부르주아민주주의혁명이 필요한 봉건사회라는 것이었다. 한국의 경우에도 이와 동일한 견해가 등장한 바 있었는데, 한국사회 성격 논쟁에서 중요한 출발점이 된 박현채(朴玄埰) 선생은 이에 반해 중국의 논의, 특히 마오의 노선을 하나의 전거로 삼아 식민지반봉건사회를 사회구성체가 아니라 주요모순 차원으로 정리했다(박현채 1985). 이는 자본주의 단계론과 발전 유형(또는 사회성격)의 구분이라는 박현채 선생의 논리에 의해 지지되었는데, 중국의 경험을 통해 보자면 (반)식민지에서 자본주의는 자본주의 고유의 발전단계를 거치지만 그 특성으로서 식민지반봉건적 특징을 지니며, 이로부터 (반)주변부 자본주의의 고유모순은 선발자본주의나 후발선진자본주의와는 다를 수밖에 없다는 결론에 이른다. 박현채 선생은 이런 단계론과 유형론의 구분에 입각해 한국사회의 성격을 신식민지국가독점자본주의로 규정한다(박현채 1989). 이러한 박현채 선생의 해석을 수용하는 윤소영(尹邵榮) 교수 또한 라틴아메리카와 소련의 종속적국가독점자본주의론과 더불어 1940년대 마오 쩌둥/천 뽀따(陳伯達)의 관료자본주의론에 전거해 자본주의 사회구성체의 특수성으로서의 식민지반봉건사회론을 제기하면서, 현단계 한국자본주의를 신식민지국가독점자본주의로 정식화한 바 있다(윤소영 1988).

마오 쩌둥/천 뽀따의 관료자본주의론은 코민테른의 스딸린 대 뜨로쯔끼 논쟁과 동일한 맥락에서 전개된 중국사회 성격 논쟁에서의 봉건파대 자본파의 대립을 넘어서는 제3의 입장으로 이해될 수 있다. 관료자본론은 1930년대 후반 '신민주주의혁명론'을 통해 전략적 입장을 밝힌 마오의 이론적 전환에서 중요한 계기였는데, 이 이론적 입장의 전환에 『중국 사대가족(中國四大家族)』을 저술한 마오의 정치·이데올로기 비서인

20세기 중국의 역사적 경험과 한국사회 355

천 뽀따(陳伯達)가 기여한 듯하다. 전환된 마오의 입장을 요약해 보여주는 1947년의 「현정세와 우리의 과업」의 핵심 구절을 뽑아보면 다음과 같다.

장·송·공·진 4대 가족은 그들이 정권을 잡고 있는 20년 동안에 100억 내지 200억달러에 달하는 거대한 재산을 모았으며 전국의 경제중심을 독점했다. 이 독점자본은 국가정권과 결합하여 국가독점자본주의가 되었다. 이 독점자본주의는 외국 제국주의, 자국의 지주계급 및 구식 부농과 밀접히 결합해 매판적·봉건적 국가독점자본주의가 되었다. 이것이 바로 장개석 반동정권의 경제적 토대이다. 이 국가독점자본주의는 노동자와 농민을 억압할 뿐 아니라, 도시 소자산계급을 억압하고 중자산계급을 침해하고 있다.[5]

중국에서 자본주의는 발전단계상 국가독점자본주의로, 그 유형(또는 성격)상 매판적·봉건적 성격의 식민지종속형 자본주의로 규정되고 있다. 이런 이론적 규정 아래 제국주의적 세계구조에서의 궤도이탈과 자립적 '민족경제'의 수립이 신민주주의혁명으로 규정되었고, 그 핵심적 3대 강령으로 봉건적 토지의 몰수와 농민소유로 전환, 독점자본을 몰수하여 신민주주의 국가 소유로 전환, 그리고 셋째 민족상공업의 보호(민족자본의 육성)가 제시되었다(백승욱 1990).

국가독점자본주의라는 규정과 매판적·봉건적 성질이라는 매우 이질적으로 보이는 두 규정을 결합한 이러한 관료자본주의론이 갖는 함의는 매우 도전적이었다. 그 이전의 자본주의 이해에 대한 마오의 문제제기는 자본주의에 선진국형과 식민지종속국형의 두가지 길이 있으며 후자는 결코 전자의 길을 밟지도 않으며 전자의 과정으로 수렴되지도 않는 전혀

---

5) 毛澤東 「현정세와 우리의 과업」, 『모택동 선집 II』, 전진.(번역 일부 수정)

상이한 길을 걷는다는 것, 그리고 이런 변화가 나타나는 이유는 19세기 세계자본주의의 제국주의적 전환 때문이라는 것이다. 이 때문에 그가 주요모순이라는 표현으로 이야기하려 했듯이 식민지종속국형 자본주의의 구조와 계급간 세력관계, 그리고 정세는 선진자본주의국가와는 전혀 상이한 형태로 나타나게 된다. 앞서 박현채 선생이 자본주의 발전단계와 구분되는 자본주의 유형을 선발선진형, 후발선진형, 후발후진형의 세가지로 나눈 것도 바로 이런 맥락에서였다(박현채 1989).

이러한 진화주의를 거부하는 자본주의관은 종속이론(이른바 "저발전의 발전")이나(프랑크 1984) 세계체계 분석에서 체계화된 바 있는데(월러스틴 1999), 달리 말하자면 중심부와 주변부 사이에는 전혀 이질적인 두가지 근대가 존재하지만 그것은 또한 분명히 동시대적이라는 것이다. 이렇게 해서 자본주의 세계체계의 공간적 분할(중심부와 주변부의 분할)은 계급적 분할과 절합되며, 자본주의 발전과 종속이라는 문제설정이 하나의 틀 속에 자리잡을 수 있게 된다.

흥미로운 점은 1990년대 후반 중국에서 벌어진 신자유주의 논쟁에서도 건전한 자본주의의 재출발을 주장하는 친 후이와 현시기 자본주의는 반동적 신자유주의일 수밖에 없음을 주장하는 왕 후이나 한 위하이 사이에 비슷한 논점이 다시 등장했다는 점이다.[6]

매판적·봉건적 국가독점자본주의라는 중국사회 성격 규정은 자본주의에 대한 논의를 넘어서 사회주의혁명에 대한 논의의 변화를 가져온다. 신민주주의혁명은 그 자체가 사회주의가 아닌, 그렇지만 사회주의로 나아가는 성장전화과정으로 규정되며, 신민주주의혁명의 목표는 반제·반봉건·반관료자본(즉 반독점)으로 요약된다(백승욱 1990). 여기서 사회주의 자체와 구분되는 사회주의로의 이행기, 달리 말하면 민중민주주의 변

---

6) 본서 7장.

혁 과정이 문제로 제기된다.

마오 쩌둥이 주도한 중국의 혁명은 '신민주주의혁명'이었다. 이는 그 자체로 자본주의도 사회주의도 아니라는 성격을 갖는 것이고, 1917년 「4월테제」에서 신경제정책(NEP)에 이르는 레닌의 정정된 사회주의관이나 동유럽의 인민민주주의혁명과도 공유하는 부분이 있었다. 앞에서 언급했듯이 신민주주의론의 전제가 되는 중국사회 성격 규정은 '매판적·봉건적 국가독점자본주의'였다. 이로부터 신민주주의혁명은 인민민주주의 권력하에서 자본주의의 발전이 제한적으로 허용되지만, 관료자본을 몰수한 지배적인 사회주의적 부문이 존재하는 장기간의 이행기로 상정된다. 이러한 신민주주의 이행기의 핵심 목표는 자립적 민족경제의 수립이었는데, 토지개혁을 제외하면 나머지 두가지 핵심축은 국가자본주의(와 경제계획) 및 민족자본가의 지원이었다. 그런데 이와 관련해 박현채 선생은 흥미로운 문제를 제기하는데, '민족자본'은 그 소유주체가 아닌 작동방식에 의해 구분된다는 것이다. 따라서 그의 논지에 따르면 중국의 경우 국가자본주의와 민족자본가의 지원 모두 '민족자본' 하나로 통합 가능한 문제였다(박현채 1989).

이와 관련해 박현채 선생의 논지를 좀더 살펴보면, 박현채 선생은 중국에 전거해 식민지 종속형 자본주의론을 수용했듯이, 변혁론에서도 신민주주의혁명론의 논리를 수용했다. 이런 점에서 박현채 선생이 그의 논의의 핵심인 '민족경제론'을 국민경제가 아닌 이행기경제론으로 이해하려 했다는 점에 주목할 필요가 있을 것이다(박현채 1989: 본문 인용은 이 책의 면수를 밝힌 것임). 그의 민족경제론의 제 범주의 하나로 제시되었지만 덜 주목받는 것이 '국가자본주의와 경제계획론'이다(48, 53면). 박현채 선생은 민족자본론을 이야기하는 동시에 국가자본주의론을 이야기하고 있고, '민족자본'의 주요 측면을 소유주체의 문제가 아니라 작동방식의 문제로 제기하고 있다. 이는 사실 중국의 신민주주의혁명론에서 제기된 틀이기도 한데, 본인 자신이 중국의 혁명(351, 395면)이나, 동유럽의 인민민주주의혁명(395면)을 중요한 준거로 삼고 있다는 점에서 민족경제론을 이행기경제로 볼 수 있는 논거는 충분하다고 할 수 있다. 나아가 박현채 선생은 한국사회의 민주화 과제와 관련한 부분에서는 당면과제를 반제·반독점 민주주의변혁(405면)으로 주장하고 있는데(NLPDR), 이상의 논지를 종합하면 박현채 선생의 민족경제론은 자본주의적인 동시에 자본주의를 제한하는[7] 이행기적 과정을 의미한다고 볼 수 있다.[8] 사회주의 자체와 구분되는 이러한 이행기론은 그다음으로 사회주의와 관련해 국유화와 구분되는 사회화론이라는 쟁점을 제기하며, 이를 위한 전화된 정치의 조건이라는 문제를 동시에 제기하는데(서울사회과학연구소 1991), 이에 대해서는 문혁에 대한 논의 속에서 다시 이야기할 것이다.

이처럼 1980년대 한국사회 성격 논쟁에서 중국의 경험은, 진화주의적 자본주의관과 변혁론을 비판하면서 자본주의 발전과 종속이라는 문제설정을 결합하고 사회주의론에 대한 비판적 이해를 도모하는 우회적 전거로 중요한 역할을 한 바 있다. 물론 1990년대 이후 금융세계화와 '현실 사회주의권'의 몰락이라는 형태로 나타나는 세계체계적 변화는 이런 논지가 포착하지 못하는 한계를 드러내게 하였고, 새로운 이론적 전화의 필요성을 부각시켰다. 여기서 제기되는 쟁점을 우리는 다시 20세기 후반 중국의 역사적 경험 속에서 제기할 수 있을 것이다.[9]

여기서 잠깐 중국의 경험과 한국의 관계와 관련해 한가지 특이한 점

---

7) 신민주주의혁명기 중국에서 마오가 쑨 원(孫文)의 용어를 빌어 '절제자본'(節制資本)이라고 표현한 것과 같은 맥락이다.

8) 이런 입장은 1988~90년 『현실과과학』을 통해 다양한 형태로 전개된 바 있다.

9) 이와 관련하여 관심의 시공간을 확장할 필요성을 주장한 것으로는 백승욱(2006)과 백승욱(2007d)을 참고할 것.

을 언급해둘 필요가 있다. 중국혁명의 승리와 특히 1960년대 중국에서 문화혁명이 발생한 후 마오주의는 다양한 형태로 세계 각 지역에 많은 영향을 미쳤다. 이는 이론과 사회운동 모두에서 관찰되는데, 이와 관련해 한국의 특이성이란 1980년대 중반 이후 맑스주의의 다양한 조류를 반영하는 정치운동 가운데 스딸린주의나 뜨로쯔끼주의적 운동은 있어도 마오주의적 운동은 전혀 존재하지 않았다는 점이다.[10] 일본이나 동남아시아의 사회운동의 역사를 보더라도 이는 이례적이라 할 수 있는데, 문혁의 종료와 1980년대라는 시간적 차이라는 점을 고려하더라도 이를 설명하기 위해서는 다른 요소가 필요할 것 같다. 이 특이성은 마오주의와 주체사상의 관련 속에서 해석될 수 있을 것으로 보인다. 중국 바깥에 다양한 영향을 끼친 마오주의는 이중적 측면을 지녔는데, 첫째 인간중심주의라는 주의주의(voluntarism)적 측면으로, 이는 여러가지 극단주의적 판본으로 나타난 바 있다. 둘째는 문혁의 한 측면에 대한 해석에 연유하는 것으로, 대중의 정치와 노동자 통제의 사상이라 할 수 있다. 그런데 한국에서 마오주의의 인간중심주의, 주의주의적 측면은 주체사상과 대체관계에 있었는데, 주체사상을 마오의 주의주의적 요소의 극단적 발전으로 이해할 수 있기 때문이다. 이처럼 부분적으로 마오주의와 주체사상이 대체관계에 있다는 사실 때문에 주체사상에 대한 반대는 역으로 주체사상의 전사로서 마오주의에 대한 거부로 이어졌던 것으로 보인다. 이처럼 마오주의를 주체사상의 전사로 간주함에 따라 마오주의의 다른 측면에 대한 이해는 억압되었는데, 그것은 마오주의의 대중정치와 노동자 통제라 할 수 있다. 이는 또한 당에 대한 논의의 역사에서 중국의 경험이

---

10) 문학운동에서 민족문학론에 대한 비판의 맥락 속에서 마오 쩌뚱의 연안문예강화가 소개되고 이의 영향을 받은 문학운동이 전개되긴 했지만, 이 또한 이후 NL과 PD의 대립 속에서 별도의 큰 힘을 갖지는 못했다.

당을 통일체가 아니라 사회적 대립이 그 내부를 관통하는 모순적 조직으로 보는 비판 요소로 작용해왔음을 볼 때, 한국사회에서의 당 논의에서도 주체사상과 그에 대한 반정립 양자 모두 당의 무오류성이라는 스딸린주의의 핵심 문제점을 온존시키는 결과를 낳게 되었다.

3. 궤도이탈이라는 숨겨진 문제

1949년 중화인민공화국 건국 직후 신민주주의론의 기본 골간은 유지되고 있었다. 신민주주의 시기는 장기이행과정으로 생각되었고, 러시아혁명의 경험, 특히 전시공산주의 이후 레닌이 제창한 NEP이론의 중국식 수용이 1940년대 중반부터 이 시기까지의 특징이라고 할 수 있다. 그러나 러시아에서 레닌이 다른 이론가들과 달리 NEP의 시기를 '새로운 계급투쟁의 시기'로 규정한 것과 마찬가지로 마오 또한 신민주주의를 '새로운 계급투쟁의 시기'로 규정했고, 이후 1차 5개년 계획 시기에 '과도기 총노선'으로 귀결된다. 그런데 이 과정에서 '궤도이탈'의 이중성이 강하게 작용했던 사실을 무시할 수 없다.

반제·반봉건·반독점(반관료자본)으로서의 신민주주의혁명은 두가지 궤도이탈의 과정을 겪는데, 이것은 예상하지 못했거나 어느정도 예상했더라도 그 효과를 충분히 예측하고 분석하지 못한 것들이었다. 하나는 세계경제로부터 분리되어 자립적인, 그러나 때로는 자력갱생적인 '포위경제'로 이탈한 것이고, 다른 하나는 체제로서의 자본주의에서 이탈하여 사회주의로 이행한 것이다. 러시아혁명의 경험이나 중국혁명의 경험에서 보듯이, 이 이중적 궤도이탈은 반드시 급격히 발생하리라고 예측된 것은 아니며, 때로는 점진적이고 평화적인 과정을 거칠 것으로 생각되었다. 그러나 세계정세, 특히 냉전 촉발은 중국에서 세계경제에서 궤도이탈을 급격하게 가속화했고, 이는 다시 체제로서의 자본주의에서의 궤도이탈과 세계경제에서의 궤도이탈을 연이어 가속화하는 순환작용을 일으키게 된다. 이러한 궤도이탈 때문에 격리된 사회주의의 길이 추동되고, 이런 조건에서 자력갱생적인 동시에 따라잡기를 추진하는 왜곡된 구조가 고착화한다.

제1차 5개년 계획기의 '과도기의 총노선'과 이어지는 대약진시기의 '사회주의 건설의 총노선'은 이런 이중의 궤도이탈 속에 촉진된, 강요된 '자립경제'에서 나타난 왜곡현상의 일정한 표현이었다. '생산력 중심론'과 '생산관계 중심론'은 이런 조건에서 표출된 모순의 이중적 표현일 따름이었다.

강요된 자립경제는 불가피하게 자본주의적 근대화과정에서도 나타나는 특징들을 더욱 집약적이고 모순된 형태로 분출시켰다. 첫째는 부문 간 불균등발전의 문제이다. 가용한 자원이 제한된 상태에서 빠른 공업화라는 목표 달성을 위해 중화학공업과 경공업, 도시와 농촌 사이에는 자원배분 및 잉여이전의 비대칭관계가 형성되었다. 궤도이탈에 힘입어 토지개혁이나 국가자본주의를 통해 식민지 종속형 구도를 다소 벗어날 수 있었지만, 동시에 중화학공업 중심의 발전은 자본의 유기적 구성도를 높이고 신규고용의 기회를 제한적으로만 증대시킴으로써 도시와 농촌의 연계 발전에서 난점을 낳게 되었다. 둘째로 도시와 농촌의 격차는 호구이전 자유의 제한을 통한 인구관리를 통해 고착화됐다. 셋째로 중화학공업 우선과 도시와 농촌의 분리는 지식노동과 육체노동의 분리가 재생산되는 구조를 바꾸지 못하고 강화했으며, 이런 구조는 당이 국가권력화하면서 강화되는 국가주의와 맞물려 오히려 공고화했다.

대약진운동 시기에 제기된 인민공사운동은 '생산관계 우위론' 또는 주지주의적 입장에서 이런 모순에 대한 대응이기는 하였지만, 이런 문제 전체에 대한 전면적 문제제기는 아니었다. 이는 발전주의와 국가주의를 내장한 근대성의 목표를 수정하지 않고 그대로 수용한 상태에서의 노선 진행이었을 뿐이었다. "15년 내에 영국을 따라잡는다"는 목표가 보여주 듯이, 신민주주의혁명 시기부터 계승된 발전주의적 민족주의가 이를 지 탱하는 동력이기는 했으나, 발전주의적 조급증은 강철 생산 목표의 급속 한 팽창 달성에서 나타나듯이 근본적으로 폐기되지 못했고, 불균등한 발 전구조의 지탱 불가능한 상황으로 귀결되었다.

앞서 신민주주의혁명론에 대해 논의하면서 마오가 제기한 자본주의 론의 혁신, 달리 말하자면 세계체계적 계기 속에서의 자본주의 이해의 첫번째 계기는 선진국형과 식민지 종속형 자본주의의 통약 불가능한 차 별성의 주장임을 살펴본 바 있다. 신민주주의 건설 과정에서 우리는 마 오가 부딪힌, 그러나 그 문제를 올바로 정식화해내지 못한 세계체계적 계기의 두번째 문제를 발견하게 되는데, 그것은 위에서 살펴본 궤도이탈 이다. 이는 자본주의 세계체계의 규정성이 '일국사회주의'에 어떤 영향 을 미치는가 하는 질문이다. 일국당 또는 민족당을 중심으로 한 국가권 력 장악을 통한 혁명이라는, 마오와 중국혁명이 떨치지 못한 일국사회주 의적 규정성은 삼중의 세계체계적 규정성에 대한 맹목을 낳을 수밖에 없 게 된다.[11] 문제를 정식화하지 못한다는 것은 문제를 제기하고 해결할 돌파구를 찾을 수 없다는 뜻이기도 하다. 삼중의 규정성이란 세계체계의 정치적 상부구조로서 국가간체계의 규정성, 중심과 주변으로 분할된 분 업구조에 의해 강제되는 자본주의 생산양식의 규정성, 중심과 주변 사이 에 상이한 형태로 나타나는 상이한 노동력 포섭 형태와 근대정치체제의

---

11) 이런 규정성과 그에 대한 맹목점은 한국사회 성격 논쟁의 경우도 예외가 아닌데, 이에 대해 서는 윤소영(1993)을 보라.

규정성을 말한다.

국가간체계와 관련해서는 중심과 주변이라는 공간적 분할 속에 독점을 향한 초민족적 자본의 경쟁과 그에 대한 여타 자본의 종속, 국가를 매개로 하는 자본의 팽창, 독점을 향한 경쟁 속에서 촉발되는 체계의 와해와 세계전쟁의 가능성, 민족국가 틀 속에서의 민족적 동일성의 강화라는 문제가 제기되며,[12] 국제주의와 평화주의라는 쟁점 또한 제기된다. 국가간체계 속에서의 존립을 위해 당의 국가권력화를 통해 국가의 억압적 성격은 강화되며, 대중의 각종 요구는 국가 존립이라는 논리에 종속된다. 중국의 '궤도이탈'은 실제 국가간체계에서의 이탈일 수 없었으며, 국가간체계 속의 개별 민족국가 존립의 논리는 알게 모르게 강력한 힘을 미쳤다. 이는 혁명적 사회주의의 논리가 점차 국가중심적 자유주의의 논리에 포섭되어가는 과정이기도 했다.

이 문제를 생산양식의 규정성과의 관련 속에서 좀더 논의해볼 수 있다. 일국적 사회주의는 상대적으로 궤도이탈을 했지만 동시에 이탈 불가능한 동궤(同軌) 속에 남아 있게 된다. 그리고 세계경제의 지배적 산업구조를 추격하는 노력을 반복하는데, 이것이 상대적 궤도이탈 속에서 진행됨에 따라 세계경제 차원의 중심부와 주변부 사이의 국제적 분업에 포섭되는 것이 아니라, 지배적 산업부문을 형성하기 위한 기반 구조를 일국적 구조 내에 형성하는 형태로 진행된다. 이에 따라 생산재 생산부문이 소비재부문보다 항시 우위에 서게 되며, 이른바 '비교우위'를 갖는 부문이 특화되지 않는 자력갱생적 특징을 지니게 된다. 여기서 축적을 위한 자본 형성이라는 문제를 해결하기 위해 국내적으로 세계체계의 중심/주변 구조를 모방한 중심적 산업 분야와 주변적 산업 분야라는 위계적 구

---

12) 이와 관련해서는 Arrighi(1994)를 참고할 것.

조와 잉여의 이전 메커니즘이 형성된다. 특히 국가간체계의 20세기적 특성을 반영해 군사부문의 상대적 과잉발전은 모순구조를 더욱 악화시킨다.

노동의 포섭과 근대정치체제와 관련된 문제는 이상의 모순을 더욱 심화시킨다. 사회주의 이행기, 중국에서의 신민주주의 시기의 핵심쟁점 중 하나는 국유화와 구분되는 사회화, 특히 실질적 사회화라는 문제이다. 실질적 사회화는 자본주의에서의 직접 생산자와 생산수단의 결합방식을 전환하고, 사적소유와 구분되는 개인적소유 형성의 계기를 마련하는 문제로 제기된다.[13] 사적소유와 구분되는 개인적소유는 이중적 의미를 지닌다. 이는 물(생산수단)에 대한 집단적 점유를 전제하고 그 위에서 물에 대한 개인적 소유(즉 기계에 대한 인간의 종속이 아니라 인간에 대한 기계의 종속)와 노동력의 자기소유(노동에 대한 권리로서의 자기자신에 대한 소유)이다. 그러나 민족국가 단위의 발전주의를 내장한 일국 사회주의는 앞서 언급한 특수한 생산형태와 그로부터 발생하는 '효율성' 이데올로기 때문에 실질적 사회화라는 쟁점을 억압하게 된다. 대신 개인주체들은 이러한 생산체제에 기여하는 대가에 따라 상이한 보상을 받는 차별화한 코포라티즘체제에 포섭된다. 이러한 코포라티즘체제는 실질적 사회화라는 문제 대신 차별화한 보상의 틀을 제기하며, 이에 따라 남성과 여성, 도시와 농촌, 간부와 노동자, 그리고 종족별 차등이라는 위계화된 구조를 만들어낸다.

그렇지만 이런 위계화된 코포라티즘은 위기를 낳게 되는데, 한편에서는 이런 위계 자체의 정당성이 문제시되며, 다른 한편에서는 더 월등한 코포라티즘, 즉 헤게모니 국가의 소비주의적 노동포섭과의 이데올로기

---

13) 이와 관련해서는 서울사회과학연구소(1991)를 보라.

경쟁에서 (더구나 그 자유주의적 전제들을 공유하는 이상) 궁극적으로 패배하게 된다.

4. 문화혁명이라는 이단

문화혁명은 이런 강제된 자립경제하의 모순들, '생산력 우위론'과 '생산관계 우위론'의 부당한 대립구조 속에서 형성된 모순들이 폭력적으로 해결(해결이라기보다 더 정확히는 문제제기)되는 과정이었다. 문화혁명은 마오 시대에 만들어진 발전주의적 구조와 국가주의적 구조를 마오적 방식으로 파괴하는 과정이었다.[14)]

자본주의 세계체계 아래에서 '민족경제의 길'이 부딪힌 발전주의와 국가주의라는 난점은 강요된 자립경제하의 사회주의적 '민족경제'의 형성 과정에서 좀더 두드러진 형태로 부각되었다. 이는 매판적·봉건적 국가독점자본주의론에 입각한 신민주주의혁명론이든 아니면 궤도이탈을 거치지 않은 후발자본주의 이론이든 간에 그 출발점에서 충분히 예상하지 못한 한계들이었다. 발전주의 이데올로기는 '따라잡기'(catching-up)라는 구호로 집약되어 나타나는데, 궤도이탈을 거친 반주변부 사회주의 국가인 중국도 다른 반주변부 국가와 그다지 다르지 않은 형태로 이 문제를 내장하고 있었다. 세계체계 내에서 민족국가를 단위로 계서제(階序制)의 층위를 상승시키려 하는 민족주의적 동일성은 이런 발전주의를 강하게 지탱하였다. 자원이 제약된 조건에서 따라잡기는 불가피하게 자원

---

14) 왕 후이(2000), Maurice Meisner, Mao's China and After, Free Press, 1999(국역 마이스너 [2005], 발리바르[1991]), 백승욱(2007a, 2007b). 좀더 마오주의적 관점의 해석으로는 Bettelheim(1974), Andors(1977)를 참고할 수 있다.

의 불균등 배분, 지역별 차이, 노동의 분할을 낳았다. 이를 주기적인 정치캠페인으로 완화하더라도 근본적 추세 자체에는 변화가 없기 때문에 계속 새로운 문제를 분출시키게 된다. 국가주의는 이런 발전주의를 효과적으로 달성하기 위해 소수 엘리뜨 중심의 사회·정치 구조가 형성되면서 발생하는데, 하방을 통한 집중적 계획경제의 부분적 완화도 분리된 구조들 속에서 재생산되는 지식노동과 육체노동의 분할을 통한 국가주의의 강화 경향을 제어하지 못했다. 사회화로 전화하지 못한 국유화는 엘리뜨 중심적 계획경제 속에서 관료적 형태로 고착화했다.

문화혁명은 '대중적 주도성'(mass initiative)을 부여하여 새로운 정치적 실천을 통해 이 문제를 '정치우위'의 방식으로 해결하려 했으나, 이 문제의 핵심에 있던 '당'이 표적으로 부각되는 순간 운동이 중단되어 지식인 공격으로 변형되었고, 문제제기는 국가주의에 대한 공격에서 발전주의에 대한 공격으로 확장되지 못했다.

문화혁명은 여전히 해결되지 않은 몇가지 문제를 계속 제기하고 있는데, 이를 통해 마오 쩌뚱의 유령은 계속 등장한다. 그중 마오가 제기했다고 할 수 있는 사회주의와 관련된 핵심적 질문은 세가지이다.[15]

첫째, 사회주의의 가역성 문제이다. 이는 마오의 이른바 '대과도기론'과 스딸린의 '소과도기론'의 대립으로 나타났는데, 사회주의가 다시 자본주의로 복귀할 수 있는가에 관한 문제이다. 스딸린을 중심으로 소련에서 제기한 소과도기론에 따르면 사회주의에서 가역성의 가능성은 없다. 스딸린은 이를 '사회주의적 생산양식론'으로 정식화한 바 있는데, 독자적 생산양식으로서의 사회주의는 자본주의보다 선진적 생산양식이므로, 자본주의가 봉건제로 복귀할 수 없듯이 사회주의는 자본주의로 복귀

---

15) 백승욱(2002d: 77~78). 소련 사회주의에 대해 이와 유사한 질문을 제기한 것으로 Bettelheim(1976~78)을 참고할 것.

할 수 없다. 여기서 사회주의적 생산양식의 기초는 생산관계 측면에서 국가소유와 생산력 측면에서 과학기술혁명이 될 것이다. 다만 이런 사회주의적 생산양식론에서 사회주의에 대한 위협 요소가 완전히 사라지는 것은 아닌데, 그것은 주로 '외부의 위협'에 의한 것으로 간주되었다. 이에 반해 마오는 사회주의를 자본주의에서 공산주의로 이행하는 장기간의 과도적 시기로 간주하였고, 이런 이행기의 특성상 사회주의는 늘 자본주의로 복귀할 위험성을 내재한다고 보았다.

둘째 질문은 첫째 질문과 곧바로 연관되는 것으로, '이런 가역성이 존재하는 근거가 무엇인가'이다. 마오는 자본주의 복귀의 가능성의 근거를 '외부의 위협'이 아니라 내적인 본질에서 찾았는데, 여기서 문제의 관건은 '소유제'가 아니다. 소유제는 단지 법적인 근거일 뿐이기 때문이다. 그렇다면 문제는 국가부르주아지로 부를 수 있는 '자본주의의 길을 걷는 세력'(走資派)이 국가권력을 장악했기 때문인가, 지배적 이데올로기의 전화의 실패인가, 생산력인가 등등의 질문이 제기될 수 있다. 여기서 마오는 분명한 대답을 내리지 않았고, 문화혁명기의 논쟁도 여기에 다중적 답변을 주고 있을 뿐이다. 때로는 일정한 정치적 분파의 문제로, 때로는 '사상'(이데올로기라기보다는 구습에 가까운 것)의 문제로, 때로는 조직의 문제로 제기되기도 했지만, 문제로 던져졌을 뿐 합의된 결론이 내려진 것은 아니다. 다만 마오 입장에서는 생산력의 낙후를 근거로 삼는 것은 문제의 본질을 호도하고, 사실상 문제를 영원히 이월하는 것일 뿐, 문제에 대한 대답이 아니라고 본다는 점이다.

셋째는 둘째 질문에 이어서 제기되는 것으로, 그렇다면 '이런 이행기의 가역성을 제어할 수 있는 방법은 무엇인가'이다. 여기서 사회주의 정치의 새로운 형태라는 문제가 제기되는데, 사회주의를 일련의 프로그램에 따라 선진적 엘리뜨들의 주도로 계획된 플랜을 실현해가는 과정으로 볼 것인가, 아니면 새로운 대중정치와 대중참여, 그리고 대중의 자기전화에 촛점을 둘 것인가 하는 대립이 나타나게 된다.

마오, 그리고 마오가 중심적으로 얽혀 있던 문화혁명은 문제를 제기했을 뿐 구체적으로 해답를 모색한 것은 아니고, 다만 질문과 시행착오와 실험이 복잡하게 착종된 역사적 과정만을 남겼을 뿐이다. 때로는 난점이 마오의 모호한 정치적 결정을 통해 드러나기도 했다.

여기에 덧붙여 우리는 마오를 유령으로 만든 더 중요한 질문들, 즉 마오가 던지지 못했지만 문화혁명과 그 후과 속에 내재해 있던 질문들을 제기해볼 수 있다. 이 질문들은 개혁개방기에 여전히 제기되는 질문이기도 하고, 중국 사회주의의 역사적 경험이 한국사회에 던지는, 보편성을 띤 질문이기도 하다.

첫째로, 중국혁명뿐 아니라 모든 '현존 사회주의'는 민족주의와 공산주의의 모순적 결합과 그 고리의 결렬로 나타난 바 있다.[16] 여기서 발생하는 맹점은 일국사회주의에 대한 세계체계적 규정성에 대한 맹목을 논의한 부분에서도 이미 언급한 바 있다. 이는 세계체계 내의 국가간 경쟁속에서 민족주의적 동일성으로 개인을 재생산하는 메커니즘에 대한 맹목성과 그 효과에 대한 무대응으로 나타나게 된다. 공산주의적 경향과 분리된 민족주의는 남아 있는 보편주의적 함의를 상실하고 점점 더 특수주의적이고 배타적인 이데올로기로 전환된다.

둘째로, 당 형태의 문제가 제기된다. 이는 문화혁명의 핵심을 관통한 문제이기도 한데, 국가권력화한 당에 대한 대중의 공격을 문화혁명을 지지한 마오가 제어할 수밖에 없었다는 딜레마로 표현된 바 있다. 민족당 형태의 국가권력화는 1968년 이후 세계사회운동이 줄곧 던진 문제이기

---

16) 이런 관점에서 중국 사회주의를 해석한 것으로는 마이스너(2005), 현실사회주의하에서의 이런 모순에 대한 분석은 발리바르(1992)를 보라.

도 한데(월러스틴 1994a, 1996, 2001), 조직과 이론의 중심으로서의 당이라는 문제, 당 형태가 노동의 적대를 넘어서는 다양한 사회적 적대와 모순을 그 조직적 형태 속에 포괄할 수 있는가 하는 문제가 제기되지 않을 수 없다.

당과 대중의 문제는 문혁에서 제기된 핵심 쟁점의 하나이다. 마오의 혁명론과 혁명을 주도해온 과정을 보면 신민주주의혁명론과 문화혁명 사이에 나타나는 변화된 쟁점을 하나 발견할 수 있는데, 바로 대중의 자율성과 당이라는 조직 형태의 관계에 대한 문제이다. 신민주주의혁명론은 앞서 살펴보았듯이 코민테른 시기 스딸린주의를 정정한 측면은 있으나, 연안 시기부터 마오의 주요한 노선으로 정착된 '대중노선'을 대중의 자율성과 관련해 어떻게 이해할 수 있는지에 대한 논의가 당의 우위, 당중심 테제 속에서 억압되어 있었다. '대중노선'은 대중에 기반해 당이 지도하는 노선이지 대중을 당 우위에 두는 노선은 아니었다. 문화혁명은 당 우위에 대한 대중의 우위라는 문제, 대중의 자율성과 대중정치라는 문제를 본격적으로 제기하였으며, 이는 사회주의하에서 국유화와 구분되는 실질적 사회화라는 문제설정과도 연결이 된다. 세계체계적 규정성 속에서 국가권력을 대표하는 '집권당'은 대중에서 분리되어 대중운동을 억압하게 되며, 대중은 그런 당의 해체를 추동할 수 있는데, 이때 당은 다시 대중운동을 억압하는 억압적 국가장치로 작동한다는 모순이 제기된다. 더 근본적으로 대중의 자생성과 대립되는 의식성과 진리성을 담보하는 것으로 표상된 당 자체가 대중과 마찬가지로 지배적 이데올로기에 포섭되어 있을 수밖에 없고 그 효과를 재생산한다고 할 때, 거기서 발생하는 '오류성'이 어떻게 정정되는가라는 쟁점이 제기된다.

이 문제는 1917년 레닌의 「4월 테제」와 「임박한 파국, 그것에 어떻게 대처할 것인가」 사이의 긴장이라는 맥락으로도 독해될 수 있다.[17] 유사하게 마오에게는 1927년의 「호남 농민운동 조사 보고」와 1930년대말 이후의 '신민주주의론' 사이의 긴장으로 반복된다. 특히 중국의 경험에서 주목되는 점은 중국혁명은 러시아혁명에 비해서 당이 대중적 기반에 더욱 강하게 뿌리를 내렸으며, 오랜 기간 내전이 지속되었고 내전 이후 국민당이 대만으로 패주했다는 사실 때문에라도, 당 외부에서 대중운동이 형성되어 발전하지 못했다. 러시아혁명기에 볼셰비끼는 소수파였고 쏘비에뜨 내에서 다수의 영향력을 발휘하지 못했다는 점 때문에 역설적으로 '모든 권력을 쏘비에뜨로'라는 구호가 제기될 수 있었던 반면, 중국에서는 1927년 마오의 글에서 제기된 '모든 권력을 농민회로'라는 사고에서 나타난 바 있던 당 외부에 있는 대중운동의 우위라는 사고는 이후 당에 의한 대중노선의 관철로 대체되었다. 이 때문에 중국에서는 '반당'이 곧 '반사회주의'로 받아들여져 왔는데, 그 구도에 균열이 발생한 것은 문화혁명 시기 빠리꼬뮨에 근거를 둔 '이단적 사고들'(또는 '인민문혁론'의 전통)이 등장한 이후였다.

그렇지만 이처럼 강한 대중적 기반이 있었음에도 문화혁명은 오히려 대중정치를 불가능하게 하고 그것을 당 내부의 정치로 치환시키는 모순을 낳음으로써 종료되었다는 점에 대해서는 발리바르(E. Balibar)의 다음과 같은 지적을 참고해볼 수 있다.

근본적으로 모든 것은 두개의 해석들 사이에 존재하는 사소한, 그렇지만 결정적인 차이에서 유래한다. 마오는 당이 맑스주의 이론의 "체질"에 의해 국가주의와 경제주의에 대해 **면역되어** 있는 것은 아니라고, 계급투쟁이 당내에서 두 "노선" 혹은 두 "길" 사이에서 수행되고 있다고 상정한다. 그러나 이러한

---

17) 이런 관점에서 사회주의 이행기론의 재검토로는 백승욱(2007d)을 보라.

변증법적 명제로부터 출발하지만 계급투쟁이 "집적되는" 곳 그리고 두개의 길의 문제가 해결되어야 하는 곳은 **바로 당 내부이다**(그리고 그것이어야만 한다)라는 관념으로의 점진적 변화가 먼저 목격된다. 그런데 역설적이지만 이 관념은 당의 일괴암적 통일성이라는 스딸린적 관념의 형식적 반대물로서 동일한 결과, 즉 정치적 독점이라는 당과 그 지도부의 생명보험으로 정확히 귀결된다. 당내의 분파들(혹은 지도부 내의 "파당들")이 하나의 정치노선 혹은 경제노선을 (그리고 부수적으로는 그들 자신의 헤게모니를) 부과하기 위하여 대중운동에서 귀결되는 대립들을 "계급투쟁"이라고 **명명하면서** 대중운동을 통제하고 활용하고자 시도하도록 만드는 조작의 실천으로의 두번째의 점진적 변화가 이어서 목격된다.(발리바르 1991: 159~60)

문화혁명이 제기한 대중의 우위라는 문제가 서구 맑스주의에 다양한 영향을 미쳤다는 점도 무시될 수 없다. 서구 맑스주의자들이 문화혁명과 마오에게서 현실 그대로의 문혁과 마오를 보았는지 아니면 그들이 보려했지만 정식화해낼 수 없는 쟁점을 문혁이라는 우회로를 거쳐 정식화했는지에 대해서는 논란의 여지가 있지만, 문화혁명은 서구 맑스주의 내에서 이데올로기의 문제 설정과 노동자 통제라는 사상을 수립하고 복원하는 데 중요한 계기가 되었다. 대표적인 예를 들자면, 알뛰쎄르의 '이데올로기적 국가장치'에 관한 문제제기나[18] 러시아혁명기에 나타난 쏘비에뜨 조직모델의 전통을 계승하여 이딸리아에서 노동자 통제나 노동자평의회 사상을 부활시킨 마니페스또(Manifesto) 그룹과 오뻬라이스모(operaismo) 등에서 그런 영향이 발견되며(윤소영 2003), 노동과정이라는 문제를 제기한 『노동과 독점자본』(*Labor and Monopoly Capital*)의 브레

---

18) 알뛰쎄르(1993a, 1993b, 1976), 발리바르(1993)와 「맑스주의에서 이데올로기의 동요」(발리바르 2007 수록)도 참고하라.

이버만(H. Braverman) 또한 이런 영향을 받았음을 부정할 수는 없다.

셋째로, 앞서 제기한 사적소유의 지양으로서 개인적소유의 문제가 제기된다. 문화혁명은 물(物)에 대한 개인적소유 문제를 부분적으로 제기한 바 있고, 이는 서구에서 노동과정론의 연구로 발전하기도 했다. 하지만 다른 한 부분인 노동력에 대한 개인적소유, 노동에 대한 권리와 차이에 대한 권리로서의 자기자신에 대한 소유의 문제는 제기되지 못했고 오히려 억압되었다. 이는 제한된 그리고 보장된 권리로서의 시민권이 아닌 보편적이고 무제한적인 권리로서의 시민성의 확대라는 쟁점일 것이다.[19]

이는 왜 문화혁명이 당에 대한 대중의 우위, 생산관계의 민주화로서의 사회화 문제, 대중적 민주주의의 문제 등을 제기했음에도 불구하고, 결국 구조의 전환보다는 구조를 개인으로 치환한 후 개인에 대한 폭력의 행사와 원한과 복수의 과정으로 퇴락하게 되었는지를 밝혀내야 하는 문제이기도 하다.

넷째는 문화혁명이 생산관계의 개조와 관련해서 제기한 '새로운 산업혁명'이라는 쟁점이다. 마오는 자본주의로의 세계적 이행과정에서와 마찬가지로 사회주의로의 이행의 경우에도 사회주의적 생산력은 자본주의의 틀 내에서 만들어지지 않는다는 점을 강조했고, 이러한 사회주의적 생산력의 탄생은 새로운 사회주의적 생산관계의 우위 상황에서 사후적으로만 가능한 것이라는 쟁점을 제기한 바 있다.[20] 이런 점에서 문화혁명이 1967년 들어 공장으로 확대되고 이에 수반해 진행된 공장관리제도의 변화와 '교육혁명'이라는 쟁점은 생산관계와 생산력의 문제를 기술적 관점이 아니라 사회적 관점과 계급관계라는 관점에서 분석하게 되는 중

---

19) 이에 대해서는 발리바르(2007)를 참고.
20) Mao(1977).

요한 계기가 되었다(장영석 2007b; 장윤미 2007).

바로 현대화와 관련하여 보자면 대기업에 있어서 문화혁명의 극단적 전진은 바로 노동자의 숙련 수준의 향상을 위한 집단적 실천을 중심으로 공장의 기능과 학교 혹은 대학의 기능을 부분적으로 융합시키는, 새로운 유형의 "산업혁명" 개념에 있었다. 생산수단이 인간노동을 추출하기 위한 수단으로서**뿐만 아니라** 또 집단적 지식을 실험하고 획득하기 위한 수단으로서 활용되어야 하는 한에서의, 자본주의적 생산관계들의 실제적 전화를 실험하기 위한 전적으로 독창적이고 오늘날에도 아직 의미있는 길이 이 개념 속에 있다. 나아가 차별적 사회범주들을 그들간의 적대를 축소하는 방식으로 노동의 장소에서 결합시킴으로써, 그들의 **사회적 기능들**을 전화시킴으로써, "육체노동과 지식노동의 분할"을 지양하는 길이 이 개념 속에 있다. 이렇게 함으로써 "새로운 인간"이라는 공사에서 벗어나 인간을 "자연적으로" 위계화한 차별적인 사회적 종(種)들로 분류하는 기본적인 생산관계들의 쇄신의 윤곽을 잡을 수 있을 것이다.(발리바르 1991: 161~62)

다섯째는 대중의 권리와 국가의 민주화라는 쟁점이다. 이와 관련해 주목되는 것은 문화혁명의 파고가 일단 가라앉은 1970년대초 발생한 이른바 '리이저(李一哲) 사건'이다(Chan, Rosen and Unger 1985). 세 사람의 이름에서 한 자씩 따서 지은 리이저라는 가명으로 '사회주의적 민주'를 요구하는 대자보를 붙인 이 사건은 당시 한번으로 끝난 것이 아니라 1976년 1차 톈안먼사태(에서 1970년대 말까지의 민주화운동)로 이어졌고 길게 보면 1989년 제2차 톈안먼사태로까지 이어졌다. 물론 1980년대 이후 집권세력에 의해 '법치'라는 방식으로 순치되어 포섭되지만, 사회주의적 민주가 제기하는 쟁점은 법에 의해 규정되는 의무로서의 권리라는 문제가 아니며 오히려, 타인에 의한 소유를 지양하는 자기소유라는 사회화의 문제설정과 공존하는 것으로서, 대중적 정치의 조건에 대한 요구라고 할 수 있을 것이다. 즉 당과 대중의 관계와 마찬가지로 국가가 보장하는 권리(의무) 속의 대중이 아니라 대중의 권리를 국가에 관통시키는 민주주의라는 쟁점이 제기된다.

여섯째, 지금 어느 때보다 더욱 중요한 쟁점으로 등장하는 국제주의의 문제이다. 여기서 핵심 쟁점은 이를 국가간체계를 전제한 상태에서 국가들 사이의 대등한 권리의 문제로 한정하는 것이 아니라 이를 넘어서는 포스트민족적인 정치적 보편주의로 자리매김하는 문제이다. 중국과 세계의 관계는 세계혁명론(세계혁명의 근거지로서의 중국과 혁명의 수출)에서 문화혁명의 실패 후 중국이 세계의 중심이 아님을 인정하는 실용적 퇴각의 결과인 '제3세계론'을 거쳐 1980년대 이후 애국주의로 전환되었다(戴錦華 1999). 이 과정의 출발점인 세계혁명론의 시기에도 사실상 국제주의는 민족적 발전을 단위로 한 민족국가들 사이의 관계의 틀로서 사고되었지, 그것을 넘어서는 보편적 권리 속에서 사고된 것은 아니었다. 따라서 모순적으로 연관되어 있던 사회주의와 민족주의가 분리되면서 당연히 국제주의는 소멸할 수밖에 없게 되고, 중국의 발전노선에는 강한 민족주의적 경향만이 남게 되었다.

5. 중국의 궤도재진입

문화혁명이 결국 실패로 끝나고 중국은 새로운 '궤도진입' 단계에 들어서게 된다. 궤도진입 이데올로기의 핵심은 이전 과정에서 계속 강화되어온 발전주의와 '따라잡기'였다. 궤도진입의 첫 단계는 이중의 궤도이탈 중 세계경제적 측면의 완화로 시작되는데, 이는 미국과의 관계개선이라는 형태로 실현되었다.

세계경제에서의 이탈과 자본주의적 길에서의 이탈이라는 중국의 이중적 궤도이탈이 다시 이중의 궤도진입으로 본격화하는 시기는 1980년대, 특히 1984년경이다. 중국 지도부와 이론가들의 이견이 조정되어 시장주도형 경제개혁의 길로 나아가는 기점이 된 1984년 10월의 12기 3중전회의 「경제체제개혁에 관한 결정」은 궤도진입의 신호탄이 되었다. 그러나 1949년의 세계경제에서의 궤도이탈이 급격했던 데 비해 1980년대 궤도진입은 서서히 진행되었다. '중상주의'라는 관점에서 사회주의 시기의 '궤도이탈'을 일시적 이탈로 보는 입장에 따른다면, 아직까지는 그 연장선상에서 해석될 수 있는 것이다. 1980년대 동유럽의 궤도진입이 '빅뱅'이라는 급속한 형태로 진행된 데 비해 중국의 궤도진입이 '점진적'으로 진행된 데는 중국의 독특한 역사적 조건이 작용했기 때문인데, 그 대표적 요인으로 화교자본의 역할과 마오 시대의 토대에서 자라나온 향진기업이라는 조건을 들 수 있다.

중국은 개혁개방 초기에 동유럽과 달리 외채부담이 거의 없는 상황이었는데, 이는 중소대립이라는 상황에서 중국의 궤도이탈 정도가 동유럽에 비해 더 심했음을 보여준다. 이처럼 외채의존도가 낮아 국제통화기금(IMF) 등의 규제를 덜 받을 수 있었고, 여기에 일본 중심의 동아시아 분업구조하에서 생산의 중심지를 이동하려는(relocation) 홍콩, 대만 등지의 화교자본의 요구가 결합되면서, 대외개방이 화남의 연해지역을 중심으로 화교자본에 의해 주도되어 점진적으로 진행될 수 있었다. 둘째로 국내 소비의 증진, 특히 중공업과 경공업의 불균등발전 문제를 해소하는 데는 인민공사 시절의 사대기업(社隊企業)에서 출발한 농촌의 향진기업이 중요한 역할을 했다. 중국 내에서 개혁개방 초기의 점진적 과정이 '마오에도 불구하고'인지 '마오 때문에'인지를 둘러싼 논쟁이 제기된 것 또한 이런 역사적 특징을 보여주는 것이다.

이처럼 연해와 농촌 소도시지역에 촛점을 맞추어, 도시지역의 국유기업에 대해서는 소비열과 투자확대를 통해 소비수준을 높이고, 이완된 노동규율을 강화하기 위해 노동유연화 정책을 외곽부터 중심으로 확대해가며, 기업 내의 권력의 중심을 점차 고위관리층으로 이동해가는 정책이 시행되었다. 화교자본을 중심으로 한 외자기업과 중국 내 국유기업은 생산업종이나 시장이 중복되지 않아 경쟁관계에 있지 않았다.

1980년대의 소비열과 투자열, 그에 따른 과잉중복투자, 그리고 이어진 인플레이션과 긴축과정은 다수의 국유기업의 채무를 늘리고 경영적자를 확대시켰다. 1990년대 들어 그동안 간헐적으로 제기되던 국유기업의 문제는 삼각채와 경영적자 확대를 계기로 중심문제로 부각되었고, '현대기업제도의 도입'을 구호로 미시적 차원과 거시적 차원 전체의 구조전환으로 나아갔으며, 이는 1992년 14차 당대회에서 '사회주의적 시장경제'론으로 정리되었다.

1990년대 들어 중국정부는 지령성 계획으로부터 거시경제조절형 정책으로 이동하면서 과거의 계획경제적 틀을 점차 탈각하였다. 중국에 유입되는 외국인직접투자 자본 또한 화교자본 중심에서 일본, 미국, EU 등의 초국적자본으로 점차 확대되어갔으며, 중국 국내시장은 이런 외국자본들의 경쟁의 장이 되어갔다. 노동의 영역에서도 농촌에서 대량 유입되는 농민공의 공급을 통해 비정규직이 확대되면서 기존 고정공에 대해서도 노동유연화 정책이 점차 강화되었다.

1990년대 중국의 개혁개방정책은 결국 2001년 WTO 가입을 계기로 개혁개방의 대폭 확대로 귀결되었는데, 경제의 여러 측면에서 그 의미가 드러났다. 2000년 중국은 수출액 2492억달러, 수입액 2251억달러로 무역이 빠르게 성장했고, 무역구조를 살펴보면 생활소비재를 중심으로 하는 대미 수출시장 의존(수출의 20.9%), 핵심기술과 기계에 대한 대일 수입의 의존(수입의 18.4%)이 두드러진다. 수출입에서 차지하는 외국인직접투자의 비중은 대단히 높아 1999년 50.78%를 차지했다. 외국인직접투자 액수도 커서 2001년 469억달러를 차지하고 있으며, 전세계적으로 미국에 이어 제2위를 차지했다. 1990년대 들어 외국인직접투자의 형태가 변화했는데 그중 하나는 앞서도 말했듯이 미국, 일본, EU 등의 초국적자본의 진출이 활성화되고 핵심 고기술 산업에서 이들 기업의 점유율이 높아지고 있다는 점이다.[21]

이 문제와 관련하여 중국의 사례를 동아시아 발전국가모델과 비교해 살펴보는 것은 흥미롭다. 동아시아는 전체적으로 21세기적 특징보다는 20세기 후반의 특징을 아직 더 많이 보여주고 있기 때문이다. 이들 나라와 동아시아 발전과 관련하여 중국을 비교할 때 중요한 것이 '발전국가적' 특성으로, 여기에는 세 영역, 즉 기업지배구조·금융정책·산업정책을 들 수 있다.[22]

현대기업제도를 채택한 후 1990년대 들어 중국에서 기업지배구조가 매우 중요한 쟁점으로 등장하고 있는데, 여기서는 주식시장 중심의 기업지배구조의 형성으로 귀결될 것인가가 쟁점이다. 그러나 중국은 주식시장 육성에 대해서 부정적 견해가 많고, 비유통주 중심의 거래구조나 외국인 진입제한 등의 조치의 존속을 보건대 빠른 시간 내에 영미형 주식시장 중심형 구조로 전환하는 것은 어려울 듯하다.

둘째로 금융체계와 관련해서는 은행 중심의 간접금융체계와 주식시장 중심의 직접금융체계 중 어느 쪽으로 갈 것인가 하는 점이다. 전체적

---

21) 본서 3장 참고.
22) 본서 5장 참고.

으로 중국은 간접금융, 그중에서도 은행 중심의 체계를 형성했으며, 은행 상업화 조치 이후에도 국유 형태를 유지하고 있다. 은행은 여전히 정부의 통제 아래 있으면서 정책금융 형태의 자본조달이 주가 될 것이다. 이러한 은행 중심의 대출이 주로 국유기업 분야에 집중되는 것이 중국의 특징인데, 이는 정부가 통제하는 자금을 지원받는 국유부문과 외국인직접투자에 크게 의존하는 비국유부문의 이원적 경제구조가 이후에도 오랜 기간 지속될 것임을 말해주는 것이다. 이와 더불어 중요하게 지적할 것은 중국 은행의 자금규모인데, 2000년 중국 은행의 대출규모는 한국의 4.6배, 일본의 44% 수준으로 대단히 크다.

셋째로 동아시아 발전모델과 관련해 중요한 특성으로 지적되는 산업정책의 문제가 있다. 중국의 경우 '연성산업정책'이 많이 지적되는데, 1990년대 들어 자동차 등 몇몇 핵심 분야를 중심으로 산업정책이 추진되고 있지만 아직 체계적인 모습을 갖추고 있지 않다. 그러나 대만과 유사하게 공유제부문의 존재가 경성산업정책과 대체관계에 있기 때문에, 중국의 이원적 경제구조는 산업정책의 전면적 시행과 보완관계에 있음을 지적할 수 있다. 또한 중국의 거대한 중화학공업 기반은 경사형 산업정책보다는 산업조정정책을 더 중요한 수단으로 선호하는 맥락이기도 하다.

6. 포스트사회주의적 발전과 민족문제

동아시아에서 냉전구도가 해체됨에 따라 미국의 정치적 지원이 감소하고 후발주자들이 증가함에 따라 동아시아 발전모델에 위기가 나타나고 있다. 세계적 정치정세의 변화에 따라 동아시아의 후발주자인 동남아 3개국(태국, 말레이시아, 인도네시아)의 경우 일본, 한국, 대만 등이 누려온 조건과 매우 상이한 조건에서 성장을 개시했고, 이런 조건의 차이는 대외적인 금융 취약성 노출과 독자적 산업정책 수립의 어려움으로 두드러지게 나타난 바 있다. 이에 비해 중국의 조건은 매우 상이하며, 이런 조건들 때문에 국제적 상황이 변화했음에도 동아시아 발전모델의 특성들이 상당히 유지되고 있는 것도 사실이다.

그러나 그렇다고 해서 개혁개방기의 중국이 새로운 민족경제적 구도를 형성하고 있다고 이해할 수는 없다. 중국 내에서 한 떠챵(韓德强)처럼 리스트(F. List)적 민족주의경제를 지지하는 사람도 있지만, 점진적이면서 갈등을 적게 일으키는 방식으로 전지구화에 동참하려는 자유화론자가 다수이다. 개혁개방론자들의 차이는 조건을 어떻게 활용하는 것이 더 이득을 가져오는가에 관한 것 정도일 뿐이다. 중국의 빠른 성장은 화교자본, 향진기업, 높은 저축률 등 내적인 조건들뿐 아니라 동아시아 국제분업구조 내의 역할구조의 형태 전환이라는 맥락과 중국-미국-일본의 삼각무역구조의 형성이라는 맥락 속에서 이해할 수 있다. 이는 대체로 제한적인 의미에서 전후 동아시아의 성장의 외연적 팽창이라는 구도에서 이해할 수 있다. 동아시아 여타 국가와 달리 중국의 경우 동아시아 분업구조 내에서 중층에서 하층까지 폭넓은 영역의 생산을 담당하고 있고, 자체 자본조달 능력이 상당히 성장했다는 장점은 있지만 핵심 산업의 대일의존과 미국시장 의존이라는 약점을 벗어나기 힘든 것 또한 사실이다. 더구나 미국 중심의 세계경제 구도가 냉전 시절의 '발전주의' 지원에서 금융세계화로 이전됨에 따라 초민족적 금융자본의 영향력은 전례없이 강화되고 있다.[23)]

또한 새로운 형태의 궤도진입은 중국 내의 불균등발전 문제를 심화하

---

23) 백승욱(2005b)의 1장과 백승욱(2006)을 보라.

고 있는데, 대외 의존성이 높아지면서 연해지역과 내륙지역, 도시와 농촌의 격차 확대는 전례없이 심각한 수준이다. 또하나 여기서 쟁점으로 등장하고 있는 것은 박현채 선생의 민족경제론에서 제기된 '민중론'의 문제이다. 제한적인 의미에서 세계적 신자유주의 추세에 중국이 동참해 가는 과정에서 노동자층 내에서는 다층적인 분할 구도가 형성되고 있다. 민중론이 제기하고 있는 쟁점 중 하나는 자본주의체제에서 자본에 의한 노동의 포섭의 다층적 구조화의 문제이다. 지금 나타나는 부문·규모·지역·고용형태별 노동자 분할선의 확대는 중국의 새로운 모순의 핵심지점으로 남을 것이다.

그러나 중국의 '예외성'을 완전히 부정할 수는 없는데, 이 문제는 중국을 단순히 식민지 종속형 자본주의의 하위범주로 분류하기 어렵다는 점과도 관련된다. 이 문제는 첫째, 중국의 궤도이탈 과정(사회주의의 경험)이 궤도진입 과정에 어떤 형태로 영향력을 미치는가를 규명할 필요성을 제기한다. 둘째로, 미국 헤게모니가 등장할 때와는 달리 현재 세계 자본주의의 위기가 이전처럼 중심부간 축적중심의 이동만으로 해결될 수 있는가 하는 문제를 제기한다. 이것은 선진선발/선진후발/식민지종속형이라는 세 유형의 구분 자체의 변화 가능성을 시사하는 것이기도 하다. (구)사회주의권은 자본주의의 새로운 팽창지역으로 등장할 가능성이 있지만, 이것이 세계자본주의와 맺는 관계는 19세기말 제국주의와 식민지가 맺는 관계와 동일하지는 않을 것으로 보이며, 어떤 점에서 1945년 이후 미국과 유럽(또는 일본)의 관계와 유사한 관계들이 형성될 수도 있을 것으로 보인다.

여기서 문제는 20세기 미국 헤게모니하에서 세계경제의 재편, 그리고 1980년대 이후 금융의 세계화라는 국면전환의 문제와 냉전을 핵심으로 하는 미국 중심의 국가간체계 질서의 변화라는 이중적 규정성을 분석의 틀 속에 도입하는 것이다. 종속이론에서 중진자본주의론으로 이어지는 쟁점들은 이런 이중의 규정성 속에서 나타나는 식민지 종속형 자본주의의 분화의 문제를 일면적으로 파악함에 따라 발생한 문제였다. 그러나 더 나아가 냉전 이후 세계의 변화는 기존 유형화를 적용하기 어렵게 만들고 있다는 점을 무시할 수 없다. 이는 20세기적 축적체제와 노동포섭 형태에 입각한 자본주의 발전의 세가지 유형화에 문제가 발생함을 의미한다. 이는 한편에서는 세계경제의 강한 통합력과 세계적 차원의 자본주의 생산양식의 형태 전환의 문제로 나타나며, 중심부 내의 제3세계화와 제3세계 국가의 사실상 국가구조의 붕괴라는 문제로 제기되는 측면도 있으며, 민족당·민족조직체·민족경제론의 문제제기 방식의 난점이라는 문제로도 제기된다. 이데올로기적인 측면에서 이는 민족경제론과 분리된 민족주의 이데올로기의 발흥에서 관찰되며, 20세기 초반의 민족주의 이데올로기의 진보성의 탈각으로 관찰된다. 여기에 사회주의권의 궤도(재)진입이 진행되면서, 이전 사회주의적 길과 식민지종속적 길의 분기를 전제로 한 유형화에 새로운 문제점이 발생한다(그러나 이 상황 역시 세계체계적인 변화와 맞물린다는 사실을 부정할 수 없다).

이러한 변화는 민족경제론의 자기변신에도 일정한 의미를 지닌다. 이는 앞서 중국의 경험과의 연관성 속에서 살펴본 박현채 선생 유의 신식민지국가독점자본주의론을 전제로 한 '민족경제론'의 자기전환, 또는 민족경제론이 논의 전개의 출발점으로 삼고 있는 민족국가를 단위로 하는 '사회구성체론'의 한계와 자기전환이 요구되는 상황을 말하는 것이기도 하다. '민족경제'는 이행기경제론인 동시에 그것을 가능하게 한 전제로서 '정치경제학 비판'의 개념 또는 비판적인 '실천적 개념'으로 이해될 수 있다. 민족경제란 세계체계 내의 공간적 불평등에 대한 비판적 개념인 동시에 이를 계급적 불평등과 절합하는 역할을 했고, 그런 점에서 국민경제론적 대안이 아니라 (그 한계 속에서) 그것을 내재적으로 비판하는 '운동의 경향'이었다. 그러나 이러한 비판구도는 19세기적 반식민주의나 미국 헤게모니 성장기의 신생독립국 형성의 역사적 맥락 속에서 가능했다. 배제의 메커니즘이 작용하지만 선별적 포섭이 증대해갔고, 이런 조건에서 자본주의 발전의 세가지 유형 ─ 반주변적 사회주의의 길까지 포함하면 네가지 유형 ─ 으로 분류할 수 있었던 21세기의 조건과 달리, 선별적 포섭보다는 배제가 일반화하는 조건에서 '민족경제'의 정치경제 비판의 유의미성은 감소할 수밖에 없다.[24] 그러나 금융세계화 속에서 세계체계의 공간적 불평등은 줄어들기보다 더욱 확대되고 있고, 계급적 분할의 선이 성이나 인종 같은 여타의 조건 속에서 새롭게 강화되고 있다. 또 어느 때보다 국경을 넘어서서 분할선이 그어지고 있는 상황에서 민족경제라는 비판적 개념이 이중의 분할을 돌파하기 위한 새로운 비판적 개념으로 어떻게 형성될 수 있는지는 향후의 과제이다. 19세기말 영국 헤게모니 쇠퇴기의 제국주의간 경쟁의 격화가 식민지경쟁을 촉발했고, 이는 새로운 자본주의 지역을 확대했으며, 그것은 다시 반식민지 운동과 '민족경제'적 운동의 경향을 강화했다. 이에 비해 21세기초 세계자본주의는 새로운 전면적 팽창보다는 기존의 포섭된 핵심 지역 내의 구조조정과 선별된 내포적 팽창, 주변적 지역에 대한 (노골적 착취/수탈과 결합한) 배제의 증가, 그리고 (구)사회주의 국가들을 중심으로 한 제한적 지역에서의 새로운 팽창이 결합된 형태로 진행될 개연성이 있고, 이는 '민족경제'적 경향보다는 분리주의, 근본주의, 탈발전주의 등 통일되지 않는 다양한 형태의 저항들을 촉발시키고 있다.[25] 탈식민지 시기와 탈냉전

---

24) 민족주의는 자본주의의 외연적·세계적 팽창이 지속되던 시기에 이에 대한 내적 저항의 형태를 띠었다. 이것은 그 팽창 속에서 각자 차지하는 파이의 크기를 늘린다는 점에서 반드시 체계 자체에 대한 전복의 성격을 띠는 것은 아니었다.

기를 거친 후 세계자본주의가 민족국가를 단위로 한 '정치적' 고려에 훨씬 덜 제약받게 됨에 따라 '민족주의'에 기반한 돌파구의 입지점이나 영향력도 대폭 축소되었다. 따라서 세계적 불평등의 공간적/집단적/개인적 위계가 지속되고 있으며, '종속'과 '민족모순'이라는 문제설정의 유효성은 전혀 줄어들지 않았다 하더라도, '민족'이 더이상 그것을 돌파하는 '약한 고리'가 되지 못하는 상황이다. 그러므로 '민족경제'는 새로운 차별과 배제를 비판하는 동시에 민족을 넘어서는 보편성을 담는 새로운 개념틀로 전화할 필요가 있을 것인데, 여기에 필요한 단초들을 우리는 앞서 제기한 문화혁명이 남긴 질문들 속에서 찾아볼 수 있을 것이다.

7. 민족문제 없는 민족주의

이중의 궤도이탈이 문화혁명의 정치적 실패 이후 이중의 궤도진입으로 전환되는 과정에서 중국의 대중을 포섭하는 이데올로기적 지형에도 다소 변화가 발생했다. 중요한 쟁점은 중국에서 민족주의 위상의 변화와 관련된 것이다.

19세기말 20세기초 중국에서 민족주의는 일본의 민족주의와는 상이한 맥락에서 형성되었다. 일본의 민족주의가 '탈아입구(脫亞入歐)론'으로서, 사실상 유럽의 민족국가를 모방해 반중국, 반아시아, 탈아시아를 기치로 내건 빠른 속도의 '따라잡기'를 수행하자는 이데올로기와 팽창주의적 이데올로기로 등장한 데 반해, 중국의 민족주의는 역사적 중국의 위상의 전화와 중국과 중국 이외의 관계설정의 문제로 제기되었고, 이는

---

25) 이는 세계체계의 지구문화(geoculture)로서의 자유주의의 전지구적 위기와 그에 따라 발생하는 국가에 대한 환상의 소멸의 결과이다(월러스틴 2001).

특히 반제국주의적 성격의 저항적 민족주의의 특징을 띠었다. 쑨 원에서 마오 쩌뚱까지 사회주의와 결합한 중국의 민족주의에서는 타민족의 '개명'이 아니라 '공존'이 쟁점으로 등장했는데, 그럼에도 내적으로는 궤도이탈과 결합한 발전주의가 강하게 유지되었다.

개혁개방 이후 중국의 민족주의는 궤도재진입 과정에서 궤도이탈시 형성된 사회주의와의 동맹관계가 무너짐에 따라 발전주의적 지향만이 남은 불완전한 민족주의로 존재한다. 이 동맹의 결렬은 민족주의 속에 불완전하게 남아 있던 보편주의적 요소와 해방의 요소를 전면적으로 폐기하고 민족주의를 전형적인 특수주의적 이데올로기로 전락시키게 된다. 중국에서 이런 민족주의의 특징은 대중적 차원에서 '소비주의에 포섭된 민족주의'로 나타나고 있는데,[26] (때로 격렬한 반미시위가 있다 하더라도) 『NO라고 말할 수 있는 중국(中國說不)』이나 『중국을 마귀화하고 있는 배후(妖魔化中國的背後)』 등의 대중적 인기를 얻은 책자의 이면에서 중국 민족주의의 대자적(對自的) 이미지는 미국과의 라이벌 관계로 인식되고 있다. 이는 미국의 적대화라기보다는 미국에 대한 선망(앞서 말했듯이 더 고도의 코포라티즘에 대한 선망)이라고 해석될 수 있는데, 종합적 차원에서 중국이 따라잡으려 하는 대상으로서 미국이 설정되지만 미국과의 적대적 관계를 원치 않는 순치된 형태의 민족주의라고 할 수 있다. 미국 대중문화의 범람과 미국유학이나 이민열풍과 결합된 이런 미국을 선망하는 중국의 민족주의는 미국 이외의 국가들에 대한 오만과 병존할 수 있는 것이다.

1910년대에서 1960년대까지 중국의 민족주의는 사회주의와 불안정하게 결합한 민족주의(그리고 부차적·정세적으로 국제주의적) 형태를

---

26) 이는 앞서 3절에서 언급했듯이 실질적 사회화에 대한 억압과 이를 위계화한 코포라티즘으로 대체한 결과 더 월등한 코포라티즘에 대한 동경이라는 맥락 속에서 이해될 수 있다.

띠었고, 민족경제론적 민족주의로 규정할 수 있었다. 그러나 개혁개방 이후의 중국의 민족주의는 민족경제론적 민족주의로 보기 어려우며, 더 더구나 민중적 민족주의도 아니다. 발전주의와 소비주의에 의해 지탱되는 현재의 민족주의는 민중의 분할/차별화/위계화를 수반하는 발전주의 이데올로기의 세계적인 최후 버전이라고 할 수 있다. 여기에는 동아시아라는 특수성도 작용하고 있다.[27] 1968년 이후 세계적으로 자유주의의 위기 속에서 발전주의와 국가주의에 대한 환상이 무너져감에도 불구하고 세계적 경기침체 속에서 생산의 재배치 혜택을 받은 동아시아에서 국가주의에 기반한 발전주의의 환상은 오히려 강하게 온존하고 있다(월러스틴 2001: 69~70). 한국, 일본에 이어 중국은 이 환상을 떠받치는 새로운 주도자로 떠오르고 있는데,[28] 환상의 지속은 개별국가를 넘어서 새로운 전망을 형성해가는 데 큰 장애가 되고 있다. 그러나 필자가 다른 곳에서 이야기했듯이 "침몰하는 배의 마스트 꼭대기에 앉아서 우리만은 안전하다고 생각한다고 해서 생존 가능성이 높아지는 것은 아니다."[29]

현재 중국의 변화는 이중적 규정성(지리적·계급적) 아래에서 앞서 제기한 문제들을 끊임없이 재생산하고 있다. 중국은 신자유주의 세계화 속에서 진행되는 계급적 분할과 위계제의 확대를 강화하고 있으며, 동시에 초민족적 금융자본의 지배하에서 진행되는 세계경제의 공간적 분할 속에서 나타나는 취약한 포섭의 토대의 위기를 내재하고 있다. 취약한 소비주의적 포섭과 더불어 나타나는 코포라티즘적 토대의 약화는 취약한 발전주의적 민족주의에 의해 보완되는 정치적 소외의 강화와 노동력의 상품적 종속의 강화를 동반하고 있다.

---

27) 현시기 한국과 중국의 민족주의의 특징에 대해서는 백승욱(2007e)을 보라.
28) 이에 대해서는 왕 후이·백승욱(2000)을 참고하라.
29) 백승욱 「옮긴이의 말」(월러스틴 2001 수록).

중국이 점점 더 신자유주의 길을 따라가면서, 우리와 공유할 문제의 식은 더욱 늘어나고 있는 것 같다. 그러나 이런 신자유주의 길은 그에 대한 대응에서 연대보다는 단절을 심화시키는 특수주의적 방식을 강화시키고 있다. 이 때문에 함께 직면한 어려움을 극복하기 위한 연대를 형성하기 위해서는 과거 경험을 공동으로 전유하고 그 한계점을 함께 넘어서려는 노력에서 출발할 필요가 있다는 것이 이 글의 문제의식이었다. 이런 과거 경험의 공동의 전유는 시기적으로 쌍방향으로 좀더 발전하여 더 많은 경험과 문제의식의 공유로 이어져야 할 것이다. 한 방향은 과거로 추적해가서 20세기 초반, 특히 1930년대와 1940년대 중국과 조선의 진보적 대중운동의 국제연대가 가능했던 역사적 조건들을 복원시켜 연구할 필요가 있을 것이고, 다른 한 방향은 문제를 현재로 끌고 와 포스트민족주의적 보편주의를 형성할 수 있는 조건 탐구로 나아가야 할 것이다.

『中國統計年鑑』 각 연도.

『日本統計年鑑』 각 연도.

『香港經濟年鑑 1997』, 北京: 中國經濟出版社.

『香港經濟年鑑 1998』, 香港: 經濟導報社.

FBIS: Foreign Broadcast Information Service.

그레이, 존 1999, 『전지구적 자본주의의 환상』, 김영진 옮김, 창.

김성훈. 2006, 「중국내 외자기업 공회설립 운동」, 『국제노동브리프』 4(12).

김영진. 2002, 『중국의 도시 노동시장과 사회 — 상해시를 예로』, 한울.

김영진. 2006, 「'중국의 노동계약법(초안)' 제정에 관한 연구 — 주요 쟁점과
    각계의 반응을 중심으로」, 『중소연구』 30(3).

김재관. 2004, 「중국 노동자 저항운동의 원인과 국가의 대응」, 전성흥 편, 『전
    환기의 중국사회 II: 발전과 위기의 정치경제』, 오름.

딜릭, 아리프. 2005, 『포스트모더니티의 역사들: 유산과 프로젝트로서의 과
    거』, 황동연 옮김, 창비.

리영희. 1974, 『전환시대의 논리: 아시아·중국·한국』, 창작과비평사.

리영희. 1977, 『8억인과의 대화: 현지에서 본 중국대륙』, 창작과비평사.

리영희. 1980, 『우상과 이성』, 한길사.

리영희·백영서 대담. 2003, 「비판적 중국학의 뿌리를 찾아서」, 『중국의 창』
  창간호.

리창핑. 2006, 「농촌의 위기」, 왕차오화 외, 『고뇌하는 중국: 현대 중국 지식인
  의 담론과 중국 현실』, 길.

마이스너, 모리스. 2005, 『마오의 중국과 그 이후』 1·2, 김수영 옮김, 이산.

매일경제 국제부·한중 경제포럼·대외경제정책연구원. 2001, 『차이나쇼크』,
  매일경제신문사.

박현채. 1985, 「현대 한국사회의 성격과 발전단계에 관한 연구(I)」, 『창작과비
  평』 57호.

박현채. 1989, 『민족경제론의 기초이론』, 한울.

발리바르, 에티엔느. 1991, 「마오: 스탈린주의의 내재적 비판?」, 윤소영 엮음,
  『맑스주의의 역사』, 민맥.

발리바르, 에티엔. 1992, 「공산주의 이후의 유럽」, 윤소영 옮김, 『이론』 창간호.

발리바르, 에티엔. 1993, 「비동시대성」, 윤소영 편역, 『알튀세르와 마르크스
  주의의 전화』, 이론.

발리바르, 에티엔느. 2007, 『대중들의 공포: 맑스 전과 후의 정치와 철학』, 비.

백승욱. 1990, 「중국의 신민주주의혁명에서 사회주의로의 성장전화 과정에
  대한 연구」, 『현실과과학』 5호.

백승욱. 1999, 「일본자본의 중국투자와 동아시아 경제」, 『경제와사회』 42호.

백승욱. 2001a, 『중국의 노동자와 노동정책: '단위체제'의 해체』, 문학과지성사.

백승욱. 2001b, 「1990년대 이후 중국의 실업문제와 실업정책」, 『산업노동연
  구』 7(1).

백승욱. 2001c, 「신자유주의와 중국지식인의 길찾기—자유주의의 초극인가

쇄신인가」,『역사비평』55호.

백승욱. 2001d, 「역사적자본주의와 자본주의의 역사—세계체계분석을 중심
으로」,『경제와사회』52호[백승욱 편저『'미국의 세기'는 끝났는가?—세
계체계분석으로 본 미국헤게모니의 역사』, 그린비 2005에 수정하여 재수록].

백승욱. 2002a, 「신자유주의 세계질서 하의 중국의 WTO 가입」,『동향과전
망』52호.

백승욱. 2002b, 「흔들리는 중국–신자유주의시대 중국(1)」, 월간『사회진보연
대』1·2월 합본호.

백승욱. 2002c, 「국유기업 개혁과 중국노동자—신자유주의시대 중국(3)」,
『사회진보연대』4월호.

백승욱. 2002d, 「마오쩌둥의 유령—신자유주의시대 중국(5)」,『사회진보연
대』9월호.

백승욱. 2002e, 「WTO 시대 중국의 사회적 부담: 1990년대 이후 중국의 실업
문제와 실업정책」, 이일영 외『WTO로 가는 중국』, 박영률출판사.

백승욱. 2003, 「중국 노동자계급의 분화와 동요」,『진보평론』18호

백승욱. 2005a, 「변화와 갈등 속의 중국 노동자」, 김익수 외『현대 중국의 이
해: 정치, 경제, 사회』, 나남.

백승욱. 2005b,『'미국의 세기'는 끝났는가?』, 그린비.

백승욱. 2005c, 「동아시아 금융위기 이후 일본의 대중국 투자와 무역 추세의
변화」,『국제·지역연구』14(2)

백승욱. 2006,『자본주의 역사강의—세계체계 분석으로 본 자본주의의 기원
과 미래』, 그린비.

백승욱. 2007a,『문화대혁명: 중국 현대사의 트라우마』, 살림.

백승욱 편. 2007b,『중국노동자의 기억의 정치—문화대혁명 시기의 기억을
중심으로』, 폴리테이아.

백승욱. 2007c, 「현 시기 평가에 작용하는 중국 노동자들의 문화대혁명의 기

억——따롄시 노동자를 중심으로」, 『경제와사회』 76호.

백승욱. 2007d, 「이행기 논쟁과 장기21세기」, 맑스코뮤날레 조직위원회 엮음, 『21세기 자본주의와 대안적 세계화』, 문화과학사.

백승욱. 2007e, 「동아시아 속의 민족주의——한국과 중국」, 『문화과학』 51호.

백승욱·장영석. 2004, 「중국 국유기업의 개혁과 노동관계의 변화——베이징 시의 사례를 중심으로」, 이일영 편, 『중국 대도시의 발전과 도시인의 삶——베이징의 사례』, 한신대학교출판부.

백원담 편역. 2000, 『인문학의 위기——인문의 새로운 길을 향한 중국 지식인 의 성찰과 모색』, 푸른숲.

브로델, 페르낭. 1995, 『물질문명과 자본주의 I—1』, 주경철 옮김, 까치.

서석홍. 2000, 「중국 기업의 노동자 下崗과 재취업문제」, 『중소연구』 24(2).

서울사회과학연구소. 1991, 『사회주의 이론·역사·현실』, 민맥.

송주명. 1997, 「해외투자와 '삼변적' 산업정책: 1980년대 일본의 대동남아시 아 해외투자정책」, 『국제·지역연구』 6(3).

신광영. 1999, 『동아시아 산업화와 민주화』, 문학과지성사.

알튀세르, 루이. 1993a, 「이데올로기와 이데올로기적 국가장치」, 『아미엥에서 의 주장』, 김동수 옮김, 솔.

알튀세르, 루이. 1993b, 「오늘날의 맑스주의」, 서관모 편역, 『역사적 맑스주 의』, 새길.

양평섭·이인구. 2007, 「외환보유 1조달러 시대의 중국 외환관리정책 전망과 시사점」, 『KIEP 오늘의 세계경제』 2007.3.12.

여수옥. 2006, 「중국 주식시장 개방의 현황과 전망」, 『KIEP 세계경제초점』 2006.2.9.

왕 후이, 2000, 「세계화 속의 중국, 자기 변혁의 추구(1)——근대 위기와 근대 비판을 위하여」, 이희옥 옮김, 『당대비평』 10호.

왕 후이. 2000b, 「세계화 속의 중국, 자기 변혁의 추구(2)」, 『당대비평』 11호.

왕 후이·백승욱. 2000, 「근대성의 역설—중국, 근대성, 전지구화」(대담), 『진보평론』 6호.

왕 후이·이욱연. 2000, 「신자유주의와 중국지식인의 대응—동아시아 연대를 위하여」(대담), 『창작과비평』 110호.

우정은. 1999, 「한국의 국가, 민주주의, 그리고 기업부문 개혁」, 『창작과비평』 105호.

월러스틴, 이매뉴얼. 1993, 「역사적 자본주의」, 『역사적 자본주의/자본주의 문명』, 나종일·백영경 옮김, 창작과비평사.

월러스틴, 이매뉴얼 외. 1994a, 『반체제 운동』, 송철순·천지현 옮김, 창작과비평사.

월러스틴, 이매뉴얼. 1994b 『사회과학으로부터의 탈피』, 성백용 옮김, 창작과비평사.

월러스틴, 이매뉴얼. 1996, 『자유주의 이후』, 강문구 옮김, 당대.

월러스틴, 이매뉴얼. 1999, 『근대세계체제』 I~III, 김대륜 외 옮김, 까치.

월러스틴, 이매뉴얼. 2001, 『우리가 아는 세계의 종언—21세기를 위한 사회과학』, 백승욱 옮김, 창작과비평사.

윤상우. 2005, 『동아시아발전의 사회학』, 나남.

윤소영. 1988, 「식민지반봉건사회론과 신식민지국가독점자본주의론」, 『현실과과학』 2호.

윤소영. 1993, 「마르크스주의의 전화와 사회성격 논쟁의 재출발」, 『이론』 7호.

윤소영. 2003, 『마르크스의 경제학비판과 평의회 마르크스주의』, 공감.

이근·임경훈. 2001, 「동아시아 모델에서 바라본 중국과 러시아의 이행경제」, 『중소연구』 25(2).

이근·한동훈. 1998, 「중국은 동아시아 발전모델을 건너뛰는가?—중국, 한국, 일본의 국제비교」, 『경제발전연구』 4(2).

이남주. 2001, 「개혁개방 이후 중국 산업정책의 변화과정과 변화요인」, 『현대

중국』 3호, 가톨릭대학교 아·태지역연구원 중국연구센터.

이남주. 2002, 「산업기술의 발전과 정부의 역할 — 중국과 대만의 산업기술정책 비교」, 이일영·전병유 외 『개방화 속의 동아시아: 산업과 정책』, 한울.

이민자. 2004, 「농민공과 도·농문제, 그리고 호구제도의 개혁」, 전성흥 편, 『전환기의 중국사회』 II, 오름.

이민자. 2007, 『중국호구제도와 인구이동』, 폴리테이아.

이수훈. 2001, 『위기와 동아시아 자본주의』, 아르케.

이욱연. 1999, 「세기말 중국 지식계의 새로운 동향 — '신좌파'를 중심으로」, 『실천문학』 55호.

이일영. 2005, 「중국의 농촌개혁과 '삼농'문제」, 김익수 외 『현대중국의 이해: 정치·경제·사회』, 나남.

이일영·장하준 외. 2002, 「동아시아 산업정책의 유형 — 자유화와 산업정책의 변화」, 이일영·전병유 외 『개방화 속의 동아시아: 산업과 정책』, 한울.

이창휘. 2005, 「중국 노사관계의 현황과 도전: 조합주의적 징후들과 그 한계」, 『국제노동브리프』 3(8).

이희옥. 2000, 「전지구적 자본주의와 중국 근대성의 반사(反思)」, 『당대비평』 11호.

이희옥. 2004, 『중국의 새로운 사회주의 탐색』, 창비.

장영석. 2005, 「중국의 경제성장과 도시 실업문제」, 『한국과 국제정치』 21(1).

장영석. 2006, 「'비조직화된 독재'에서 '노동보호정책'으로: 중국 근로계약법(초안) 제정의 충격」, 『국제노동브리프』 4(6).

장영석. 2007, 『지구화시대 중국의 노동관계』, 폴리테이아.

장영석. 2007b, 「노동자의 문화대혁명 참여와 노동관리」, 백승욱 편(2007b)에 수록.

장영석·백승욱. 2006, 「중국 상하이시 국유기업 개혁과 노동관계의 변화」, 이일영 외 『현대도시 상하이의 발전과 상하이인의 삶』, 한신대학교출판부.

장윤미. 2004b,「개혁시기 중국의 노조 모델: 구조와 역할 변화를 중심으로」,
『한국정치학회보』, 38집 3호.

장윤미. 2003,「개혁시기 중국의 노동자와 노동운동」,『신아세아』 10권 3호.

장윤미. 2004a,「중국 노동쟁의 처리의 특징과 갈등의 제도화 모색」,『동아연
구』 46집.

장윤미. 2004b,「개혁시기 중국의 노조 모델: 구조와 역할 변화를 중심으로」,
『한국정치학회보』 38집 3호.

장윤미. 2007,「문화대혁명과 노동자의 '교육혁명'」, 백승욱 편(2007b)에 수록.

정영록. 2001,「금융개혁과 금융시장의 발전」, 고정식·김시중 외『현대중국
경제』, 교보문고.

정인교. 2001,「중국 WTO 가입의 경제적 효과와 정책시사점」,『KIEP 오늘의
세계경제』 01-55호.

정종호. 2002,「국가와 유동인구: 이농의 정치경제」, 정재호 편,『중국 개혁-
개방의 정치경제 1980~2000』, 까치.

정종호. 2005,「현대 중국사회의 연속성과 불연속성: 호구제도 개혁을 중심으
로」, 김익수 외『현대중국의 이해: 정치, 경제, 사회』, 나남.

조희연. 1999,「한국의 경제성장과 정치변동: '반공규율사회'와 '국가주의적
발전동원체제'의 형성, 균열, 위기 및 재편의 과정」,『성공회대학 논총』 13호.

최의현. 2005,「중국의 WTO 가입과 대외경제」, 김익수 외『현대 중국의 이해:
정치·경제·사회』, 나남.

추이 즈위안(崔之元). 2003,『중국은 어디로 가고 있는가』, 창비.

쾅 신녠(曠新年). 2000,「마오저둥(毛澤東), 거대한 유산」,『진보평론』 6호.

프랑크, 안드레 G. 1984,「발전과 저발전에 대하여」, 박재묵 편역,『제3세계
사회발전론』, 창작과비평사.

한국은행 조사국 해외조사실. 2007,「중국경제의 리스크와 정책과제」, 한국
은행 금융경제연구원.

甘陽. 2000,「自由主義: 貴族的還是平民的?」, 李世濤 主編,『知識分子立場——自由主義之爭與中國思想界的分化』, 時代文藝出版社.

康桂珍. 2006,「工會參與勞動爭議調處工作的探討」,『中國勞動』2006年 第6期.

桂楨. 2003,「談下崗職工再就業過程中合法權益的保護」,『中國勞動』2003年 第4期.

郭軍. 2004,「集體合同——靈活有效協調勞動關係的法律制度」,『中國勞動』2004年 第12期.

國家經濟貿易委員會産業政策司 編. 2000,『産業政策工作手冊(第一集)』, 中國經濟出版社.

喬健. 2003,「2002年中國勞動關系的現狀及面臨的問題」, 汝信·陸學藝·李培林 主編,『社會藍皮書 2003年: 中國社會形勢分析與預測』, 社會科學文獻出版社.

紀寶成. 2007,『中國人民大學 中國經濟發展研究報告 2007: 中國金融改革與發展道路的選擇』, 中國人民大學出版社.

勞動科學研究所課題組. 2006,「勞動爭議處理法基本框架的初步設計」,『中國勞動』2006年 第6期.

勞動科學研究所課題組. 2007,「構建和諧勞動關係若幹問題研究」,『中國勞動』2007年 第3期.

盧海元. 2007,「以被征地農民爲突破口建立城鄉統一的國民社會養老保障制度」,『中國勞動』2007年 第1期.

盧嘉瑞. 2003,「收入差距與兩極分化」,『勞動經濟與勞動關系』, 2003年 第1期.

唐鈞. 2003,「中國城市居民最低生活保障制度的"跳躍式"發展」, 汝信·陸學藝·李培林 主編,『社會藍皮書 2003年: 中國社會形勢分析與預測』, 社會科學文獻出版社.

戴錦華. 1999,『隱形書寫: 90年代中國文化研究』, 浙江人民出版社.

董保華. 2006a,「我們應該要一部什麻樣的勞動合同法」,『人大建設』2006年 第5期.

董保華. 2006b,「勞務派遣如何規制」,『中國勞動』2006年 第3期.

董保華. 2007a,「勞動立法如何應對第三次就業高峯」,『中國勞動』2007年 第4期.

董保華. 2007b,「中國勞動基準法的目標選擇」,『法學』2007年 第1期.

董保華. 2007c,「和諧勞動關係的思辨」,『上海師範大學學報』36(2).

董保華·邱婕. 2006,「勞動合同法的適用範圍應作去強扶弱的調整」,『中國勞動』2006年 第9期.

佟新. 2006,「連續的社會主義文化傳統──一個國有企業工人集體行動的個案分析」,『社會學研究』2006年 第1期.

竇紅. 2006,「農民工流向的新變化」,『中國勞動』2006年 第8期.

羅崗 2000,「誰之公共性?」, 李世濤 主編,『知識分子立場──自由主義之爭與中國思想界的分化』, 時代文藝出版社.

樂鋼. 2000,「"眞問題"的背後」, 李世濤 主編,『知識分子立場──自由主義之爭與中國思想界的分化』, 時代文藝出版社.

呂鑫·黃健柏. 2006,「市場經濟條件下的勞動關係與政府責任」,『中國勞動』2006年 第9期.

盧荻. 1998,「東亞經驗與歷史資本主義」,『讀書』1998年 10月號.

盧紅丹·陳麗. 2007,「關注'勞動合同法(草案)'的第二次審議」,『人力資源』2007年 3月上.

劉國光. 2000,「21世紀初的中國經濟增長問題」, 張卓元 主編(2000) 所收.

劉宇凡. 2000,「中國與世貿」,『中國與世界』2000年 1月號.

李强. 2000,『社會分曾與貧富差別, 鷺江出版社.

李建立. 2002,「我國居民收入分配現狀及對策思考」,『勞動經濟與勞動關系』2002年 第2期.

李培林. 2003,「當前中國社會發展的若幹問題和新趨勢」, 汝信·陸學藝·李培林 主編,『社會藍皮書 2003年: 中國社會形勢分析與預測』, 社會科學文獻出版社.

李培林·陳光金·李煒. 2006,「2006年中國社會和諧穩定狀況調查報告」, 汝
信·陸學藝·李培林 主編,『社會藍皮書 2007年: 中國社會形勢分析與預
測』, 社會科學文獻出版社.

李盾·劉文海. 2003,「關於解決城?困難群體社會保障問題的建議」,『中國勞動』
2003年 第6期.

李拓. 2002,『和諧與沖突──新時期中國階級階層結構問題研究』, 中國財政經
濟出版社.

馬黎明. 2003,『當代日本與中日關系』, 天津社會科學院出版社.

莫榮. 2003,「就業: 在挑戰中關注困難群體」, 汝信·陸學藝·李培林 主編,『社
會藍皮書 2003年: 中國社會形勢分析與預測』, 社會科學文獻出版社.

文魁·譚浩. 2006,「我國集體協商制度存在的問題及對策建議」,『湖南社會科
學』2006年 第1期.

裴長洪. 1997,「1997年利用外資情況分析」, 劉國光 外 主編,『1998年中國經濟
形勢分析與豫測』, 社會科學文獻出版社.

裴長洪. 2001,「中國擴大吸收外商投資面臨挑戰」, 劉國光 外 主編,『2001年中
國: 經濟形勢分析與豫測』, 社會科學文獻出版社.

裴長洪. 2001,「中國擴大吸收外商投資面臨挑戰」, 劉國光外 主編,『2001年中
國: 經濟形勢分析與豫測』, 社會科學文獻出版社.

白晶徐翱. 2007,「外匯儲備激增的原因和對策」,『財經界』2007年 4月號.

卞悟(秦暉). 1998,「拒絕"原始蓄積"」,『讀書』1998年 1月號.

卞悟. 2000,「有了真問題再有真學問」, 李世濤 主編,『知識分子立場──自由主
義之爭與中國思想界的分化』, 時代文藝出版社.

劉昌黎. 2000,「日本對華直接投資的減少及其重新增加的可能性」,『現代日本』
2000年 第3期.

付繼元·嚴燕飛. 2005,「論民工荒與結構性失業」,『浙江師範大學學報』第30卷.

斯人. 2003,「遼寧四城市下崗職工情況調?」, 汝信·陸學藝·李培林 主編,『社

會藍皮書 2003年: 中國社會形勢分析與預測』, 社會科學文獻出版社.

謝平. 2000, 「中國金融改革面臨挑戰」, 胡鞍鋼 主編(2000) 所收.

常凱. 2006, 「關於'勞動合同法'立法的幾個基本問題」, 『當代法學』2006年 第6期.

常凱. 2007a, 「論中國的團結權立法及其實施」, 『當代法學』21(1).

常凱. 2007b, 「勞動關係和諧: 構建和諧社會的重要基礎(上)」, 『中國黨政幹部
   論壇』2007年 第5期.

常凱·李坤剛. 2006, 「必修嚴格規制勞動者派遣」, 『中國勞動』2006年 第3期.

石耀東. 2002, 「新時期我國自動車產業政策的問題與建議」, 『經濟研究參考』
   2002年 第1期.

邵人. 1999a, 「追求加入世貿, 還是爭取自主發展」, 『中國與世界』1999年 3月號.

邵人. 1999b, 「中國加入世貿組織利弊再析」, 『中國與世界』1999年 5月號.

蕭灼基 主編. 2007, 『2007年 中國金融市場分析與豫測』, 經濟科學出版社.

宋强 外. 1996, 『中國可以說不』, 中華工商聯合出版社, [강식진 옮김, 『NO라고
   말할 수 있는 중국』, 동방미디어 1997].

申曉梅. 2006, 「非正規就業的保障制度創新」, 『中國勞動』2006年 第2期.

深琴琴. 2002, 「我國困難職工群體狀況與工會的職責」, 鄭功成·鄭宇碩 主編,
   『全球化下的勞工與社會保障』, 中國勞動社會保障出版社.

嶽健勇. 2001, 「外資與中國經濟增長 — 中國加入經濟全球化的國內經濟根
   源」, 『戰略與管理』2001年 第4期.

嶽經綸·蔣曉陽. 2002, 「經濟全球化條件下中國勞工與國家的張力」, 鄭功成·
   鄭宇碩 主編, 『全球化下的勞工與社會保障』, 中國勞動社會保障出版社

嶽頌東. 2002, 「進一步完善城鎮社會保障體系 — 遼寧省試點工作調查報告」,
   鄭功成·鄭宇碩 主編, 『全球化下的勞工與社會保障』, 中國勞動社會保障出
   版社.

楊立剛. 2001, 「中國財政體制進一步改革」, 北京大學中國經濟研究中心 編,
   『中國: 經濟轉型與經濟政策(第二集)』, 北京大學出版社.

楊宜勇. 2004,「2004~2005年我國就業形勢豫測與對策建議」, 劉國光 外 主編,
    『2005年: 中國經濟形勢分析與豫測』, 社會科學文獻出版社.

楊宜勇. 2003,「加入WTO後的就業形勢就業環境和就業對策」,『勞動經濟與勞
    動關系』, 2003年 第2期.

余永定. 2008,「雙重盈餘剩禍福相倚」,『財經 年刊: 2008 豫測與戰略』, 財經雜
    誌社.

倪樂雄. 2001,「中美衝突的本源因素及不確定性」,『二十一世紀』67號.

吳敬璉. 1999,『當代中國經濟改革: 戰略與實施』, 上海遠東出版社.

吳敬璉. 2001a,『改革: 我們正在過大關』, 三聯書店.

吳敬璉. 2001b,「吳敬璉對七大詰難的說明」,『中國社會科學文摘』2001年 第3期.

吳敬璉·周小川 外. 1999,『公司治理結構, 債務重組和破產程序: 重溫1994京倫
    會議』, 中央編譯出版社.

吳樹青. 2000,「邁向新世紀的中國經濟」, 張卓元 主編(2000) 所收.

吳要武·趙泉. 2007,「中國城鎮勞動力市場態勢分析」,『中國勞動』2007年 第1期.

王玨. 2000,「中國資本市場的發展與深化」, 張卓元 主編(2000) 所收.

王君超. 2002,「中國國有企業改革的現狀與前景」, 汝信·陸學藝·李培林 主編,
    『社會藍皮書 2002年: 中國社會形勢分析與預測』, 社會科學文獻出版社.

王洛林 主編. 1997,『中國外商投資報告』, 經濟管理出版社.

王夢奎. 1999,『中國經濟轉軌二十年』, 外文出版社.

王發運·楊建民·史寒冰. 2005,「社會保障事業步入全新發展階段──2004年中
    國社會保障形勢分析」, 汝新·陸學藝·李培林 主編,『2005年: 中國社會形勢
    分析與豫測』, 社會科學文獻出版社.

王思睿. 2000,「現代化與人類文明主流」, 李世濤 主編,『知識分子立場──自由
    主義之爭與中國思想界的分化』, 時代文藝出版社.

王曙光. 2003,「中國威脅論下的日本家電產業經營結構調整」,『全球化下的中
    國與日本』, 社會科學文獻出版社, 69~84면.

王紹光·胡鞍鋼·丁元竹. 2002,「經濟繁榮背後的社會不穩定」,『戰略與管理』 第3期.

王小東 外. 1999,『全球化陰影下的中國之路』, 社會科學文獻出版社.

王穎. 2007,「期待勞動合同法完美出臺」,『中國人大』 2007.5.25.

王允貴. 2002,「產業政策中長期主題: 中技術產業發展」,『管理世界』 4期.

王全興. 2006,「勞動派遣是"鷄刀"還是"牛刀"—我國勞動派遣的現實本質及其 矯正」,『當代法學』 2006年 第6期.

王全興·王文珍. 2007,「我國勞動爭議處理立法的若幹基本選擇」,『中國勞動』 2007年 第1期.

汪丁丁. 1997,「經濟制度的眞正涵義是什麻」,『讀書』 1997年 3月號.

汪丁丁. 2003,「啓蒙死了, 啓蒙萬歲!—評汪暉關於"中國問題"的敍說」, 李世濤 主編,『知識分子立場 — 自由主義之爭與中國思想界的分化』, 時代文藝出 版社.

王振鎖·李鋼哲 主編. 2002,『東亞區域經濟合作: 中國與日本』, 天津人民出版社.

汪暉. 2000,「一九九八社會運動與"新自由主義"的歷史根源—再論當代中國大 陸的思想狀況與現代性問題」, 한국중국현대문학학회,『중국현대문학』 19집.

汪暉. 2000,『死火重溫』, 人民文學出版社, [김택규 옮김,『죽은 불 다시 살아 나: 현대성에 저항하는 현대성』, 삼인 2005].

汪暉. 2000b,「是經濟史, 還是政治經濟學—『反市場的資本主義』導論」, 초고.

汪暉. 2000c,「文化與公共性」, 李世濤 主編,『知識分子立場 — 自由主義之爭 與中國思想界的分化』, 時代文藝出版社.

汪暉. 2003,「一九八九社會運動與'新自由主義'的歷史根源 — 再論當代中國大 陸的思想狀況與現代性問題」, [이욱연 외 옮김,「1989년 사회운동과 중국 '신자유주의'의 기원: 중국 사상계의 현황과 현대성 문제 재론」,『새로운 아시아를 상상한다』, 창비 2003].

汪暉·柯凱軍. 2000,「關於現代性問題答問」(대담), 李世濤 主編,『知識分子立

場—自由主義之爭與中國思想界的分化』, 時代文藝出版社.

王紹光·胡鞍鋼·丁元竹. 2002, 「經濟管理背後的社會不穩定」, 『戰略與管理』
2002年 第三期.

姚裕群·莫榮. 2003, 「我國城?失業率進入風險區」, 『勞動經濟與勞動關系』
2003年 第1期.

於瀟. 2002, 「日本對華ODA政策調整的趨勢及原因分析」, 『國際經濟關系』Vol.122,
26~31면.

袁彦鵬. 2002, 「非正規就業的發展是必然趨勢」, 『中國勞動』2002年 第9期.

魏建文. 2002, 「下崗保障向失業保險並軌的思考」, 『中國勞動』2002年 第1期.

劉世錦. 2002, 「以擴大內需爲重點加大結構調整力度」, 『中國發展研究 2002年
版』中國發展出版社.

劉鶴·楊偉民. 1999, 『中國的産業政策: 理念與現實』, 中國經濟出版社.

陸學藝 主編. 2002, 『當代中國社會階層研究報告」, 社會科學文獻出版社.

陸學藝. 2001, 「中國農村狀況及存在問題的原因」, 『2001年: 中國社會形勢分析
與豫測』, 社會科學文獻出版社.

李京文. 2000, 「21世紀中國經濟發展豫測與分析(2000~2050年)」, 張卓元 主編
(2000) 所收.

李利明·曾人雄. 2007, 『1979~2006 中國金融大變革』, 上海人民出版社.

李雯雯. 2007, 「析'勞動合同法(草案)'關於事實勞動關係的規定」, 『民商法』
2007年 第1期.

李文鋒. 2001, 「2000年中國利用外資走勢及對2001年的豫測」, 劉國光 外 主編,
『2001年中國: 經濟形勢分析與豫測』, 社會科學文獻出版社.

李文鋒. 2001, 「2000年中國利用外資走勢及對2001年的豫測」, 劉國光 外 主編,
『2001年中國: 經濟形勢分析與豫測』, 社會科學文獻出版社.

李環. 2007, 『和諧社會與中國勞動關係』, 中國政法大學出版部.

任劍濤. 2000, 「解讀"新左派"」, 李世濤 主編, 『知識分子立場—自由主義之爭

與中國思想界的分化』, 時代文藝出版社.

林毅夫・劉培林. 2001, 「以加入WTO爲契機推進國有企業改革」, 『管理世界』 2001年 第2期.

林毅夫・李永軍・路磊. 2001, 「中國金融體制改革的回顧與展望」, 『經濟研究參考』 2001年 第85期.

張明. 2007, 「中國投資公司的下一步」, 『中國投資』 2007年 12月號

張帆. 2007, 「對我國外匯儲備幣種的思考」, 『河北金融』 2007年 12月號

張汝倫. 1999, 「哈貝馬斯和帝國主義」, 『讀書』 1999年 9月號.

張躍東・戚紅過. 2001, 「日本對華貸款政策的變化及其影響」, 『日本研究』 2001年 第1期, 34~40면.

張卓元 主編. 2000, 『21世紀中國經濟問題專家談』, 河南人民出版社.

張憲民・郭文龍. 2006, 「論我國勞動爭議處理機制的調整」, 『中國勞動』 2006年 第8期.

張曉聲・朱戰勇. 2007, 「主權財富基金形成,演進及評價 —— 兼論中國主權財富基金之完善」, 『法學研究』 2007年 12月號

錢穎一. 2000, 「中國市場化過渡的制度基礎」, 胡鞍鋼 主編, 『中國走向』, 浙江人民出版社.

丁大建. 2001, 「下崗人員與失業人員差異?究 —— 從調查數據看下崗與失業竝軌」, 『勞動經濟』 2001年 第3期.

鄭建明・桑百川. 2007, 「我國外匯儲備過多的風險及管理對策」, 『國際貿易問題』 2007年 11月號

鄭尙元. 2007, 「我國勞動派遣現狀與勞動者權益保護」, 『國家行政學院學報』 2007年 第2期.

鄭永年. 2001, 「世界體系,中美關係和中國的戰略考量」, 『戰略與管理』 2001年 第5期.

鄭昌泓. 2007, 「企業改制如何規範勞動關係」, 『中國勞動』 2007年 第3期.

鄭海東. 2001,「中國經濟 好調の死角」,『世界』2001年 12月號.

鄭海航 外. 2001,「入世: 改革與發展戰略的新平臺」,『管理世界』2001年 第2期.

曹建海. 2001,「加入世貿組織與中國工業發展」,『管理世界』2001年 第6期.

周江. 2003,「2002年中國城市熱點問題調査」, 汝信·陸學藝·李培林 主編,『社
　　會藍皮書 2003年: 中國社會形勢分析與預測』, 社會科學文獻出版社.

朱光磊 外. 1998,『當代中國社會各階層分析』, 天津人民出版社.

朱光磊. 2002,『中國的貧富差距與政府控制』, 上海三聯書店.

朱慶芳. 2003,「2002年中國居民生活質量變化和消費市場的新動向」, 汝信·陸
　　學藝·李培林 主編,『社會藍皮書 2003年: 中國社會形勢分析與預測』, 社會
　　科學文獻出版社.

中國産業地圖編委會·中國經濟景氣監測中心. 2006,『中國金融産業地圖
　　2006~2007』, 社會科學文獻出版社.

陳恭健·陳敬. 2007,「勞務派遣的法治思考」,『福建政法管理幹部學院學報』
　　2007年 第1期.

陳漫. 2001,「中國引進外商直接投資的實效分析」,『戰略與管理』2001年 第3期.

陳燕穀. 2000,「歷史的終結還是全面民主查」, 李世濤 主編,『知識分子立場——
　　自由主義之爭與中國思想界的分化』, 時代文藝出版社.

陳剩勇·張明. 2006,「中國地方工會改革與基層工會直選」,『學術界』2006年 109期.

陳仲常·金碧. 2005,「中國失業階段性轉換特點及對策研究」,『人口與經濟』
　　2005年 第3期.

秦暉. 1999,「淮橘爲枳, 出國者迷——中國式的"新左派"理論及辨析」,『問題與
　　主義』, 長春出版社.

秦暉. 1999,『問題與主義』, 長春出版社.

秦暉. 2000,「社會公正與學術良心」, 李世濤 主編,『知識分子立場——自由主義
　　之爭與中國思想界的分化』, 時代文藝出版社.

昌民. 2006,「新型農村社會養老保險制度在推進」,『中國勞動』2006年 第4期.

靑連斌. 2003,「中國黨政領導幹部對2002~2003年社會形勢的基本看法」, 汝信·陸學藝·李培林 主編,『社會藍皮書 2003年: 中國社會形勢分析與預測』, 社會科學文獻出版社.

靑連斌. 2006,「黨政領導幹部對2006~2007年中國社會形勢的基本看法」, 汝信·陸學藝·李培林 主編,『社會藍皮書 2007年: 中國社會形勢分析與預測』, 社會科學文獻出版社.

崔之元. 1994,「制度創新與第二次思想解放」,『二十一世紀』1994年 8月號, [장영석 옮김,「제도혁신과 제2차 사상해방」,『중국은 어디로 가고 있는가』, 창비 2003].

崔之元. 1999,「第二次思想解放與經濟民主──之元博士訪談錄」, 인터넷자료 (http://www.chinabulletin.com)

崔之元. 1999,「自序」,『永恒的三角形──世界經濟與中國選擇』, 遼寧敎育出版社, 1999.

崔之元. 2000,「混合憲法與對中國政治的三層分析」, 李世濤 主編,『知識分子立場──自由主義之爭與中國思想界的分化』, 時代文藝出版社.

平新喬. 2001,「中國經濟改革中的財政分權」, 北京大學中國經濟研究中心 編,『中國: 經濟轉型與經濟政策(第二集)』, 北京大學出版社.

馮同慶. 2006,「勞動合同立法: 尋求適用的立法趣向」,『中國勞動關係學院學報』20(5).

馮同慶. 2007a,「沃爾瑪中國建立工會: 中國的勞動政治, 會員社會身分變化及其對工會的啓示」, 北京大學中國工人與勞動研究中心學術交流會,〈沃爾瑪與中國〉자료집(2007.6.30).

馮同慶. 2007b,「兼顧表達成員利益與注重社會功能的工會制度選擇」,『中國勞動關係學院學報』21(2).

馮蘭瑞. 2002,「全面理解切實實現社會保障社會化」, 鄭功成·鄭宇碩 主編,『全球化下的勞工與社會保障』, 中國勞動社會保障出版社.

何清漣. 1998, 『現代化的陷穽──當代中國的經濟社會問題』, 今日中國出版社.

韓德强. 2000, 『碰撞: 全球化陷穽與中國現實選擇』, 經濟管理出版社, [이재훈 옮김, 『13억의 충돌』, 이후 2001].

韓德强. 2001, 「中國加入世貿組織的利弊, 動力及爭論」, 『中國與世界』 2001年 10月號.

韓永江·張家盛. 2006, 「對勞動合同法草案關於勞動力派遣立法的思考」, 『北京科技大學學報』 第22卷 第4期.

韓毓海. 1999, 「全球化, 還是資本主義?」, 『二十一世紀』 1999年 4月號.

韓毓海. 2000, 「相約‘98’, 告別‘98’──新年答客問」, 李世濤 主編, 『知識分子立場──自由主義之爭與中國思想界的分化』, 時代文藝出版社.

許紀霖·劉擎·羅崗·薛毅. 2000, 「尋求“第三條道路”──關於“自由主義”與“新左翼”的對話」, 李世濤 主編, 『知識分子立場──自由主義之爭與中國思想界的分化』, 時代文藝出版社.

許寶强. 1998, 「危中之機──在亞洲金融風暴中重讀布羅代爾」, 『讀書』 1998年 4月號.

許曉軍. 2006, 「外資企業工會組建的創新之舉──沃爾瑪工會組織新模式案例分析」, 『中國勞動關係學院學報』 20(6).

胡曉煉. 2008, 「人民幣: 以改革求平衡」, 『財經 年刊: 2008 豫測與戰略』, 財經雜誌社.

胡鞍鋼 主編. 2000, 『中國走向』, 浙江人民出版社.

胡鞍鋼 主編. 2002, 『中國戰略構想』, 浙江人民出版社.

胡鞍鋼 主編. 2002, 『影響決策的國情報告』, 清華大學出版社.

洪翔. 2006, 「建立無門檻準入的城鄉統一社會養老保障制度」, 『中國勞動』 2006年 第10期.

黃金周銳. 2007, 「我國高額外匯儲備的匯率風險與防範措施」, 『財經界』 2007.5.

黃平. 2000,「從現代性到"第三條道路"──現代性?記之一」,『社會學研究』2000年 第3期.

經濟産業省. 2003,『通商白書 2003』, 經濟産業省.

經濟産業省. 2004,『通商白書 2004』, 經濟産業省.

鮫島敬治・日本經濟研究センター編. 2001,『中國WTO加盟の衝撃: 對中ビジネスはこう變わる』, 日本經濟新聞社.

金山権, 2002,「中國國有企業の當面課題と中國進出日本企業の經營行動」, 櫻美林大學産業研究所・北京師範大學經濟學院 編,『21世紀, 日中經濟はどうなるか』, 學文社, 334~50면.

今井健一. 1998,「金融部門の市場經濟化と對外開放」, 石原享一編,『中國經濟と外資』, 東京: アジア經濟研究所.

今井宏 外. 2003,『21世紀アジア經濟』, 勁草書房.

度邊利夫. 2003,『アジア經濟讀本』, 東洋經濟新報社.

大原盛樹. 1998,「中國內陸部への外資進出と地域産業發展」, 石原享一編,『中國經濟と外資』, 東京: アジア經濟研究所, 153~83면.

木村福成・丸屋豊二郎・石川幸一 編著. 2002,『東アジア國際分業と中國』, ジェトロ.

北眞收. 2004,「中國市場を指向した共生型製造モデル──日中關係連?の摸索とマネジメント上の留意點」,『開發金融研究所報』第11號, 2004年 4月, 21~44면.

三穀正規. 2003,『中國經濟 眞の實力』, 文藝春秋.

西口清勝・西澤信善 編. 2000,『東アジア經濟と日本』, ミネルヴァ書房.

深尾京司. 2003,「中國の産業・貿易構造と直接投資──中國經濟は日本の威脅か」, 伊藤元重・財務省財務綜合政策研究所 編,『日中關係の經濟分析──空

洞化論, 中國威脅論の誤解』, 東洋經濟新報社, 21~56면.

鈴木まゆみ. 2004, 「〈解說〉2003年度わが國の對外直接投資動向(屆出數字)」, 『開發金融研究所報』第20號, 2004年 8月, 91~112면.

奧邨彰一. 1998, 「對中國國際援助の現狀と新しい動き」, 石原享一 編, 『中國經濟と外資』, 東京: アジア經濟研究所, 39~68면.

汪暉・柄穀行人(카라따니 코오진). 1999, 「マルクス的視點からグローバリズムを考える——東アジア共同體の可能性」(대담), 『世界』1999年 4月號.

鄭海東. 2001, 「中國經濟 好調の死角」, 『世界』2001年 12月號.

齊藤啓. 2003, 「2002年度わが國の對外直接投資動向(屆出數字)」, 『開發金融研究所報』第17號, 2003年 9月, 4~22면.

ジェトロ. 2003, 『ジェトロ貿易投資白書 2003年版』, JETRO.

陳文泉. 1996, 『'中華經濟圈'の胎動——'三つの中國'の經濟關係を探る』, 東京: 溪水社.

丸上貴司・春日剛・齊藤啓・鈴木まゆみ. 2004, 「わが國製造業企業の海外事業展開に關する調査報告——2003年度 海外直接投資アンケート調査結果(第15回)」, 『開發金融研究所報』第18號, 2004年 2月, 4~66면.

みずほ綜合研究所. 2007, 「數字で讀み解く中國の株式市場——株價上昇の背後にある見逃せない事實」, みずほリポート, みずほ綜合研究所.

Althusser, Louis. 1976, *Essays in Self-Criticism*, Humanities Press.

Amsden, Alice. 1989, *Asia's Next Giant*, Oxford University Press.

Andors, Stephen. 1977, *China's Industrial Revolution: Politics, Planning, and Management, 1949 to the Present*, Pantheon Books.

Arrighi, Giovanni. 1999, "Global Market," *Journal of World-Systems Research*, 5(2).

Arrighi, Giovanni, Satoshi Ikeda, and Alex Irwan. 1993, "The Rise of East Asia: One Miracle or Many?", in Ravi Arvind Palat ed., *Pacific–Asia and the Future of the World–System*, Greenwood Press.

Arrighi, Giovanni. 1994, *The Long Twentieth Century—Money, Power, and the Origins of Our Times*, London: Verso.

Arrighi, Giovanni. 1996, "The Rise of East Asia: World Systemic and Regional Aspects," *International Journal of Sociology and Social Policy*, X VI(7).

Arrighi, Giovanni. 2007, *Adam Smith in Beijing—Lineages of the Twenty–first Century*, Verso.

Asian Development Bank. 1996, *Asian Development Outlook 1996 and 1997*, Hong Kong: Oxford University Press.

Baek, Seung Wook. 2000, "Changing Trade Unions in China," *Journal of Contemporary Asia* 30(1).

Balassa, Bela. 1988, "The Lesson of East Asian Development: an Overview," *Economic Development and Cultural Change* 36(3).

Barshefsky, Charlene. 2000, "Testimony Before the House Committee on Ways and Means—Hearing on U.S.–Bilateral Trade Agreement and the Accession of China to the World Trade Organization(February 16, 2000)," http://way-sandmeans.house.gov.

Bassino, Jean-Pascal and Ren Teboul. 1999, "The Dynamics and Spatial Distribution of Japanese Investment in China," in Dzever, Sam and Jacques Jaussaud eds., *China and India: Economic Performance and Business Strategies of Firms in the Mid–1990s*, London: Macmillan Press.

Bettelheim, Charles. 1974, *Cultural Revolution and Industrial Organization in China*, Monthly Review Press.

Bettelheim, Charles. 1976~78, *Class Struggle in the USSR* 2 vols, Free Press.

Blecher, Marc J. 2002, "Hegemony and Workers' Politics in China," *The China Quarterly* no.170.

Burkett, Paul and Martin Hart-Landsberg. 1998, "East Asia and the crisis of development theory," *Journal of Contemporary Asia* 28.

Burkett, Paul and Martin Hart-Landsberg. 2000, *Development, Crisis, And Class Struggle: Learning From Japan and East Asia*, St. Martin's Press.

Cai, Yongshun. 2002, "The Resistance of Chinese Laid-off Workers in the Reform Period," *The China Quarterly* no.170.

Cassidy, John F. 2002, *Japanese Direct Investment in China*, Routledge.

Chai, Joseph C.H., Y. Y. Kueh and Clement A. Tisdell eds. 1997, *China and the Asia Pacific Economy*, Commack: Nova Science Publishers.

Chan, Anita, Stanly Rosen and Jonathan Unger. 1985, *On Socialist Democracy and Chinese Legal System: the Li Yize Debate*, M. E. Sharpe.

Chan, Anita. 2001, *China's Workers Under Assault*, M. E. Sharpe.

Chen, Edward K.Y. and Teresa Y.C. Wong. 1997, "Hong Kong: FDI and Trade Linkages in Manufacturing," in Dobson, Wendy and Chia Siow Yue eds., *Multinationals and East Asian Integration*, Ottawa: International Development Research Centre.

Chen, Feng. 2003, "Between the State and Labour: The Conflict of Chinese Trade Union's Double Identity in Market Reform," *The China Quarterly* no.176.

Chen, Feng. 2007, "Individual Rights and Collective Rights: Labor's Predicament in China," *Communist and Post-Communist Studies* 40(1).

Chesnais, Franois ed. 2001, Mondialisation Financière: Genèse, Coût et Enjeux, [서익진 옮김, 『금융의 세계화』, 한울 2008].

Christensen, Thomas J. 1999, "China, the U.S.-Japan Alliance, and the

Security Dilemma in East Asia," *International Security* 23(4).

Clark, Cal and Changhoon Jung. 2002, "Implications of the Asian Flu for Developmental State Theory: The Case of South Korea and Taiwan," *Asian Affairs: an American Review* 29(1).

Delapierre, Michel and Christian Milelli. 1999, "Japanese Direct Investment in China: 'One Bed for Two Dreams'," in Dzever, Sam and Jacques Jaussaud eds., *China and India*, London: Macmillan Press, 53~72면.

Dorothy J. Solinger. 2002, "Labour Market Reform and the Plight of the Laid-off Proletariat," *The China Quarterly* no.170.

Eichengreen, Barry. 2006, "China, Asia, and the World Economy: the Implications of an Emerging Asian Core and Periphery," *China & World Economy* 14(3).

Eichengreen, Barry and Hui Tong. 2006, "Fear of China," *Journal of Asian Economics* 17.

Einhorn, Bruce et al. 2001, "China: Will It Entry into the WTO Unleash New Prosperity or Further Destabilize the World Economy," *Business Week* October 29, 2001.

Evans, Peter. 1995, *Embedded Autonomy: States and Industrial Transformation*, Princeton University Press.

Fernald, John G. and Oliver D. Babson. 1999, "Why Has China Survived the Asian Crisis So Well? What Risks Remain?", Board of Governors of the Federal Reserve System: International Finance Discussion Paper no.633 (February 1999).

Fewsmith, Joseph. 2001, "the Political and Social Implications of China's Accession to the WTO," *The China Quarterly* no.167.

Fleisher, Belton and Dennis T. Yang. 2003, "Labor Laws and Regulations in

China," *China Economic Review* 14(4).

Gill, Bates. 2001, "부시행정부의 전략 보고서를 주목하라", http://nwk.joonga ng.co.kr/200102/465/nw465011.htm(2002.1.30. 검색).

Gowan, Peter. 1999, *The Global Gamble: Washington's Faustian Bid for World Dominance*, Verso.

Greenspan, Alan. 2000, "Remarks by Chairman Alan Greenspan — Permanent Normal Trade Relations with China(May 18, 2000)", The Federal Reserve Board(http://www.federalreserve.gov).

Haggard, Stephen. 1990, *Pathways from the Periphery*, Cornell University Press.

Hilpert, Hanns G. and René Hoak. 2002, *Japan and China: Cooperation, Competition, and Conflict*, Palgrave.

Hirst, Paul. 2000, "The End of Both Road? — The Developmental State, Economic Liberalism and the Asian Crises," *The Journal of Interdisciplinary Economics*, Vol.11.

Holmes, Kim R. 2001, "U.S.-Japan Cooperation and Ballistic Missile Defense," http://www.heritage.org/views/2001/ed082801.html.

Hu, Fred. 2007, "The Effects of Stock Market Listing on the Financial Performance of Chinese Firms," in Calomiris, Charles W. ed., *China's Financial Transition at a Crossroads*, Columbia University Press.

Hughes, Christopher W. 2000, "Japanese Policy and the East Asian Currency Crisis: Abject Defeat or Quiet Victory?", *Review of International Political Economy* 7(2).

Hurst, William and Kevin J. O'Brien. 2002, "China's Contentious Pensioners," *The China Quarterly* no.170.

Jao, Y.C. 1997. "Hong Kong as a Financial Centre for Greater China," in Chai,

Joseph C. H., Y. Y. Kueh and Clement A. Tisdell eds., *China and the Asia Pacific Economy*, Commack: Nova Science Publishers.

Jaussaud, Jacques. 1999, "Group Relationships and Business Strategy of Japanese Trading Companies in the Chinese Market," in Dzever, Sam and Jacques Jaussaud eds., *China and India*, London: Macmillan Press.

Johnson, Chlmers. 1982, *MITI and the Japanese Miracle*, Stanford University Press.

Kaplan, Stephen B. 2006, "The Political Obstacles to Greater Exchange Rate Flexibility in China," *World Development* 34(7).

Klare, Michael T. 2001, "'Congagement' with China?", *Nation* 272(17).

Kojima, Kiyoshi. 1995, "Dynamics of Japanese Direct Investment in East Asia," *Hitotsubashi Jouranal of Economics* 36(2).

Krugman, Paul. 1994, "The Myth of Asia's Miracle," *Foreign Affairs* 73(6).

Krugman, Paul. 1998, "Saving Asia: It's Time to Get Radical," *Fortune* August 7.

Langlois, John D. Jr. 2001, "The WTO and China's Financial System," *The China Quarterly* 167.

Lardy, Nicolas R. 2002, *Integrating China into the Global Economy*, Brookings Institute.

Lee, Ching Kwan. 1999, "From Organized Dependence to Disorganized Despotism: Changing Labour Regimes in Chinese Factories," *The China Quarterly* no.157.

Lee, Ching Kwan. 2002, "From the specter of Mao to the Spirit of the Law: Labor Insurgency in China," *Theory and Society* no.31.

Lee, Ching Kwan. 2007a, "Is Labor a Political Force in China?" in Perry, Elizabeth J. and Merle Goldman eds., *Grassroots Political Reform in Contemporary China*, Harvard University Press.

Lee, Ching Kwan. 2007b, *Against the Law: Labor Protests in China's Rustbelt and Sunbelt*, University of California Press.

Levin, Sander M. 1999, "Remarks on China's WTO Accession", Statement on China and the World Trade Organization: A Conference Hosted by the Institute for International Economics, June 29, 1999.

Li, Bingqin. 2006, "Floating Population or Urban Citizens? Status, Social Provision and Circumstances of Rural-Urban Migrants," *Social Policy & Adminstration* 40(2).

Lin, Huang. 1998, "A Comparison of Investment Strategies in China Between Japanese and American Firms," *JETRO China Newsletter* no.136.

Liu, Kang. 1998, "Is There an Alternative to (Capitalist) Globalization? The Debate About Modernity in China," in Fredric Jameson and Masao Miyoshi eds., *The Culture of Globalization*, Duke University Press.

Ma, Guonan. 2006, "Sharing China's Bank Restructuring Bill," *China & World Economy* 14(3).

Machado, 1995, "Japanese Foreign Direct Investment in East Asia," in Chan, Steve ed., *Foreign Direct Investment in a Changing Global Political Economy*, St. Martin's Press.

Makin, Anthony J. 2007, "Does China's Huge External Surplus Imply an Undervalued Renminbi?", *China & World Economy* 15(3).

Mao, Tsetung. 1997, *A Critique of Soriet Economics*, Montly Review.

Martin, Will and Elena Ianchovichina. 2001, "Implications of China's Accession to the World Trade Organisation for China and the WTO," *World Economy* 24(9).

McKinnon, Ronald. 2006, "China's Exchange Rate Appreciation in the Light of the Earlier Japanes Experience," *Pacific Economic Review* 11(3).

Moon, Chung-In and Rashemi Prasad. 1998, "Network, Politics, and Institutions," in Chan, Steve et al. eds., *Beyond Developmental State*, Macmillan Press.

Morrison, Wayne M. and Marc Labonte. 2008, "China's Holdings of U.S. Securities: Implications for the U.S. Economy," CRS Report for Congress.

Naughton, Barry. 2002, "China's Economic Think Tanks: Their Changing Role in the 1990s," *The China Quarterly* no.171.

Naughton, Barry. 2007, *The Chinese Economy: Transitions and Growth*, The MIT Press.

Nolan, Peter. 2001, *China and the Global Economy*, Palgrave.

Nolt, James H. 1999, "China in the WTO: The Debate," *Foreign Policy in Focus* 4(38).

OECF. 1998, *OECF Annual Report 1998*, Tokyo: OECF.

Palat, Ravi Arvind. 1993, "Introduction: The Making and Unmaking of Pacific–Asia," in Palat, Ravi Arvind ed., *Pacific–Asia and the Future of the World-System*, Greenwood Press.

Pempel, T. J. 1999, "The Developmental Regime in a Changing World Economy," in Woo-Cumings, Meredith ed., *The Developmental State*, Cornell University Press.

Pempel, T. J. 2000, "International Finance and Asian Regionalism", *The Pacific Review* 13(1).

Polanyi, Karl. 1957, *Great Transformation*, Beacon Press.

Prasad, Eswar and Shang-Jin Wei. 2007, "Understanding the Structure of Cross–Border Capital Flows: The Case of China," in Calomiris, Charles W. ed., *China's Financial Transition at a Crossroads*, Columbia University Press.

Ross, Robert 1999, "The Geography of the Peace——East Asia in the Twenty–

first Century," *International Security* 23(4).

Sderberg, Marie ed. 1996, *The Business of Japanese Foreign Aid*, London: Routledge.

Sawada, Yukari. 1998, "The Rise of Overseas Chinese Investment in China," in Kokubun Ryosei ed., *Challenges for China-Japan-U.S. Cooperation*, Washington D.C.: Brookings Institution Press.

Shambaugh, David ed. 1995, *Greater China*, New York: Oxford University Press.

Shi, Jinhuai. 2006, "Adjustment of Global Imbalances and Its Impact on China' s Economy," *China & World Economy* 14(3).

Smyth, Russel. 2000, "Should China be Promoting Large-Scale Enterprises and Enterprise Groups?" *World Development* 28(4).

So, Alvin and Stephen W. K. Chiu. 1995, *East Asia and the World Economy*, Sage Publications.

Solinger, Dorothy. 1999, *Contesting Citizenship in Urban China: Peasant Migrants, the State, and the Logic of the Market*, University of California Press, 1999.

Solinger, Dorothy. 2003, "Chinese Urban Jobs and the WTO," *The China Journal* no.49.

Sun, Lijian and Shenxiang Zhang. 2008, "External Dependent Economy and Structural Real Eatate Bubbles in China," *China & World Economy* 16(1).

Suzuki, Takamoto. 2008, "The Launch of China' s Sovereign Wealth Fund: Long-term implications upon the global monetary regime and economic order," *Mizuho Reserach Paper* 16, Tokyo: Muzuho Research Institute.

Tanzer, Andrew. 2001, "Chinese Walls," *Forbes* 168(12).

Taylor, Robert. 1996, *Greater China and Japan: Prospects for and Economic*

Partnership in East Asia, Routledge.

Tong, Daochi(童道赤). 2000, 「中國改革的"三大戰役"」, 胡鞍鋼 主編(2000) 수록.

Tsang, Shu-ki and Yuk-shing Cheng. 1997, "The Economic Link-up of Guangdong and Hong Kong: Structural and Developmental Problems," in Chai, Joseph C.H., Y. Y. Kueh and Clement A. Tisdell eds., *China and the Asia Pacific Economy*, Commack: Nova Science Publishers.

Tung, Chen-Yuan. 2007, "The Renminbi Exchange Rate in the Increasing Open Economy of China: a long-term strategy and a short-term solution," *Issues & Studies* 43(1).

UNCTAD. 1997, *World Investment Report 1997*, New York: UN.

UNCTAD. 2000, "Prospects Brighten for Foreign Investment in Asia — Mergers and Acquisitions on the Rise," UNCTAD Press Releases, October 3, 2000.

UNCTAD. 2001, *World Investment Report 2001: Promoting Linkages*, UN.

UNCTAD. 2004, *World Investment Report 2004: The Shift Towards Service*, UN.

Wade, Robert and Frank Veneroso. 1998, "The Asian Crisis: The High Debt Model Versus the Wall Street-Treasury-IMF Complex," *New Left Review* no.228.

Wade, Robert. 1990, *Governing the Market*, Princeton University Press.

Wang, Hui. 2000, "Fire at the Castle Gate" (interview), *New Left Review* no.6, 74, [장영석·안치영 옮김, 「신비판 정신」, 『고뇌하는 중국: 현대 중국 지식인의 담론과 중국 현실』, 길 2006].

Wang, Shaoguang. 2000, "the Social and Political Implications of China's WTO Membership," *Journal of Contemporary China* 9(25).

Won, Jaeyoun. 2004, "Withering Away of the Iron Rice Bowl?: The

Reemployment Project of Post−Socialist China," *Studies in Comparative International Development* 39(2).

World Bank. 1993, *The East Asian Miracle: Economic Growth and Public Policy*, Oxford University Press.

Xiaobo L and Elizabeth J. Perry eds. 1997, *Danwei: the Changing Chinese Workplace in Historical and Comparative Perspective*, M. E. Sharpe.

Yang, Xiaokai. 2000, "China's Entry to the WTO," *China Economic Review* 11.

Zeng, Ka. 2001, "Domestic Politics and the U.S.−China WTO Agreement," *Issues & Studies* 37(3).

Zhang, Dong Dong. 1998, *China's Relations with Japan in an Era of Economic Liberalisation*, Commack: Nova Science Publishers, Inc.

Zhang, Jialin. 2000, "Sino−U.S. Trade Issues After the WTO Deal: a Chinese Perspective," *Journal of Contemporary China* 9(24).

Zhang, Jian, Hung-Gay Fung and Donald Kummer. 2006, "Can Renminbi Appreciation Reduce the U.S. Trade Deficit?", *China & World Economy* 14(1).

Zhang, Yunqiu. 2005, "Law and Labor in Post−Mao China," *Journal of Contemporary China* 14(4).

Zhao, Minghua and Theo Nichols. 1996, "Management Control of Labour in State−owned Enterpriese: Cases from the Textile Industry," *The China Journal* no.36.

Zheng, Yongnian and Jintao Yi. 2007, "China's Rapid Accumulation of Foreign Exchange Reserves and Its Policy Implications," *China & World Economy* 15(1).

Zweig, David(2001), "China's Stalled 'Fifth Wave'−Zhu Rongji's Reform Package of 1998~2000," *Asian Survey* 41(2).

| 원문 출처 |

서장 「흔들리는 중국: 신자유주의 시대 중국(1)」「국유기업 개혁과 중국의
　　　노동자: 신자유주의 시대 중국(3)」「마오쩌뚱의 유령: 신자유주의 시대
　　　중국(5)」(각각 월간 『사회진보연대』 2002년 1·2월호, 4월호, 9월호에 수록) 세
　　　편을 합한 후 가필함.
1장　「중국 노동자계급의 분화와 동요」(『진보평론』 2003년 겨울호)「중국의 사
　　　회문제: 빈부격차와 실업문제」(『사상』 2003년 겨울호) 두 편을 합한 후
　　　가필함.
2장　「후진타오 시대 중국 노동관계의 변화──노동계약법 도입 과정을 중심
　　　으로」(『현대중국연구』 제9집 1호, 2007년 8월)를 부분 수정.
3장　「중국의 WTO 가입과 세계경제로의 편입」(이일영 외 『WTO로 가는 중국』,
　　　박영률출판사 2002)에 「흑묘백묘: 외국인 직접투자와 대외개방──신자유
　　　주의 시대 중국(4)」(월간 『사회진보연대』 2002년 6월호)의 일부를 통합하여 가
　　　필함.
4장　「동아시아 금융 위기 이후 일본의 대중국 투자와 무역 추세의 변화」(『국
　　　제·지역연구』 14(2), 2005년 여름호)에 「일본자본의 중국투자와 동아시아
　　　경제」(『경제와사회』 1999년 여름호)의 일부를 통합함.
5장　「중국과 동아시아 발전모델」, 한국산업사회학회 엮음, 『노동과 발전의
　　　사회학』, 한울 2003.
6장　「중국 외환보유고 증가를 통해 본 중국 금융적 변신의 현황」, 『동향과전
　　　망』 2008년 여름호.
7장　「신자유주의와 중국 지식인의 길찾기」, 『역사비평』 2001년 여름호.
8장　「20세기 중국의 역사적 경험과 한국사회」(『황해문화』 2003년 가을호)를
　　　부분 수정.

세계화의 경계에 선 중국

초판 1쇄 발행/2008년 7월 25일

지은이/백승욱
펴낸이/고세현
책임편집/강영규
펴낸곳/(주)창비
등록/1986년 8월 5일 제85호
주소/413-756 경기도 파주시 교하읍 문발리 513-11
전화/031-955-3333
팩시밀리/영업 031-955-3399 · 편집 031-955-3400
홈페이지/www.changbi.com
전자우편/human@changbi.com
인쇄/상지사P&B

ⓒ 백승욱 2008
ISBN 978-89-364-8543-6 03300